X.media.press

Springer-Verlag
Berlin Heidelberg
GmbH

Michael Baumgardt

Web Design
kreativ!

Dritte, überarbeitete
und erweiterte Auflage

Mit CD-ROM
und zahlreichen Abbildungen

Springer

Michael Baumgardt, Mito Media, Inc.
E-mail: MBaumgardt@Mitomedia.com

Die Deutsche Bibliothek – CIP-Einheitsaufnahme

ISBN 978-3-642-63089-7   ISBN 978-3-642-56961-6 (eBook)
DOI 10.1007/978-3-642-56961-6

Für Heike

Niemand kann Euch etwas eröffnen,
das nicht schon im Dämmern
eures Wissens schlummert.

Khalil Gibran, Der Prophet

Seit der Ersterscheinung dieses Buches
im Jahre 1997 haben mir viele Leser
geschrieben und mit Fragen und Anregungen dazu beigetragen, dass dieses Buch
eines der besten und umfassendsten
Bücher zum Thema wurde. Diesen Lesern
will ich hier an dieser Stelle danken und
gleichzeitig meine neuen Leser dazu anre-
gen, mir ebenfalls zu schreiben.

MBaumgardt@MitoMedia.com

Das Web ist das Beste, was Designern passieren konnte, da es einen riesigen Bedarf für Design schafft, und wenn Sie im Desktop-Publishing oder Multimedia-Bereich gearbeitet haben, ist der Wechsel zum Web nicht schwer. Dieses Buch versucht Ihnen den Einstieg bei der Einarbeitung in diesen Bereich zu erleichtern und Sie mit HTML und den Besonderheiten des Mediums vertraut zu machen. Darüber hinaus erhalten Sie Grundlagen und Informationen über einige der wichtigsten Technologien auf dem Internet wie beispielsweise Flash, Shockwave, PERL, ColdFusion oder auch JavaScript. Diese Information ist hilfreich, um sich orientieren zu können und zu wissen, wie beispielsweise einige der eCommerce-Web-Sites funktionieren. Mit diesen Grundlagen gewappnet, sollten Sie in der Lage sein, sich tiefer in die Materie einzuarbeiten.

im Cafe Lalo's, New York

Aber Web-Design ist mehr als nur das Wissen um die technischen Hintergründe, es ist die Gestaltung von Kommunikation und Information, und Sie werden in diesem Buch öfters den Begriff Informationsarchitektur lesen. Was darunter zu verstehen ist und wie einige der führenden Web-Designer diese Herausforderung angehen, kann in den vielen Interviews in diesem Buch nachgelesen werden. Ich hoffe, dass diese Interviews eine Inspiration sind und Ihnen bei Ihrer Arbeit weiterhelfen.

Ihr

Michael Baumgardt

Inhalt

Inhalt

Kapitel 01

Grundlagen

Web-Design ist kein Buch mit sieben Siegeln: Alles, was Sie wissen müssen, um preisverdächtige Web-Sites zu gestalten, können Sie in weniger als einer Woche lernen. Vorausgesetzt, Sie haben bereits grundlegende Erfahrung im Umgang mit Photoshop. Die größere Aufgabe besteht aber darin, eine erfolgreiche Web-Site zu gestalten. Damit meine ich eine Site, die ihren Sinn und Zweck erfüllt, sprich, Informationen verfügbar zu machen. Hier liegt die eigentliche Herausforderung. Denn was Ihnen als logischer Aufbau erscheint, kann für einen anderen verwirrend sein. Viele Web-Sites verstecken ihre Informationen tief verschachtelt hinter uneindeutigen Begriffen. Die Logik und die Möglichkeiten der Informationsarchitektur im Web sind für viele Designer wirklich Neuland. Um Sie an dieses Thema heranzuführen, enthält dieses Buch zahlreiche Interviews mit Designern und HTML-Autoren, die Ihnen eine Vorstellung davon vermitteln, was unter Informationsarchitektur einer Web-Site zu verstehen ist, zusammen mit vielen Beispielen gelungener Realisierungen. Bevor ich aber auf die Informationsarchitektur im Web eingehe, will ich Ihnen einige Grundlagen zum Verständnis der weiteren Kapitel in diesem Buch vermitteln.

■ Was ist HTML?

HTML ist die Abkürzung für Hypertext Markup Language, also eine Sprache oder besser gesagt eine Codierung, um Text zu kennzeichnen. HTML ist auch die Basis aller Webseiten und hat das Web erst ermöglicht. Bei der Entwicklung von HTML war das Ziel, Informationen über den Text in den Text zu integrieren – beispielsweise ob ein bestimmter Satz eine Überschrift darstellt oder ob ein Text in Fettschrift zu sehen sein soll. Damit die eingebetteten Informationen für jeden Rechnertyp verständlich sind, hat man sich bei der Entwicklung von HTML auf einen gemeinsamen Nenner besonnen. HTML besteht deswegen nur aus ASCII-Zeichen. ASCII steht für American Standard Code for Information Interchange und wurde in grauer Computervorzeit entwickelt, damit die Zeichenbelegung auf den diversen Tastaturen identisch ist. Entscheidend dabei ist, dass damit die HTML-Seiten von jedem Rechner gleich interpretiert werden.

HTML ist also eine Markierung, die in den normalen Text eingebettet ist. Diese Markierungen werden durch einen Browser interpretiert und bei der Anzeige entsprechend ausgeblendet. Es ist auch möglich, sich den Originaltext mit den Markern anzeigen zu lassen. In Netscape-Navigator finden Sie diese Option beispielsweise unter dem Menüpunkt Ansicht. Falls Sie noch nie einen HTML-Quellcode betrachtet haben, sollten Sie dies nachholen. Dabei fallen Ihnen sicherlich die vielen eckigen Klammern (< und >) auf. Diese sind die eigentlichen

Markierungen und signalisieren dem Browser, daß es sich bei der Zeichenfolge um eine HTML-Anweisung handelt und nicht um normalen Text. So wird beispielsweise eine Auszeichnung mit Kursivschrift durch <I> (für Italic) markiert.

Da noch die Information über das Ende einer Anweisung vorhanden sein muss, treten die meisten Marker als Pärchen auf, sprich, es gibt Endmarker, die sich nur darin unterscheiden, dass ein / vor dem Befehl steht. Die Marker lassen sich zudem noch über Attribute erweitern.

Ein typischer HTML-Code hat also folgende Form:

<Marker Attribut="Wert">Dies ist etwas Text**</Marker>**.

Es ist dabei unerheblich, ob die Marker und Attribute in Groß- oder Kleinschrift getippt werden, der Marker sollte aber ohne Zwischenraum direkt hinter dem '<'-Zeichen stehen.

Nur einige wenige Marker weichen von dieser Form ab, da sie keine Endmarkierung benötigen, beispielsweise <BR>, <HR>, <IMG>, <INPUT> und <!-- ... -->, wobei der Letztere dazu dient, Kommentare in den HTML-Code einzufügen.

Wie Sie sehen ist HTML insgesamt sehr einfach und kann daher leicht von Hand, sprich mit einem Texteditor, geschrieben werden. Dies ist anfangs auch so gemacht worden, inzwischen gibt es aber Programme, die dies übernehmen. Solche Autorenprogramme bieten eine grafische Oberfläche, mittels derer einzelne Elemente wie Bilder oder Text über Symbole im Dokument platziert werden. Zu den bekanntesten Programmen zählen hierbei Adobe GoLive, Macromedia Dreamweaver oder NetObjects Fusion. Dort werden Sie sich mit HTML-Befehlen weniger abmühen müssen, da diese Programme die HTML-Codierung übernehmen. Dennoch gibt es viele Designer, die weiterhin HTML von Hand editieren oder Autorenprogramme nur als Ausgangsbasis nutzen. Falls Sie aus dem DTP-Bereich kommen, mag dies befremdlich erscheinen, denn schließlich käme hier kaum einer auf die Idee, im PostScript-Code einer Grafik manuell zu editieren. Hintergrund für diese zugegebenermaßen eigenwillige Situation ist die Konkurrenz der beiden führenden Browser Netscape Navigator und Microsoft Internet Explorer sowie ein fehlender Standard, wie HTML in einem Browser dargestellt werden muss. Dies hat zu vielen Inkompatibilitäten geführt. Eine Web-Site, die mit dem Internet Explorer gut aussieht, kann unter Umständen völlig anders in Netscape Navigator sichtbar sein. Das manuelle HTML-Codieren erlaubt, solche Unterschiede zu korrigieren.

Es wird wohl trotz rasanter Entwicklungen im Browser-Markt noch Jahre dauern, bis HTML nicht mehr zum Grundwissen für Web-Designer gehören muss. Im Augenblick ist es aber eindeutig von Vorteil, wenn Sie die wichtigsten HTML-Befehle, die Ihnen in diesem Buch erklärt werden, beherrschen.

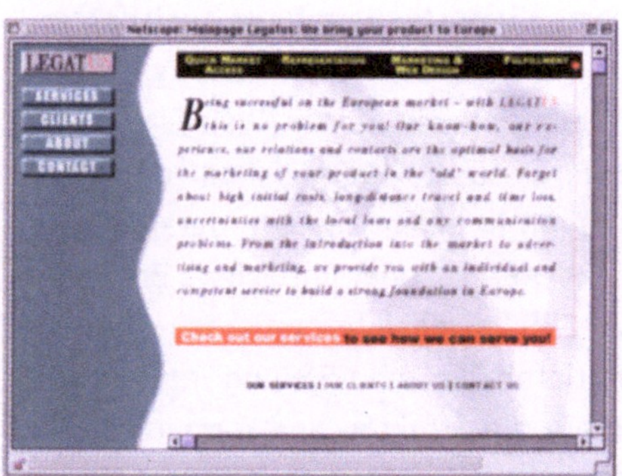

Dies ist eine Seite der Legatus-Web-Site. Aufgrund der eingeschränkten Möglichkeiten, in HTML einen Text zu formatieren, gestaltete ich zwei Versionen der Site: eine für langsame Verbindungen, die normalen Text verwendet, und eine für schnelle Verbindungen, wo der Text in ein GIF konvertiert wurde.

■ Unterschiede DTP zu Web?

Gerade wenn Sie aus dem Bereich Desktop-Publishing kommen, werden Sie wissen wollen, was die grundlegenden Unterschiede sind bei der Gestaltung für die beiden Medien. Eine einfache Analogie wäre der Vergleich zwischen einem Textverarbeitungs- und einem Layoutprogramm. In einem Textverarbeitungsprogramm sind Sie sehr eingeschränkt, was die Positionierung von Bildern oder anderen Elementen angeht, denn diese sind immer automatisch im Text verankert. Beispielsweise wird eine Tabelle auf die nächste Seite verschoben, wenn Sie davor Text einfügen. In einem Layoutprogramm werden dagegen alle Elemente einschließlich des Textrahmens auf der Seite platziert und bleiben unveränderlich stehen – die einzelnen Elemente besitzen also eine absolute Position.

Da es am Anfang des Webs primär um die Vermittlung von Informationen ging, war die Nähe zur Textverarbeitung auch sinnvoll, aber in den letzten Jahren drehte sich alles darum, wie man nun aus dieser »Sackgasse« herauskommt und dem Web die gestalterische Flexibilität gibt, die Designer aus Layoutprogrammen gewöhnt waren und sind.

■ Browser und die Einschränkungen von HTML

Es gibt zugegeben sehr viele Einschränkungen beim Gestalten für das Web, unter anderem weil HTML nicht darauf ausgelegt wurde, WYSIWYG (What you see is what you get) zu unterstützen, und weil es zwischen den einzelnen Browser-Versionen erhebliche Unterschiede bei der Darstellung der Seiten gibt. Die gute Nachricht ist, dass Sie Ihre Seiten nur noch für Netscape Navigator und Microsoft Internet Explorer optimieren müssen, um das Gros der Webanwender zu erreichen.

Betrachten wir das Arbeitsprinzip von HTML genauer. Alle HTML-Befehle sind darauf ausgelegt, dem Browser Informationen über die Struktur des Inhalts mitzuteilen, wie beispielsweise »Dies ist eine Überschrift«. Welche Schriftgröße oder welcher Zeichensatz diese Überschrift hat, wird vom Browser bestimmt. So stehen <H1>, <P> und <BLOCKQUOTE> für Überschrift, Absatz und Zitat, aber die Darstellung kann ziemlich unterschiedlich ausfallen: <P> wird üblicherweise mit einer Leerzeile dargestellt, aber genauso gut könnte der Absatz nur mit einem Einzug und ohne nachfolgende Leerzeile umgesetzt

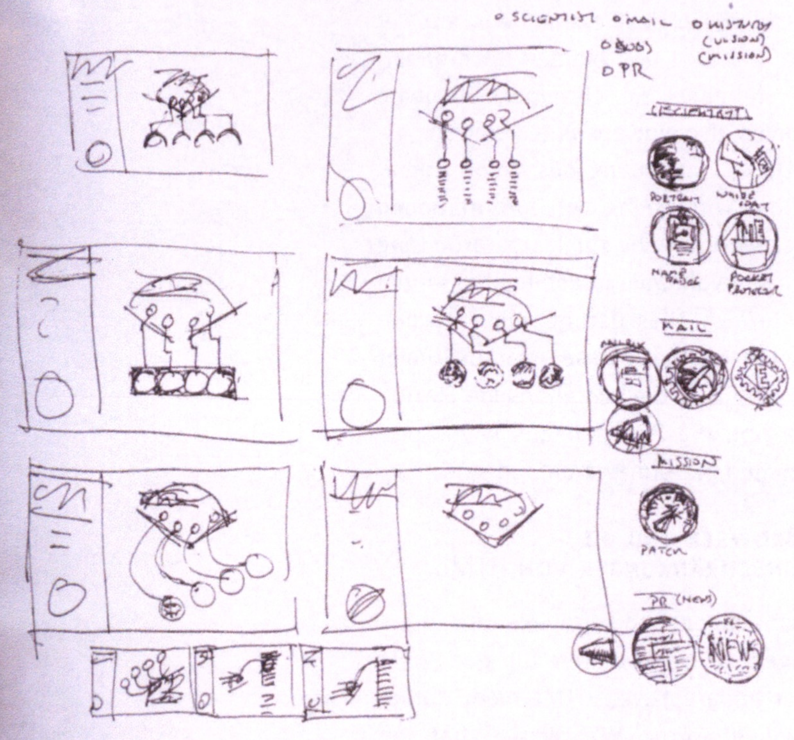

eine Erweiterung der HTML-3.2-Spezifikation. Stilvorlagen, die der CSS-Spezifikation des World-Wide-Web-Consortium (W3C) folgen, erlauben es, die Einzüge, den Zeilendurchschuss, die Platzierung von Text und Bildern, Farben, Zeichensätzen und Schriftgrößen festzulegen. Das Beste an dem CSS-Konzept ist, dass diese Formatierungsinformationen in eine eigenständige Datei speicherbar sind, womit sich dann das gesamte Erscheinungsbild einer Web-Site kontrollieren lässt – vergleichbar den Stilvorlagen in einem Layoutprogramm wie Quark XPress oder InDesign. Browser, die CSS nicht interpretieren können, ignorieren einfach CSS und interpretieren nur die Struktur- und Formatmarker. Da eine Web-Site mit CSS in älteren Browsern, wie z. B. Netscape Navigator 3.0, anders aussehen wird, sollten Sie überprüfen, wie diese mit unterschiedlichen Browserversionen aussieht, auch weil es Unterschiede in der Implementierung von CSS zwischen den Browsern von Netscape und Microsoft (siehe auch Kapitel Cascading Style Sheets) gibt.

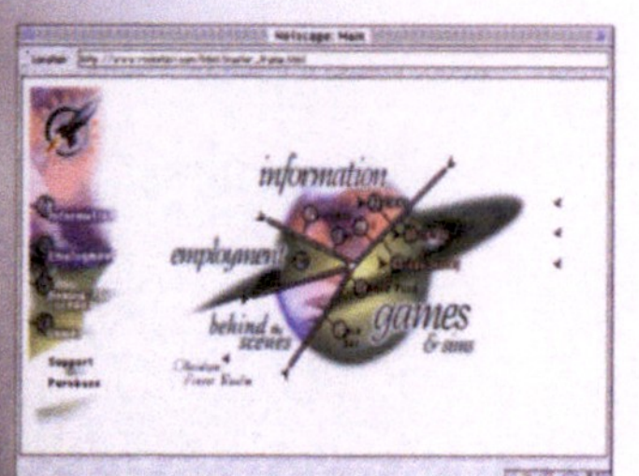

Robert Gagnon, Gestalter bei Rocket Science, der Firma, die das Spiel Obsidian produzierte, zeichnet seine Interface-Ideen immer zuerst auf Papier, bevor er diese mit Photoshop umsetzt.

werden, da es keine Norm gibt, wie ein Absatz auszusehen hat. <BLOCKQUOTE> bedeutet nur, dass der markierte Text ein Zitat ist, der in Netscape Navigator mit linkem und rechtem Einzug formatiert, im Internet Explorer aber kursiv anzeigt wird.

Da die strukturellen Marker in der Darstellung sehr variieren, setzen einige Web-Designer diese nicht ein und verwenden stattdessen nur Formatierungsmarker wie <B> oder <I> (für Fett und Kursiv). Diese sagen aber nichts über die Struktur des Textes aus und der ausschließliche Einsatz dieser Marker untergräbt die Idee von HTML.

Die Lösung aller Formatierungsprobleme ist Cascading Style Sheets (CSS),

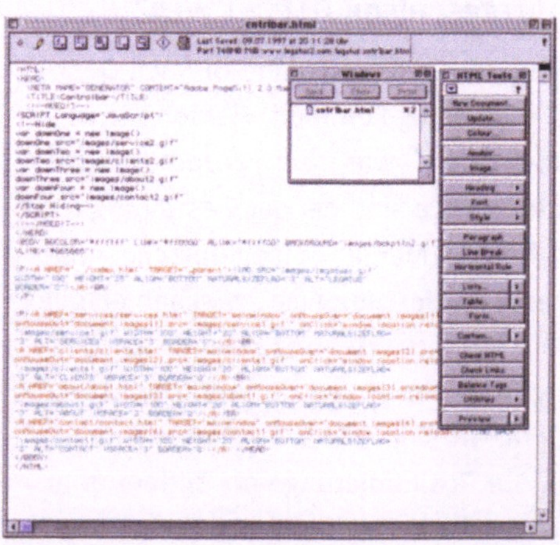

BBEdit ist ein Texteditor (nur für Macintosh) mit der Möglichkeit, selber HTML-Marker zu definieren.

WEB-DESIGN-PROGRAMME

Nun bleibt die Frage, wie Sie den HTML-Code erzeugen. Sie können Webseiten in jedem beliebigen Textverarbeitungsprogramm erstellen, was allerdings nicht eine besonders benutzerfreundliche Arbeitsweise ist. Deswegen sollten Sie sich ein Web-Autorenprogramm wie Adobe GoLive, Macromedia Dreamweaver oder NetObjects Fusion zulegen, die es für Macintosh und Windows gibt. Autorenprogramme haben das Problem, dass sie meistens nicht alle Funktionen des aktuellen HTML-Standards unterstützen und Sie deswegen öfters manuell Befehle in den Quelltext eingeben müssen, wenn Sie spezielle Funktionen verwenden wollen. Die meisten Autorenprogramme besitzen daher einen HTML-Editor, andere, wie beispielsweise Macromedia Dreamweaver, werden mit einem Texteditor ausgeliefert (im Falle von Dreamweaver ist dies das Programm BBEdit). Designen für das Web ist also heute immer noch eine Hybridangelegenheit: Zwar besitzen die Autorenprogramme eine grafische Benutzeroberfläche, trotzdem werden Sie öfters in den HTML-Code eingreifen müssen.

Aber es gibt auch andere Wege HTML zu erzeugen: beispielsweise mit einem Filter oder Konverter, der Quark XPress-, PageMaker-, FrameMaker- oder Word-Dateien in HTML umwandelt. Weitere Möglichkeiten sind Texteditoren wie der oben erwähnte BBEdit. Der Unterschied zwischen einem Texteditor und einem Textverarbeitungsprogramm ist, dass der Fokus des Editors auf die Bearbeitung von Text ausgerichtet ist, nicht auf die visuelle Gestaltung. BBEdit beherrscht einige Funktionen, die ganz speziell auf die Bedürfnisse von HTML-Autoren ausgerichtet sind, wie eine HTML-Werkzeugpalette, aus der man HTML-Marker, Bilder oder auch Verknüpfungen per Drag&Drop in das Textdokument zieht. Außerdem überprüft BBEdit die HTML-Syntax und verfügt über einige Hilfsmittel, um große und komplexe Web-Sites zu verwalten. So lässt sich beispielsweise die Suchen-&-Ersetzen-Funktion über mehrere Dateien anwenden. Soll eine Hintergrundfarbe in 100 HTML-Dokumenten geändert werden, genügt es, nach dem HTML-Code für Hintergrundfarbe zu suchen und hier den Farbwert zu ersetzen. Dies ist übrigens auch ein gutes Beispiel, warum die Kenntnis der HTML-Syntax so hilfreich sein kann, denn die einzige Alternative wäre sonst, alle 100 Dokumente zu öffnen und hier manuell die Farbe zu ändern.

ERSTE SCHRITTE ZUR EIGENEN WEB-SITE

Zunächst benötigen Sie einen Internet-Zugang sowie ausreichend Speicherplatz auf einem Web-Server. Der Zugang zum Internet ermöglicht Ihnen lediglich, im Web zu surfen und sich Web-Sites anzusehen. Erst wenn Sie eine eigene Webadresse (Domain) besitzen und diese auf einem Server einrichten lassen, können Sie selbst auf dem World Wide Web präsent sein.

Um Zugang zum Internet zu erhalten, gibt es inzwischen mehrere Alternativen. Wenn Sie das Internet intensiv nutzen, ist eine Mitgliedschaft z. B. bei Amerika Online (AOL) sinnvoll. Hier zahlen Sie jeden Monat einen Festbetrag, in dem in der Regel mehrere Stunden Internet-Zugang enthalten sind. Alle weiteren Minuten werden mit einer geringen Gebühr belegt. Es gibt aber auch Anbieter, die völlig auf eine Mitgliedschaft verzichten und lediglich die tatsächliche Nutzungszeit berechnen.

Den nötigen Speicherplatz für eine Web-Site können Sie auf dem Server eines Internet-Service-Providers (ISP) einrichten lassen – ISPs finden Sie in den gelben Seiten oder direkt über das Internet. Wo der ISP letztlich sitzt, ist eigentlich unerheblich. Sie können auch einen ISP in Amerika nutzen, was manchmal Leistungs- und Preisvorteile hat. Bei technischen Problemen kann es dann aber schwierig werden, diese gelöst zu bekommen, allein schon wegen des Zeitunterschiedes. Es gibt aber noch einen weiteren Grund, der dafür bzw. dagegen spricht, einen Server in USA zu nutzen: die Internetverbindungen zwischen USA und Europa sind oftmals überlastet, so dass die erforderliche Übertragungszeit ansteigt. Ist die Web-Site überwiegend für den deutschen oder europäischen Markt gedacht, sollte der Server auch innerhalb Europas stehen. Vergleichen Sie unbedingt die Preise der verschiedenen ISPs, denn die Unterschiede fallen manchmal sehr gravierend aus. Manche ISPs bieten 15 E-Mail-Adressen inklusive, andere lassen sich jede separat vergüten; einige ISPs bieten 20 MByte Serverplatz für einen relativ günstigen Pauschalbetrag, aber jedes zusätzliche MByte ist vergleichsweise teuer. Der aber wohl wichtigste Punkt ist: Wie gut ist die Betreuung bei Problemen? Besonders wenn Sie mit Perl, einer Programmiersprache, mit der auf dem Web Formulare ausgewertet werden, experimentieren oder arbeiten wollen, ist eine kompetente und hilfsbereite Serviceabteilung nicht mit Gold aufzuwiegen.

Eine Webadresse registrieren

Über die Webadresse (Domain) wird ihre Web-Site auf dem Web gefunden. Die Adressen lauten meistens in der Art www.MeinName.com. Falls Sie für Ihre Web-Site noch keine Domain registriert haben, planen Sie besser mehrere Tage Zeit für die Namensfindung ein. Wöchentlich werden circa 50.000 Domains registriert, 85% davon mit der Endung »com«, daher wird es immer schwieriger, einen eingängigen und freien Namen zu finden. Ob eine Domain noch nicht reserviert ist, erfahren Sie über das Internet Network Information Center (InterNIC) unter www.internic.net. Domains mit der Endung com, net oder org können Sie z. B. auch unter www.networksolutions.com registrieren, »de«-Domains entsprechend unter www.networksolutions.de. Sollten Sie auf eine com-Domain Wert legen, empfehle ich Ihnen www.register.com. Diese Web-Site ist wesentlich besser strukturiert aufgebaut, preislich gibt es keinen Unterschied, und register.com registriert die Domain ebenfalls über InterNIC. Die Registrierungskosten betragen 70 US-Dollar für zwei Jahre, danach werden weitere Gebühren jährlich fällig.

Internet-Service-Provider helfen bei der Registrierung einer Domain, nehmen Ihnen aber nicht die Namensfindung ab.

Grundlegende Informationen vom Internet-Service-Provider

Bevor Sie eine Web-Site gestalten, sollten Sie den Internet-Service-Provider kontakten und nach dem Pfad zum Wurzelverzeichnis fragen und ob der Server auf Windows NT, UNIX oder Macintosh läuft. Der ISP gibt Ihnen alle Informationen, die Sie benötigen, um die Web-Site hochzuladen: 1. Die Zugriffstelefonnummer, 2. Benutzername, 3. Passwort, 4. Verzeichnis, 5. Domain des Web-Servers.

Grundlagen

Ob ein Name noch verfügbar ist, müssen Sie unbedingt vorher abklären. Geben Sie für einen ersten Test den gewünschten Namen einfach in der Adressleiste Ihres Browsers ein. Wird so allerdings eine Web-Site mit Ihrer Wunschadresse nicht gefunden, heißt dies nicht, dass diese nicht doch bereits vergeben ist. Ein vergleichsweise günstiger Service, der abgelaufene Domains per E-Mail-Liste versendet, bietet sich unter www.unclaimeddomains.com – auch eine Möglichkeit interessante Namen zu finden.

Nach der Registrierung beim ISP erhalten Sie einen Anwendernamen, ein Passwort, den Servernamen für die Web-Site und den Ordner, in den die Site zu installieren ist. Wenn Sie keinen Internetzugang haben, erhalten Sie auch eine Telefonnummer, über die Sie sich auf dem Server einwählen können. Nun sind Sie in der Lage, Ihre Web-Site auf das World Wide Web hochzuladen. Im letzten Kapitel dieses Buchs erfahren Sie, wie dies per File-Transfer-Protocol (FTP) funktioniert.

Wenn Sie bei CompuServe oder America Online Mitglied sind, können Sie Ihre Web-Site von überall aus warten, ohne eine direkte Telefonverbindung zu Ihrem Web-Server haben zu müssen. Aber lesen Sie hierzu mehr im letzten Kapitel.

Bevor Sie nun an die Konzeption einer Web-Site gehen, sollten Sie sich noch mit einigen Themen und Besonderheiten auseinander setzen, die für Ihre Arbeit wichtig sind.

INFORMATIONSARCHITEKTUR

Das Strukturieren der Information für eine Web-Site wird Informationsarchitektur genannt – in den meisten Agenturen gibt es sogar Spezialisten hierfür. Wenn Sie von den Printmedien kommen,

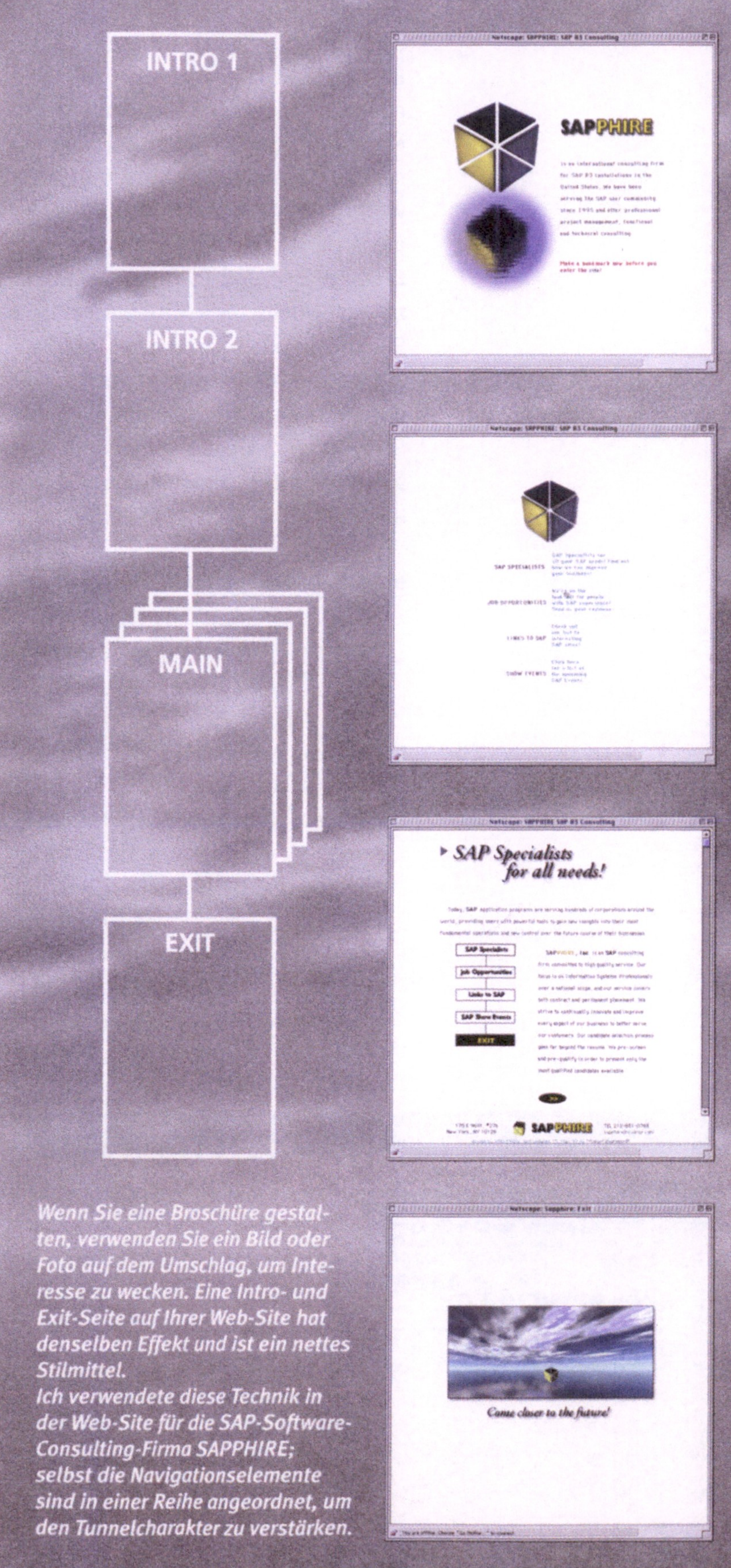

Wenn Sie eine Broschüre gestalten, verwenden Sie ein Bild oder Foto auf dem Umschlag, um Interesse zu wecken. Eine Intro- und Exit-Seite auf Ihrer Web-Site hat denselben Effekt und ist ein nettes Stilmittel.
Ich verwendete diese Technik in der Web-Site für die SAP-Software-Consulting-Firma SAPPHIRE; selbst die Navigationselemente sind in einer Reihe angeordnet, um den Tunnelcharakter zu verstärken.

wird dies anfangs der schwierigste Bereich sein. Während eine Broschüre oder ein Buch ein klares Konzept mit einer vertrauten Benutzerführung besitzen, gibt es Vergleichbares nicht im World Wide Web und es erfordert einiges an Erfahrung, um eine gute Benutzeroberfläche und Informationsstruktur zu entwerfen. Mark Crumpacker vom Studio Archetype (inzwischen mit Sapient zusammengegangen) unterscheidet beispielsweise bei der Informationsarchitektur und Benutzeroberfläche zwischen globaler, paralleler und lokaler Navigation:

- **Globale Navigation:** Hierunter fallen alle Bedienungselemente, die es ermöglichen, zwischen einzelnen Bereichen zu wechseln.

- **Parallele Navigation** wird verwendet, um zwischen Unterbereichen und -kategorien zu wechseln. Nachdem der Anwender beispielsweise auf den Bereich mit der Bezeichnung »Services« geklickt hat, befindet er sich auf einer Seite mit allen Verknüpfungen zu den verschiedenen angebotenen Services – er bewegt sich nun quasi parallel innerhalb des Bereiches »Services«.

- **Lokale Navigation** wird eingesetzt, um innerhalb eines Beitrags zu einem lokalen Bereich zu gelangen, so, wie es beispielsweise ein Inhaltsverzeichnis gestattet, schnell Informationen auf einer Web-Site zu finden.

Außerdem sollten Sie sich die Frage stellen, wie Sie Interesse für Ihre Web-Site aufbauen. Besucher fällen die Entscheidung, ob eine Web-Site sie interessiert, innerhalb weniger Augenblicke. Content-Surfacing (Inhaltspräsentation) nennt sich eine Technik, die bei den Besuchern einer Web-Site eine Erwartungshaltung aufbaut. Vergleichbar ist dies mit der ersten Seite einer Zeitung, auf der die Anfänge der Leitartikel zu lesen sind, um die Aufmerksamkeit des Lesers zu binden. Studio Archetype beispielsweise verwendete mehrere Bilder auf der ersten Seite ihrer Web-Site, die wöchentlich aktualisiert wurden und auf neue Beiträge hinwiesen.

Eine Intro-Seite zu verwenden ist eine weitere Technik. Anstatt als Erstes die Hauptseite zu sehen, sieht der Besucher erst eine Illustration oder eine Animation. Dies ist vergleichbar dem Gestalten eines Umschlages für einen Prospekt, bei dem auch nicht auf der ersten Seite bereits der Inhalt präsentiert wird. Die Intro-Seite entspricht also einem Umschlag; einige Designer verwenden auch eine Exit-Seite, was der Web-Site einen Spannungsbogen mit Anfang, Mitte und Schluss gibt. Diese Art der Gestaltung sieht man allerdings immer seltener, denn es gibt kaum noch Web-Sites, die nur der Selbstdarstellung dienen. Im Zeichen des E-Commerce, dem Verkaufen über das Internet, zählen schöne Gestaltungen weniger als das Präsentieren von Produkten oder Informationen.

BENUTZEROBERFLÄCHEN

Die Studio-Archetype-Homepage wurde von Mark Crumpacker gestaltet, der diese als Beispiel für seine Vorstellung von guter Informationsarchitektur und Interface anlegte. Die Hauptseite besitzt oben die Navigationstaster (globale Navigation) für die Hauptbereiche und im Mittelbereich Teile des Inhalts (Content-Surfacing). Wenn man einmal in den Bereichen ist, sieht man die Taster für die parallele Navigation.

Eine wichtige Frage, die Sie sich bei der Arbeit an der Informationsarchitektur stellen sollten, ist: Vermittelt die Web-Site auf der ersten Seite bereits klar den Inhalt? Dies ist überwiegend wichtig bei Web-Sites, die als Eigendarstellung dienen und auch hier kann eine Intro-Seite dazu dienen, in wenigen Sätzen den Inhalt der Web-Site zusammenzufassen.

Weitere Vorteile einer Intro-Seite sind, dass diese Seite sehr schnell geladen wird, und während der Leser mit dem Lesen des Textes beschäftigt ist, die Zeit genutzt werden kann, Bilder der Folgeseite bereits in den Zwischenspeicher des Browsers zu laden. Gelangt der Anwender dann auf die Hauptseite, sind bereits die meisten der Bilder geladen und die Seite wird sehr schnell dargestellt. Wie Bilder vorab in den Zwischenspeicher ladbar sind, wird in einem späteren Kapitel erklärt.

Hinzu kommt, dass einige Suchmaschinen die ersten 200 Wörter dazu verwenden, einen Index zu erstellen oder diesen Text als Zusammenfassung über den Inhalt der Web-Site benutzen. Da viele Internetanwender Suchmaschinen einsetzen, um Informationen auf dem Internet zu finden, kann dies einen großen Einfluss darauf haben, wie viele Besucher auf die Web-Site kommen. Eine Intro-Seite ist speziell auch dann wichtig, wenn Sie mit Rahmen (Frames) auf der Web-Site arbeiten. Dies hängt damit zusammen, dass eine Web-Site mit Rahmen immer aus mindestens drei HTML-Dateien besteht: Eine davon speichert alle Layoutinformationen und zwei (oder mehr) HTML-Dateien werden als Inhalt in die Rahmen geladen. Die Datei mit dem Rahmenlayout enthält normalerweise keine Informationen zum Inhalt und Suchmaschinen haben Schwierigkeiten, diese Web-Site richtig aufzulisten.

Obwohl also eine Intro-Seite sehr viele Vorteile besitzt, ist diese etwas aus der Mode gekommen. Verwenden Sie diese also nur noch, wenn dies wirklich essenziell ist. Wichtiger ist es, die Übertragungsbandbreite in der Planung zu berücksichtigen, denn es ergibt sich dadurch eine Begrenzung, wie viele Daten auf jeder Seite sein können. Muss der Besucher zu lange warten, ist das Risiko groß, dass er den Ladeprozess abbricht. Es sollte also Ihr Ziel sein, nicht mehr als 30–70 KByte als Maximum zu haben. Da Elemente, die bereits auf vorherigen Seiten platziert waren und sich deswegen schon im Speicher des Browsers befinden, nicht dazuzählen, lässt sich über eine geschickte Verteilung der einzelnen Elemente und Bilder auf mehrere Seiten eine Web-Site optimieren. Verwenden Sie also in Ihrer Gestaltung möglichst Elemente, die mehrfach zum Einsatz kommen. Hierzu können Sie mehr im nächsten Kapitel lesen.

Dies sind nur einige der wichtigsten Informationen, die Sie bei der Architektur Ihrer Web-Site im Auge behalten müssen. Im Laufe dieses Buches werde ich versuchen, diese Bereiche zu vertiefen und auszuführen.

ERSTELLEN EINER SPIEGEL-SITE

Nach der Konzeption der Web-Site sollten Sie eine Spiegel-Site auf Ihrem Rechner einrichten, die der späteren Ordner- und Verzeichnisstruktur auf dem Server entspricht. Diese Spiegel-Site erleichtert das Testen, aber auch die Pflege der Web-Site, bevor diese auf den Server hochgeladen wird. Wenn Sie dabei die Ordner anlegen, beachten Sie auch, dass es oftmals sinnvoll ist, für alle Bilder, die auf mehreren Seiten eingesetzt werden, einen allgemeinen Bilderordner einzurichten. Alle Bilder, die nur

Dies ist ein Beispiel, wie Sie die Ordner auf der Festplatte strukturieren könnten. Alle Bilder, die auf mehreren Seiten zum Einsatz kommen, werden in einen allgemeinen Bilderordner platziert. Die anderen Bilder werden zusammen mit den HTML-Dokumenten in Sektions-Ordner abgelegt. Bei einer sehr großen Web-Site bietet es sich an, noch Unterordner einzurichten. Dies ist aber nur eine Empfehlung, denn natürlich lassen sich die Dateien beliebig ordnen.

lokal auf einer Seite Verwendung finden, speichern Sie im jeweiligen Unterordner. Diese Struktur ist sicherlich kein Muss, aber diese Aufteilung ist beim späteren Aktualisieren sehr hilfreich.

Es ist wichtig, die Hauptseite auf dem Server »index.html« zu nennen und diese in der obersten Ebene abzulegen, denn der Server verwendet diese Seite automatisch, sobald die URL der Web-Site aufgerufen wird. Manche Web-Server benutzen auch »home.html« als erste Seite. Wie die erste Seite heißen muss, ist abhängig davon, wie der Internet-Service-Provider dies auf dem Server konfiguriert hat.

Dateinamen

Alle Dateien benötigen das richtige Dateinamensuffix. Ohne dieses wird eine Datei oder Grafik als kryptische Information im Browserfenster dargestellt, da der Browser die Zeichenfolgen der Datei abbildet, anstatt diese zu interpretieren. Verwenden Sie zudem nur alphanumerische Zeichen und anstatt eines Leerzeichens einen Unter- oder Bindestrich. Ein Leerzeichen würde ansonsten ASCII-codiert werden (als »%20«) und alle Verknüpfungen zu dieser Datei wären unterbrochen. Beachten Sie außerdem, dass manche Server Groß- und Kleinschreibung unterscheiden und damit »home.html« oder »Home.html« zwei unterschiedliche Dokumente sein können.

Überprüfen der Web-Site im Browser

Es ist sehr hilfreich, zeitgleich ein HTML-Dokument in einem Texteditor und im Browser geöffnet zu haben. Nach dem Ändern des Quellcodes der HTML-Datei klicken Sie auf »Neu laden« im Browser. Manchmal lädt der Browser die Seite dann doch nicht neu – der Grund ist einfach: Browser speichern Informationen in einem Zwischenspeicher oder auf der Festplatte. Um dies zu vermeiden, müssen Sie die Voreinstellungen des Browsers verändern und im Bereich für die Cache-Einstellungen von »Einmal pro Session« auf »Jedesmal« umschalten. Diese Option überprüft das Erstellungsdatum und lädt jedesmal die aktuellste Version. Es ist außerdem ratsam, den Cache-Speicher auf der Festplatte (der normalerweise auf 5 MByte eingestellt ist) herunterzusetzen, um die Arbeitsgeschwindigkeit zu verbessern. Je größer der Plattenspeicher, desto mehr Dateien muss der Browser überprüfen; bei schnellen Rechnern fällt dies allerdings kaum noch ins Gewicht.

Das World Wide Web-Consortium (W3C)

Das W3C ist eine internationale Vereinigung von Unternehmen und Institutionen, die vom MIT-Labor für Computerwissenschaften (LCS) in den USA, dem Nationalen Institut für Forschung in Computerwissenschaften in Frankreich (INRIA) und der Keio-Universität in Japan geleitet wird. Für mehr Informationen zum Web-Konsortium und dem aktuellen HTML-Standard besuchen Sie www.w3c.org.

Rocket Science

Rocket Science ist eine Firma, die bereits mehrere CD-ROM-Spiele gestaltet hat. Ihr Spiel Obsidian wurde sehr positiv besprochen und viele Leute betrachteten dieses Spiel als das Myst-Spiel der nächsten Generation. Es ist in der Tat ein sehr beeindruckendes Werk, das sich über mehrere CD-ROMs erstreckt und sich durch erstklassige Animationen auszeichnet.

Obwohl das Spiel von SegaSoft vertrieben wird, wollte Rocket Science eine eigene Web-Site, um diesen Titel zu promoten und den Fans einen Blick hinter die Kulissen zu geben. Robert Gagnon, der eigens für Obsidian eingestellt wurde und dem ein Großteil der Gestaltung des PDA – einem wichtigem Element des Spiels – zu verdanken ist, gestaltete die Web-Site. Obwohl seine erste Site, wurde diese so bekannt und populär, dass viele einen Link zur Rocket-Science-Web-Site auf ihren Homepages platzierten.

»Rocket Science suchte einen freiberuflichen Grafiker. Als sie mich einstellten, verstand ich überhaupt nichts von Multimedia, ich hatte keine Vorstellung davon, was mich erwartete und von Kompression verstand ich nichts. Der einzige Grund, warum sie mich einstellten, war wohl, dass sie wirklich meine Mappe mochten und der Meinung waren, ich könnte zum Spiel etwas beisteuern«, erinnert er sich.

Ursprünglich hatte Clement Mok vom Studio Archetype die erste Gestaltung der Site gemacht. In einigen seiner Bücher, die er geschrieben hat, erwähnt er auch die Rocket-Science-Web-Site. »Aber das war noch, als HTML ziemlich rudimentär und die Web-Site entsprechend einfach konzipiert war«, erklärt Robert, warum Rocket Science sich dafür entschied, eine Überarbeitung zu machen. Grund dafür ist auch, dass, »nachdem SegaSoft unser Hauptvertrieb wurde, die damalige Site in die von SegaSoft integriert wurde, wir aber das Gefühl hatten, dass wir noch eine unab-

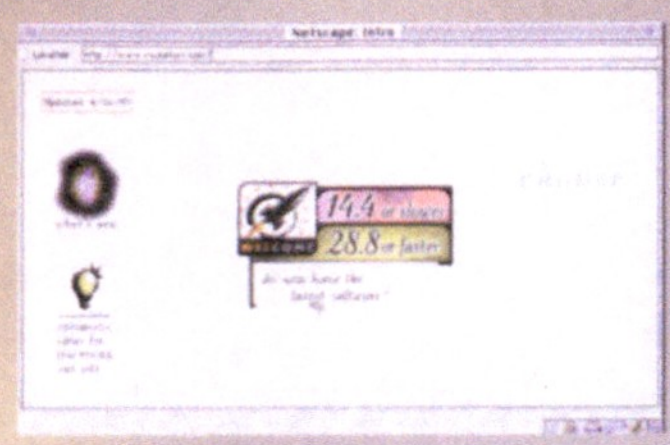

hängige Präsenz benötigten«. Dies war auch einer der Hauptvorteile dieser neuen Site von Rocket Science, »denn wir waren nun unabhängig von der SegaSoft-Web-Site« und anstatt eines Verkaufswerkzeugs wurde Rocket-Sciences-Web-Site mehr ein Marketinginstrument, bei dem es hauptsächlich darum ging, eine interessante Site zu gestalten, die einen fesselt und bei der man Spaß hat sie zu erkunden.

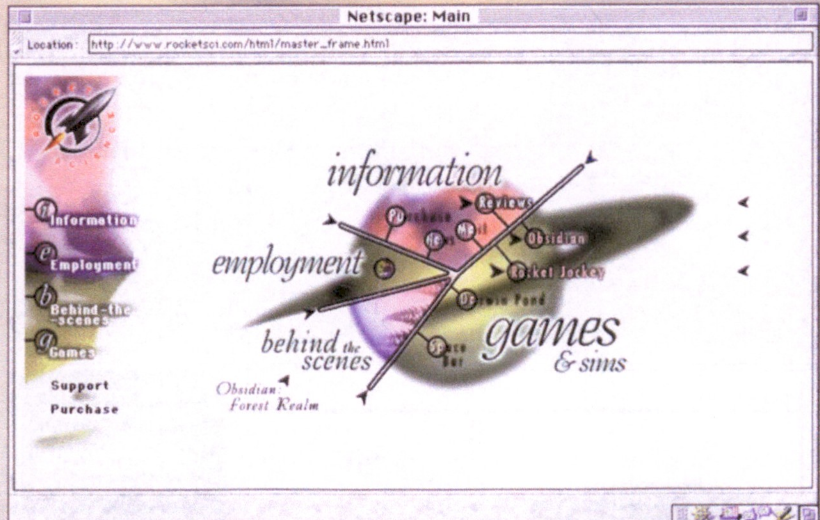

Oben: Wenn man die erste Seite der Web-Site lädt, erhält man die Wahl zwischen zwei Zugriffsgeschwindigkeiten. Unten: Die Navigationselemente auf der Linken sind in einem unsichtbaren Fensterrahmen. Ursprünglich war dieser mit einem durchgehenden orangenen Hintergrund versehen, aber Robert Gagnon hat ihm eine organischere und künstlerische Anmutung gegeben.

Auf der Hauptseite ist ein Bild von einem Planeten, auf dem alle Bereiche und Unterbereiche der Web-Site angeordnet sind. Robert Gagnon verwendete für die Unterbereiche nur noch einen Ausschnitt dieser Illustration. Mittels der Navigationsleiste springt der Besucher zwischen den einzelnen Bereichen hin und her.

Ursprünglich war das Design ziemlich einfach gehalten, mit einem farbigen Randstreifen, aber »dieser Randstreifen fiel etwas aus dem Rahmen in Bezug auf den Rest. Wir sind eine Spielefirma und es wird von uns erwartet, kreativ zu sein und neue Dinge auszuprobieren«, weswegen Robert einen organisch aussehenden Randstreifen gestaltete, mit einem ungleichmäßigen Umriss anstatt eines einfarbigen Hintergrundes. »Die tolle Sache bei dieser Web-Site war, dass ich so viel ich wollte herumexperimentieren und Änderungen vornehmen konnte, da es keinen Kunden gab, dem man Rechenschaft schuldig war.«

Beim Ausprobieren und Erarbeiten lernte Robert Gagnon schnell, dass die eigentliche Herausforderung beim Web-Design die Informationsarchitektur darstellt: »Als Gestalter war ich auch dafür verantwortlich, die Struktur der Web-Site zu entwickeln. Ich experimentierte mit verschiedenen Seitenformen und Seitenformaten, und in diesem Prozess haben wir herausgefunden, auf welche Rubriken wir verzichten konnten und welche Sektionen auch Unterbereiche sein konnten. Es dauert etwas, um eine gute Lösung für die Informationsstruktur einer Web-Site zu finden.« Die Infor-

Die einzige Anweisung, die ich hatte, war, herüberzubringen, dass wir eine wirklich tolle Firma sind und gute Arbeit leisten.

mationsstruktur zu gestalten kann sehr zeitaufwendig sein, beansprucht manchmal mehr Arbeit als die eigentliche Gestaltung und entsteht sehr häufig im Team: »Wir haben hier im Büro keine Marketingleute, aber ich habe mit Susanne Richards abgesprochen, welche Informationen wir auf die Site packen wollten. Danach gestalteten wir ein Flussdiagramm und ein paar Skizzen. Diese habe ich dann verteilt und sichergestellt, dass jeder mit der Lösung zufrieden war.«

Interessanterweise war eine der Hauptschwierigkeiten für Robert Gagnon nicht die Gestaltung, es war der visuelle

Einer der Hauptbereiche ist »Hinter den Kulissen«, der Hintergrundinformationen zu der Schaffung von Obsidian enthält. Dieser Bereich besitzt sein eigenes Navigationskonzept und bietet unter anderem viele herunterladbare QuickTime-Movies.

Rocket Science

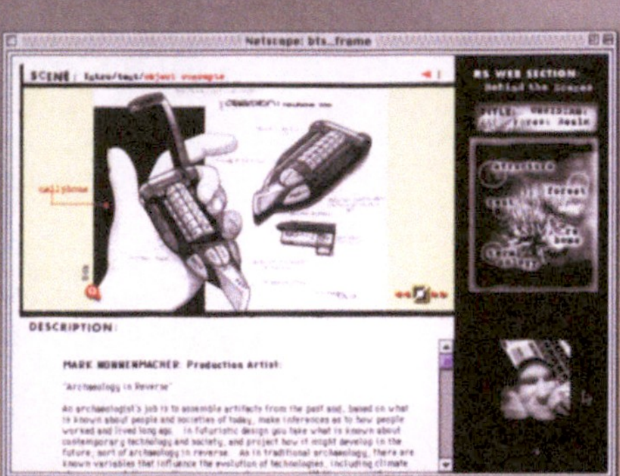

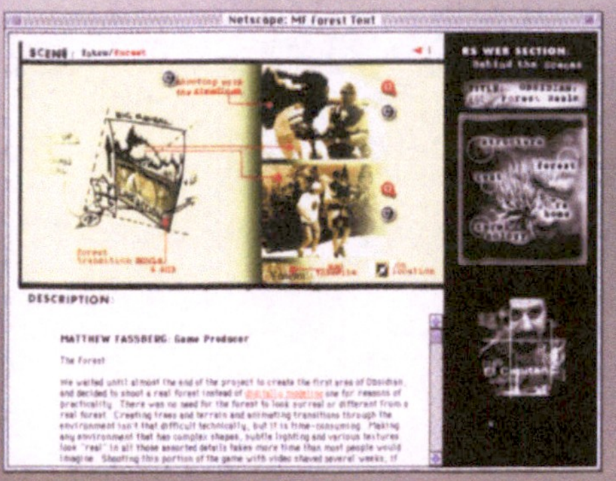

diese gegeneinander verschoben und anschließend in Gif-Builder animiert.

Robert Gagnon will im Web- und Multimediabereich bleiben, denn die Flexibilität und die Dynamik des Webs faszinieren ihn. »Ich erinnere mich, dass ich im College einen Professor hatte, dem es nicht darum ging, wie wir unsere Projekte präsentierten. Er sagte uns, es ist nicht wichtig, dass diese Arbeiten für die Ewigkeit halten. Aus irgendeinem Grund hat sich dies in meinem Kopf festgesetzt und ich habe heute eine Wegwerfmentalität in Bezug auf Design. Ich fasse sie nicht mit Handschuhen an, denn für mich ist ihre Bestimmung, ersetzt zu werden«.

Reichtum des Spiels Obsidian. »Meine erste Intention war, einfach nur Abbildungen aus dem Spiel am Bildschirm darzustellen«, aber dies war nicht wirklich die Vision, die Rocket Science für ihre Web-Site hatte. »Bei unserer Site ging es nicht so sehr darum, das Spiel zu verkaufen, als zu vermitteln, wer wir sind und was für Leute bei Rocket Science arbeiten. Die einzige Anweisung, die ich hatte, war, herüberzubringen, dass wir eine wirklich tolle Firma sind und gute Arbeit leisten«.

Robert Gagnon hat letztendlich seinen eigenen Stil gefunden und die Rocket-Science-Web-Site erhielt viele Auszeichnungen. Seine Hauptwerkzeuge bei der Gestaltung waren dabei Adobe Illustrator und Adobe Photoshop. Für die Animationen, die er für den Bereich »Hinter den Kulissen« entwickelte, hat er verschiedene Elemente in Photoshop auf Ebenen gelegt und

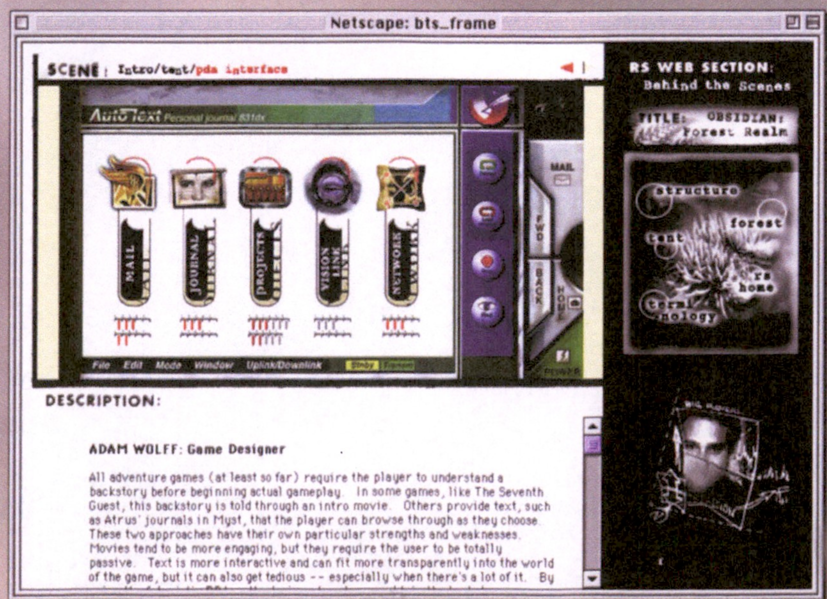

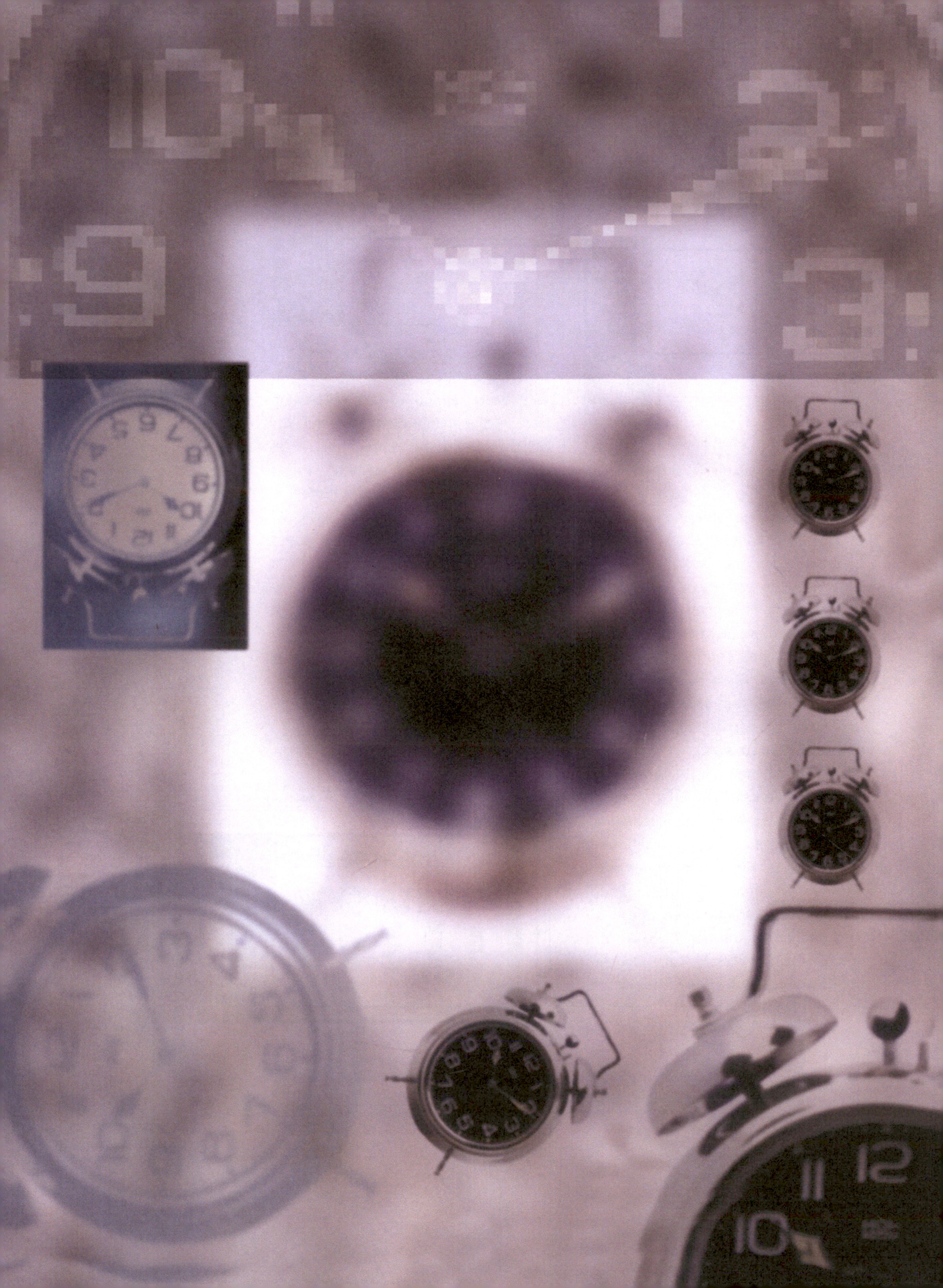

Kapitel 02

Layout

Stellen Sie sich folgende Situation vor: Sie gestalten das Layout für ein Magazin und alles sieht blendend aus, aber während Sie für einen kurzen Moment weg sind, um eine Tasse Kaffee zu holen, kommt der Redakteur in das Zimmer und nimmt einige Änderungen an der Spaltenbreite und der verwendeten Schrift vor. Sie sind natürlich geschockt, wenn Sie zurückkommen und all die sorgfältig arrangierten Bilder nicht mehr an ihrem Platz sind. Für das Web zu gestalten ist dieser Situation nicht unähnlich, denn, auch wenn die Web-Site auf Ihrem Rechner gut aussieht, ist dies kein Garant dafür, dass dies auch auf dem Computer des Besuchers so ist. Die Ursache dafür liegt zum einen an HTML selbst, da HTML die Art der Umsetzung der Marker dem Browser überlässt, und zum anderen daran, dass viele Faktoren vom Anwender selbst beeinflusst werden können, sei es nun direkt oder indirekt.

Die Intention der Entwickler von HTML war ja auch, hauptsächlich strukturelle Informationen an den Browser zu übermitteln. Durch den Druck der Designer hat sich HTML verstärkt in Richtung Desktop-Publishing entwickelt. Aus heutiger Sicht, wo es immer mehr darum geht, visuelle Gestaltungsmöglichkeiten zu besitzen, ist diese Entwicklung auch sehr zu begrüßen. Bevor ich jedoch auf die diversen gestalterischen Probleme und Einschränkungen des Web-Designs eingehe, hier ein kleiner Überblick über HTML-Autorenprogamme.

█ Autorenprogramme-Vergleich

Mit zunehmender Komplexität von HTML und steigenden Anforderungen nach aufwendigem Web-Design entstand der Bedarf, Webseiten wie in Layoutprogrammen zu gestalten.

Ich habe in den letzten Jahren so ziemlich mit jedem ernst zu nehmenden HTML-Autorenprogramm gearbeitet. Auch wenn ein Buch – wegen der Weiterentwicklung der Programme – nicht unbedingt das geeignete Forum ist, um Kaufempfehlungen zu geben, hier trotzdem eine Zusammenfassung der wesentlichen Unterschiede der aus meiner Sicht drei wichtigsten Programme.

Adobe GoLive und Macromedia Dreamweaver

Bei den HTML-Autorenprogrammen sind, wie im DTP-Bereich, Adobe und Macromedia mit ihren Produkten marktführend. Adobe hatte es lange Zeit mit dem Programm PageMill selbst versucht, wurde aber, trotz gelungener Benutzeroberfläche und Konzept, immer mehr von GoLive Cyberstudio abgedrängt. GoLive Cyberstudio war und ist wohl eines der beliebtesten und verbreitetsten HTML-Autorenprogramme, und Adobe hat es kurzerhand von der deutschen Entwicklungsfirma aufgekauft. Umbenannt in Adobe GoLive ist es

Es gibt viele kostenlose HTML-Dokumentationen auf dem Web, wie beispielsweise die Homepage für Entwickler bei Netscape (developer.netscape.com) oder Microsoft (msdn.microsoft.com/workshop). Sie können zudem nach zusätzlichen Informationsquellen Ausschau halten, indem Sie »HTML-Dokumentation« in eine der Suchmaschinen (http://www.infoseek.com oder http://www.excite.com) eingeben. Aber Microsofts und Netscapes Homepages sind ohnehin die besten Quellen, weil diese auch alle zusätzlichen Funktionen aufführen, die beide Kontrahenten der HTML-Implementation ihrer Browser hinzugefügt haben. In diesem Buch werde ich auf einige HTML-Marker eingehen, die ich für wichtig halte, wie beispielsweise »Cascading Style Sheets.«

Im gesamten Buch sind Marker und Attribute großgeschrieben, um sie leichter im Text aufzufinden. Die Schreibweise spielt aber letztendlich keine Rolle, da HTML hier keine Unterscheidung macht.

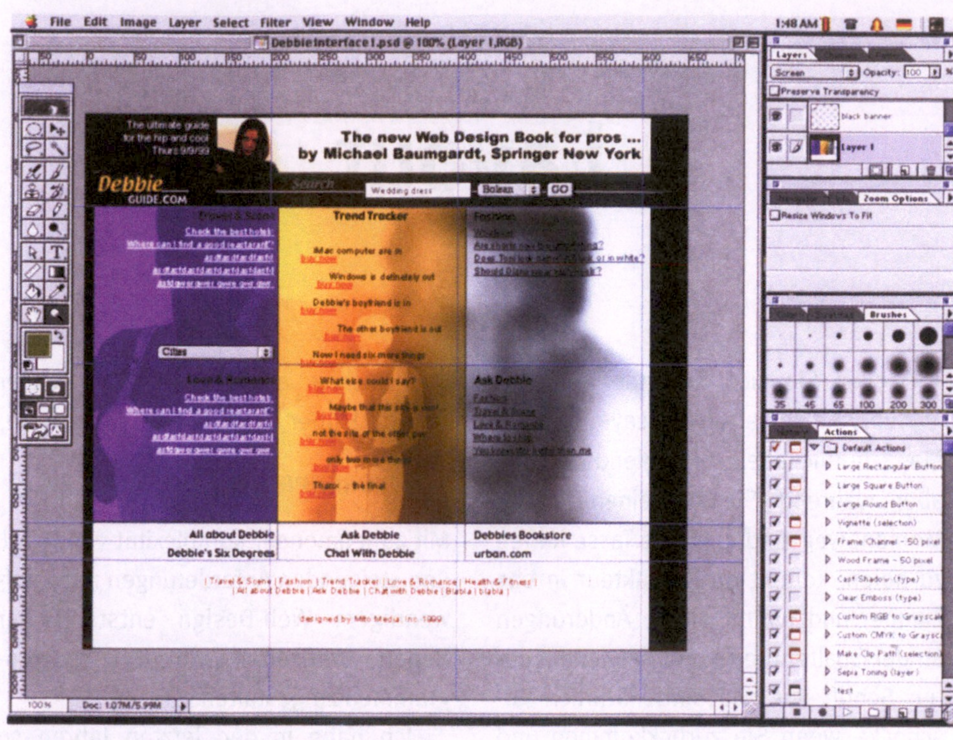

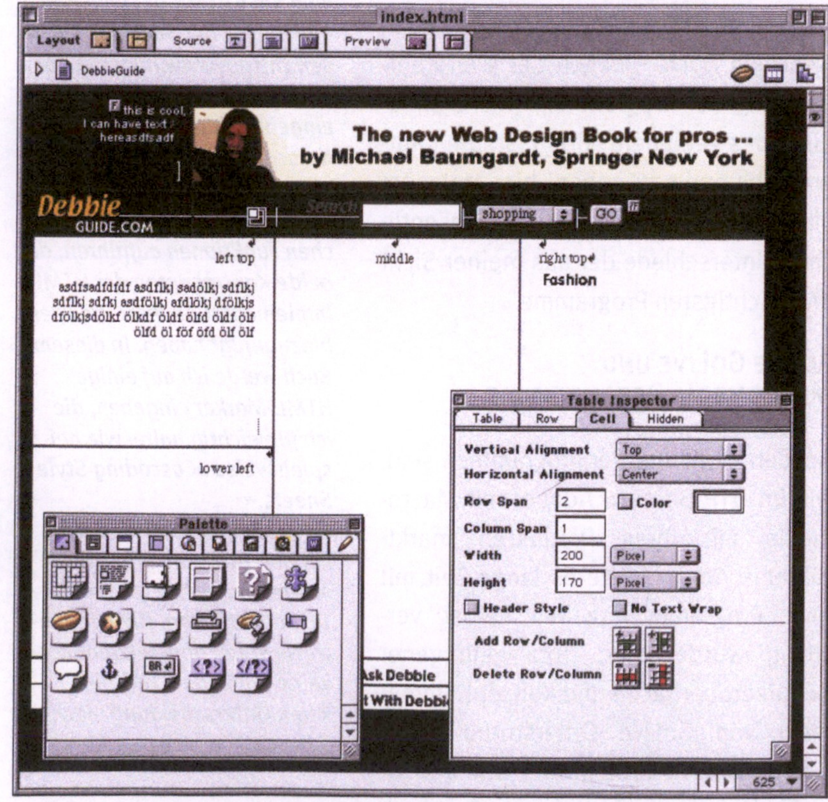

So sieht die obige Web-Site in Adobe GoLive aus, nachdem die einzelnen Bestandteile aus Photoshop exportiert und in GoLive wieder zusammengesetzt wurden. Viele der Elemente sind aber erst im Browser sichtbar, wie beispielsweise die Bildmotive, die als Hintergrundbild für die Tabellen angelegt sind, da GoLive nicht in der Lage ist, alle HTML-Funktionen darzustellen.

heute das Flaggschiff in Adobes Internetportfolio.

Obwohl GoLive etwas umständlich zu bedienen ist, spricht es vor allem viele HTML-Programmierer an, da es einerseits einen sehr guten HTML-Code produziert (was sich von einigen anderen HTML-Autorenprogrammen anfangs nicht immer sagen ließ) und zwei exzellente HTML-Editoren bietet. Zudem ist die Architektur des Programmes so ausgelegt, dass sie sich schnell der HTML-Entwicklung anpassen konnte. So sind alle Elemente in einer erweiterbaren Palette enthalten, aus der sich die Objekte in das Dokument ziehen lassen. Diese einzelnen Objekte sind entweder einfache HTML-Elemente wie beispielsweise Tabellen oder Bilder, oder auch komplexere Objekte, die eine Kombination aus HTML und JavaScript darstellen. Die populär gewordenen RollOver-Taster, die ihr Aussehen ändern, sobald die Maus über diese gebracht werden, sind auch als Objekte in der Palette enthalten. Die komplette JavaScript-Programmierung übernimmt beim Platzieren eines solchen Objektes GoLive, ebenso wie bei der Browser-Weiche, bei der sich eine Webseite für einen speziellen Browsertyp und Plattform optimieren lässt. Wie bei den RollOver-Tastern wird die Browserweiche ebenfalls über die Inspektor-Palette angepasst und dem Anwender bleibt das Editieren von JavaScript erspart.

Wie sehr GoLive Standards gesetzt hat, wird deutlich, vergleicht man es mit Dreamweaver von Macromedia. Macromedia kam vergleichsweise spät mit einem HTML-Autorenprogramm auf den Markt. Viele Arbeitsschritte sowie die

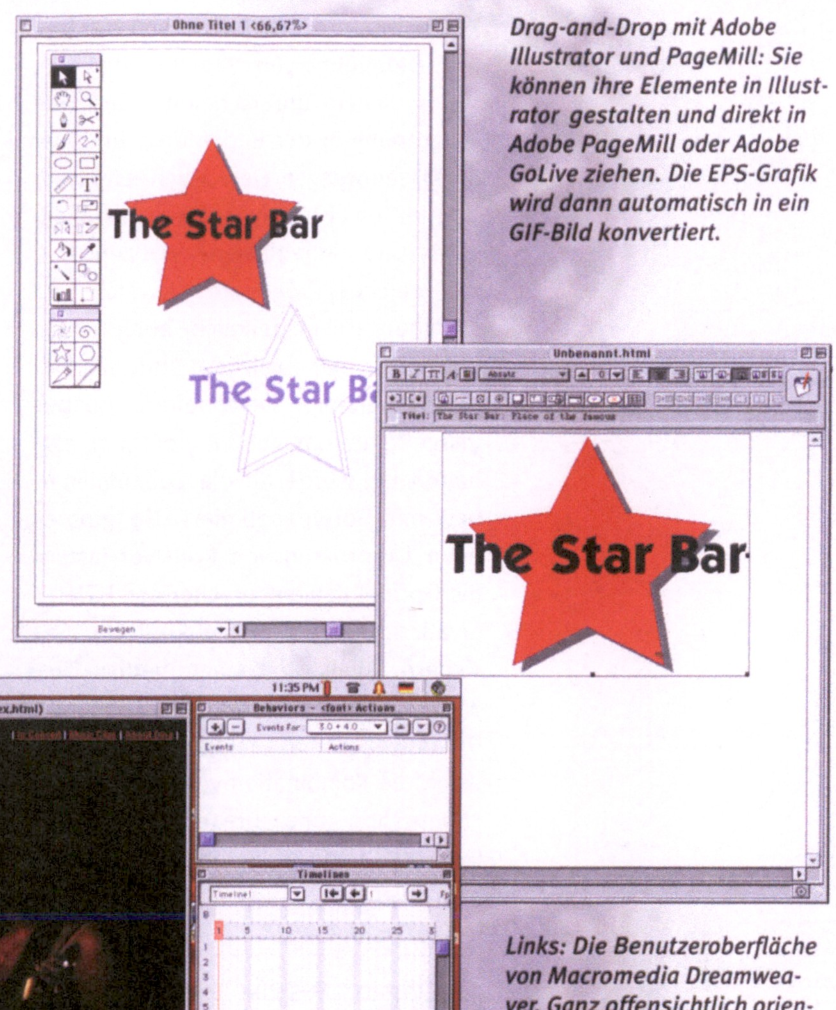

Drag-and-Drop mit Adobe Illustrator und PageMill: Sie können ihre Elemente in Illustrator gestalten und direkt in Adobe PageMill oder Adobe GoLive ziehen. Die EPS-Grafik wird dann automatisch in ein GIF-Bild konvertiert.

Links: Die Benutzeroberfläche von Macromedia Dreamweaver. Ganz offensichtlich orientiert sich diese ganz stark an Adobe GoLive, was beispielsweise an dem Site-Fenster (rechts unten) zu sehen ist, das sehr an das von GoLive erinnert. Aber Dreamweaver ist deswegen kein Plagiat, sondern ist in Bezug auf die Einfachheit der Bedienung sogar GoLive überlegen. Wenn Sie vor der Kaufentscheidung stehen, dann lesen Sie unbedingt aktuelle Vergleichstests.

Benutzeroberfläche ähneln GoLive sehr. So besitzen beide Programme Dateienfenster, über die sich die Verzeichnisstruktur lokal und auf dem Internet-Server kontrollieren und synchronisieren lässt. Dies erlaubt es, eine Web-Site schrittweise zu erweitern und vor allem, zu mehreren an einer Web-Site zu arbeiten, denn GoLives und Dreamweavers Dateienfenster übernehmen die Synchronisation automatisch.

Beide Programme besitzen einen Cascading-Style-Sheet-Editor und erlauben die Animation von Layers, einer

Erweiterung des HTML-Standards, und die Definition von Musterseiten. Im Wesentlichen unterscheiden sich die Programme in der Bedienung, und hier ist Dreamweaver wesentlich einfacher zu erlernen als GoLive, da es ein stimmigeres und einheitlicheres Konzept hat. Für welches Programm Sie sich entscheiden ist letztendlich auch davon abhängig, mit welchem Bildbearbeitungsprogramm Sie arbeiten. Adobes ImageReady, das nun in Photoshop enthalten ist, wurde für die Zusammenarbeit mit GoLive optimiert. So gibt es beim Exportieren von RollOver-Tastern die Option, den entsprechenden HTML-/JavaScript-Code GoLive-konform zu sichern. Ähnlich ist Macromedias Fireworks auf die Zusammenarbeit mit Dreamweaver ausgelegt, und auch wenn die Kombination von ImageReady/Photoshop und Dreamweaver oder Fireworks und GoLive möglich ist, muss man eventuell einige Einschränkungen in Kauf nehmen.

NetObjects Fusion

Das dritte Programm, das lohnt genauer zu betrachten, ist NetObjects Fusion. Dieses Programm nimmt eine Sonderstellung ein und deckt einen ganz eigenen Markt ab. Bei gewissen Anwendungen schlägt NetObjects Fusion die beiden genannten Programme und speziell für Web-Sites, die ständig aktualisiert und erweitert werden müssen, ist dieses Programm ein Segen.

Was NetObjects Fusion so speziell macht und von den anderen abgrenzt, ist, dass es wesentlich mehr Aufgaben automatisiert als GoLive oder Dreamweaver. Clement Mok, Gründer von Studio Archetype und NetObjects, hat eine bestimmte Herangehensweise an Web-Design, die auch ganz klar hier zum Ausdruck kommt. Seine Ansicht, dass ein Web-Designer kein HTML-Programmierer sein sollte, spiegelt sich auch in Fusion wieder, denn Sie werden hier kaum HTML zu Gesicht bekommen. Dies bedeutet nicht, dass Fusion inflexibel ist, oder dass Attribute nicht in HTML-Marker eingefügt werden können, aber dies erfolgt nur über Dialogfelder.

Trotzdem, die Vorteile überwiegen die Nachteile, denn Fusion automatisiert so viele Dinge, dass es sehr leicht ist, damit eine anspruchsvolle Web-Site zu gestalten. So lassen sich vorgefertigte Java-Programme in die Web-Page ohne Java-Kenntnisse integrieren und anpassen. Um beispielsweise einen Lauftext zu gestalten, platzieren Sie das Applet auf der Seite und geben die Parameter in einem Dialogfenster ein, anstatt die Anpassung im HTML-Code vornehmen zu müssen.

Aber noch wichtiger ist, dass es Fusion erleichtert, ein konsistentes Design für die gesamte Web-Site anzulegen. Es macht dies auf die gleiche Art und Weise, wie dies Layoutprogramme tun: durch das Definieren von Mustervorlagen. In diesen Mustervorlagen legen Sie Taster, Hintergrund- und Textfarbe sowie viele andere Elemente fest. Fusion wird dann diese Einstellungen auf die gesamte Web-Site anwenden und automatisch die Verknüpfungen erstellen. Eine Web-Site mit mehreren Sektionen und einer Navigation benötigt so nur einige Minuten. Wenn Sie beispielsweise eine Site mit vier Bereichen (Service, Produkte, Kontakt, Kunden) anlegen wollen, ziehen Sie einfach Seitensymbole in das »Site Structure«-Fenster, in dem die hierarchische Struktur der Web-Site arrangiert wird. Nach dem Wählen der Mustervorlage wechseln Sie auf den Seitenansichtsmodus und die Taster

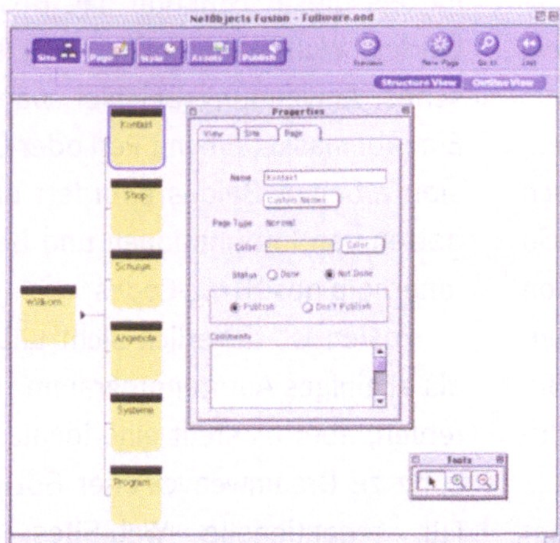

Clement Mok ist der Gründer und Kreativleiter von NetObjects. Er hatte die Idee zu Fusion, während er an »24 hours in Cyberspace" arbeitete. »Rick ist ein alter Freund von mir, und wir wollten schon seit Jahren gemeinsam an einem Projekt arbeiten. Ich mag Sachen, die noch keiner zuvor versuchte, und als er die Idee zu '24 hours in Cyberspace' hatte, sagte ich spontan 'Okay', ohne mir bewusst zu machen, was für ein großes logistisches und gestalterisches Problem auf mich zukam. Wir mussten Hunderte von Bildern und Texten innerhalb von 24 Stunden veröffentlichen, und keiner der Redakteure oder Designer kannte sich wirklich mit HTML aus. Also habe ich ein Werkzeug entwickelt, das es uns ermöglichte, diese Seiten ohne HTML-Kenntnisse zu gestalten. Das war die erste Version von NetObjects Fusion.«

und Verknüpfungen für die Navigation werden automatisch angelegt und benannt. Änderungen an den Navigationselementen, wie das neue Platzieren oder Ändern des Aussehens, werden für alle Seiten übernommen, was sehr viel Zeit einspart. Es gibt wohl kein Programm auf dem Markt, mit dem sich schneller die Gestaltung einer Web-Site überarbeiten lässt oder das sich so gut eignet, eine Site von Mitarbeitern ohne große Interneterfahrung aktualisieren zu lassen.

Einer der Vorteile beim Gestalten mit einem Layoutprogramm wie Quark Xpress ist es, dass Text und Bilder sehr

Die Strukturansicht in Fusion erlaubt die hierarchische Anordnung der Seiten.

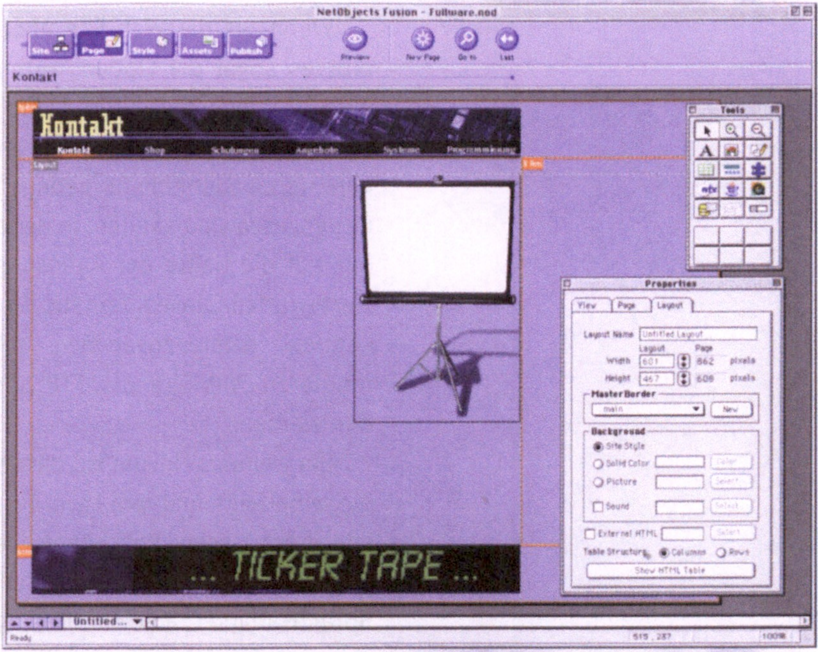

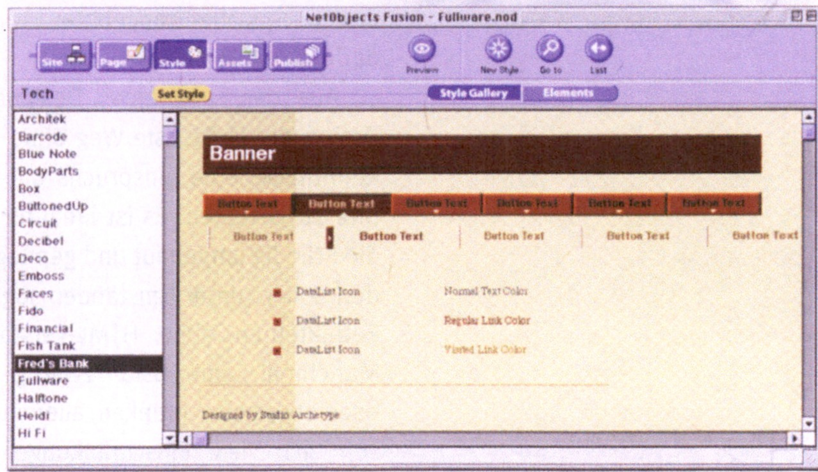

Die Seitenansicht und die Stilvorlagen: In den Stilvorlagen bestimmen Sie das Aussehen der Web-Site, das dann auf allen Seiten eingesetzt wird.

einfach kombinierbar sind. Um Text auf einem Bild zu positionieren, muss beim Web-Design normalerweise zu Photoshop gewechselt werden. Fusion erlaubt es aber, den Text direkt auf ein Bild zu platzieren und die Schrift, Größe und Ausrichtung einzustellen. Der Text wird anschließend ein Teil des Bildes, bevor Fusion die Web-Site auf den Server überträgt. Spätere Textänderungen sind kein Problem, denn Fusion lässt die Originaldateien unverändert und kombiniert bei jeder Änderung erneut den Text mit dem Bild.

Wenn Sie die Web-Site übertragen, gibt es sogar die Option, automatisch eine Alternativ-Web-Site zu erstellen. So lässt sich eine textbasierte Version generieren oder eine für geringe Verbindungsgeschwindigkeiten, in der alle Bilder auf die Hälfte der Auflösung reduziert wurden. Diese Alternativ-Web-Sites können dann zusammen mit der regulären Web-Site per FTP hochgeladen werden.

Ein weiteres Novum ist, dass sich für dieselbe Seite mehrere Layoutvarianten speichern lassen. So können Sie unter anderem für eine Web-Site verschiedene Sprachvarianten anlegen. Das Synchronisieren einer Web-Site, die in verschiedenen Sprachen angeboten wird, ist dadurch ein Leichtes.

Aus der Sicht eines Designers ist Fusion der einfachste Weg ohne HTML-Kenntnisse eine anspruchsvolle Web-Site zu gestalten. Es ist ideal für Sites, die ständig umgebaut und gepflegt werden sollen, unter Umständen sogar von Redakteuren ohne HTML-Verständnis. Manchmal kann Fusion zwar gestalterisch etwas einschränken, allerdings lassen sich viele Einschränkungen auch wieder umgehen.

Dass die HTML-Editierung nur über Dialoge erfolgt, mag für einige ein Argument gegen Fusion sein, aber Fusion bietet noch eine Funktion, die es ermöglicht, manuell geschriebenen HTML-Code zu integrieren. Mittels eines speziellen Werkzeugs kann ein Rahmen auf der Seite aufgezogen werden, in dem sich externer HTML-Code platzieren lässt. Zwar wird dieser im Programm selbst nicht angezeigt, nur bei der Darstellung im Browser, trotzdem lässt sich

mittels dieser Funktion das Beste aus beiden Welten kombinieren. Ein typisches Anwendungsbeispiel wäre eine Eingabemaske, die mit Perl oder ColdFusion arbeitet. Beides erfordert das Einbetten von Informationen und Befehlen innerhalb des HTML-Codes.

Fusion ist sicherlich nicht unbedingt als alleiniges Autorenprogramm zu empfehlen, aber es stellt eine ideale Ergänzung zu Dreamweaver oder GoLive dar. Für redaktionelle Web-Sites, außer denen, die mittels einer Datenbank aufgebaut werden, ist Fusion die Lösung und der Kaufpreis spielt sich schnell wieder ein, da sich mit Fusion manche Arbeitsabläufe sehr beschleunigen lassen. Ein kleiner Wermutstropfen für Macintosh-Anwender ist sicherlich, dass die Mac-Version der Window-Version hinterherhinkt.

■ BILDBEARBEITUNG

Die zweite Frage, die sich Ihnen anfangs stellt, ist, welches Bildbearbeitungsprogramm Sie verwenden wollen? Mit Adobe Photoshop 5.5 (oder höher) haben Sie ein leistungsfähiges Bildbearbeitungsprogramm, das alle Ihre Bedürfnisse abdecken sollte. Photoshop selbst besitzt eine hervorragende Funktion (»Für Web sichern«), mit der sich GIF- und JPEG-Bilder optimieren lassen. Mit ImageReady, seit Photoshop 5.5 Bestandteil von Photoshop, sind auch GIF-Animationen, RollOver-Taster und vieles mehr möglich.

Das Konkurrenzprogramm von Macromedia nennt sich Fireworks und schlägt ImageReady in vielen Bereichen. Dies hängt damit zusammen, dass Fireworks einen anderen Ansatz hat als Photoshop. Während Photoshop ein traditionell pixelorientiertes Programm ist, arbeitet Fireworks wie ein Hybrid aus Pixel-

ImageReady ist in der Bedienung natürlich sehr stark an Adobe Photoshop angelehnt. Die wesentlichen Unterschiede sind die Optimize-Palette und die Möglichkeiten Gif-Animationen zu gestalten sowie das Slicing-Werkzeug, mit dem sich ein Bild in mehrere Rechtecke zerschneiden lässt, um in einer Tabelle später wieder zusammengefügt zu werden.

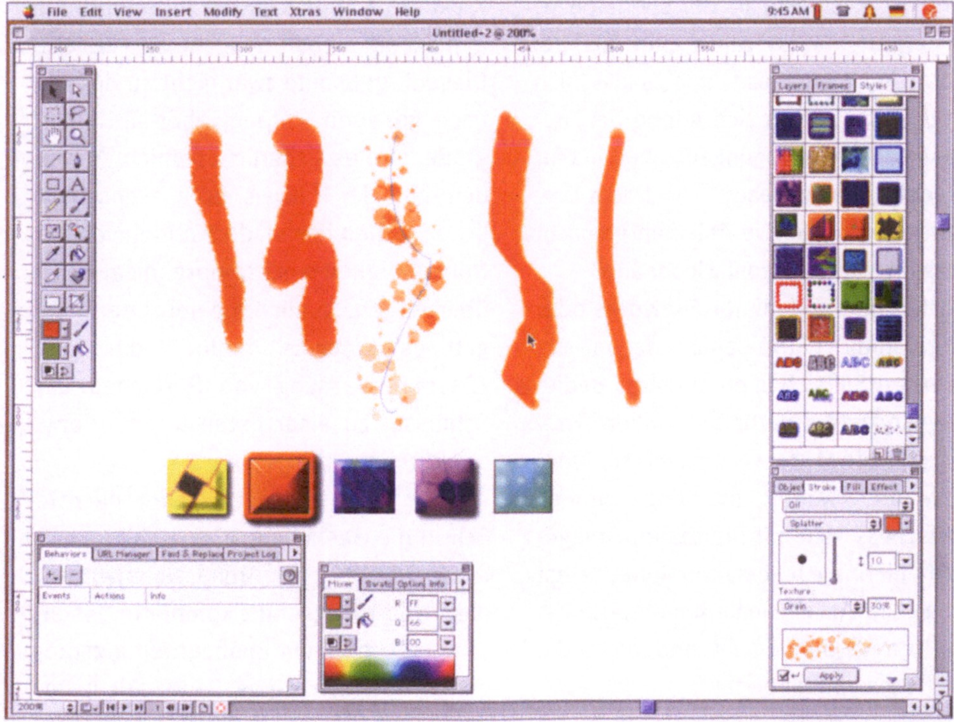

Fireworks besitzt im Gegensatz zu ImageReady ein wirklich innovatives Konzept: Pinselstriche werden nicht permanent als Pixel umgesetzt, sondern bleiben editierbar. Dies bedeutet, dass sich beispielsweise ein Pinselstrich nachträglich noch in Farbe, Art und Form bearbeiten lässt. Neben den Möglichkeiten der Gif-Animation oder des Slice-Werkzeuges bietet Fireworks aber noch eine Vielzahl von Effekten, die sich in einer Style-Palette speichern lassen. Aus diesem Grund bevorzugten viele Web-Designer Fireworks über ImageReady und Photoshop (das für den Web-Bereich einfach nicht ausreichend Funktionalität bot). Adobe entschloss sich daher Image-Ready-Bestandteil von Photoshop zu machen.

und Grafikprogramm. So lassen sich Flächen als Umrissformen zeichnen, deren Füllung flexibel über eine Palette ausgewählt wird (und auch später ohne weiteres editierbar bleibt). Zusätzlich gibt es eine Fülle von Malwerkzeugen und -pinseln, die aber ebenfalls auf Pfaden basieren. Dies bedeutet, dass alle Arbeitsschritte und Elemente sich zu jeder Zeit bearbeiten lassen. Wurde mit

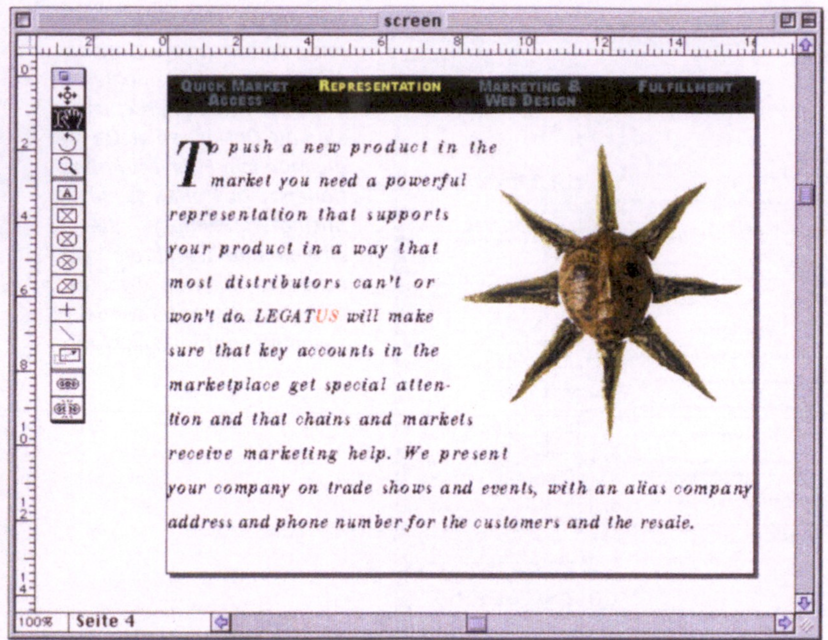

Mit Adobe ScreenReady können Sie eine Web-Site in einem Layoutprogramm gestalten und anschließend in eine PICT-Datei umwandeln.

Kreide gezeichnet, lässt sich der Kreidestrich nachträglich in einen Bleistiftstrich wandeln. Auch die Zahl der Ebenen bzw. Elementeffekte ist zahlreicher als bei Photoshop/ImageReady und es lässt sich nicht leugnen, dass sich Adobe bei Fireworks sehr viel Anregungen geholt hat für Photoshop/ImageReady – nachdem Dreamweaver von GoLive Anleihen gemacht hat, gleicht es sich wohl wieder aus.

Die Entscheidung für Fireworks oder ImageReady hängt auch davon ab, inwieweit Sie sich in ein anderes Bedienungskonzept einarbeiten wollen. Fireworks ist die Mühe wert, da es ihre Möglichkeiten erweitert, allerdings gibt es nichts, was sich mit Photoshop/ImageReady nicht auch gestalten ließe, selbst wenn es in Einzelfällen mit mehr Arbeitsschritten verbunden ist und nicht die gleiche Flexibilität bietet.

◼ WIE FÄNGT MAN EINE WEB-SITE AN?

Am Anfang jeder Web-Site steht das Entwerfen der Site-Struktur oder Informationsarchitektur, wie im letzten Kapitel schon angesprochen. Diese Site-Struktur ist immer eine Baumstruktur, sprich von der ersten Seite (Homepage) verzweigen die anderen Seiten. Sie sollten sich im Vorfeld ausreichend Gedanken machen, wie die Inhalte auf diesen Seiten verteilt werden. Eine Faustregel der Informationsarchitektur ist die wissenschaftliche Erkenntnis, dass die Anzahl der maximalen Bereiche und Unterscheidungen sieben nicht überschreiten sollte. Das heißt, dass sich alle Informationen idealerweise in maximal sieben Bereiche gliedern lassen sollten. Übrigens: Dass alle Telefonnummern in Amerika nur sieben Ziffern lang sind (ohne die Ortsnetzkennzahl), hängt mit eben dieser Untersuchung zusammen. Und auch als Tom Nicholson (von Nicholson New York) die Web-Site für Sony entwickelte, war es sein Ziel, alle Produkte in maximal sieben Bereiche zu gliedern. Diese Regel sollte zwar nicht zu dogmatisch gesehen werden, aber als Richtgröße ist dies sicherlich dienlich. Außerdem hilft der Hinweis auf wissenschaftliche Studien immer, die Kunden von der Notwendigkeit einer Neuorganisation zu überzeugen. In allen meinen Interviews gab es Konsens darüber, dass die Zusammenfassung von Bereichen der Schlüssel zu einer guten Informationsstruktur ist.

Steht das Konzept, ist der nächste Schritt die Gestaltung. In den letzten Jahren ist deutlich der Trend zu erkennen, dass Web-Designer die komplette Gestaltung erst in einem Bildbearbeitungsprogramm machen (siehe Seite 28), bevor überhaupt die erste Zeile HTML geschrieben wird. In den Anfängen haben viele Designer noch versucht, direkt die Präsentation im Autorenprogramm zu erstellen, dies wird heute nicht mehr gemacht, da selbst geringfügige Änderungen so wesentlich arbeitsintensiver sind als im Bildbearbeitungsprogramm. Wichtig ist zu wissen, welche gestalterischen Grenzen HTML auferlegt, sonst präsentieren Sie Ihrem Kunden eine Idee, die so nicht realisierbar ist. Das kann peinlich werden.

Eine Präsentation für den Kunden sollte die Haupt- und Startseite beinhalten und eine der Folgeseiten. Erst nachdem der Kunde die Gestaltung abgesegnet hat, geht es an das eigentliche Umsetzen. In großen Agenturen übernehmen dann Spezialisten für Komprimierung das Aufteilen der Gestaltung in die einzelnen Bildelemente und HTML-Spezialisten bauen diese wiederum in einem Autorenprogramm zusammen. In kleineren Agenturen fällt dies alles aber eventuell in einen Verantwortungsbereich. Was es bei der Bildkomprimierung zu beachten gilt und wie Sie effizient die einzelnen Elemente in Dreamweaver mithilfe von Musterseiten zusammenführen, erfahren Sie in einem der folgenden Kapitel.

■ DIE GESTALTERISCHEN MÖGLICHKEITEN UND GRENZEN VON HTML

Beim Gestalten der Web-Site und der Benutzeroberfläche ist es wichtig, die Besonderheiten des Gestaltens für das Web zu kennen. Sinnvollerweise sollten Sie dieses Buch zuerst gelesen haben, bevor Sie diesen Arbeitsschritt beginnen. Für den schnellen Einstieg fasse ich an dieser Stelle schon einmal die wichtigsten Einschränkungen zusammen.

MONITORGRÖSSE

Mit zur wichtigsten Einschränkung gehört die Monitorgröße. Als Grafiker besitzen Sie mindestens einen 17"-Monitor, und ein häufiger Anfängerfehler ist es, bei der Gestaltung der Web-Site die

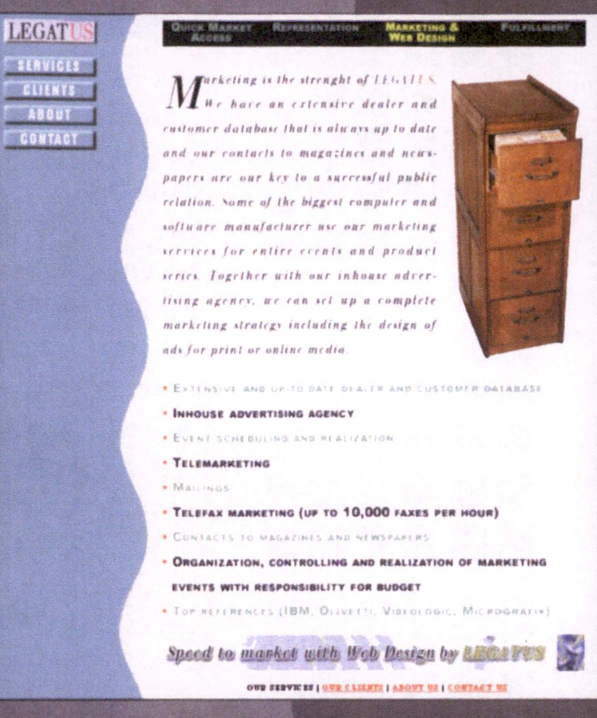

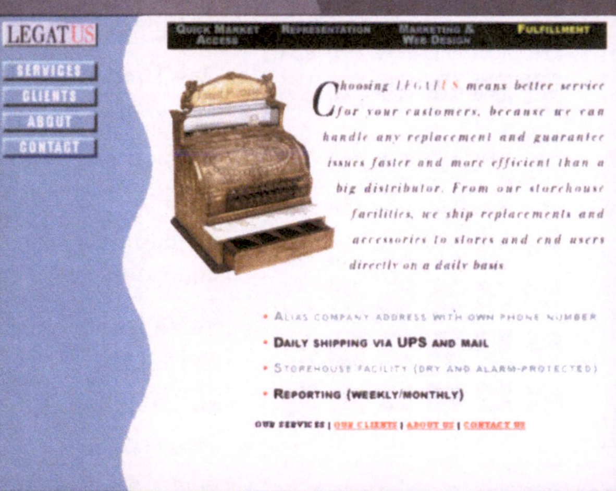

Die Legatus-Web-Site verwendet eine einfache Navigationsstruktur: Die Hauptbereiche sind auf der linken Seite in einem unsichtbaren Rahmen platziert, die lokale Navigation innerhalb jeden Bereiches erfolgt über Taster am Anfang der Seite.
Beim Gestalten einer Web-Site für eine Firma wird häufig auf die Wahrung der Corporate Identity besonderer Wert gelegt. Wenn dies, wie in diesem Beispiel, die Verwendung eines speziellen Zeichensatzes miteinschließt, stehen Sie vor einem Problem. Aus diesem Grund gestaltete ich diese Web-Site in QuarkXpress und konvertierte diese dann in ein Pixelbild. In Photoshop wurden anschließend die Farbpaletten reduziert und die Bilder als GIF gespeichert. Die letztendliche Dateigröße pro Textbild betrug trotzdem nur 15 KByte.

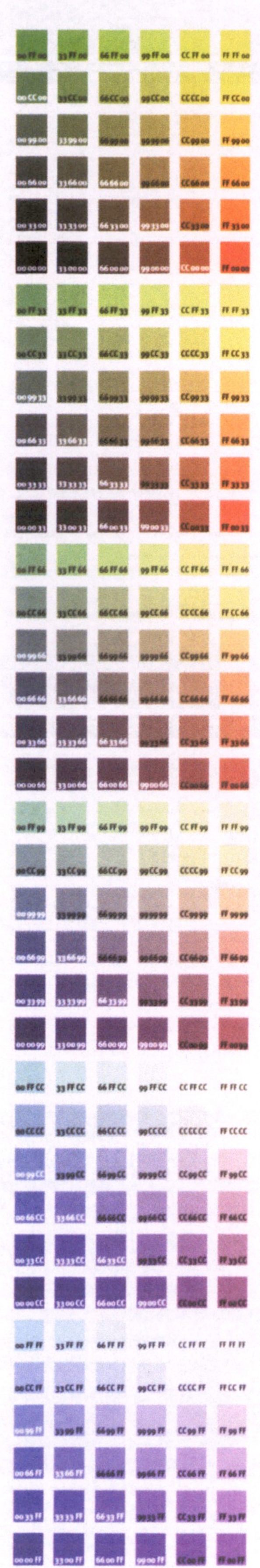

Um eine Farbe in HTML zu definieren, können Sie einen der 16 Farbnamen verwenden: aqua, black, blue, fuchsia, grey, green, lime, maroon, navy, olive, purple, red, silver, teal, white und yellow. Oder, wenn Sie eigene Farben mischen wollen, geben Sie die RGB-Werte im Hexadezimalcode ein, z. B. BGCOLOR="#CoFF3A". Der Farbwert "#CoFF3A" unterteilt sich dann in:

Rot: CO **Grün: FF** **Blau: 3A**

Die hexadezimale Codierung zu verstehen ist nicht so schwierig. Diese besteht aus 16 Werten, einmal zehn Ziffern (0–9) und sechs Buchstaben (A–F) für die Werte 10 bis 15. Da jeder Farbkanal von zwei Stellen repräsentiert wird, ergibt sich eine Gesamtzahl von 256 Werten für jeden Kanal (16 x 16). Die möglichen Farbwerte für jeden Kanal miteinander multipliziert (256 x 256 x 256) ergibt die magische Zahl von 16.777.216 möglichen Farben. Auch das Umrechnen der Hexadezimalwerte ist einfach. Der Wert #CoFF3A liest sich dabei wie folgt:

Rot: Co **Grün:** FF **Blau:** 3A

Rot: 12 x 16 + 0 =192 (191) **Grün:** 15 x 16 +16=256 (255) **Blau:** 3 x 16 +10=58 (57)

Die Werte in Klammern entsprechen den Werten, die normalerweise als RGB-Wert eingegeben werden müssen. Dieser ist immer um 1 kleiner als der errechnete Wert, was damit zusammenhängt, dass der kleinste Farbwert 0 ist und nicht eins. Jeder Farbkanal reicht also von 0–255 und nicht von 1–256.

Das Umsetzen von Farbwerten in Hexadezimalformat wird normalerweise vom Autorenprogramm gemacht. Wichtiger ist die Information, dass alte Monitorkarten nur 256 Farben darstellen, und um das Dithern der Farben zu vermeiden, müssen Sie innerhalb der Web-Farbpalette bleiben. Hierbei handelt es sich um eine Zusammenstellung von 216 Farben, die das gesamte Spektrum abdecken sollen. Als die Entwickler von HTML diesen Farbwürfel schufen, benutzten sie eine sehr einfache Methode: Für jeden Farbkanal wurden die Farben in 20%-Schritten von 0% bis 100% bzw. als Vielfache von 51 im Bereich von 0 bis 255 festgelegt. Dies erklärt auch die Zahl 216, denn sechs Farbwerte pro Kanal ergeben 6 x 6 x 6 = 216 Farben. Die verbleibenden 40 Farben werden vom Betriebssystem belegt.

Wenn Sie also mit Photoshop oder einem anderen Bildbearbeitungsprogramm arbeiten und eine Farbe aus der Webpalette verwenden wollen, können Sie im Farbwähler eine beliebige Farbe auswählen und dann deren RGB-Werte ansehen. Um dann die nächstmögliche Webpalettenfarbe zu finden, geben Sie einen durch 51 teilbaren Farbwert ein. Zeigt Photoshop z. B. die Werte R=105, G=170 und B=218 an, geben Sie R=102, G=153 und B=204 bzw. den zugehörigen hexadezimalen Wert im HTML-Quellcode ein.

eigene Monitorgröße als Standard vorauszusetzen. Lange Zeit hat man sich beim Web-Design deswegen an der Auflösung der kleinsten Bildschirme orientiert, die bei 640 x 480 Pixel liegt. Inzwischen zeigen neuere Statistiken, dass

Gängige Monitorgrößen und Auflösungen	
15"	640 x 480 Pixel
16"	800 x 600 Pixel
17"	1024 x 768 Pixel

16"- und 17"-Monitore im Consumer-Markt absolut Usus sind.

Farbtiefe

Die zweite wesentliche Einschränkung beim Web-Design ist die Farbtiefe des Monitors. Obwohl auch hier zunehmend die meisten Computer in der Lage sind Tausende oder sogar Millionen von Farben darzustellen, beschränkt man sich beim Web-Design häufig auf die Web-Farbpalette. Hierbei handelt es sich um eine Palette von 216 Farben, die sich quasi als gemeinsamer Nenner auf jedem Monitor darstellen lässt. Da es immer noch eine Vielzahl von Monitoren (Grafikkarten) mit 256 Farben gibt, sollten Sie sich unbedingt mit der Web-Farbpalette vertraut machen. Ansonsten besteht das Risiko, dass es zu Farbverschiebungen kommt und die Web-Site deutlich anders ausfällt und unter Umständen auch Text schlechter zu lesen ist, wenn dieser auf einer Farbfläche platziert ist, die dann gedithert wird. Dies bedeutet allerdings nicht, dass alle Bilder und die komplette Gestaltung nur auf die 216 Farben der Web-Farbpalette beschränkt sind. Einerseits gibt es Tricks, die Farbeinschränkung zu umgehen, zum anderen lassen sich die Farbverschiebungen testen und im Vorfeld korrigieren (siehe auch Kapitel Bilder).

Schriftgrösse und Zeichensatz

Zu den zwei größten Variablen gehören die Schriftgröße und der Zeichensatz. Da es keine Garantie gibt, dass ein gewählter Zeichensatz auf dem Rechner eines Anwenders installiert ist, kann es leicht passieren, dass ein anderer Zeichensatz verwendet wird, der wiederum eine andere Laufweite zur Folge hat. Hinzu kommt, dass sich die Schriftgröße

in HTML anfangs nur in relativer Größe bestimmen ließ. Diese variiert aber von Browser zu Browser mit dem Effekt, dass der Platzbedarf der Schrift sehr unterschiedlich ausfällt. Besonders zwischen Macintosh- und Windows-Browsern kommt es zu großen Unterschieden, was mit der höheren Auflösung von Windows-Monitoren zusammenhängt. Damit die Schrift leserlich bleibt, werden die Schriften hier einfach etwas größer dargestellt. Eine auf Macintosh optimierte Web-Site sollten Sie unbedingt unter Windows kontrollieren.

Da es keine Garantie gibt, dass der Besucher Ihrer Web-Site einen bestimmten Zeichensatz auf seinem Rechner installiert hat, können Sie in HTML eine Reihe von Zeichensätzen bestimmen, nach der der Browser auf der Festplatte des Anwenders sucht. Hierzu wird der FONT-Marker benutzt (oder auch CSS) und sieht dann ungefähr so aus: <FONT FACE="Arial, Helvetica, Geneva" COLOR="purple"> ... </FONT>. Das COLOR-Attribut ist dabei ein Hexadezimalwert oder ein Farbname.

Eine sehr gebräuchliche Einstellung für das Attribut FACE ist entweder »Arial, Helvetica« oder »Times, Palatino«. Diese Zeichensätze sind auf allen Windows- und Macintosh-Systemen installiert.

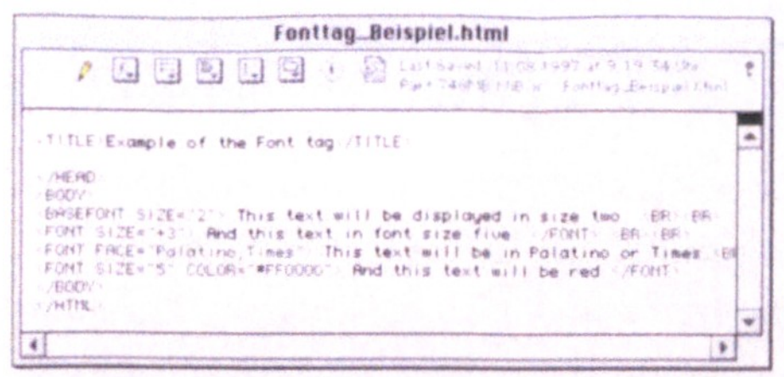

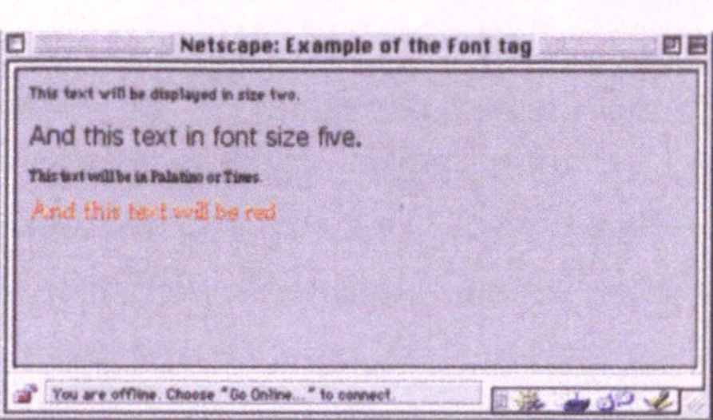

Dieses Beispiel des FONT-Markers zeigt die Umsetzung im Browserfenster.

Hexadezimal	Dezimal
0	0
1	1
2	2
3	3
4	4
5	5
6	6
7	7
8	8
9	9
A	10
B	11
C	12
D	13
E	14
F	15

Eine Übersicht über die hexadezimalen Werte und ihre äquivalenten Dezimalwerte.

Vor vielen Jahren schuf Adobe eine Software, die das Problem der plattformübergreifenden Distribution von Dokumenten lösen sollte: Adobe Acrobat erlaubt dem Designer in jedem beliebigen Programm eine Seite zu gestalten und diese dann zusammen mit den Zeichensätzen und Bildern in einem so genannten PDF-Dokument zu speichern. Mit dem Internet-Boom hat Adobe diese Technologie für das Web adaptiert, mit einem Plug-In lassen sich PDF Dateien direkt im Browser anzeigen. Der einzige Nachteil früherer Versionen war, dass die PDF-Datei zuerst komplett runtergeladen werden musste. Ab Version 3.0 von Acrobat hat Adobe dieses Problem gelöst. Dokumente lassen sich nun mit dem kostenlosen Acrobat Reader seitenweise betrachten. Eine weitere Verbesserung ist, dass Acrobat nun überflüssige Wiederholungen innerhalb der PDF-Dateien vermeidet. Dies verringert die Größe der Dateien enorm und eine komplette Seite mit Text und Grafik benötigt dadurch eventuell nur 10 KByte.

Wenn Sie eine PDF-Datei aus Quark XPress oder PageMaker heraus gestalten wollen, benötigen Sie das Programm Adobe Acrobat Distiller, das wie ein virtueller Drucker funktioniert. Um eine PDF-Datei in einer HTML-Seite zu platzieren, verwenden Sie den Marker IMG: Mit dem HTML-Befehl `<IMG SRC="document.pdf">` wird die PDF-Datei im gesamten Browserfenster dargestellt.

Der »unsichtbare GIF-Trick«: Alles, was Sie für diesen Trick benötigen, ist ein Bild mit der Abmessung von einem Pixel, das als transparentes GIF gespeichert wurde. Dieses Bild kann immer wieder verwendet werden, um die Positionierung von Elementen zu kontrollieren oder den Einzug eines Textes über die Attribute WIDTH und HEIGTH zu verändern. Alternativ lassen sich auch die Attribute HSPACE und VSPACE verwenden. Diese definieren den Abstand zum umfließenden Text. Die Verwendung dieser Attribute hat noch einen weiteren Vorteil: Ihre Web-Site sieht immer noch gut aus, auch wenn das Bild nicht geladen wurde.

Sie haben mit dem FONT-Marker auch Kontrolle über die Schriftgröße, aber nicht ganz so viel wie mit Cascading Style Sheets. Mit dem Marker BASEFONT und dem Attribut SIZE lässt sich eine Grundeinstellung für das Dokument vornehmen, wobei das Attribut SIZE nicht mit absoluten Punktgrößen arbeitet, sondern mit den Werten 1 bis 7. `<FONT SIZE="3">` zeigt z. B. den Text in Schriftgröße 3 an, ist aber als Wert SIZE="+3" angegeben und die Grundgröße (BASEFONT) auf 2 eingestellt, erscheint der Text in Größe 5.

Tabellen und unsichtbare GIFs als Layoutmittel

Da die Zellen einer Tabelle sowohl Text als auch Bilder enthalten können, werden beim Web-Design unsichtbare Tabellen verwendet, um zumindest eini-

germaßen layouten zu können. Vergleichbar einem variablem Raster lassen sich auch komplexe Gestaltungen realisieren und alle Autorenprogramme bieten heute ein Layoutraster an, das im Wesentlichen nichts anderes ist als eine unsichtbare Tabelle, die automatisch vom Programm generiert wird. Da Tabellen zudem die einzige Möglichkeit darstellen, eine zusätzliche Layoutebene zu tricksen, sind sie für die Arbeit des Web-Designers essenziell und Sie sollten sich mit dieser Materie unbedingt vertraut machen (siehe Kapitel Tabellen).

Nicht alle Positionierungen lassen sich mittels Tabellen lösen, weshalb sich Web-Designer auch mit unsichtbaren Bildern als Platz- und Abstandhalter behelfen. Hierbei handelt es sich um ein transparentes GIF-Bild mit der Abmessung 1 Pixel, das auf die entsprechende Größe skaliert wird (in HTML lassen sich Bilder mittels der Attribute HEIGHT und WIDTH im IMG-Marker skalieren). Dieser Trick kann auch dazu verwendet werden, einen Texteinzug zu gestalten, wie dies bis zur Version 3.0 des Internet Explorers und Navigator 4.0 hierfür notwendig war.

Positionieren mit Rahmen

Eine weitere Besonderheit bei der Webgestaltung ist der Einsatz von Rahmen (Frames). Dabei wird das Hauptfenster des Browsers in mehrere Rahmen (Frames) aufgeteilt, die wie ein eigenes Browserfenster mit Rollbalken funktionieren und eine separate HTML-Datei anzeigen. Designer verwenden dies meist für das Firmenlogo und Navigationselemente (lesen Sie mehr im Kapitel Frames).

Cascading Style Sheets und Layers

Diese Erweiterung der HTML-Syntax erlaubt das Formatieren von Text (ohne das Zeichensatzproblem lösen zu können; dies geschah erst mit Dynamic Fonts), den Einsatz von Ebenen und sogar deren Animation.

Cascading Style Sheets erfordert mindestens Netscape Navigator 4 bzw. Microsoft Internet Explorer 4. Mit diesen Ebenen (Layers) sind Sie in der Lage Text, Applets oder Bilder mit absoluten xy-Werten zu positionieren und über eine z-Achse Elemente übereinander zu packen. Aufgrund von Kompatibilitätsproblemen, und da nicht jeder Browser jede Funktion von Cascading Style Sheets unterstützt, verzichten viele Web-Designer auf deren Einsatz, wenn es nicht unbedingt nötig ist, oder kombinieren es mit dem FONT-Marker. Hierdurch ist dann auch eine Rückwärtskompatibilität gewährleistet.

BILDER

Auf dem Internet dominieren zwei Bildformate, JPEG und GIF. Beiden Formaten ist die hohe Kompression der Daten gemein. JPEG wird üblicherweise für fotografische Motive verwendet, da es bis zu 16 Millionen Farben speichern kann, GIF dagegen überwiegend für grafische Motive. GIF lässt sich zwar, trotz seiner Limitierung auf 256 Farben, auch für Fotos einsetzen, aber schneidet dabei wesentlich schlechter als JPEG ab. Ein entscheidender Vorteil von GIF ist allerdings, dass es eine Transparenzstufe besitzt. Dies bedeutet, dass sich hierüber frei gestellte Bilder und Motive gestalten lassen. Wichtig für die Konzeption einer Web-Site ist es, diese aus wieder verwendbaren Elementen aufzubauen, um die Übertragungszeiten zu reduzieren. So sollte idealerweise dasselbe Hintergrundbild durchgängig auf der Web-Site zum Einsatz kommen.

Um eine Datei auf einem Server zu lokalisieren, müssen Sie den Pfad eingeben. Dieser Pfad sieht aus wie eine URL im Browser. Um eine Verknüpfung zu einer Datei auf einem anderen Server herzustellen, würden Sie z. B. <A HREF="http://www.server.com/Ordner/Datei"> eingeben. Jedes /-Zeichen stellt dabei einen Unterordner dar. Diese Referenzierung wird »absolute« Adresse genannt. Sie haben es erraten, wenn es eine absolute Adresse gibt, dann auch eine relative Adresse, die verwendet wird, wenn die Datei auf demselben Server oder Site ist. Um dem Browser zu signalisieren, dass es sich um eine relative Adresse handelt, verwenden Sie zwei Punkte am Anfang. Hat die Datei »Services1.html« im Ordner »Services« z. B. eine Verknüpfung zur Datei »Kontakt.html« im Ordner »Kontakt«, würde die Verknüpfung so aussehen: <A HREF="../Kontakt/Kontakt.html">. Dies war leicht, da die Dateien und Ordner auf der gleichen Ebene in der Verzeichnisstruktur waren. Was aber, wenn diese sich auf unterschiedlichen Ebenen befinden? Sie fügen für jede Ebene in der Hierarchie »../« zur relativen Adresse ein. Beispiel: Eine HTML-Seite (topfolder/level1/level2/level3/document.html) hat eine Verknüpfung zu einem Bild in einer höheren Ebene (topfolder/image-folder/pen.gif); die Adresse würde dann lauten: »../../../image-folder/pen.gif«.

HYPERTEXT-VERKNÜPFUNGEN

Obwohl dies keine Layoutfunktion ist, halte ich es dennoch für wichtig, hierauf kurz einzugehen. Hypertext-Verknüpfungen stellen einen der wesentlichen Unterschiede zum Gestalten in Printmedien dar und beeinflussen dementsprechend auch die Gestaltung von Webseiten.

In einem HTML-Dokument können Text und Bilder mit Verknüpfungen zu anderen URLs oder Dokumenten angelegt sein. Wenn der Anwender auf eine solche Verknüpfung klickt, öffnet sich das entsprechende Dokument im Browserfenster.

Verknüpfungen eignen sich aber auch, um Inhaltsverzeichnisse für lange Seiten anzulegen. Hierbei muss auf der Seite ein so genannter Anker platziert sein, der sich von der Verknüpfung adressieren lässt. Für einen Anker oder

Ein kleiner Tipp: Um eine Verknüpfung zu einer E-Mail-Adresse herzustellen, geben Sie anstatt einer URL die E-Mail-Adresse mit dem Zusatz mailto: »mailto:Name @Server.com« an.

Dank der HTML-Autorenprogramme sind Designer nicht mehr genötigt, Web-Design durch das Eingeben von HTML-Code zu machen. Trotzdem sind HTML-Grundkenntnisse sehr hilfreich, denn das Schreiben oder Lesen von HTML-Code lässt sich bei der allfälligen Fehlerfindung und -behebung nicht komplett vermeiden. Aus diesem Grund will ich Sie in diesem Buch mit den wichtigsten HTML-Markern vertraut machen [02-01]:

```
<HTML>
   <HEAD>
   <TITLE>...</TITLE>
   </HEAD>
      <BODY>
      </BODY>
</HTML>
```

Die Basis-HTML-Marker 02-01

Alle HTML-Befehle werden zwischen zwei spitze Klammern platziert. Jedes HTML-Dokument besteht aus einigen fest vorgegebenen Markern wie HTML, HEAD und BODY [02-02]. <HTML> ... </HTML> umschließt dabei das gesamte Dokument und identifiziert die Datei als HTML. Ausnahme ist der Marker <!DOCTYPE>, der eine SGML-Erklärung ist und vor dem HTML-Marker steht. Seit der HTML-3.2-Spezifikation muss jedes HTML-3.2-Dokument mit der !DOCTYPE-Erklärung anfangen, z. B. <!DOCTYPE HTML PUBLIC "-//W3C//DTD HTML 3.2 Final//EN">.

Die <HEAD> ... </HEAD>- Marker fassen einige Marker zusammen, wie den Marker TITLE. Der Marker TITLE ist obligatorisch und bestimmt, was in der Kopfleiste des Browserfensters als Titel angezeigt wird. Da dieser auch von Suchmaschinen bei der Auflistung ihrer Suchergebnisse verwendet wird, sollten Sie hier einen möglichst aussagekräftigen Titel vergeben. Ein weiterer wichtiger Marker, der manchmal im Head-Bereich steht, ist der Marker META. Wie dieser Marker eingesetzt wird, ist detailliert im Kapitel »Installieren & Registrieren« erklärt. Über diesen Marker sind zusätzliche Informationen und Schlüsselbegriffe speicherbar, die sicherstellen, dass Ihre Web-Site bei einer entsprechenden Suche in einer Suchmaschine auch auftaucht.

Der Marker <BODY> ... </BODY> enthält den gesamten Seiteninhalt wie Text oder Bilder. Sie haben dabei eine Reihe von Attributen zur Verfügung, die die Farbe des Textes, der Verknüpfungen und des Hintergrundes definieren: ALINK="color", BACKGROUND="bgURL", BGCOLOR="color", LINK="color", TEXT="color", VLINK="color".
Die Attribute TEXT, LINK, ALINK und VLINK dienen zur Farbbestimmung des Textes und der Verknüpfungen auf der Seite. TEXT ändert dabei die normale Textfarbe und ist entweder per Farbname oder als hexadezimaler Rot-Grün-Blau-Wert bestimmbar.

Um alle Verknüpfungen in Ihrem Dokument vom normalen Text abzuheben, sollten Sie eine auffällige Farbe verwenden, die exklusiv für Verknüpfungen eingesetzt wird und nicht zu sehr der normalen Textfarbe ähnelt.
ALINK, das für "Active Link" steht, ist die Farbe einer Verknüpfung, während der Anwender die Maustaste drückt. Wichtiger ist aber das Attribut VLINK, weil dieses definiert, wie die Verknüpfung aussieht, nachdem der Besucher diese gedrückt hat. Hier bietet es sich an, eine Farbe zu nehmen, die der normalen Textfarbe sehr ähnlich ist. Beispielsweise die Farbe Grau bei einem schwarzen oder weißen Fließtext.
Wenn Sie die Farben der Verknüpfungen definieren, um damit die Voreinstellungen des Anwenders zu überschreiben, sollten Sie auch die Hintergrundfarbe mit BGCOLOR ändern.
Nun, da Sie die drei wichtigsten Hauptcontainer einer HTML-Datei kennen, steht der Gestaltung der ersten Webseite nichts mehr im Wege.

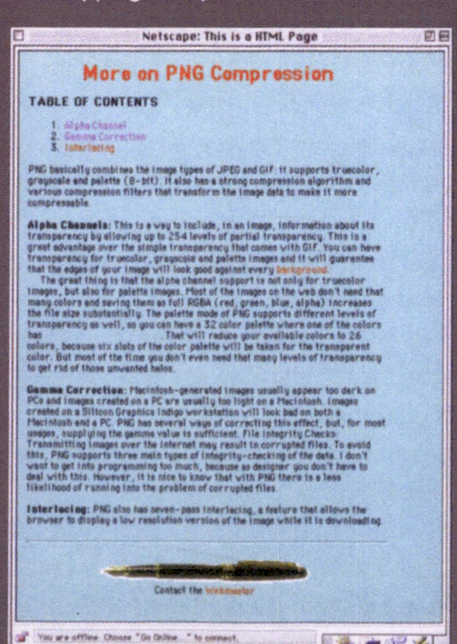

Dies ist das Resultat der HTML-Datei auf der rechten Seite.

```
<!DOCTYPE HTML PUBLIC "-//IETF//DTD HTML 3.0//EN">
<HTML>

   <HEAD>
      <TITLE>This is a HTML Page</TITLE>
   </HEAD>


<BASEFONT SIZE="3" FACE="Helvetica,Arial">
<BODY TEXT="#000000" LINK="#FF0000" VLINK="#AA1177" ALINK="#FFFF00"
 BGCOLOR="#66CCCC">

   <TABLE WIDTH="400" BORDER="0">
   <TR><TD>
      <CENTER>
      <H1><FONT COLOR="#FF0000">More on PNG Compression</FONT></H1>
      </CENTER>
        <H3>TABLE OF CONTENTS</H3>
      <OL TYPE="1" START="1">
        <LI><A HREF="#Anchor1">Alpha Channel</A>
        <LI><A HREF="#Anchor2">Gamma Correction</A>
        <LI><A HREF="#Anchor3">Interlacing</A>
      </OL>
      <P>PNG basically combines the image types of JPEG and GIF:  it supports
      truecolor, grayscale and palette (8-bit).  It also has... compressable. </P>
      <P><A NAME="Anchor1"></A><B>Alpha Channels:</B> This is a way to  ...
      good against every <A HREF="http://www.background.com"> background.
      </A><BR>
      <SPACER TYPE="horizontal" SIZE="14">The great thing is that the alpha
      ... <BLINK>six levels of transparency</BLINK>. That will ...  halos.<BR> </P>
      <P> <A NAME="Anchor2"></A><B>Gamma Correction:</B> Macintosh-genera-
      ted images ... value is sufficient. <BR>
      File Integrity Checks: Transmitting images ... corrupted files.<BR></P>
      <P> <A NAME="Anchor3"></A><B>Interlacing:</B> PNG also has seven-pass
      interlacing, a feature that allows the browser to display a low resolution
      version of the image while it is downloading. </P>
   <HR><BR>
      <CENTER><IMG SRC="../../images/pen.gif" WIDTH="235" HEIGHT="28">
      <BR>
      Contact the <A HREF="mailto:MBaumgardt@Compuserve.com"> Webma-
      ster</A></CENTER>
      </TD></TR>
   </TABLE>

</BODY>
</HTML>
```

Ein Beispiel für ein HTML Dokument: die DOCTYPE Erklärung am Anfang, gefolgt von dem HTML-Marker.

Mit BASEFONT und dem Attribut FACE legen Sie Zeichensatz und Schriftgröße fest. Im BODY-Marker lassen sich die Farben des Hintergrundes und der Verknüpfungen bestimmen.

Um das Umbrechen des Textes beim Verändern des Browserfensters zu vermeiden, wurde hier der gesamte Text in einer unsichtbaren Tabelle platziert. Um die Tabelle unsichtbar zu machen, setzen Sie BORDER auf »0«. Die Marker TR und TD sind nötig für das Feld innerhalb der Tabelle. Der Marker H1 definiert eine Überschrift.

Dieses Dokument zeigt auch, wie mit Ankern und Verknüpfungen gearbeitet wird (hier rot eingefärbt). »Table of Contents« am Anfang erlaubt es dem Anwender, zur entsprechenden Textstelle zu springen. Für eine Verknüpfung zu einem externen Dokument geben Sie einfach die URL in einen <A>-Marker ein.

Der SPACER-Marker ist ein spezieller von Netscape eingeführter Marker und wird nicht von Internet Explorer unterstützt. Es gibt eine Reihe solcher browserspezifischen Marker, die möglichst vermieden werden sollten. In diesem Beispiel wurde mit dem SPACER-Marker ein Einzug gestaltet, was sich inzwischen aber über Cascading Style Sheets besser lösen lässt.

Das Bild des Füllfederhalters wurde mit dem Marker IMG plaziert.

Beispiel für ein typisches HTML-Dokument 02-02

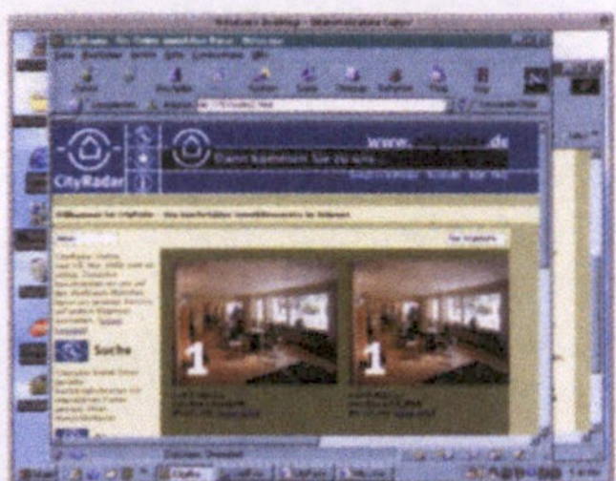

Das Idealszenario: In einem Autorenprogramm wie Adobe GoLive erstellen Sie die Web-Site (siehe oben am Beispiel der Web Site CityRadar.de), wechseln dann zu SoftWindows und testen diese in Microsoft Internet Explorer und Netscape Navigator. Anschließend überprüfen Sie noch, ob die Web-Site auch mit den Macintosh-Browsern gut aussieht. Dass Sie zuerst die Windows-Browser testen sollten hat seinen Grund: HTML-Code, der auf Windows gut aussieht, funktioniert in der Regel auch auf Macintosh, umgekehrt aber oftmals nicht.

SoftWindows 98

Nach wie vor bevorzugen viele Designer, vor allem im Bereich Desktop-Publishing, den Macintosh als Gestaltungsplattform. Das Problem dabei ist aber, dass es für das Web-Design essenziell ist, Webseiten auch unter Windows in den verschiedenen Browsern zu betrachten. Eine nahe liegende Lösung wäre, sich einen Windows-Rechner zuzulegen, aber es gibt eine Alternative: SoftWindows von FWB. Hierbei handelt es sich um einen Windows-Emulator für den Macintosh, der in vielerlei Hinsicht die Ideallösung für Web-Designer darstellt. SoftWindows wird auf der Festplatte installiert wie jedes andere Programm auch – allerdings benötigt SoftWindows sehr viel Festplattenspeicher. Nicht so sehr das eigentliche Programm als die Windows-Partition, die ebenfalls installiert werden muss. Idealerweise sollten Sie also schon 1 Gigabyte freien Festplattenspeicher besitzen, aber auch mit 500 MByte lassen sich die Vorteile nutzen. Das Geniale an der Arbeit mit SoftWindows ist, dass Sie einen Macintosh-Ordner als Windows-Festplatte definieren können. Dies bedeutet, dass Sie beispielsweise den Ordner mit der gespiegelten Web-Site (Mirror-Site) als Windows-Festplatte festlegen und im Windows-Browser einfach die index.html-Seite aufrufen. SoftWindows besitzt zudem noch eine Funktion, die sich Turbo-Start nennt. Hierbei wird das Programm beendet ohne Windows herunterfahren zu müssen. Sprich, beim nächsten Start von SoftWindows erscheint der Arbeitsplatz so, wie er verlassen wurde, mit allen seinen geöffneten Programmen.

eine Verknüpfung dient der <A>-Marker. Alles, was zwischen Anfangs- und Endmarker platziert wird, ist aktiv, und sobald der Anwender den Mauszeiger über eine Verknüpfung bringt, ändert sich dieser zu einem Handsymbol.

Ein Anker, mit dem sich eine bestimmte Stelle markieren lässt, ist eine Variante der Verknüpfung und wird ebenfalls über den <A>-Marker erstellt: <A NAME="Ankername"></A>. Beim Anker muss kein Text zwischen Anfangs- und Endmarker stehen, nur die Benennung des Ankers ist wichtig. Zu diesem Anker wird eine Verknüpfung hergestellt über <A HREF="#Ankername"> Klicken Sie hier</A>, wenn die Verknüpfung (Link) und der Anker auf derselben Seite sind (wie bei einem Inhaltsverzeichnis am Anfang einer Seite). Ist der Anker in einem anderen Dokument, wird der Dokumentname vorangestellt:

<A HREF="document.html#anchor-Name"> Klicken Sie hier</A>.

Der erste <A>-Marker im Beispiel [02-04] kennzeichnet aufgrund des »#«-Zeichens die Phrase »Arrival in New York« als eine Verknüpfung zu einem Anker. Klickt der Anwender hierauf, springt das Browserfenster an die Stelle, wo sich der Anker <A NAME="chapter 01"></A> befindet.

Noch ein Tipp: Wenn Sie zu einer anderen Web-Site verbinden, sollten Sie immer das Attribut TARGET verwenden. Dies erlaubt es Ihnen, die andere Web-Site in einem neuen Fenster zu öffnen, wodurch Ihre Web-Site präsent bleibt (siehe Kapitel Frames).

Eine weitere wichtige Anwendung für den <A>-Marker ist die Verbindung zu einer E-Mail-Adresse oder einer FTP-Site. Manchmal sehen Sie auf einer Seite den Satz: »Bitte senden Sie Kommentare oder Fehlermeldungen an den WEBMASTER«, wobei ein Mausklick auf das Wort Webmaster das E-Mail-Fenster öffnet, in dem die Empfängeradresse bereits eingetragen ist. Dies wird einfach über »mailto« im Attribut HREF erzielt. Unser Beispiel würde also so aussehen:

```
<A HREF="mailto: webmaster@ser-
ver.com">WEBMASTER</A>.
```

■ DIE ERSTEN SCHRITTE BEI DER UMSETZUNG

Nachdem Sie die wesentlichen Problematiken und Besonderheiten nun kennen, stellt sich die Frage: Wie fangen Sie die Umsetzung einer Webseite an?

Wenn Sie mit einem Autorenprogramm wie GoLive oder Dreamweaver arbeiten, können Sie Text oder Bilder importieren und einfach auf einem Layoutraster platzieren, ziemlich vergleichbar einem Layoutprogramm. Wenn Sie nicht mit einem Programm arbeiten, das Layoutraster unterstützt (also einer unsichtbaren Tabelle), dann müssen Sie diese selbst anlegen. Dazu unterteilen Sie die Gestaltung in rechteckige Bereiche. Diese werden später von Tabellen zusammengehalten, wobei es sehr selten ist, dass die gesamte Gestaltung mit nur einer Tabelle realisiert wird. Meistens kommen mehrere Tabellen zum Einsatz, gehalten wiederum von einer Haupttabelle.

Bei einem klassischen Konzept mit einem Randstreifen, die eine Navigationsleiste enthält, würde die Haupttabelle beispielsweise zweispaltig sein: Die linke Spalte enthält eine Tabelle für die Navigationsleiste und die rechte Spalte den Text und die Bilder.

Der Grund, warum nicht versucht wird, die gesamte Gestaltung in einer einzelnen Tabelle zusammenzufassen, hängt mit der unterschiedlichen Laufweite des Textes zusammen. Aus diesem Grund darf die Tabelle nicht statisch sein, sondern muss sich in der Länge anpassen ohne dabei das Layout zu zerstören.

Der zweite Schritt – wenn Sie mit Adobe GoLive oder Macromedia Dreamweaver arbeiten – ist, eine Musterseite zu sichern. Diese Musterseite enthält alle Elemente, die auf allen Seiten vorhanden sein soll wie beispielsweise Hintergrund, die Farbigkeit, die Navigationsleiste, das Logo und vielleicht auch eine Streifenbandanzeige. Mit dieser Musterseite lässt sich anschließend die komplette Site-Architektur aufbauen. Hier bieten GoLive, Dreamweaver und Fusion eine spezielle Übersicht an, in der sich die Musterseiten in einer Baumstruktur anordnen lassen. Erst nachdem eine komplette Struktur angelegt ist und getestet wurde, geht es an das Füllen der Seiten mit Inhalten. Die vorherige Testphase ist wichtig, um sich unnötige Arbeit zu ersparen, denn Fehler lassen sich oftmals schwerer korrigieren, wenn die Seiten teilweise schon gefüllt sind (ein Fallbeispiel, wie eine komplette Web-Site, vom Entwurf bis zur Umsetzung, entsteht, lässt sich im Anhang nachlesen).

Aber selbst ohne HTML-Autorenprogramm lässt sich relativ schnell eine Web-Site umsetzen. Hierzu schreiben Sie den HTML-Code direkt in ein Textbearbeitungsprogramm (siehe Kasten) und sichern die Datei als »Nur Text«. Dies ist wichtig, damit der Text im ASCII-Format abgelegt wird und keine zusätzlichen Steuerzeichen enthalten sind. Wenn Sie mit Microsoft Word arbeiten, lässt sich theoretisch die Seite auch hier gestalten und als HTML exportieren. Diese Vorgehensweise ist aber nur für einfachere Projekte zu empfehlen oder wenn Sie mit HTML sehr vertraut sind.

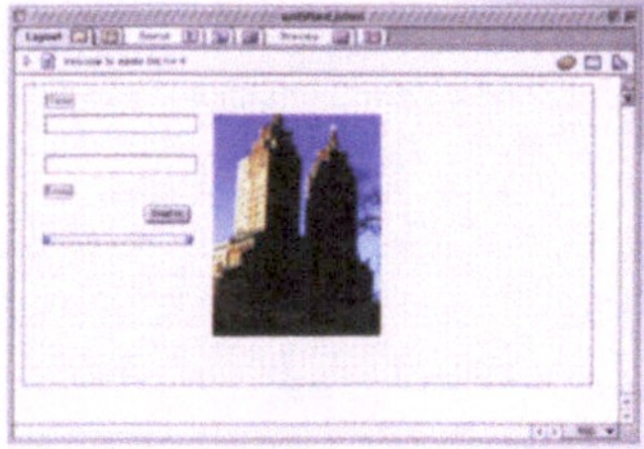

Layoutraster, wie beispielsweise hier in GoLive, sind nichts anderes als HTML-Tabellen mit speziellen Eigenschaften.

In GoLive lassen sich Musterseiten und Komponenten speichern, die dann über die Palette aufrufbar sind. Diese lassen sich dann direkt hieraus auf eine Seite ziehen oder als neue Seite in die Site-Struktur.

Interview mit Rikus Hillmann von Pixelpark

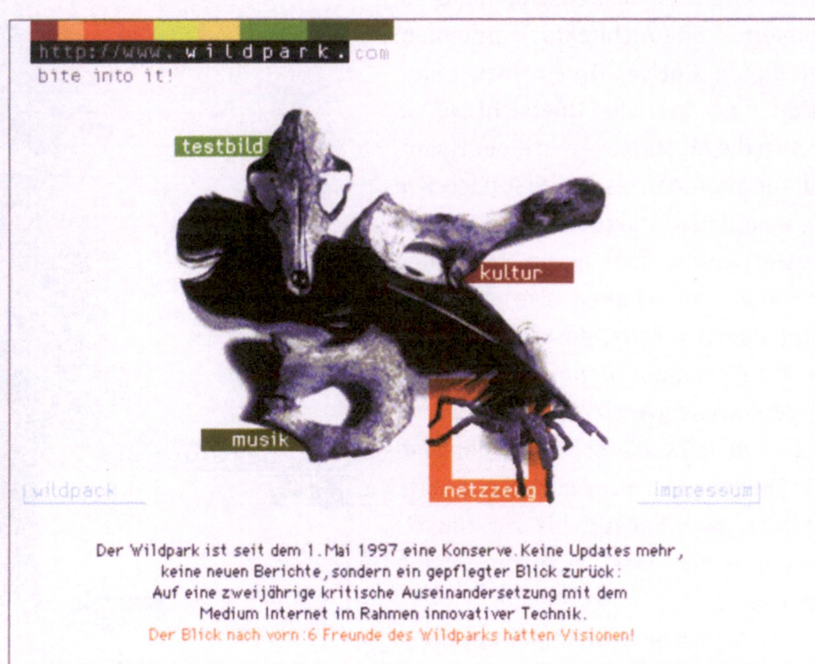

Die Hauptseite der Wildpark-Web-Site.

Pixelpark, eine der etabliertesten und bekanntesten deutschen Multimedia- und Webagenturen, zählt viele deutsche Unternehmen, wie beispielsweise adidas, Bertelsmann, Langnese, Lufthansa, Rotring oder Zeiss, zu Ihren Kunden. Für den Sportartikelhersteller adidas hatte Pixelpark beispielsweise ein umfassendes Gesamtkonzept zur Integration digitaler Kommunikation entwickelt mit Produkt- und Unternehmensinformationen, Terminen, Spielen und Event-Tipps. Unter der Rubrik adidas-Events werden beispielsweise aktuelle Veranstaltungen angekündigt wie Streetballwettbewerbe oder ein Training mit Spitzensportlern in den adidas-Basketball-Camps (http://www.adidas.de). Aber auch bekannte deutsche Popmusiker wie Herbert Grönemeyer lassen ihre Webpräsenz von Pixelpark gestalten. »Für mich ist wichtig, dass Leute ununterbrochen Zugriff auf Informationen haben und mit mir in einer Weise kommunizieren können, die sonst nicht möglich ist«, erklärte Herbert Grönemeyer anlässlich eines Live-Chats mit seinen Fans. Viele der Web-Sites wurden von Rikus Hillmann, Artdirector bei Pixelpark, gestaltet. Aus seiner Hand stammt nicht nur die Grönemeyer-Homepage (http://www.groenemeyer.de), sondern auch das E-zine »Wildpark«. Wildpark war eine E-Zine mit Vision, ein Magazin im Internet über und für das Internet. Techno, Pop, Menschen, Technik, Kunst, Filme und Stars sind die Themen des interaktiven und audiovisuellen Magazins. Der Wildpark besteht seit Sommer 1995, wurde allerdings 1997 eingestellt und ist seitdem nur noch eine Konserve. Gestaltet von Rikus Hillmann und redaktionell betreut von Sabine Fischer, wurde Kommunikation im Wildpark groß geschrieben: Fragen, Antworten und Kommentare waren zu jedem Beitrag möglich.

Mit Wildpark hat Pixelpark ein sehr ambitioniertes Projekt ins Leben gerufen. Können Sie mir etwas mehr erzählen zu der Intention, sowohl inhaltlich als auch gestalterisch?

Rikus Hillmann: Der konzeptionelle Ansatz bei Wildpark war, ein eigenständiges Online-Magazin zu schaffen. Dabei versteht sich Wildpark als Autoren- und Kulturmagazin, denn es ging uns darum, die Online-Kultur mit all ihren Aspekten von Musik bis Film einzufangen. Das Grunddesign spielt mit der Spannung von organischen Objekten, wie beispielsweise den Knochen, und geometrischen Elementen, hier den Farbcodelogos. Beim visuellen Konzept haben wir zudem versucht einen festen funktionalen Rahmen zu schaffen, innerhalb dessen wir dann die einzelnen Beiträge individuell gestalten konnten. Dadurch reduzierte sich der Produktionsaufwand und gleichzeitig erhielten die Seiten ein gestalterisches Grundgerüst, das den Zusammenhalt der Optik sicherstellt. Dabei hat das visuelle Konzept einige Änderungen durchlaufen: Seit der ursprünglichen Konzeption für Wildpark von Mike Meiré und Peter Saville, die schon 1995 entstand, wurde das Magazin in drei Stufen in Funktionalität und Visualität auf die wachsenden Möglichkeiten des Mediums angepasst, wie beispielsweise die Verwendung von Frames und JavaScript.

Was hat Sie denn besonders an der Arbeit für Wildpark gereizt?

Rikus Hillmann: Das schöne an Wildpark war die Möglichkeit mit den Inhalten zu experimentieren und die Funktionalität und Struktur dem Inhalt anzupassen. Vor allem hat ein Online-Magazin den immensen Vorteil, dass man die Inhalte fließend und stetig aktualisieren kann.

Wo lagen die Schwierigkeiten beim Gestalten eines Online-Magazins?

Rikus Hillmann: Das Problem bei Wildpark war, eine Struktur zu schaffen, die das tägliche Aktualisieren ohne großen Aufwand ermöglichte. Es musste ein bestimmter Rahmen existieren, der die neu gestalteten Inhalte aufnehmen kann, denn wir hatten manchmal zwischen drei und vier neue Artikel am Tag. Wir haben Mustervorlagen entwickelt, die bereits die Standardfunktionalität enthielten und damit dann die Texte umgesetzt.

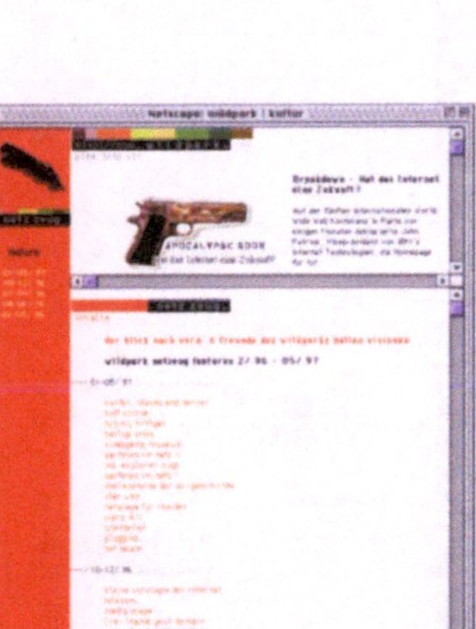

Online-Magazine sind ja ein relativ neues Medium. Während man beim Printmedium eine klare und etablierte Formensprache hat, mussten Sie dies für Wildpark erst entwickeln. Was sind da ihre Erfahrungen?

Rikus Hillmann: Wildpark hat als eine sehr komplexe Site angefangen und wir merkten sehr schnell, dass wir die Struktur vereinfachen müssen. Wir haben dann von zehn auf vier Bereiche reduziert, um das Magazin übersichtlicher zu machen und außerdem dem Leser leichter eine Übersicht über neue Beiträge zu geben. Für diese vier Hauptbereiche haben wir dann jeweils eine eigene Hauptseite gestaltet, die jeden Tag ein Special enthielt. Der nächste logische Schritt wäre gewesen, bereits auf den

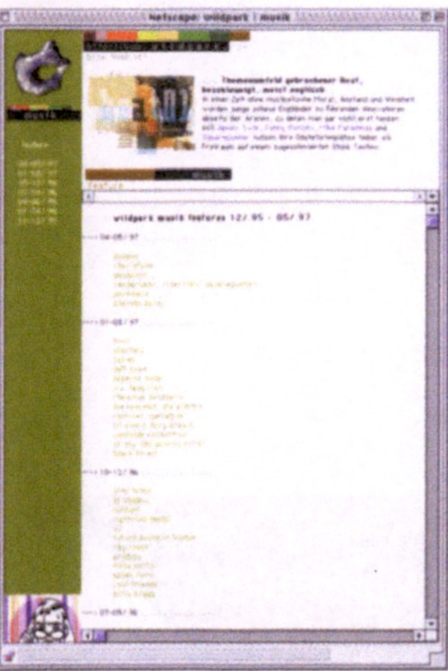

vier Hauptseiten Teile des Inhalts zu präsentieren. Besucher hätten dann auf der Hauptseite bereits den Anfang des Beitrages lesen und entscheiden können, ob er sie interessiert. Ich glaube, dass die Komprimierung von Information sehr wichtig war und es ist ganz essenziell, möglichst wenig Schritte zu haben, um zum Inhalt zu kommen. Zuletzt waren es nur noch drei Schritte: Einstiegsseite, dann die Hauptseiten der Bereiche und dann der eigentliche Artikel. Mir wäre aber am liebsten, wenn man direkt von der Einstiegsseite in den Inhalt springen könnte.

Also vergleichbar der Titelseite einer Tageszeitung, wo man die Artikel angerissen hat, aber die Fortsetzung dann im Innenteil liest?

Rikus Hillmann: Ja, aber es geht noch weiter, denn man hätte hier geeignete Auswahlmöglichkeiten schaffen müssen. Es ist natürlich eine große Herausforderung, den Inhalt auf der Hauptseite so abzubilden, dass er bereits hier erfahrbar ist. Dies wird bis jetzt noch recht wenig gemacht, da es auch einen größeren technischen Aufwand darstellt.

Warum ist der Wildpark eigentlich eingestellt worden?

Rikus Hillmann: Wildpark wurde von Pixelpark aufgebaut, aber trotz des großen Erfolges ist in Deutschland mit einem E-Zine, wie dem Wildpark, heute noch kein Geld zu verdienen. Als Innovations- und Informationsplattform ist der Wildpark aber für die Agentur extrem wertvoll gewesen.

Man könnte dies wohl gut in dem Satz zusammenfassen: A lot to learn, nothing to earn. Wildpark war ja lange Zeit das

Aushängeschild von Pixelpark und ich könnte mir vorstellen, dass es sich von der Seite wenigstens gerechnet hat?
Rikus Hillmann: Ich denke, die Erfahrungen und das Know-how, das wir in dem Projekt gesammelt haben, brachten Pixelpark im Online-Markt ganz nach vorne. Aber im Zuge der marktgerechten Unternehmensentwicklung fiel irgendwann die Entscheidung, dass Pixelpark eine Multimedia-Agentur, aber kein Publisher ist und sich darum auf den Ausbau anderer Geschäftsfelder konzentriert.

Wie sehen sie eigentlich die Zukunft von Online-Magazinen generell, denn augenblicklich ist der Trend ja dahin, kostenlos Inhalte auf dem Internet anzubieten und Geld über die Werbeeinnahmen zu machen?
Rikus Hillmann: Für Online-Magazine sehe ich in jedem Fall eine Zukunft, aber ich kann nur sehr schwer abschätzen, wie dies mit der Vermarktung ist. Meiner Meinung nach haben Online-Magazine eine sehr große Wertigkeit, einerseits als Ergänzung zu einem Printmagazin, um beispielsweise die Nachteile des Printmediums aufzufangen beziehungsweise dessen Möglichkeiten zu erweitern, andererseits auch als eigenständiges Magazin, denn es lassen sich mit diesem Medium ganz andere Sachen realisieren. Ich arbeite jetzt gerade an einem neuen Projekt, bei dem ich für das Magazin Buzz eine Online-Variante entwerfe. Wir nutzen diese, um beispielsweise die Transkripte der Interviews

Pixelpark

ungekürzt zu veröffentlichen und noch mal eine ganz andere inhaltliche Ausrichtung zu präsentieren oder die Beiträge einfach nur medial mit Audio zu unterstützen.

Was, glauben Sie, muss sich im Online-Magazin-Bereich noch verbessern, damit sich Online-Magazine durchsetzen?

Rikus Hillmann: Die Texte in den meisten Online-Magazinen sind zu lang und das hängt, glaube ich, auch damit zusammen, dass viele Online-Redakteure von den Printmedien kommen. In absehbarer Zeit wird es mehr Online Redakteure geben, die einen Stil entwickelt haben, der dem Medium gerecht wird. Außerdem sollten die Inhalte auch mehr die Möglichkeiten des Mediums ausnützen. Texte und Bilder einfach so ins Internet zu setzen, funktioniert so nicht. Dies war von Anfang an ein großes Problem und hier müssen einfach Lösungen gefunden werden. Daraus könnte sich eine eigene Gestaltungsart entwickeln, mit einer eigenen Visualität und Funktionalität.

Wenn ich das richtig verstehe, geht es darum, eine neue visuelle Formensprache zu entwickeln, die anstatt nur Text und Bilder zu bringen, ein Gesamtkunstwerk aus Audio, Animation, Text und Fotos darstellt?

Rikus Hillmann: Genau, aber dies ist natürlich davon abhängig, wie wirtschaftlich das Ganze sein muss. Wildpark an sich war sehr statisch: Wir bekamen einen Text und zwei Bilder und diese mussten schnellstmöglich auf das Netz. Die Geschichten wurden dabei ohne großen redaktionellen Aufwand entwickelt und das war mir eigentlich immer zu statisch. Ich hätte mir da mehr Spielerei gewünscht. Aber dies ist auch bei anderen Online-Magazinen nicht anders. Man sieht, dass die Artikel ohne großen Aufwand gestaltet wurden, manchmal noch mit einer gelungenen Visualität, aber in der Regel ohne nennenswerte medienspezifische Funktionalität. Oftmals kann man nur von einer Seite zur nächsten springen. Was ich mir wünschen würde, wäre eine Funktionalität, die Teil der Geschichte ist und diese miterzählt. Dies ist aber schwerer zu realisieren, denn dann muss der Designer zusammen mit dem Schreiber bereits im Vorfeld die Geschichte entwickeln, was ich bis jetzt noch sehr wenig gesehen habe.

Das finde ich jetzt sehr interessant, denn es scheint hier sehr viel Parallelen zu geben zu den CD-ROM-Magazinen. Jason Pearson, Artdirector und Mitgründer des amerikanischen CD-ROM-Magazins Blender, hat mir in einem Interview gesagt, dass sie lernen mussten, wie viel Text am Bildschirm man dem Leser zumuten kann.

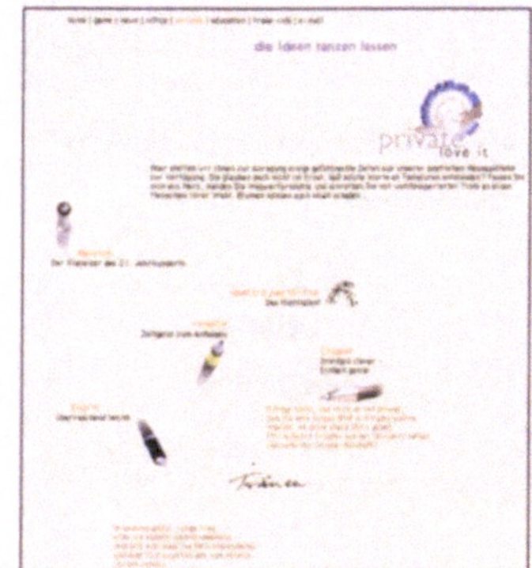

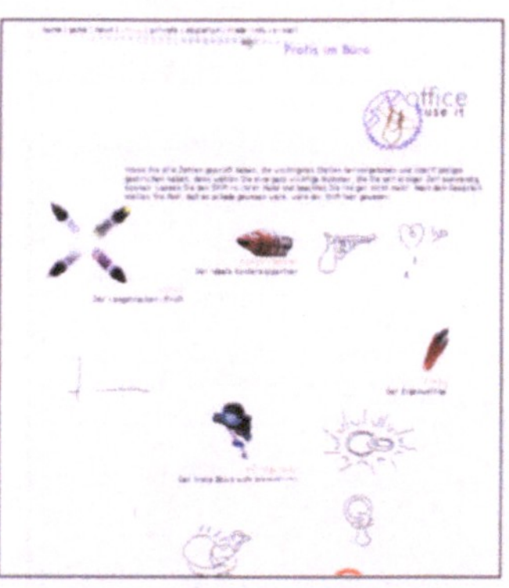

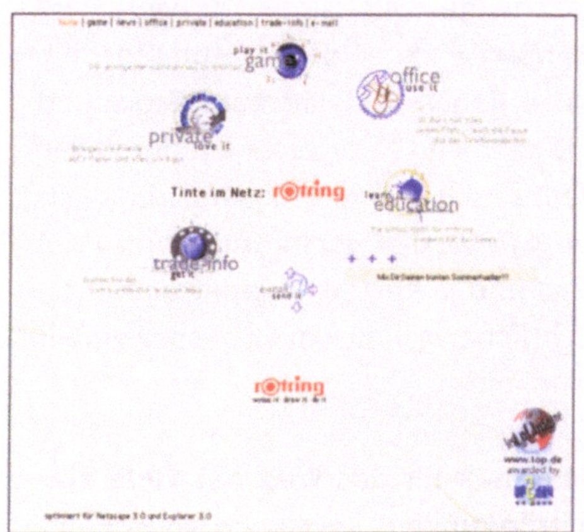

Händler, Zeichner und Texter müssen in Zukunft nicht mehr zum Stift greifen, um Kontakt zum Unternehmen aufzunehmen – eine E-Mail genügt. Mit dem Ziel, die Kommunikation mit den Händlern zu optimieren und langfristig ein Bestellsystem im Netz zu etablieren, gestaltete Rotring seine Homepage. Die Produktwelt des Schreibgeräteherstellers wird hier unter den Oberbegriffen office, private, education verspielt funktional vorgestellt.

URL: http://www.rotring.de
Projektleitung: Anja Berendes
Internet-Start: Dezember 1996
Creative Direction: Claudius Lazzeroni/Michael Kutschinski

Sie beschränken sich heute auf maximal 2500 Buchstaben für den Hauptartikel und noch mal 1500 Buchstaben in den Hyperlinks. Außerdem bestätigte auch er, dass die Beiträge viel besser werden, wenn das Konzept zuvor zwischen Grafiker und Redakteur besprochen wurde.

Rikus Hillmann: So eine Situation wäre wünschenswert, aber dies ist sehr selten möglich. Leider gibt es nicht viele Projekte, wo man dies so realisieren kann. Wir arbeiten sehr viel mit Firmen zusammen, wo eine kreative Umsetzung des Inhaltes gar nicht so gewünscht ist. Bei den Web-Sites für Industrieunternehmen gibt es in der Regel nur lineare Inhalte. Wenn man, wie ich, schon länger mit dem Medium arbeitet, wünscht man sich irgendwann einen Fortschritt bei der Präsentation der Inhalte.

Wenn Sie alle Möglichkeiten zur Verfügung hätten wie würden Sie dann ein Online-Magazin gestalten?

Rikus Hillmann: Das optimale Online-Magazin sollte nur aus einer Seite bestehen – alles kurz und knapp ohne komplizierte Navigation mit einer einzigen Geschichte, die jeden Tag wechselt. Eine Art informativer Seifenoper, bei der es jeden Tag eine Fortsetzung gibt, ohne Archiv und ohne lange Vorgeschichte. Mir ist es zu viel, eine komplette Site durchzuforsten; ich hätte lieber nur eine gute Story und am nächsten Tag gibt es wieder etwas Neues. Ich merke langsam, dass mir die Komplexität der Information zu viel wird und je kürzer, knapper und übersichtlicher es ist, umso besser gefällt es mir.

Designen für das Web hat viele Einschränkungen, aber auch viele Mög-

lichkeiten. Was reizt Sie an der Gestaltung für das Internet, was stört Sie?

Rikus Hillmann: Das World Wide Web ist von der Anlage her kein grafisches Medium, es ist dafür ausgelegt, Information, Kommunikation und Transaktion zu ermöglichen, weswegen die Gestaltung für das Web funktional sein muss. Aus meiner Sicht prägt dies sehr stark die Qualität des Designs und es muss hier eine Balance gefunden werden zwischen der Datenmenge, einer vernünftigen Navigation und der logischen Struktur einer Web-Site. Was mich daran reizt ist die Herausforderung, Information und Kommunikation durch Gestaltung nutzbar zu machen. Außerdem ist die rasante Weiterentwicklung des Mediums und der Technologien ein Anreiz für mich, denn es gibt hier immer wieder etwas Neues zu lernen. Die Einschränkungen mit den Farbpaletten oder die verschiedenen Browser und Betriebssysteme sind deswegen für mich kein Ärgernis, sondern Teil des Reizes, den das Web auf mich ausübt. Heute ist man mit einem Problem konfrontiert, das in einem halben Jahr nicht mehr existiert, dafür allerdings wieder andere.

Für viele Designer ist die Umstellung auf die technischen Gegebenheiten ein Problem. Was fanden sie als Designer

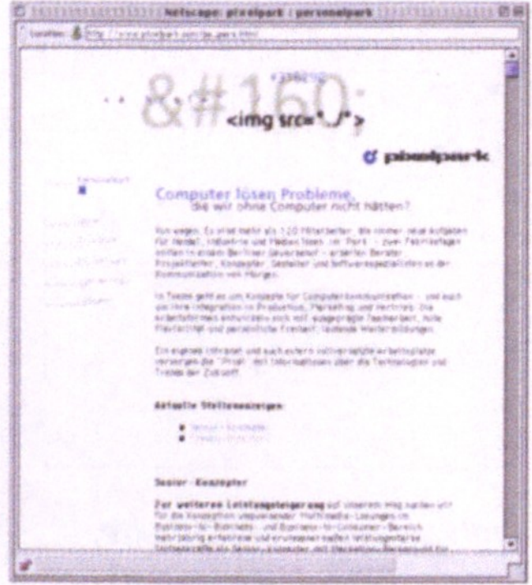

»Pixelpark Online ist unsere eigene Web-Site, wo wir die Agentur Pixelpark vorstellen, wobei die Grundidee war, einen Gegensatz zu schaffen zu den relativ statischen Inhalten«, sagt Rikus Hillmann, Artdirector bei Pixelpark. Um dem Besucher immer wieder einen neuen visuellen Reiz zu geben und den Vorteil »einer dynamischen Gestaltung auszunutzen, da dies ja der große Unterschied zu den Printmedien ist«, werden die optischen Elemente auf den Seiten per CGI dynamisch verändert.

beim Einstieg in Web-Design am schwierigsten?
Rikus Hillmann: Hauptsächlich das Gestalten für verschiedene Betriebssysteme und Browser. Gerade beim Gestalten für unterschiedliche Browser gibt es ständig Kompatibilitätsprobleme wie beispielsweise mit JavaScript auf Netscape Navigator und Microsoft Explorer.

Ein anderer wesentlicher Aspekt scheint mir, dass die Benutzerführung einen ganz anderen Stellenwert hat als beim Print. Interface-Design ist wesentlich beim Gestalten für das Internet und für die meisten Grafiker, die aus dem Printbereich kommen, die größte Herausforderung. Was ist, Ihrer Meinung nach, gelungenes Interface-Design, was sind Beispiele für schlechtes Interface-Design und wie wird sich das Interface-Design für das Web weiterentwickeln?
Rikus Hillmann: Interface-Design sollte in Zukunft stärker von inhaltlichen Aspekten geprägt werden, da es die Inhalte erfahrbar macht.

Meinen Sie damit die Verwendung von Metaphern, wie Sie sie bei der DJH-Web-Site eingesetzt haben?
Rikus Hillmann: Genau, denn im Zuge der Kommerzialisierung des Internets gewinnen Corporate Design und technische Funktionalitäten die Oberhand gegenüber der eigentlichen Information. Das Interface-Design der Zukunft sollte aber logisch aufgebaut sein und die Information unterstützen, damit möglichst viele Menschen die Bedienung nachvollziehen können. Für die Service- und Informationsseite des Deutschen Jugendherbergswerks haben wir deswegen die Metapher eines Rucksackes mit seinen Utensilien gewählt.

Die von Pixelpark gestaltete Web-Site der Deutschen Jugendherberge sollte es Globetrottern ermöglichen, sich online über diverse Reiseangebote, Infos und Serviceleistungen des Deutschen Jugendherbergswerks zu informieren. DJH-Mitgliedern steht ein breites Serviceangebot zur bequemen Reiseplanung offen: Reservierungsmöglichkeiten für Bahntickets und Übernachtungen, Bestellung preiswerter Reise- und Freizeitartikel bis hin zur Online-Buchung interessanter Reiseangebote. Ein besonderes Service-Highlight für die individuelle Reisegestaltung ist das Online-Herbergsverzeichnis. Dort finden Internetnutzer ausführliche Informationen zu den rund 600 Jugendherbergen in Deutschland. Eine Kontaktbörse rundet das Angebot ums Reisen ab: Von der Schnorchelausrüstung bis zum Wanderkameraden kann hier alles gesucht und gefunden werden: http://www.djh.de

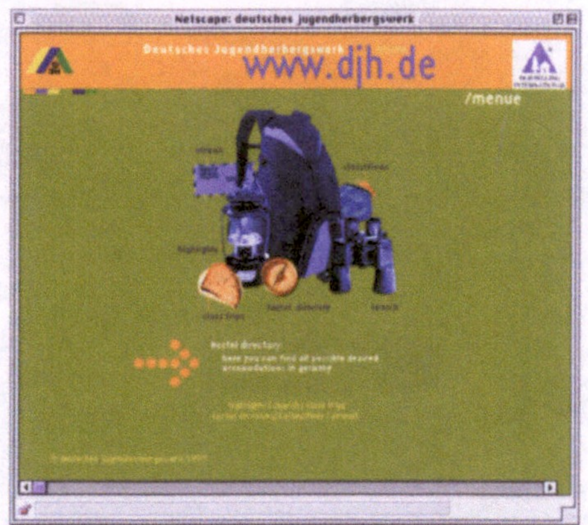

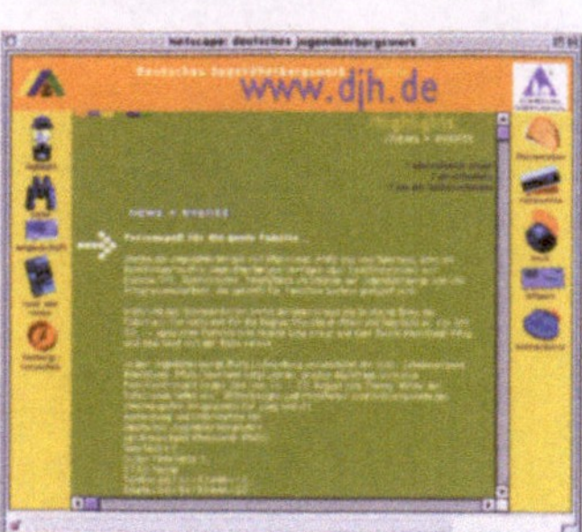

Bilder

Die Bilder auf Ihrer Web-Site sind wie das Salz in der Suppe. Auch wenn Puristen vielleicht argumentieren würden, dass es nur auf Inhalte ankommt, lässt es sich doch nicht leugnen, dass eine gute Verpackung entscheidend zum Erfolg eines Produktes beiträgt. Und eben diese Verpackung kommt nicht ohne die Verwendung von Bildern oder grafischen Elementen aus. Da Bilddaten aber wesentlich die Übertragungszeit einer Webseite bestimmen, besteht ein Großteil Ihrer Arbeit beim Web-Design darin, Bildelemente so für das Web aufzubereiten, dass diese sich gut komprimieren lassen und trotzdem gut aussehen. In diesem Kapitel erläutere ich Ihnen hierzu die wichtigsten Informationen und Techniken – wenn Sie mehr Informationen zu diesem Thema suchen, möchte ich Ihnen mein Buch Web-Design mit Photoshop (Addison-Wesley Verlag) ans Herz legen, das sich intensiver mit Komprimierungstechniken beschäftigt.

■ DER UNTERSCHIED ZWISCHEN JPEG UND GIF

Die zwei vorherrschenden Bildformate im Web sind GIF und JPEG. Beide Formate arbeiten mit Kompressionsalgorithmen, wodurch die Dateigröße wesentlich geringer ist als beispielsweise bei einem TIFF-Bild. Um zu entscheiden, welches der beiden Bildformate sich für welchen Zweck am besten eignet, sollten Sie die Unterschiede beider Formate kennen.

Eine einfache Regel besagt, JPEG für größere, fotografische Bilder zu verwenden (da dieses Format bis zu 16 Millionen Farben darstellen kann) und GIF für kleinere Bilder, die mit weniger Farben auskommen (GIF unterstützt maximal 256 Farben im Bild). Der Grund dafür wird klar, untersucht man genauer, wie beide Formate arbeiten. GIF (Graphics Interchange Format) komprimiert über eine Mustererkennung und durch Indizieren der Farben. Beides sind sehr effiziente Techniken, die sich gerade im Verbund sehr gut ergänzen. Durch das Indizieren von Farben lässt sich leichter nach gleichfarbigen Pixelfolgen suchen. Vereinfacht können Sie sich dieses Prinzip so vorstellen: Angenommen ein Text enthielte hintereinander 200-mal das Wort »Farbe«, ließe sich dieser Text verdichten, indem man die Anweisung »200-mal Farbe« notierte. Der Informationsgehalt bliebe der gleiche und das Original ließe sich jederzeit wiederherstellen. Ähnlich funktioniert auch der Kompressionsalgorithmus, allerdings werden hier auch komplexere Muster erkannt. Wie gut sich ein Bild komprimieren lässt, kann nicht immer vorhergesagt werden, liegt aber im Bereich von 4:1. Sicher ist nur, dass bei Bildern mit vielen einfarbigen Flächen der nach den Entwicklern benannte LZW-Kompressionsalgorithmus (Lempel-Ziv-Welch) exzellente Ergebnisse bringt.

Hier sind zwei Beispiele eines JPEG-Bildes, das in unterschiedlichen Einstellungen gespeichert wurde. Das Bild ist ursprünglich 670 KByte groß, die obere Abbildung wurde mit der geringsten Kompressionsrate erstellt (Qualitätsstufe 10) und die untere mit der höchsten Kompressionsstufe (Qualitätsstufe 0). Die obere Abbildung hat eine Dateigröße von 48 KByte, während die untere nur noch 21 KByte beansprucht. Durch die höhere Kompression wurde der Text im zweiten Bild unschärfer.

Ein weiterer Vorteil des GIF89a-Standards ist, dass eine Transparenzfarbe bestimmt werden kann. Dies ist die einzige Möglichkeit, Motive freizustellen, sieht man von PNG (Portable Network Graphics) ab, einem anderen Bildformat auf dem Web, das sich aber noch nicht richtig etabliert hat. Zudem erlaubt der GIF-Standard auch Animationen, was sicherlich zu der enormen Popularität von GIF geführt hat (siehe Kapitel Animation).

Das JPEG-Format (Joint Photographic Expert Group, »Dschäipeg« ausgesprochen) besitzt eine Kompressionsrate zwischen 10:1 und 100:1. Ohne Qualitätsverlust ist dies nicht mehr möglich, aber selbst bei der höchsten Kompressionsrate produziert JPEG erstaunlich gute Ergebnisse. JPEGs Kompression reduziert die Dateigröße durch Erhalten der Helligkeitsunterschiede bei gleichzeitigem Entfernen subtiler Farbveränderungen. De facto wird also eine Schwarz-Weiß-Variante des Bildes gesi-

Diese Abbildung zeigt, wie ein Interlaced Image dem Betrachter erscheint: Zuerst sieht er eine niedrige Auflösung (links), die dann schrittweise mehr Details zeigt (Mitte) bis hin zur vollen Auflösung (rechts).

chert, da das menschliche Auge Helligkeitsunterschiede gegenüber sehr sensibel ist, während die Farbinformationen reduziert werden. Beide Informationen miteinander wieder kombiniert, ergibt ein erstaunlich gutes Ergebnis (siehe auch Abbildung).

Die Komprimierung der Farben wird nicht zeilenweise gemacht wie bei GIF, sondern in Blöcken, was in der Vergrößerung deutlich zu sehen ist. Je niedriger die Qualitätstufe beim Komprimieren, desto leichter sind diese Blöcke zu erkennen. Einerseits werden die Kanten deutlicher, da von Block zu Block die Farbsprünge größer sind und das Innere der Blöcke weich gezeichnet und unscharf wirkt. Es mag daher vielleicht nicht verwundern, dass der bekannteste Trick, eine bessere Kompressionsrate bei einem JPEG zu erzielen, darauf beruht, das Bild zuvor mit dem gaußschen Weichzeichner zu behandeln, da weich gezeichnete Bilder niedrigere Farbfrequenzen haben und quasi jedes Pixel bereits farblich an das benachbarte Pixel angeglichen ist. Ein Bild mit starken Kontrasten lässt sich entsprechend schlecht komprimieren. Wenn Sie Text in ihrem Bild verwenden, sollten Sie unter Umständen auf JPEG verzichten und das Bild als GIF speichern, denn einerseits verschlechtert sich die Kompressionsrate und der Text wird zudem unscharf. Es bleibt aber immer eine Entscheidung von Fall zu Fall.

GIF und JPEG besitzen beide die Option eines Jalousie-Effektes (Interlace). Dies bedeutet, dass der Betrachter zuerst eine niedrig auflösende Variante des Bildes sieht, die schrittweise einer höheren Auflösung des Bildes weicht, bis die hochauflösende Version geladen ist. Die Anzahl der Durchgänge lässt sich für JPEG einstellen (3–5), bei GIF ist vier

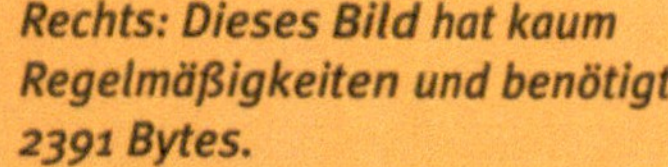

Wie gut die GIF-Kompression arbeitet, hängt maßgeblich vom Bild selbst ab. Die nachfolgend gezeigten GIF-Bilder sind jeweils 45x45 Pixel groß und wurden mit einer 256-Farben-Palette angelegt.

Links: Das weiße Bild benötigt 870 Bytes Speicher.

Rechts: Dieses Bild hat kaum Regelmäßigkeiten und benötigt 2391 Bytes.

Links: Es gibt kaum einen Unterschied bei diesem Bild mit horizontalen bzw. vertikalen Streifen. Das linke Bild benötigt 933 Bytes, das rechte 932 Bytes.

Wenn Sie in Photoshop ein Bild über den »Indizierte Farben ...«-Modus wandeln, können Sie die Option Diffusion-Dither wählen, um fehlende Farben zu simulieren – Dithering erhöht allerdings die Dateigröße, denn Sie erhalten weniger gleichfarbige Pixel in Folge.

*13 KBytes
ohne Dither*

*17 KBytes
mit Dither*

Durchgänge fest eingestellt. Hier noch ein Tipp: Testen Sie Interlace in Verbindung mit transparenten GIFs immer im Browser, denn es kann passieren, dass bei dem Aufbau des Bildes Überreste in den transparenten Bereichen als vereinzelte Pixel zu sehen sind. Diese sind zwar bei einem Refresh der Seite verschwunden, dennoch ist es in so einem Fall ratsam, auf die Interlace-Option zu verzichten.

■ PNG: Das neue Grafikformat des Internets

Ping, wie das Portable-Network-Graphics Format auch genannt wird, hat gute Chancen, der Nachfolger von GIF zu werden, denn es bietet einige hervorragende Funktionen wie beispielsweise eine vollständig verlustfreie Kompression mit einer besseren Rate als GIF, eine plattformübergreifende Gamma-Korrektur und einen Alpha-Kanal für die Transparenz.

Für Designer bedeutet dies, dass sie nicht nur über eine, sondern über bis zu 256 Transparenzstufen verfügen und so beispielsweise Schlagschatten mit weichen Kanten gestalten können. Dieser weiche Schlagschatten verbindet sich dann nahtlos mit dem Hintergrund. Die Transparenz über den Alpha-Kanal erlaubt aber auch weichere Überblendungen an den Kanten frei gestellter Bilder. Der gefürchtete Geisterschatten-Effekt oder Kantenleuchten (im amerikanischen Halo genannt) lässt sich so komplett eliminieren.

Darüber hinaus besitzt das Bild eine einwandfreie Darstellung, da es nicht auf 256 Farben beschränkt ist wie GIF und auch keine Verfälschung des Bildes produziert wie JPEG. Man spricht in diesem Sinne von einem verlustfreien Kompressionsformat.

Die Gamma-Korrekturfunktion dient dazu, die Helligkeitsunterschiede zwischen den Computerplattformen (Windows und Macintosh) zu korrigieren. Bisher bestand das Problem, dass für Macintosh optimierte Bilder auf Windows zu dunkel waren bzw. unter Windows bearbeitete Bilder auf Macintosh-Monitoren zu hell erschienen. Dank der benannten Gamma-Korrektur kann das Bild nun auf einem IBM-kompatiblen und einem Macintosh-Rechner gleich aussehen.

Ist GIF damit nun veraltet und überflüssig? Ganz sicher nicht, denn PNG besitzt zum einen nicht die Animationsfähigkeiten von GIF und PNG besitzt noch eine Reihe von Nachteilen, die auf absehbare Zeit einen Durchbruch noch verhindern werden. Hierzu gehört, dass sich PNG in vielen Browsern nur mit einem Plug-In betrachten lässt. Selbst auf neueren Browsern ist die PNG-Unterstützung nur mäßig und viele der Besonderheiten, wie beispielsweise der Alpha-Kanal für die Transparenz, nicht unterstützt. Last, not least sind PNG-Dateien wesentlich größer als GIF- oder JPEG-Dateien und solange viele Anwender noch mit regulären Modems auf dem Internet surfen, wird PNG sicherlich nur sehr vereinzelt eingesetzt werden.

Es gibt ein wichtiges Problem mit JPEG und GIF, das häufig übersehen wird: Nachdem ein Bild dekomprimiert wurde, beansprucht es wesentlich mehr Speicherplatz. Besonders bei großen JPEG-Bildern kann dies den Browser des Anwenders zum Absturz bringen. Zudem beansprucht JPEG immer die gesamte Farbtiefe des Monitors. Ist der Monitor auf 16 Millionen Farben (24 Bit) eingestellt, benötigt das Bild dreimal so viel Speicher wie auf einem 256-Farben-Monitor (8 Bit). Dies bedeutet, dass ein 10-KByte-JPEG auf einem 256-Farben-Monitor 330 KByte Speicher beansprucht, während dasselbe Bild auf einem Monitor mit Millionen von Farben knapp ein MByte verbraucht. Sind beispielsweise fünf JPEGs auf einer Seite platziert und dem Browser ist vom Anwender nicht genügend Speicher zugewiesen, kann es zum Absturz des Programmes (und damit meistens auch des Rechners) kommen. Heutzutage ist diese Gefahr nicht mehr so groß wie noch Mitte der Neunziger, da inzwischen 64 MByte Arbeitsspeicher schon zur Standardausstattung gehören und Anwender deswegen nicht mehr sparsam beim Zuweisen von Arbeitsspeicher sein müssen, nichtsdestotrotz ist es gut, dieses Problem zu kennen und sich beim Gestalten bewusst zu machen. Die dekomprimierte Größe eines Bildes ist übrigens in Photoshop in der linken unteren Leiste des Fensters sichtbar.

Farbtiefe

Die Abmessungen einer Rastergrafik werden über die Anzahl der Pixel auf der x- und y-Achse bestimmt. Aber es gibt noch eine weitere Dimension, die Farbtiefe. Ein Bild mit der Farbtiefe von einem Bit kann nur Schwarz und Weiß darstellen. Je mehr Bits Sie für die Farbtiefe verwenden, umso mehr Farben (2-Farbtiefe) können dargestellt werden: mit einer Farbtiefe von 2 Bits sind dies 4 Farben (22) und 8 Farben mit einer Farbtiefe von 3 Bits.

Die meisten Designer verwenden Monitore und Grafikkarten, die 16 Millionen Farben anzeigen. Viele Endanwender besitzen aber nur eine 8-Bit-Grafikkarte in ihrem Computer und sind deswegen auf 256 Farben beschränkt. Für Sie als Designer bedeutet dies, dass die Bilder, die Sie auf Ihre Web-Site platzieren, nur mit 256 Farben darge-

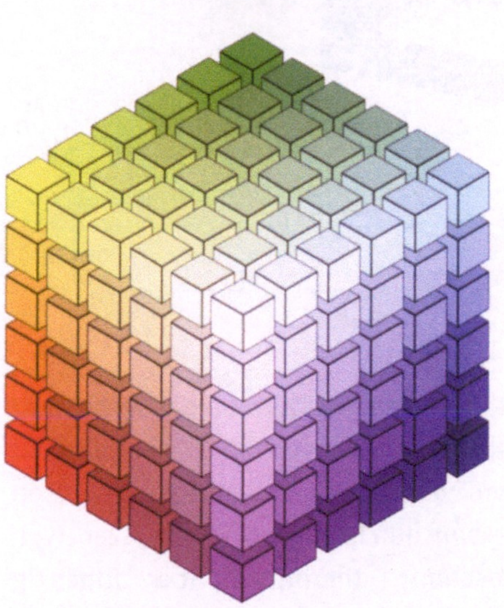

Die Farben aus der Web-Farbpalette werden ohne Dithering im Browser dargestellt. Diese sind hier in einem Farbwürfel angeordnet, der hier von beiden Seiten zu sehen ist.

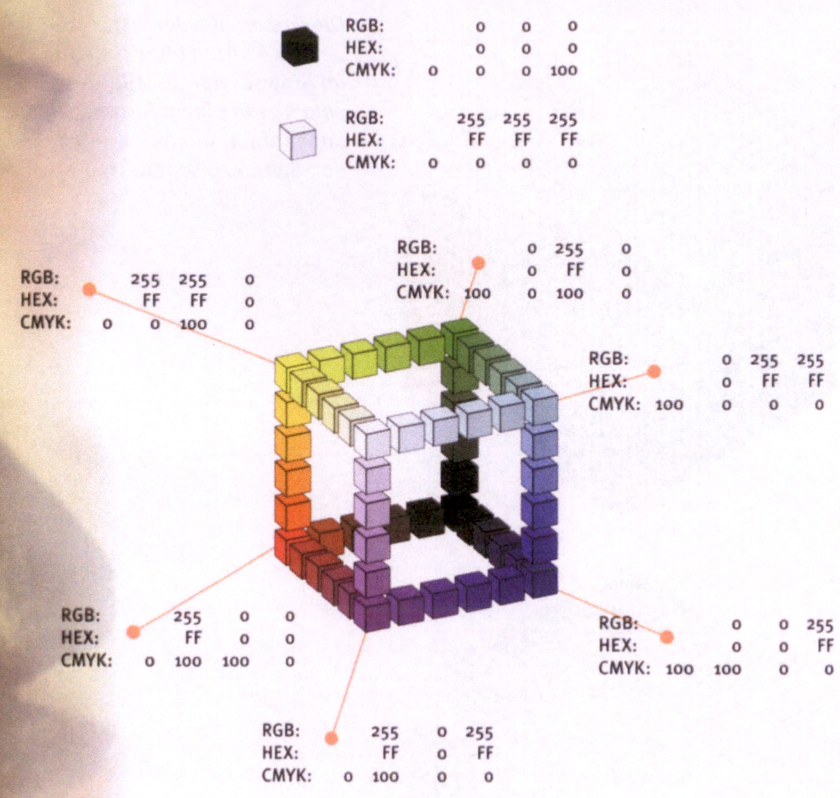

Eine kleine Randbemerkung: Die Farbpalette von GIF kann 256 Farben mit einer Farbtiefe von 24 Bit speichern. Diese Farbpalette belegt nur 768 Bytes der Bilddatei. Beim Indizieren eines GIFs sollten Sie dennoch immer die kleinstmögliche Anzahl von Farben verwenden, da die eigentliche Einsparung durch die Mustererkennung stattfindet. Diese arbeitet umso effektiver, je weniger Farben im eigentlichen Bild vorkommen.
Sie können den erforderlichen Speicherplatz der Farbpalette übrigens ermitteln, indem Sie die Anzahl der Farben mit 3 multiplizieren, z. B.: Eine 7-Bit-Farbpalette (128 Farben mit einer Farbtiefe von 24 Bit) benötigt 384 Bytes.

stellt werden, auch wenn die Originaldatei mehr Farben enthält. Der Computer wird versuchen, die nicht darstellbaren Farben durch Dithern umzusetzen (vgl. Abschnitt Dithern), was aber, abhängig vom jeweiligen Bild, krasse Farbverzerrungen verursachen kann. Stellen Sie daher beim Gestalten Ihren Monitor gelegentlich auf 256 Farben ein, um beurteilen zu können, ob die Bilder und Seiten auch auf einem Low-End-Computer gut aussehen.

Bevor ich Ihnen erkläre, wie Sie Ihre Bilder für 256 Farben optimieren, lassen Sie mich noch auf einen weiteren Begriff eingehen, den Sie von nun an öfter hören werden: die Farbtabelle (CLUT: Color Look Up Table).

Farbtabelle (CLUT)

Alles, was Sie hier über Farbtabellen wissen müssen, ist, dass damit Farbin-

formationen gespeichert werden und dass GIF diese Technik verwendet, um die Daten in einem Bild zu reduzieren. Beim Anlegen einer Farbtabelle (CLUT) wird festgestellt, welche Farben im Bild am häufigsten vorkommen. Diese Farbwerte (24 Bit) werden in einer Tabelle abgelegt, die maximal 256 Einträge besitzen kann. Die restlichen Farben rundet das Programm zu der nächstliegenden Farbe aus der Tabelle. Das Gute an diesem Verfahren ist, dass 256 Tabellenadressen sich wiederum in 8 Bit speichern lassen, was einer Einsparung von 66% gleichkommt; anstatt 24 Bit pro Pixel wird nur noch eine 8-Bit-Information benötigt, um den Farbwert in der Tabelle zu adressieren.

Bevor Sie ein Bild in einem Bildbearbeitungsprogramm, wie beispielsweise Adobe Photoshop, als GIF speichern, wird also immer eine Farbtabelle indiziert. Sie machen dies, indem Sie im Menü Bild den Modus von »RGB-Farbe« auf »Indizierte Farben ...« wechseln – ab Photoshop 5.5 über den Befehl »Für Web sichern« aus dem Datei-Menü. In dem erscheinenden Dialog wählen Sie eine Farbpalette (auch Farbreduktionsalgorithmus genannt). Diese Algorithmen unterscheiden sich darin, wie die Farben gewichtet werden. Die sog. adaptive, selektive oder perzeptive Palette erzeugt jeweils unterschiedliche Farbverschiebungen. Daneben gibt es eine Webpalette, die alle Farben linear auf den Farbraum verteilt und identisch ist mit der Palette, die Microsoft Internet Explorer und Netscape Navigator verwenden. Diese Palette gibt Ihnen zwar einerseits die Sicherheit, dass alle Anwender das gleiche Ergebnis sehen und mit keiner weiteren Farbverschiebung zu rechnen ist, aber gleichzeitig produziert diese Palette die schlechtesten optischen Ergebnisse. Die Webpalette ist quasi der kleinste gemeinsame Nenner. Im Endeffekt bedeutet dies aber auch, dass alle Anwender, auch diejenigen, die Monitore mit mehr als 256 Farben besitzen, sich mit dem schlechtest möglichen Ergebnis zufrieden geben müssen. Kein Wunder, dass die wenigsten Web-Designer die Webpalette einsetzen, sondern lieber andere, wie beispielsweise die adaptive Palette. Diese ermöglicht selbst bei einer Reduktion auf 32 Farben oftmals noch weit bessere Ergebnisse als die Webpalette – mit dem Nachteil, dass man jedes Bild auf einem 256-Farben-Monitor überprüfen muss, um mögliche Farbverschiebungen zu überprüfen.

Ihre Arbeit besteht beim Optimieren der Bilder also hauptsächlich darin, die Bilder farblich so anzupassen, dass diese selbst bei einer Farbverschiebung durch den Monitor noch gut aussehen. Programme wie Adobe Photoshop/ImageReady oder Macromedia Fireworks besitzen hierzu Funktionen, einzelne Farben aus der Palette zu korrigieren. Wie dieser Arbeitsvorgang in der Realität aussieht, erfahren Sie noch später in diesem Buch.

Dithern

Beim Einstellen der Farbtabelle (CLUT) und der Reduzierung der Farben über die Farbalgorithmen kann es leicht dazu kommen, dass Farbfelder aufgrund fehlender Zwischentöne flach aussehen. Extremes Beispiel wäre wohl ein Farbverlauf, der mit einer Farbtabelle von 32 Einträgen indiziert wird. Das Resultat hat nichts mehr mit einem Farbverlauf zu tun, sondern besteht regelrecht aus 32 Farbstreifen. Dieser Effekt lässt sich reduzieren über eine Technik, die sich Dithering nennt (auf Deutsch sinngemäß

»sprenkeln«). Vergleichbar dem Druckverfahren, bei dem Farben über ein Mischen der vier Farben Cyan, Magenta, Yellow und Schwarz entstehen, simuliert Dithern eine Farbe durch das Nebeneinanderplatzieren von Pixeln mit unterschiedlicher Farbigkeit. Dies verbessert die Qualität entscheidend.

Es gibt auch hier unterschiedliche Verfahren: Neben der statischen Verteilung, auch Muster-Dithering genannt, gibt es noch Störung (Diffusion) und Rauschen (Noise), wovon Letzteres das beste Ergebnis liefert. Dithering hat allerdings einen entscheidenden Nachteil. Der Mustererkennungsalgorithmus von GIF produziert nicht mehr so gute Resultate und die Dateigröße erhöht sich. Manche Programme ermöglichen es dem Designer, den Anteil des Ditherings über einen Regler zu kontrollieren, um so die richtige Balance zwischen guter Darstellung und kleiner Dateigröße zu finden.

■ Bildoptimierung für GIFs

Alle Web-Designer stehen vor dem Problem Bilder so aufzubereiten, dass sie auf allen Plattformen und Monitoren gut aussehen. Dies erfordert sehr viel Erfahrung und Geschick. Ein typischer Ablauf sieht so aus:

1. Wählen Sie einen Farbreduktionsalgorithmus, bevorzugt die adaptive Palette.
2. Reduzieren Sie die Anzahl der Farben beim Indizieren schrittweise. Hierbei muss immer ein Kompromiss eingegangen werden aus Bildqualität und der Dateneinsparung. Aber für 90% aller GIFs, sollten Sie mit 16–32 Farben auskommen, nur ganz selten, sind wirklich mehr als 32 Farben nötig und dies ist hauptsächlich der Fall für frei gestellte Fotos.

3. Kompensieren Sie eventuell fehlende Zwischentöne über die Dithern-Option.
4. Schalten Sie den Monitor auf 256 Farben um. Ist die Farbverschiebung akzeptabel, sichern Sie das Bild als GIF (».gif«-Endung). Sind die Farbverschiebungen zu stark und verfremden das Bild zu sehr, dann wählen Sie diese Farben aus der Palette aus und korrigieren diese.

Das Arbeiten mit der WWW-Farbpalette

In vorigem Abschnitt haben Sie erfahren, dass die Webpalette oftmals das schlechteste Ergebnis produziert. Dies bedeutet aber nicht, dass Sie die Webpalette scheuen sollten wie der Teufel das Weihwasser. Zum einen produziert die Webpalette bei manchen Motiven durchaus brauchbare Resultate, und zum anderen ist die Webpalette entscheidend bei der Arbeit mit grafischen Elementen. Da die Farben aus der Webpalette auf 256-Farben-Monitoren nicht gedithert werden (das Monitor-Dithering entsteht, wenn der Computer Farben zu simulieren versucht, die nicht in der Palette enthalten sind), sollten Sie beim Zeichnen und Gestalten einer Illustration immer versuchen, die Farben aus der Web-Farbpalette zu verwenden.

Wenn Sie mit Photoshop 5.0 arbeiten oder einem anderen Bildbearbeitungsprogramm, das nicht direkt die Webpalette unterstützt, müssen Sie die Farbwerte für die RGB-Kanäle von Hand eingeben. Es gibt hier eine ganz einfache Regel: Ist der Farbwert durch 51 teilbar, ist die Farbe Bestandteil der Webpalette. Oder anders gesagt, verwenden Sie nur die Werte 0, 51, 102, 153, 204, 255 für die RGB-Kanäle und Sie können sicher sein, dass diese Farbe auf 256-Farben-Monitoren nicht dithert. Ab Photoshop Version 5.5 gibt es im Farbwähler des Programmes die Option »Nur Webfarben«, die das Spektrum auf eben jene 216 Farben der Webpalette reduziert. In einem HTML-Autorenprogramm erreichen Sie dies, indem Sie nur die Hexadezimal-Werte 00, 33, 66, 99, CC oder FF für die RGB-Kanäle verwenden (vgl. »Mit Farben in HTML arbeiten« im Kapitel Layout). Die Definition der Hintergrundfarbe sähe dann beispielsweise so aus:

BGCOLOR=#3366FF

Um nicht immer die Farbwerte in den Farbwähler eintippen zu müssen, lässt sich in den meisten Programmen die Webpalette als Farbfeld laden. In Photoshop öffnen Sie dazu beispielsweise die Farbfelderpalette und über das Palettenmenü (rechts oben in der Palette) lassen sich Farbfelder laden, die bei Photoshop im Programmordner gesichert sind.

■ Bildoptimierung für JPEG

Nachdem jetzt überwiegend GIF abgehandelt wurde, hier noch ein kleiner Ausflug zu JPEG und wie Sie Bilder als JPEG sichern. Da bei JPEG keine Farbtabelle (CLUT) indiziert werden muss, ist die Präparierung eines JPEGs wesentlich einfacher. Es beschränkt sich darauf, das Bild gegebenenfalls mit dem gaußschen Weichzeichner zu behandeln, um die Komprimierbarkeit zu verbessern, oder die Abmessungen auf ein Vielfaches von 8 zu beschneiden. Letzteres hängt mit den 8 x 8-Pixelblöcken zusammen, in die das Bild vom Kompressionsalgorithmus unterteilt wird. Für jeden dieser 8 x 8-Blöcke werden die Farbfrequenzverteilungen gesichert, und da diese ebenfalls Speicher beanspruchen, lässt sich tatsächlich einiges an Verbesserung herausschinden, beschneidet man beispielsweise ein 81 x 81 Pixel großes Bild auf 80 x 80. Die Verbesserung kommt zu der eigentlichen Einsparung des einen Pixels hinzu und ist aber eigentlich nur ein Schritt, der für große Hintergrundbilder sinnvoll ist.

Zu der Technik, das Bild weich zu zeichnen ist noch anzumerken, dass es reicht, die Weichzeichnung sehr sparsam einzusetzen. Bei Untersuchungen, die ich für mein Buch »Web Design mit Photoshop« angestellt habe, zeigte sich, dass die größte Verbesserung bei einem minimalen Wert von 0.3 erreicht wird. Der beste Kompromiss zwischen Weichzeichnung und Komprimierbarkeit lässt sich leicht mit Adobe Photoshop oder Macromedia Fireworks ermitteln, da hier gleichzeitig die Dateigröße angezeigt wird.

Wenn Sie das Bild als JPEG speichern, vergessen Sie nicht die Endung ».jpeg« oder ».jpg« anzufügen – wie bei allen Dateien auf dem Internet kommt es auch hier auf das richtige Suffix an.

■ VEKTORBILDER

Während JPEG und GIF Rasterbilder (Bitmaps) sind, wird bei Vektorbildern eine Beschreibung der visuellen Information abgelegt. Nehmen wir beispielsweise einen Kreis: Wenn Sie eine Abbildung eines Kreises auf einem Scanner digitalisieren, erhalten Sie, abhängig von der Auflösung, ein mehr oder weniger detailliertes Rasterbild. Ein Vektorbild speichert einen Kreis dagegen ungefähr so: »Zeichne einen Kreis mit dem Radius 100 Punkt und einer Linienstärke von 3 Punkt.« Diese Information ist auflösungsunabhängig; die Wiedergabeauflösung wird von dem Ausgabegerät bestimmt. Selbst nach dem Vergrößern ist kein Unterschied in der Auflösung erkennbar.

Mit Macromedia Flash können Sie Vektorbilder im Browser darstellen. Das benötigte Plug-In kann kostenlos von der Macromedia-Web-Site heruntergeladen werden. Aber Flash kann noch mehr: Animieren Sie die Elemente oder verbinden Sie diese mit Klängen. Da die grafischen Elemente auf Vektoren basieren, laden diese sehr schnell herunter und erscheinen fast sofort im Web-Browser.

Bis jetzt sind die meisten Grafiken auf dem Internet Rasterbilder – mit einem Plug-In von Macromedia, das sich Flash nennt, können nun auch Vektorbilder dargestellt werden. Das Tolle an diesem Plug-In ist, dass Grafiken in der Größe veränderbar sind und sogar Animation und Audio möglich werden. Sie sollten dieses Plug-In in jedem Fall von der Macromedia Web-Site runterladen (www.macromedia.com), wenn es nicht bereits auf Ihrem Rechner installiert ist. Da Flash inzwischen eine Marktdurchdringung von über 90% der Browser hat, lassen sich Vektorgrafiken als Bestandteil der Web-Site ohne größere Bedenken einplanen (siehe auch Kapitel Flash).

EIN BILD PLATZIEREN

Nachdem die Bilder für ihre Web-Site exportiert sind, besteht der nächste

Verwendung von Transparenz in GIF

GIF erlaubt zwar eine Transparenzfarbe zu bestimmen, allerdings sind dann manchmal störende Ränder im Browser zu erkennen. Beim Gestalten einer Photokomposition in Photoshop werden nämlich die Ecken eines Objektes mit dem Hintergrund verschmolzen und weiche Kanten durch das Hinzufügen von Zwischentönen erzeugt (Antialiasing), die dann im Browser zu sehen sind.

Wenn die Kanten in einem GIF-Bild mit Transparenz nicht vorher an den Hintergrund angepasst wurden, kann es sein, dass diese im Browser sichtbar sind.

1 *Um sichtbare Kanten zu vermeiden, geben Sie dem Bild dieselbe Hintergrundfarbe, die Sie später im Browser verwenden. In Photoshop können Sie das Füllwerkzeug benutzen, um eine Fläche zu füllen und die Kantenpixel des Objektes der Hintergrundfarbe anzugleichen. Wenn Sie dann später diese Farbe als Transparenzfarbe definieren, sind keine Übergänge mehr zu sehen.*

Der 50%-Transparenz-Trick

Schade, dass es bei GIF keine regelbare Transparenz gibt – mit einem kleinen Trick können Sie dennoch eine halbtransparente Fläche simulieren. Die Schatten und der Plastikrand in der Mitte der CDs sind halbdurchlässig und der Hintergrund ist sichtbar.

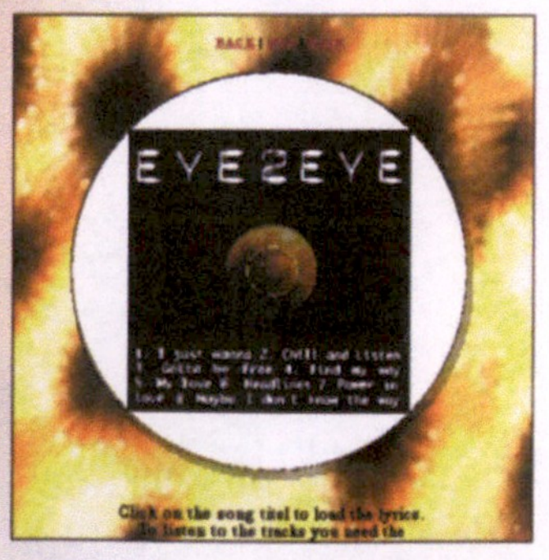

1 *Alles, was Sie benötigen, ist ein Muster, das die spätere Transparenzfarbe enthält. Dieses Beispiel hier ist eine 5x5-Pixel-Datei mit Grau als Transparenzfarbe. Nach kompletter Auswahl des Bildes bestimme ich dieses als Muster mit »Bearbeiten: Muster festlegen«.*

2 *Anschließend wähle ich die Bereiche in der CD, die ich mit diesem Muster füllen will, und rufe »Bearbeiten: Fläche füllen« und »Füllen mit: Muster« auf. Später sichere ich das GIF mit Grau als Transparenzfarbe.*

```
ALIGN="left, right, top, absmiddle,
       absbottom, texttop, middle,
       baseline, bottom"
ALT="AlternateText"
BORDER="pixBorder"
HEIGHT="height"
HSPACE="pixHorzMarg"
ISMAP
LOWSRC="Location"
NAME="imgName"
SRC="Location"
USEMAP="Location#MapName"
VSPACE="pixVertMarg"
WIDTH="width"
```

Die Attribute des IMG-Markers 03-01

Wenn Sie ALIGN verwenden, können Sie die Ausrichtung des Bildes zu dem umgebenden Text festlegen. »left« und »right« lassen den Text um das Bild herumfließen. »top« und »absbottom« richtet die Ober- oder Unterkante des Bildes mit der entsprechenden Kante des Textes aus. »absmiddle« macht dies für die Mitte eines Bildes und Textes.

Schritt darin, diese im Dokument einzubetten. Betrachten wir nun das Konzept von HTML, um zu verstehen, warum die absolute Positionierung von Bildern so schwer ist. Speziell wenn Sie aus dem Desktop-Publishing-Bereich kommen, fällt es nicht leicht sich umzustellen. In einem Layoutprogramm wie Adobe PageMaker oder Quark XPress wird ein Rahmen an einer festen Position auf der Seite angeordnet und der Text umfließt dieses Bild. Bei HTML wird die Position des Bildes durch die Stelle bestimmt, an der das Bild in den Text eingefügt wurde – das Bild ist quasi im Text verankert. Ändert sich der Umbruch, verschiebt sich folglich auch das Bild. Der Einsatz von Tabellen ist ein Weg, um Bildern eine nahezu feste Position zu geben – die Layer-Funktion der CSS wäre eine

weitere, allerdings mit älteren Browser-Versionen nicht kompatible Alternative.

Um ein Bild im Text zu verankern, verwenden Sie den IMG-Marker [03-01] und fügen diesen an der entsprechenden Stelle im Text ein. Es gibt diverse Attribute, die es erlauben, das Bild und den Text auszurichten und so beispielsweise den Text links oder rechts am Bild vorbeilaufen zu lassen, doch dazu später mehr. Betrachten wir zuerst einige andere wichtige Attribute:

ALT: Immer, wenn Sie ein Bild in Ihrem Layout verwenden, sollten Sie Gebrauch machen von dem ALT-Attribut. Mit diesem Attribut legen Sie fest, welcher Text angezeigt werden soll, wenn der Anwender die Bilderdarstellung ausgeschaltet hat oder ein Bild nicht geladen wurde. Speziell für die Navigationselemente ist dies wichtig, damit der Betrachter immer noch navigieren kann.

BORDER: Ein weiteres Attribut, das häufig verwendet wird, ist BORDER. Normalerweise signalisieren alle Bilder mit einer Umrandung, dass diese als Verknüpfung definiert sind. Die Randbreite kann in Pixel bestimmt werden. Da die Ränder aber in den meisten Fällen das Design stören, können Sie sie unsichtbar machen, indem Sie den Wert BORDER="0" setzen.

HEIGHT und WIDTH bestimmen die Höhe und Breite eines Bildes, entweder als Pixel- oder Prozentwert, wobei Letzteres sich auf die Größe des Browserfensters bezieht. Es ist wichtig, diese Attribute zu verwenden, denn dadurch kann das Layout bereits im Browserfenster dargestellt werden, bevor die Bilder komplett geladen sind. Fehlen diese Attribute, muss der Anwender warten, bis alle Bilder gela-

den sind, bevor er den Text sieht. Dies hängt damit zusammen, dass der Browser erst jedes Element im Speicher haben muß, um das Layout umsetzen zu können.

HSPACE und VSPACE: Zwei weitere Attribute, die in Verbindung mit HEIGTH und WIDTH stehen, sind VSPACE (Vertical Space) und HSPACE (Horizontal Space). Diese bestimmen den Abstand vom Text zum Bild, damit der Text nicht bündig mit der Bildkante ist. Leider ergibt sich ein Problem dadurch, dass sich dieser Wert immer auf beide Seiten bezieht. Haben Sie also HSPACE=5 bei einem linksbündigen Bild definiert, entsteht zwar ein Abstand auf der rechten Seite zum Text, gleichzeitig rückt aber das Bild auch auf der linken Seite um 5 Pixel ein. Hier hilft nur der Trick, ein unsichtbares GIF als Abstandhalter auf der rechten Seite des Bildes, in der gleichen Höhe wie das Bild, zu platzieren und komplett auf das HSPACE-Attribut zu verzichten.

SRC: Das SRC-Attribut bestimmt die absolute oder relative URL (Uniform Resource Locator) des darzustellenden Bildes. Eine absolute URL könnte so aussehen: SRC="http://www.mitome-dia.com/images/bild1.gif". Der Browser sucht dann auf der Site www.mitome-dia.com einen Ordner mit dem Namen »images« und hierin die Datei »bild1.gif«. Eine relative Adresse könnte so lauten: SRC="images/bild1.gif". Hiernach sucht der Browser von der aktuellen Position, dem geladenen Dokument, aus in einem Ordner »images« die Datei »bild1.gif«. Grundsätzlich empfiehlt es sich, mit relativen Pfaden zu arbeiten, da sich dann die Web-Site auf einem anderen Server installieren lässt, ohne Änderungen der SRC-Attribute vornehmen zu müssen – vorausgesetzt, die Ordner werden genauso installiert wie im Original. Der einzige Grund eine absolute Adresse zu verwenden ist, wenn sich das Bild oder die Datei auf einem anderen Server befindet. Beispielsweise könnte eine Streifenbandanzeige oben auf der Seite direkt vom Anzeigenkunden kommen. Dies hätte zudem den Vorteil, dass dieser die Anzeige ohne Ihr Zutun aktualisieren kann.

LOWSRC: Haben Sie viele Bilder auf einer Seite, besteht das Risiko, dass der Betrachter den Ladeprozess unterbricht oder zu einer anderen Web-Site abwandert. Mit dem LOWSRC-Attribut kann dies vermieden werden, denn hierüber lässt sich eine zusätzliche Bilddatei definieren, die vor der eigentlichen Datei geladen wird. So lässt sich erst eine Schwarz-Weiß-Bitmap-Version laden, die nach dem Laden des farbigen Bildes ausgetauscht wird. Manche HTML-Autorenprogramme, wie GoLive, unterstützen diese Funktion und erlauben es, direkt aus dem Programm heraus eine solche Bitmap-Version zu erstellen.

Einige Designer haben dieses Attri-

Der LOWSRC-Marker in dieser Web-Site lädt erst eine Schwarz-Weiß-Version und ersetzt diese anschließend durch ein farbiges Bild.

but durch das Verwenden von zwei unterschiedlichen Bildern dazu benutzt, eine Art Minianimation ohne den Einsatz von JavaScript-Programmierung zu gestalten, beispielsweise das Bild einer geschlossenen und dann geöffneten Tür. Nachteil dieser Animationsmethode ist, dass sich diese nicht wiederholen lässt. Ist das Folgebild erst einmal im Speicher des Browsers, wird nur dieses angezeigt, auch wenn Sie die Seite neu laden.

NAME: Wenn Sie mit JavaScript arbeiten wollen, sollten Sie das Bild mit dem NAME-Attribut benennen, um es aus JavaScript direkt adressieren zu können. Ist beispielsweise NAME="Taste" eingefügt, lässt sich später mittels JavaScript dieses Bild austauschen. So werden die RollOver-Taster programmiert, ohne die eine Web-Site fast nicht mehr auskommt. Wenn Sie mit einem Autorenprogramm arbeiten, ist dies allerdings nicht wichtig.

ALIGN: Hierüber wird der Text am Bild ausgerichtet. Es gibt hier sehr viele mögliche Werte, von denen ich hier nur die wichtigsten nenne. »top«, »bottom« oder »middle« richten den Text an der oberen oder unteren Kante bzw. an der Mitte des Bildes aus. Die Folgezeile des Textes geht unterhalb des Bildes weiter, was für einen Fließtext oft nicht sinnvoll ist. Für Bilder, die innerhalb eines Fließtextes platziert werden, verwendet man die Werte »left« und »right«, die entsprechend das Bild links oder rechtsbündig am Text ausrichten.

Hier zum Abschluss nun ein typisches Beispiel für einen IMG-Marker:

```
<IMG SRC="http://www.server.com/
logo.gif" LOWSRC="http://www.ser-
ver.com/lowlogo.gif" ALT= "WTC: the
Web Technology Company"
WIDTH="400" HEIGHT="50"
BORDER="0" NAME="Logo"
ALIGN="left">
```

Wie ersichtlich, übermitteln das WIDTH- und HEIGHT-Attribut dem Browser die Dimensionen des Bildes, bevor es überhaupt geladen ist. Aufgrund des LOWSRC-Attributs wird erst ein Bild in geringerer Auflösung geladen, und hätte der Anwender die Bilddarstellung abgestellt, wäre der Text zu sehen, der in ALT spezifiziert wurde. JPEG- und GIF-Bilder lassen sich übrigens frei miteinander kombinieren. Der Text fließt auf der rechten Seite des Bildes, da das Bild links ausgerichtet ist.

■ IMAGE-MAPS

Diese HTML-Funktion erlaubt es, Bereiche auf einem Bild als Verknüpfung (Links) zu definieren und das Bild so zur Navigation auf einer Web-Site zu verwenden. In den Anfängen des Webs musste für so eine Image-Map ein separates Dokument mit den Verknüpfungen an einer bestimmten Stelle des Servers gespeichert sein, damit diese Funktion richtig arbeitete. Diese Art wurde serverseitige Image-Maps genannt und funktionierte nach folgendem Prinzip: Wenn der Anwender mit der Maus auf einem als Image-Map definierten Bild war, wurden vom Browser die Mauskoordinaten an den Server gesendet. Dieser verglich diese Informationen mit der Image-Map-Datei, um zu ermitteln, ob der Anwender über einer der Verknüpfungen ist. In diesem Fall sendet der Server eine Rückmeldung an den Browser, der daraufhin den Mauspfeil als Fingersymbol darstellt, um dem Anwender zu signalisieren, dass dies eine Verknüpfung ist.

Ist der Server sehr beschäftigt, kann es eine Weile dauern, bis der Anwender eine Rückmeldung erhält. Um dieses Problem zu lösen und um die komplizierte Handhabung zu vereinfachen, entwickelte man Image-Maps, die vom Computer des Benutzers, auch Client genannt, bearbeitet werden. Bei »Client-Side-Image-Maps« wird das Bild mit den Verknüpfungen zusammen zum Browser übertragen und der Rechner des Anwenders übernimmt die Kontrolle. Ein großer Vorteil der Client-Side-Image-Maps für den Web-Designer besteht auch darin, dass die Web-Site getestet werden kann ohne am Internet zu hängen, was bei den Server-Side-Image-Maps nicht der Fall ist. HTML Autorenprogramme sind zwar in der Lage, die Rückmeldungen vom Server zu simulieren, aber Server-Side-Image-Maps sind komplizierter zu handhaben als das Client-Side-Pendant – daher sieht man jene wohl auch kaum im Einsatz.

EINE CLIENT-SIDE-IMAGE-MAP-INSTALLATION

Das Bild für eine Image-Map kann entweder ein GIF oder ein JPEG sein. Im IMG-Marker wird eine Image-Map durch Hinzufügen von USEMAP="#MapName" definiert [03-02]. Da mehrere Bilder eine Image-Map sein können auf einer HTML-Seite, übermittelt das USEMAP-Attribut dem Browser, welche Image-Map-Definitionen Einsatz finden. Vergessen Sie nicht das #-Symbol, dass dem Browser signalisiert, dass die Information im selben Dokument gespeichert ist. Ansonsten sucht der Browser nach einer externen Datei.

Bevor wir in die Details gehen, betrachten Sie erst einmal, wie so ein Dokument aussieht [03-02]. Alle Map-Informationen sind in einem MAP-Anfangs- und -Endmarker untergebracht und für jede Verknüpfung wird ein AREA-Marker mit den Koordinaten und der Objektform angelegt.

CIRCLE benötigt zwei Werte: Das erste Wertepaar bestimmt den Kreismittelpunkt, das zweite einen beliebigen Punkt auf der Kreislinie.

RECT: Bei dem RECT-Attribut legt das erste Wertepaar die obere linke Ecke fest, das zweite die untere rechte Ecke.

Ein weiterer Befehl ist das Attribut **TARGET**, das in Kapitel »Frames« erklärt wird. Es gibt auch ein NOHREF-Attribut, das dazu dient, Bereiche aus einer anderen Form herauszuschneiden, beispielsweise ein Quadrat aus einem Kreis. Ist für eine AREA das NOHREF-Attribut gesetzt, wird keine URL gesendet, wenn der Anwender hierauf klickt, auch wenn darunter eine andere AREA definiert ist.

Die Werte für die AREAS kann man in jedem Bildbearbeitungsprogramm ermitteln, denn in der Regel gibt es eine Infopalette, die die aktuelle Position der Maus über dem Bild anzeigt. Allerdings lassen sich diese AREAS in ImageReady oder Fireworks viel bequemer erstellen, abgesehen davon, dass jedes Autorenprogramm dazu in der Lage ist.

Wie eine Server-Side-Image-Map installiert wird

Eine Server-Side-Image-Map besteht immer aus zwei Dateien: dem HTML-Dokument mit dem Bild und einer Datei

```
<IMG SRC="main.gif" border=0 usemap="#mainmap">
...
<MAP NAME="mainmap">
  <AREA COORDS="100,100,60,100" HREF="/services/index.html"
  SHAPE="CIRCLE">
  <AREA COORDS="10,10,20,60" HREF="/products/index.html" SHAPE="RECT"
  TARGET="_top">
  <AREA COORDS="350,123,467,245,342,54,26,36350,123"
  HREF="/sponsors/index.html" SHAPE="POLY">
</MAP>
```

Clientseitige Image-Map 03-02

POLY: Mit dem POLY-Attribut ist jedes beliebige Polygon mit bis zu 100 Seiten definierbar.

Wenn keine Form (CIRCLE, RECT oder POLY) bestimmt ist, geht der Browser davon aus, dass es sich um ein Rechteck handelt.

mit den Image-Map-Definitionen. Mit ISMAP innerhalb eines IMG-Markers wird ein Bild als Server-Side-Image-Map gekennzeichnet. Die zweite Datei enthält die Information zu den Flächen mit den Verknüpfungen und ist ein reines Textdokument. Sie müssen Ihren Internet-Service-Provider fragen, wo diese Image-

Persistence of the Spirit

Designer: Christopher Stashuk
HTML-Autor: James Norris

»Persistence of the Spirit« ist eine Web-Site die den Zeitgeist von fünf Epochen – von dem späten 17. Jahrhundert bis 1980 – aus der Perspektive der afroamerikanischen Geschichte in Arkansas betrachtet. Gestaltet als eine informelle Präsentation, verwendet es Bilder in handbeschrifteten Bildrahmen als Gestaltungsmittel und als Verknüpfungen zu den verschiedenen Bereichen der Web-Site. Die Hauptgeschichte wird über Bilder und Beiträge zu historischen Erzählungen vermittelt. Besucher können zudem Bilder aus fast 300 Jahren afroamerikanischer Geschichte in den verschiedenen Zeitabschnitten betrachten. Kleinabbildungen – die für eine vergrößerte Darstellung angeklickt werden können – sind auf einer vertikalen Zeitlinie angeordnet. Um diesen Zeitbalken zu schaffen, hat James Norris eine Bilddatei entsprechend verzerrt und zwischen die Einzelbilder eingefügt.

Ein weiteres Problem, das sich Norris stellte, war das Hintergrundmuster, welches einen farbigen Streifen auf der linken Seite des Browserfensters erzeugt. Hierbei kam es darauf an, die Elemente so zu platzieren, dass sie nicht den Randstreifen überlagern und die Elemente beim Verändern der Browserfenstergröße nicht neu geordnet werden. Dieses Problem löste er mit einer unsichtbaren Tabelle, die er mit einem transparenten GIF nach rechts versetzte.

Persistence of the Spirit is an interpretive study of the people and events that contributed to the black experience in Arkansas. Developed in 1986-87 by a team of humanities scholars supported by grants, the project included a permanent exhibit at the University of Arkansas at Pine Bluff, traveling exhibits, booklets, classroom guides, and a 30-minute video documentary.

This special World Wide Web site presents an overview of the historical interpretation with links to additional resources and historical information.

Historical Narrative
Five condensed chapters, developed by a team of humanities scholars, convey the highlights of the African-American experience in Arkansas.

Photo Scrapbook
An assortment of historic images in chronological order from the Persistence image collection.

Public Programs
A calendar of humanities films and exhibits from the Arkansas Humanities Resource Center plus other public programs based on African-American culture and history.

History Links
A menu of quick links to other informative sites that offer historical and cultural approaches to African-American issues.

References
A reading list for teachers and other readers seeking more detailed information on the lives and experiences of black Arkansas.

Resources
Information about Persistence of the Spirit including the scholars, funders and archives that collaborated on this project.

Arkansas Humanities Resource Center
10816 Executive Center Drive
Suite 310
Little Rock, AR 72211-4383
(501) 221-0093

Copyright ©1996, 1997 Arkansas Humanities Resource Center
Design by Hatrack & Associates Consulting and Artryfe.

Map Datei auf dem Server abgelegt werden muss und welches Format der Web-Server benötigt (i.e. NCSA oder CERN). Die Datei mit den AREA-Definitionen muss die Endung ».map« haben. Außerdem muß das Bild für die Image-Map in einer Verknüpfung platziert sein, die auf diese Datei verweist, zum Beispiel:

```
<A HREF="../cgi-bin/navig.map">
<IMG SRC="navig.gif" ISMAP></A>
```

■ Hintergrundbilder

Normalerweise ist die Hintergrundfarbe des Browsers auf Grau (Netscape) oder Weiß (Explorer) eingestellt, aber es gibt glücklicherweise mehrere Möglichkeiten einen ansprechenderen Hintergrund zu gestalten. Das Einfachste ist die Hintergrundfarbe zu ändern, aber es kann auch ein Bild als Hintergrund definiert werden. Um ein Bild, das entweder ein JPEG- oder GIF-Format sein kann, im Hintergrund zu laden, fügen Sie einfach BACKGROUND="image .gif" in den BODY-Marker ein. Ist das Bild im Speicher, wird es mehrfach in horizontaler und vertikaler Richtung im Browserhintergrund wiederholt, bis die gesamte Fläche ausgefüllt ist. Diese Funktion hat viele Designer zu sehr kreativen Lösungen inspiriert, doch dazu im nächsten Abschnitt mehr. Wenn Sie ein Hintergrundbild verwenden, sollten Sie mit dem BGCOLOR-Attribut immer auch zusätzlich eine Hintergrundfarbe wählen, die der Farbigkeit des Hintergrundbildes entspricht für den Fall, dass die Bilddatei einmal nicht geladen wird.

Spezialeffekte mit dem Hintergrund

Bevor Frames in den HTML-Standard eingeführt wurden, verwendeten viele Designer die Hintergrundbild-Funktion, um einen farbigen Randstreifen zu gestalten. Dieser farbige Randstreifen (immer links) eignete sich hervorragend dazu, eine Navigationsleiste zu integrieren oder einfach nur weitere Verknüpfungen zu listen. Diese Technik ist über die Jahre so populär geworden, dass diese heute zum festen Repertoire gehört und ein Großteil der Webseiten so aufgebaut sind.

Wie wird nun so ein Randstreifen gestaltet? Legen Sie hierzu eine Bilddatei an mit einer Breite von 1000 Pixeln und färben Sie die linke Seite des Bildes. Eine Möglichkeit wäre, mit dem Auswahlrechteck in Photoshop einen entsprechenden Bereich zu markieren und dann mit dem Füllwerkzeug die Vordergrundfarbe hier einzusetzen. Anschließend muss die Datei nur noch gespeichert werden und lässt sich dann über das BACKGROUND-Attribut in die Seite laden.

Der Grund übrigens für die extreme Breite des Bildes ist, dass das Hintergrundbild sowohl vertikal als auch horizontal wiederholt wird. Ist die Breite zu klein gewählt, dann erscheint der Streifen auf der rechten Seite erneut. Wie breit das Bild ist, bleibt letztendlich Ihnen überlassen und hängt auch von der Gestaltung selbst ab. Wichtig ist hier nur, die Höhe des Hintergrundbildes nicht zu klein oder zu groß zu machen, idealerweise im Bereich von 50 Pixeln.

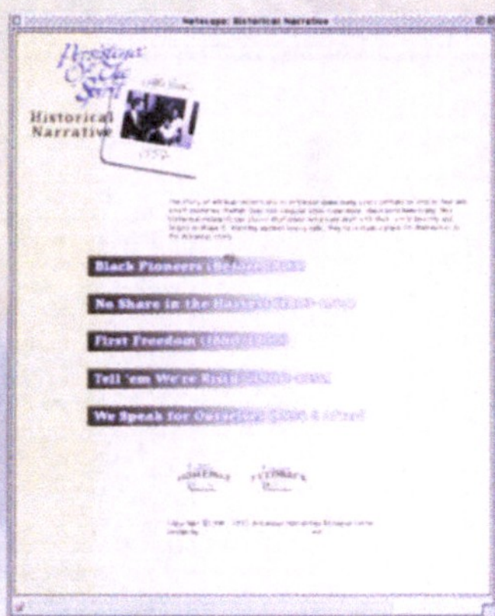

Diese zwei Abbildungen der »Persistence of the Spirit«-Web-Site zeigen die Hintergrundmuster im Einsatz.

Um einen farbigen Randstreifen zu gestalten, hat Christopher Stashuk ein Hintergrundbild verwendet, welches vom Browser mehrfach aneinander gefügt wird. Damit der Seitenstreifen auf der rechten Seite nicht zu sehen ist, muss das Hintergrundbild größer sein als ein 21-Zoll-Monitor.

WIE SIE HINTERGRUNDMUSTER IN PHOTOSHOP GESTALTEN

Es gibt eine Reihe von großartigen Programmen für Texturen, wie beispielsweise TextureScape und Painter von MetaCreation, aber auch in Photoshop lassen sich übergangslose Muster gestalten.

1 *Jede Auswahl lässt sich durch Wählen der »Muster festlegen«-Funktion im Bearbeiten-Menü als Füllmuster definieren. Anschließend legen Sie eine leere Datei an und füllen den Bereich mit dem Muster über »Füllen« aus dem Bearbeiten-Menü. Das Ergebnis sehen Sie auf der linken Seite: Die Kanten der ursprünglichen Auswahl sind noch zu erkennen.*

2 *Um ein Muster nahtlos zu gestalten, müssen die Übergänge mit dem Stempelwerkzeug bearbeitet werden. Aber zuerst verwenden Sie den Filter »Verschiebungseffekt« im Untermenü »Sonstige Filter«. In dem Dialogfenster geben Sie als Verschiebung einen horizontalen und vertikalen Wert ein, außerdem wählen Sie die Option »Durch verschobenen Bereich ersetzen«. Nun können Sie die Kanten des Musters besser erkennen und mit dem Stempelwerkzeug bearbeiten.*

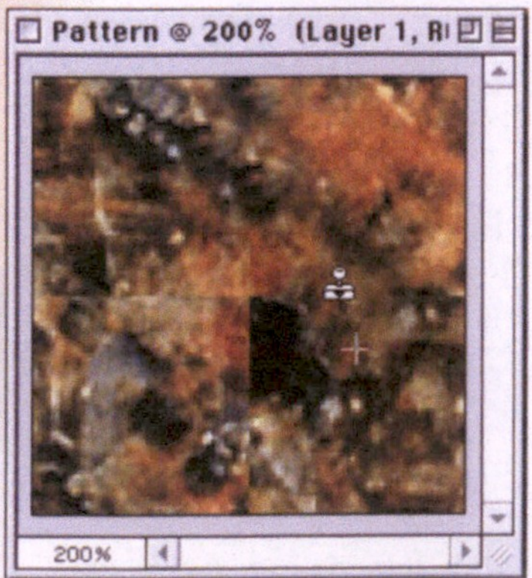

4 *Nach dem Löschen aller Kanten, sichern Sie das Bild als GIF oder JPEG und importieren es als Hintergrundbild in die Webseite. Das Ergebnis ist in diesem Beispiel immer noch als Muster erkennbar, aber zumindest sind keine harten Bruchkanten mehr zu sehen.*
Ein weiterer, sehr populärer Trick ist es, einen farbigen Randstreifen über ein Hintergrundbild zu gestalten, ohne Frames verwenden zu müssen – auf der vorigen Seite sehen Sie hierzu ein Beispiel.

3 *Führen Sie das Werkzeug auf ca. 20 Pixel an die Kante heran, drücken Sie die Option/Alt-Taste und klicken Sie in das Bild. Nun lassen Sie die Tasten los und zeichnen mit dem Werkzeug direkt auf die Kantenlinie. Diese verschwindet nun auf wundersame Weise, da Photoshop nun einen Teil des Bildes an die Stelle kopiert, an der Sie zeichnen.*

Obwohl diese Randstreifen-Bilder sehr groß sind, komprimieren sie sehr gut, wenn sie als GIF gespeichert werden. Die GIF-Kompression funktioniert bei großen einfarbigen Flächen sehr gut und so benötigen diese Hintergrundbilder trotzdem nicht mehr als 10–20 KByte (oder weniger). Aber behalten Sie hier auch im Auge, dass diese Dateien dekomprimiert werden und den Speicher des Browsers belegen, was den Browser bei Speichermangel zum Absturz bringt.

Bis jetzt habe ich übrigens noch keine Web-Site gesehen, die von animierten Hintergrundbildern Gebrauch macht. Da es auch möglich ist, die Hintergrundfarbe des Browsers über JavaScript zu steuern, ließe sich eine Musterfläche mit einer transparenten Farbe anlegen, bei der sich die Hintergrundfarbe beständig ändert, aber dies fällt unter Effekthascherei.

■ DAS VERSATZPROBLEM BEI BROWSERN

Ein Vordergrundbild mit einem Hintergrundbild auszurichten ist bei weitem nicht so einfach, wie Sie vielleicht annehmen. Der Grund hierfür ist, dass jeder Browser einen eigenen Nullpunktversatz (Browser-Offset) hat. Bilder, die in der oberen linken Ecke ihres Dokumentes platziert sind, werden einige Pixel horizontal und vertikal verschoben. Dieser Versatz variiert zwischen Browsern und Plattformen, was es schwer macht, ein Bild exakt über ein Hintergrundbild zu platzieren.

Der Microsoft Internet Explorer 3.0 erlaubte es als erster Browser durch Einbinden von LEFTMARGIN="0" und TOPMARGIN="0" in den BODY-Marker, den Versatz auf null zu setzen. Netscape verwendet hierfür die Marginwidth- und

Das Programm Painter gibt einem wirklich das Gefühl, mit Öl oder Kreide auf einer Leinwand zu malen. Was Painter zu einem gelungenen Werkzeug für Web-Designer macht – neben seinen Malwerkzeugen –, ist seine Fähigkeit Muster, Texturen und Bedienungselemente zu gestalten. Wenn Sie beispielsweise den Bildbereich als Muster festlegen, wird Painter automatisch sicherstellen, dass keine Übergangskanten entstehen. Oder wenn Sie eine Papiertextur als Hintergrund benötigen, können Sie aus einer Fülle bereits mitgelieferter Texturen auswählen. Im Lieferumfang ist auch ein Plug-In enthalten, das sich »Bevel World« nennt und sogar noch mehr Parameter für die Gestaltung von Objektkanten (Taster etc.) besitzt, als das Plug-In »Eye Candy« von Alien Skin. Mit dem Bevel-World-Plug-In ist es ein Leichtes, Taster und andere Elemente in Painter zu gestalten, die normalerweise viele Arbeitsschritte in Photoshop bedeuten würden. Painter besitzt noch weitreichendere Funktionen, und wenn Sie es noch nicht kennen, sollten Sie es unbedingt ausprobieren. Für Web-Designer unbedingt empfehlenswert.

Marginheight-Attribute. Um also den Nullpunktversatz beider Browser zu kompensieren, müssen in den Body-Marker sowohl die Netscape- als auch die Explorer-Attribute verwendet werden. In diesem Beispiel wird der Nullpunktversatz auf null gesetzt:

```
<body topmargin="0" leftmargin="0"
marginwidth="0"marginheight="0" >
```

Oaklawn

Designer: Christopher Stashuk, HTML-Autor: Nancy Mitchell

Oaklawn ist eine Pferderennbahn in Arkansas und Titel einer Web-Site für aktuelle Ergebnisse, letzte Änderungen sowie Tagesprogramme aktueller Pferderennen. Der Leser findet hier Informationen über die Pferde, die Trainer und Jockeys und deren Vorbereitungen auf die Rennen und kann darüber hinaus auch eine von 21 verschiedenen elektronischen Postkarten mit Motiven von Oaklawn und seiner Geschichte versenden. Eine Reihe weiterer Besonderheiten, die für den Besucher auf Anhieb nicht sichtbar sind, wie beispielsweise ein CGI-Script, das die Bilder auf der Hauptseite austauscht, wenn der Reload-Knopf des Browsers betätigt wird, machen Oaklawn zu einem gelungenen Beispiel für eine einfache, aber elegante Web-Site.

Klickt man auf einen der Hauptbereiche, öffnet sich eine Unterseite mit Frames. In einem Frame auf der linken Seite sind die Hauptbereiche aufgelistet, während in einem Frame am unteren Ende der Seite alle dazugehörigen Unterbereiche aufgeführt sind, die mittels JavaScript beim Wechsel angepasst werden.

Eine wichtige Aufgabe bestand darin, eine Verbindung zwischen dem Computersystem bei Oaklawn und der

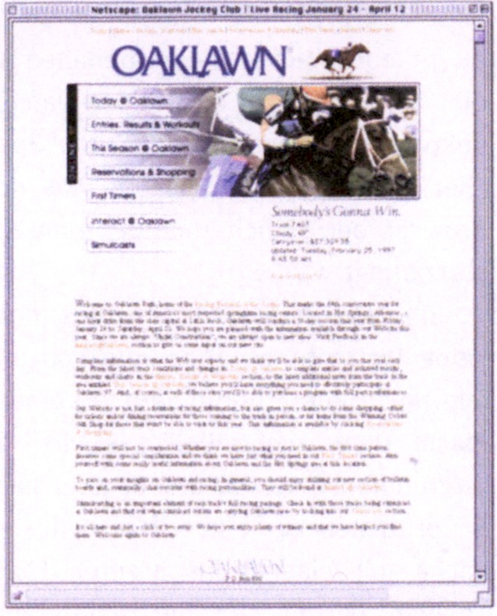

»The Newsletter« ist ein wöchentliches E-Mail-Rundschreiben an Abonnenten. Sie wird von der Oaklawn-Belegschaft geschrieben und gibt eine Vorschau auf das kommende Wochenende bei Oaklawn.

Web-Site herzustellen. »Wir übernehmen dabei Informationen direkt aus dem Programm, mit dem bei Oaklawn die Trainingsergebnisse erfasst werden und machen sie auf dem Internet zugänglich, denn für alle Fans von Pferderennen sind diese Daten sehr wichtig«, erklärt Nancy Mitchell die zugrunde liegende Funktionalität der Web-Site. »Diese Informationen werden natürlich nur während der Saison präsentiert, aber die Web-Site ist auch außerhalb der Saison interessant«,

meint Nancy, denn »Oaklawn besitzt auch einen Online-Shop«.

»Als Oaklawn an Aristotle herantrat, um die Web-Site zu designen, stand Aristotle sehr unter Druck«, erinnert sich Nancy. »Die Web-Site enthält eine riesige Menge an Informationen, aber wir hatten nur einen Monat Zeit. Nachdem allerdings die Struktur der Site festgelegt war, wurde es einfacher.«

Oaklawn wurde mit über einer Million Zugriffe zwei Wochen vor Saisonende ein Riesenerfolg. Wie man den Erfolg einer Web-Site bestimmt, wird oft unterschiedlich gehandhabt, aber »wir ermitteln dabei, wie viele HTML-Seiten heruntergeladen werden. Nach unseren Ermittlungen hat der durchschnittliche Besucher ungefähr 17 Seiten gesehen«, erklärt Nancy. Bei Aristotle wird dabei auch aufgezeichnet, welchen Internet-Service-Provider die Besucher am häufigsten verwenden. Dabei stellte sich heraus, dass die Mehrzahl America Online Anwender waren. »Wir versuchen Oaklawn so viel statistische Informationen wie möglich zu geben, weil sich dies natürlich auf das Geschäft auswirkt. Beispielsweise haben wir ermittelt, dass die meisten Anwender die Web-Site während ihrer Mittagspause besuchen«.

Eine der Attraktionen der Hauptseite ist eine kleine GIF-Animation eines galoppierenden Pferdes. Diese Animation zu gestalten war eine ziemlich zeitaufwendige Aufgabe für Chris-

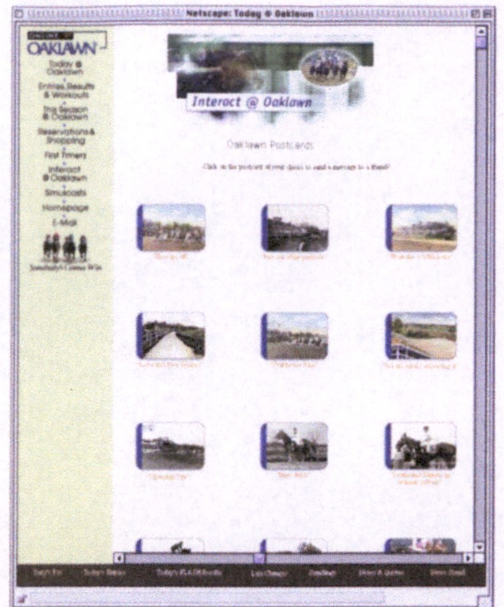

Der Postkartenbereich erlaubt es Anwendern, eine persönliche elektronische Postkarte an Freunde zu versenden.

topher Stashuk: »Wir haben dieses Pferd mit Betacam-SP aufgenommen. Unglücklicherweise musste die Kamera dabei dem Weg des Pferdes folgen. Nachdem die Aufnahmen dann im Rechner waren, habe ich anhand des Sattels den zentralen Punkt jedes Bildes bestimmt, um jedes Einzelbild neu zu positionieren. Da die Aufnahmen auf der Pferderennbahn gemacht wurden, stellte ich danach jedes Bild einzeln frei. Ich habe nur einen kleinen Bereich des Untergrundes belassen, um der Animation einen zusätzlichen Halt zu geben«.

Die Animation des galoppierenden Pferdes wurde während eines Rennens in Oaklawn aufgenommen.

Today@Oaklawn bietet Ergebnisse und letzte Änderungen bis wenige Minuten vor dem Rennen. Ein Tagesprogramm mit den letzten Trainingsergebnissen und Anmerkungen vermittelt dem Besucher detaillierte Informationen über das Pferd, Trainer und den Jockey.

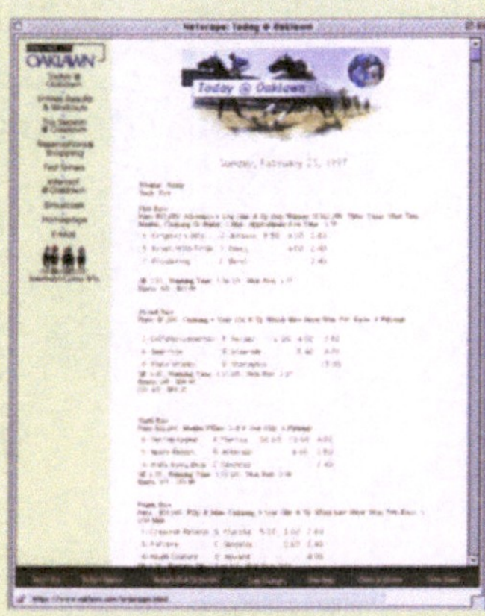

KAPITEL 04

Tabellen

Die Möglichkeit, Tabellen in HTML anzulegen, war eine der wichtigsten Erweiterungen der HTML-Spezifikation – Design, wie wir es heute im Web sehen, basiert oft auf dieser Entwicklung. Dank dieser HTML-Erweiterung besitzt der Designer eine Kontrolle darüber, wie die Seite später im Browser aussehen wird. Da die Ränder einer Tabelle unsichtbar gemacht werden können und deren Breite sich in Pixel festlegen lässt, verwenden die meisten Designer diese Funktion zum Layouten. Und obwohl Ebenen (Layers) zwischenzeitlich in die

```
‹TABLE›
    ‹TR›
        ‹TD›1st cell‹/TD›
        ‹TD›2nd cell‹/TD›
    ‹/TR›
‹/TABLE›
```

Eine Tabelle in HTML 04-01

HTML-Spezifikation aufgenommen wurden und seit längerem von Microsoft Internet Explorer und Netscape Navigator unterstützt werden, bleiben die meisten Designer bei den Tabellen aus Gründen der Rückwärtskompatibilität.

Daher ist es für Web-Designer enorm wichtig, mit der Syntax für Tabellen vertraut zu sein. Oftmals genügt ein Blick in den HTML-Code, um festzustellen, wo die Ursache liegt, falls das Ergebnis zwischen den Browsern differiert. In der Regel kommen diese Inkompatibilitäten durch widersprüchliche Attribute (wie beispielsweise der Ausrichtung) zustande.

Obwohl die Grundbefehle einer HTML-Tabelle sehr einfach sind, kann der Umgang damit am Anfang etwas verwirrend sein.

Tabellen werden als eine Ansammlung von Reihen (nicht Spalten) gesehen, in die die gewünschte Anzahl von Zellen eingefügt sind. Der Code für eine Tabelle steht dabei immer zwischen einem Anfangs- und Endmarker: ‹TABLE› ... ‹/TABLE›. Alle anderen Marker – für Tabellenreihen und -zellen – sind hierin eingebettet (siehe Beispiel [04-01]).

Der TR-Marker (Table-Row) legt eine Reihe fest, in die Zellen mittels des TD-Markers hinzugefügt werden. Die TD-Marker müssen verständlicherweise vor dem TR-Endmarker stehen und benötigen ebenfalls einen Endmarker. Text oder HTML-Code, der in einer speziellen

Tabellen sind eine sehr rudimentäre Erweiterung der HTML-2.0-Spezifikation. Wer sich für »Geschichtliches« interessiert, kann die HTML-2.0-Spezifikation unter http://www.w3.org/MarkUp/html-spec/html-spec_toc.html nachlesen. Diese stammt aus dem Jahre 1995, und es ist immer wieder erstaunlich, wie sehr das Web in diesem kurzen Zeitraum unser Leben verändert hat.

```
‹TABLE›
   ‹TR›
       ‹TD›Upper left cell‹/TD›
       ‹TD›Upper right cell‹/TD›
   ‹/TR›
   ‹TR›
       ‹TD›Lower left cell‹/TD›
       ‹TD›Lower right cell‹/TD›
   ‹/TR›
‹/TABLE›
```

Eine Tabelle mit 2 Feldern 04-02

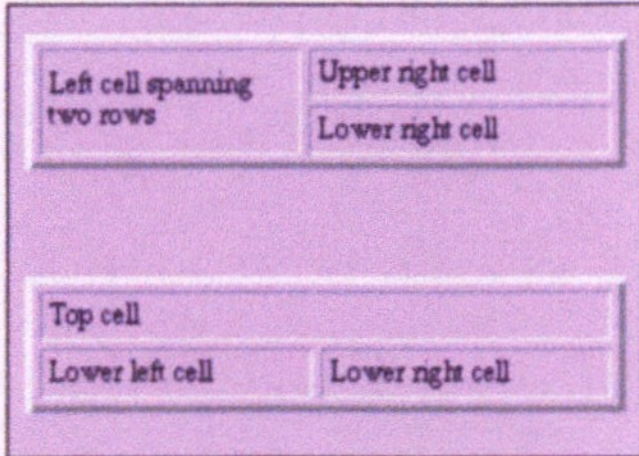

Dies ist ein Beispiel einer Tabelle mit vereinten Feldern. Um Felder zu vereinen, verwenden Sie das COLSPAN- oder ROWSPAN-Attribut. Beachten Sie: Das ROWSPAN-Attribut funktioniert nur von oben nach unten und COLSPAN nur von links nach rechts. Das bedeutet beispielsweise, dass die letzte Reihe keinen ROWSPAN enthalten kann.

Netscape hat die Implementierung und Aufbaugeschwindigkeit der Tabellen seit Navigator 4.x verbessert. Um von dieser Beschleunigung zu profitieren, muss im TABLE-Marker spezifiziert sein, wie viele Spalten die Tabelle besitzt: ‹TABLE COLS=n›.

```
‹TABLE›
    ‹TR›
        ‹TD ROWSPAN="2"›Left cell
        spanning two rows‹/TD›
        ‹TD›Upper right cell‹/TD›
    ‹/TR›
    ‹TR›
        ‹TD›Lower right cell‹/TD›
    ‹/TR›
‹/TABLE›
```

Das ROWSPAN-Attribut 04-03

```
‹TABLE›
    ‹TR›
        ‹TD COLSPAN="2"›
        Top cell‹/TD›
    ‹/TR›
    ‹TR›
        ‹TD›Lower left cell‹/TD›
        ‹TD›Lower right cell‹/TD›
    ‹/TR›
‹/TABLE›
```

Das COLSPAN-Attribut 04-04

Zelle stehen soll, muss also eingebettet sein zwischen dem TD-Anfangs- und -Endmarker. Die Zahl der Zellen wird einzig und allein über die Anzahl der TD-Marker innerhalb einer Tabellenreihe bestimmt. Das Gleiche gilt für die Anzahl der Reihen: Für jede zusätzliche Reihe wird nur ein zusätzlicher TR-Marker innerhalb des TABLE-Markers platziert. Im Beispiel [04-02] sehen Sie den Code für eine etwas komplexere Tabelle. Diese Tabelle besteht aus zwei Reihen mit jeweils zwei Feldern (wenn ein Feld innerhalb einer Reihe nicht vorhanden ist, erscheint es als eine Leerfläche).

Nicht jede Tabelle besteht immer aus Reihen mit der gleichen Anzahl von Feldern. Häufig ist es nötig, zwei oder mehrere Felder zu einer Zelle zu vereinen. Mit ROWSPAN lassen sich Zellen mit der korrespondierenden Zelle aus der Reihe darunter vereinen. Das Gegenstück dazu ist der COLSPAN-Marker, mit dem sich eine Zelle mit der nachfolgenden Zelle aus derselben Reihe verbinden lässt [04-04]. Wie Sie an diesem Beispiel sehen, wird ein TD-Marker in der zweiten Reihe ausgelassen, da er überflüssig ist. Um die beiden oberen Zellen zu vereinen, benutzen Sie den COLSPAN-Marker und lassen die zweite Zelle in der ersten Reihe weg.

Nun, da wir die Grundlagen der Tabellen hinter uns haben, sollten wir in die Details gehen.

DIE TABELLENMARKER UND IHRE ATTRIBUTE

‹TABLE ...›‹/TABLE›: Alle anderen Tabellenmarker müssen eingeschlossen sein in diesem Anfangs- und Endmarker. Um die Randstärke der Tabelle festzulegen, geben Sie einen Pixelwert im BORDER-Attribut ein, wobei der Wert null den Rand unsichtbar macht. Die Breite einer Tabelle kann mit dem Attribut HEIGHT= "Wert" und WIDTH="Wert" oder "Prozent" als Pixelwert oder als prozentualer Wert bestimmt werden. Wenn Sie für diese Attribute keinen Wert festlegen, wird dies vom Browser automatisch gemacht.

CELLSPACING="Wert" legt die Breite der Feldränder fest. Bei einem hohen Wert wirken diese sehr wuchtig. Während CELLSPACING die Feldränder bestimmt, regeln Sie über CELLPADDING="Wert" den Abstand des Feldinhaltes zum Feldrand. Die kompakteste Tabelle erhalten Sie also mit der Einstellung: ‹TABLE BORDER=0 CELLSPACING=0 CELLPADDING=0›.

‹CAPTION ...›‹/CAPTION›: Um der Tabelle einen Titel bzw. eine Überschrift zu geben, verwenden Sie die CAPTION-

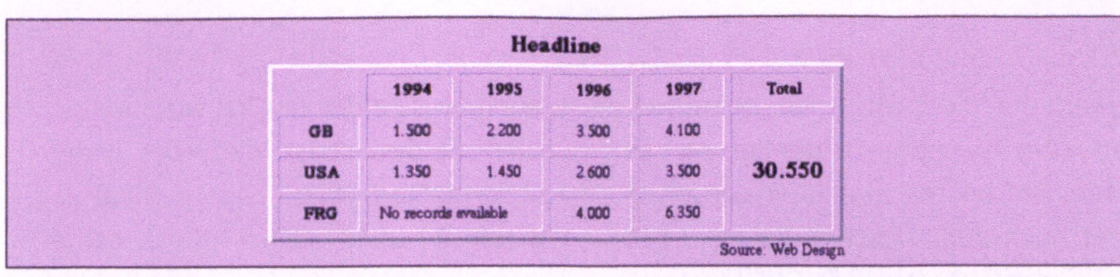

Hier ein Beispiel für eine Tabelle (oben) und dem dazugehörigen HTML-Code (unten).

```
<HTML>
   <HEAD>
      <TITLE>Example for a table</TITLE>
   </HEAD>
<BODY BGCOLOR="#CC99CC" LINK="#ff0000" ALINK="#0033ff">

<TABLE WIDTH="450" BORDER="3" CELLSPACING="5" CELLPADDING="5">
   <CAPTION ALIGN="BOTTOM"><P ALIGN=RIGHT>Source: Web-Design</CAPTION>
   <TR>
      <TD WIDTH="16%"></TD>
      <TH WIDTH="16%">1994</TH>
      <TH WIDTH="17%">1995</TH>
      <TH WIDTH="17%">1996</TH>
      <TH WIDTH="17%">1997</TH>
      <TH WIDTH="17%">Total</TH>
   </TR>
   <TR>
      <TH>GB</TH>
      <TD><P><CENTER>1.500</CENTER></TD>
      <TD><P><CENTER>2.200</CENTER></TD>
      <TD><P><CENTER>3.500</CENTER></TD>
      <TD><P><CENTER>4.100</CENTER></TD>
      <TD ROWSPAN="3"><H2><CENTER>30.550</CENTER></H2></TD>
   </TR>
   <TR>
      <TH>USA</TH>
      <TD><P><CENTER>1.350</CENTER></TD>
      <TD><P><CENTER>1.450</CENTER></TD>
      <TD><P><CENTER>2.600</CENTER></TD>
      <TD><P><CENTER>3.500</CENTER></TD>
   </TR>
   <TR>
      <TH>FRG</TH>
      <TD COLSPAN="2">No records available</TD>
      <TD><P><CENTER>4.000</CENTER></TD>
      <TD><P><CENTER>6.350</CENTER></TD>
   </TR>
</TABLE>
</BODY>
</HTML>
```

Ein kompletter HTML-Code mit einem »Table« 04-05

Tabellen

Marker, die nicht zwischen irgendwelchen TR-, TD- oder TH-Marker stehen dürfen. Am besten platzieren Sie diese direkt nach dem TABLE-Anfangsmarker. Ohne den Zusatz ALIGN="bottom" erscheint der Titel der Tabelle oberhalb des Rahmens. Der Titel ist immer zentriert, kann aber über ‹P ALIGN="left/right"› auch links- oder rechtsbündig gesetzt werden.

‹TR ...›/TR›: Diese Marker umschließen alle TH und TD-Marker. Für jede weitere Reihe wird einfach ein zusätzlicher Marker eingefügt. Wenn innerhalb dieses Markers irgendwelche VALIGN- oder ALIGN-Attribute stehen, gelten diese für die gesamte Reihe. Mögliche Werte für VALIGN sind »top, middle, bottom, baseline« und für ALIGN »left, center, right«.

‹TD ...›/TD› und ‹TH ...›/TH›: Für das normale Tabellenfeld verwenden Sie den TD-Marker, wobei jede Tabellenreihe dieselbe Anzahl von Feldern haben muss. Wenn Sie mit ROWSPAN="Wert" zwei Zellen vereinigt haben, denken Sie daran, dass diese Zelle in der nächsten Zeile zwei korrespondierende Felder hat. Während ROWSPAN zwei Felder horizontal verbindet, ist das vertikale Pendant der Marker COLSPAN="Wert", der zwei

(oder mehr) Felder vertikal verbindet.

Der Feldinhalt ist wie jeder andere Text formatierbar und kann vertikal und horizontal über ALIGN="left, center, right" und VALIGN ="top, middle, bottom, baseline" ausgerichtet werden. Normalerweise wird der Text in den Zellen automatisch umbrochen, um den geringsten Raum einzunehmen. Dies vermeiden Sie über das NOWRAP-Attribut im TD-Marker.

TH steht für »Table-Header« und der einzige Unterschied zum TD-Marker ist, dass der Text immer in fetter Schrift und zentriert angezeigt wird.

HINTERGRUNDFARBEN UND BILDER

Mit BGCOLOR="#nnnnnn" (nnnnnn entspricht einem hexadezimalen Wert) können Sie die Farbe für die gesamte Tabelle, oder auch nur für ein Feld, setzen, abhängig davon, wo dieses Attribut platziert wird. Um einer ganzen Tabelle die Farbe zuzuordnen, platzieren Sie dieses Attribut in den TABLE-Marker, für ein einzelnes Feld in den TD-Marker und für eine Reihe entsprechend in den TR-Marker.

Dieses Prinzip gilt auch für das »BACKGROUND=Bild.gif«-Attribut, das ein Hintergrundbild lädt. Microsoft Internet Explorer kann sogar die Ränder der Tabelle einfärben über BORDERCOLOR,

Hintergrundbilder und Farben für die Felder einer Tabelle ist eine nette Funktion, die zuerst bei Explorer 3.0 eingeführt wurde.

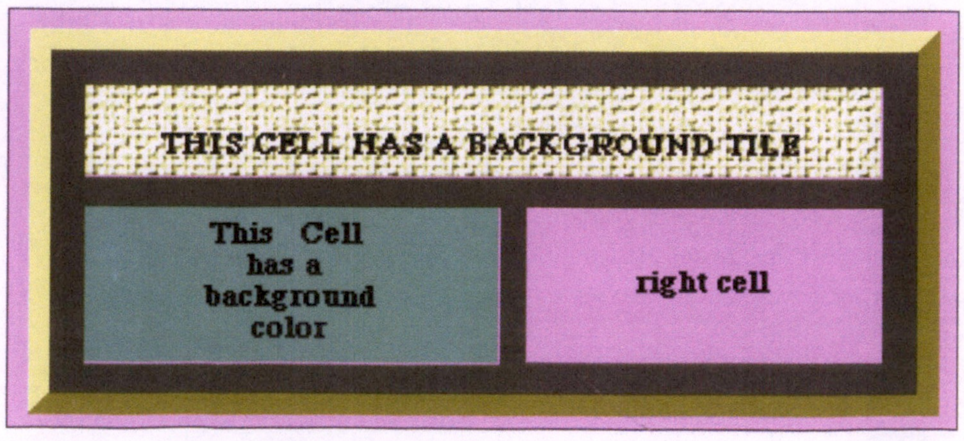

Die KATV- und die B-98.5-Seiten verwenden GIF-Animationen in Kombination mit regulären Bildern. Für den Besucher der Web-Site erscheinen diese allerdings als ein Gesamtbild. Diese Technik ist besonders hilfreich, wenn Sie mehrere Animationen einsetzen, die parallel laufen.

BORDERCOLORLIGHT und BORDERCOLORDARK. Diese Attribute müssen im TABLE-Marker stehen, damit sie funktionieren. Netscape Navigator 4.x versteht zumindest BORDERCOLOR, die anderen Attribute werden nicht umgesetzt.

BILDTABELLEN

Die Implementierung von Tabellen in HTML war einer der wichtigsten Schritte, um aufwendigere Gestaltungen zu ermöglichen. Da Tabellen unsichtbar sein können, eignen sie sich dazu, Text, Bilder und Formulare auszurichten sowie Bildtabellen zu erzeugen. Mit einer Bildtabelle wird ein großes Bild in mehrere kleine Bilder aufgeteilt und anschließend in einer Tabelle wieder zusammengesetzt, um es wie ein einziges Bild erscheinen zu lassen. Ein sehr gutes Beispiel, wie Bildtabellen eingesetzt werden können, ist die Homepage von Studio Archetype, einer Designfirma in San Francisco. Die Hauptseite ihrer Web-Site sieht aus wie ein einziges Bild, ist aber de facto aus mehreren verschiedenen Elementen zusammengestellt. Das Tolle an diesem Konzept ist, dass beim Klicken einer der Taster in der Navigationsleiste die neue Seite geladen und der Taster ausgetauscht wird durch die Abbildung eines gedrückten Tasters. Dieses Konzept schlägt zwei Fliegen mit einer Klappe: Zum einen benötigen Sie kein »Image-Map« und da nur ein Teilbereich der Tasterleiste ausgetauscht wird, erscheint die nächste Seite relativ schnell auf dem Bildschirm.

Fortsetzung auf Seite 80

Drei Beispiele für eine Bildtabelle: Studio Archetypes Homepage sieht aus wie ein CD-ROM-Interface – alle Elemente sind innerhalb eines Rechtecks angeordnet. Obwohl es wie ein einziges Bild aussieht, besteht dieses Bild aus mehreren Einzelteilen, die in einer Tabelle zusammengefügt wurden. Jeder Taster auf der Seite ist ein eigenes Bild mit einer Verknüpfung. Klickt der Anwender auf eines davon, gelangt er zur nächsten Seite, wo der Taster ausgewechselt wird gegen einen gedrückten Taster.

Tabellen

Der Sportbereich präsentiert alle Top-Sport-Stories des vorangegangenen Tages. Dieser Bereich bietet zudem Informationen und Spielpläne für die Arkansas Razorbacks, die ASU Indians und die UALR Trojans.

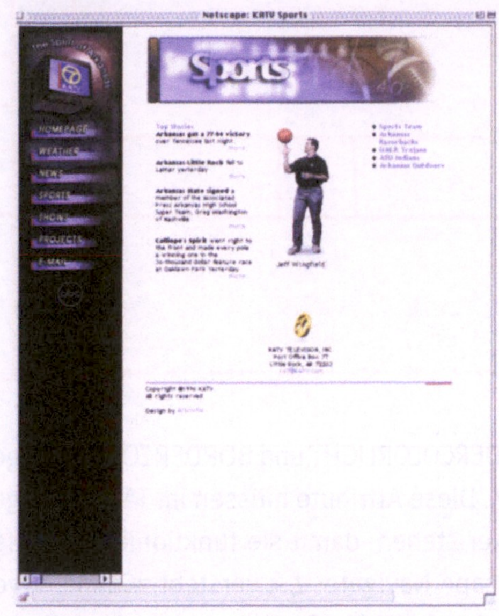

KATV

Designer: Christopher Stashuk
HTML-Autor: Dina Crane

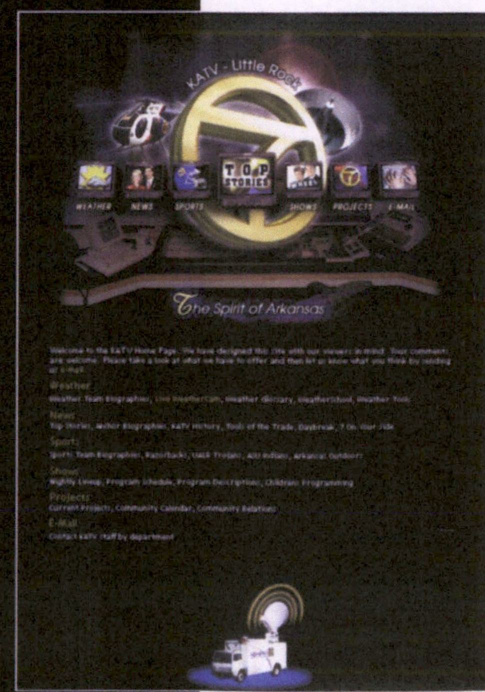

Als KATV Kanal 7 seine Web-Site entwickelte, standen Dina Crane und Christopher Stashuk vor dem Problem, dass KATVs Konkurrenz, KARK, bereits online vertreten war. »Unser Hauptziel war natürlich, deren Web-Site zu übertreffen. Ein nettes Kompliment war für uns, dass KARK ihre Web-Site nun überarbeitet haben und diese jetzt auffallend der Kanal-7-Web-Site ähnelt. Offensichtlich hat denen das Ergebnis auch gefallen«, sagt Dina Crane. Die KATV-Site besitzt viele nette Spielereien, wie eine Lauftextleiste mit der täglichen Wettervorhersage und ein Bild der Wetterkamera, das alle 10 Minuten aktualisiert wird und ein Bild der Innenstadt zeigt. Der Show-Bereich stellt automatisch das aktuelle Fernsehprogramm und eine Reihe weiterer Angebote dar, die ein

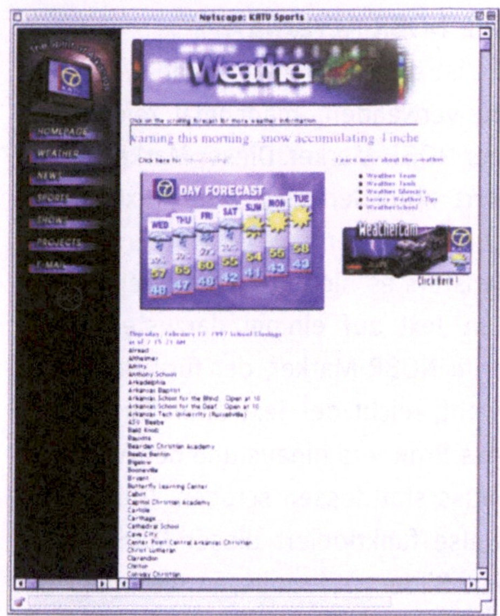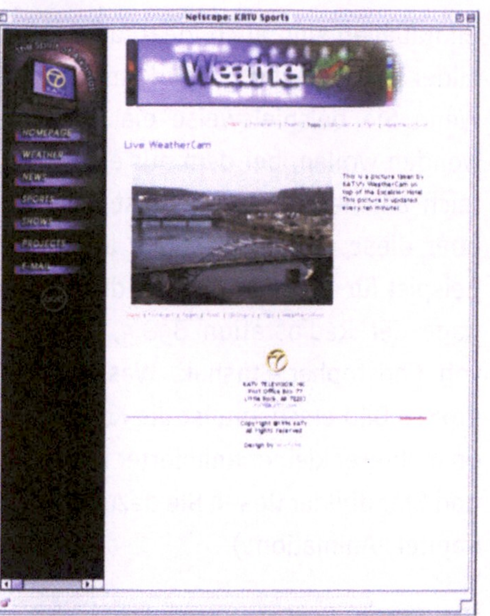

gutes Beispiel dafür sind, wie Kundenbetreuung eines Fernsehsenders aussehen kann. Dabei ruht sich das Aristotle-Team nicht darauf aus, sondern nimmt ständig Verbesserungen vor. Dina Crane und Christopher Stashuk haben vor kurzem die Arbeit abgeschlossen, »an einer neuen Version der Web-Site, in der wir einige grundlegende Änderungen vorgenommen haben. Unter anderem haben wir 'Day Break' und 'Seven on your Side' herausgestellt und zu einem eigenen Bereich gemacht«. Dass diese strukturellen Änderungen notwendig waren, wurde nach einer Auswertung der Statistiken offensichtlich. »Wir beobachten jede Web-Site auf unserem Server, um zu ermitteln, wie viele Zugriffe jede Seite hat. Dadurch erhalten wir die notwendigen Informationen, um die Site-Struktur zu verbessern«, sagt Diana. Wichtig war für sie die Erkenntnis, »daß Besucher Bookmarks zu den Innenseiten der Web-Site anlegten«. Diese Information hatte einen direkten Einfluss auf die Informationsarchitektur der Site. »Wir verwenden die Hauptseite, um Besucher auf neue Inhalte und Sachen aufmerksam

zu machen, aber wenn diese direkt zu den Innenseiten über einen Bookmark springen, wird das gesamte Konzept unterwandert. Wir platzieren deswegen beispielsweise das Gewinnspiel auf der Hauptseite, damit alle Besucher auch zur Hauptseite gehen. Auf diese Weise stellen wir sicher, dass die Leute nicht die neuesten Informationen verpassen, die KATV präsentieren will«.

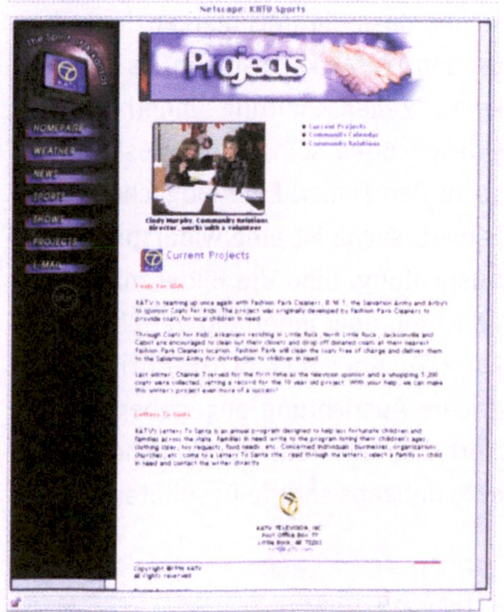

79

KATV

Das Bildtabellen-Problem 04-06

Achten Sie darauf, dass der Quellencode einer Tabelle aussieht wie in dem zweiten Beispiel, damit es keine Abstände zwischen den Bildern gibt.

Bildtabellen sind auch ideal, um Standbilder mit Animationen zu kombinieren. Wenn Sie beispielsweise ein Bild verwenden wollen, bei dem nur ein Teilbereich animiert sein soll, lässt sich das über diese Technik sehr gut lösen. Ein Beispiel für diese Technik ist die Homepage der Radiostation B98.5, gestaltet von Christopher Stashuk. Was wie ein großes Bild erscheint, ist die Kombination mehrerer kleiner animierter Elemente und Standbilder (lesen Sie dazu mehr im Kapitel »Animation«).

Die Falle bei Bildtabellen

Um eine Tabelle als Bildtabelle anzulegen, setzen Sie das BORDER-, CELLSPACING- und das CELLPADDING-Attribut im TABLE-Marker auf null. Positionieren Sie die Bilder in den Feldern, ermitteln Sie die Gesamtbreite und -höhe aller Bilder und geben Sie diese Werte in den WIDTH- und HEIGHT-Attributen des TABLE-Markers ein. Normalerweise sollte es dies schon gewesen sein, aber wenn Sie das Resultat in einem Browser betrachten, machen Sie sich auf eine Überraschung gefasst: Es kann gut sein, dass zwischen den Bildern Lücken sind. Zur Fehlerbehebung stellen Sie einfach sicher, dass die IMG-Marker direkt hinter den TD-Markern stehen. Es darf hier keine Zeilenschaltung innerhalb des Quellencodes sein, denn dieser verursacht den Fehler. Eine mögliche andere Fehlerursache ist eine widersprüchliche Ausrichtung: Sind die Bilder mittig ausgerichtet, aber innerhalb der Zellenmarker (TD) über das ALIGN-Attribut eine andere Ausrichtung angegeben, produziert dies ebenfalls auf manchen Browsern unbeabsichtigte Resultate.

Die NOBR-Alternative

Es ist nicht immer notwendig, Tabellen zu verwenden, manchmal reicht auch der NOBR-Marker. Dieser Marker verhindert normalerweise, dass Text umbrochen wird, wenn die Größe des Browserfensters es nicht gestattet, den gesamten Text auf einmal darzustellen. Mit dem NOBR-Marker, der für »No Break« steht, reicht der Text über die Grenzen des Browsers hinaus und der Anwender muss stattdessen scrollen. Glücklicherweise funktioniert dieser Marker auch mit Bildern: Sie müssen die Bilder nur zwischen den Anfangs- und Endmarker platzieren [04-07]. Es ist wichtig, dass die Bilder alle innerhalb eines Absatzes sind, wenn es mehrere Bildreihen gibt, denn ansonsten wird zusätzlicher Abstand eingefügt.

Bleibt nur noch die Frage, welche Vor- und Nachteile beide Verfahren haben? Mit dem NOBR-Marker können Sie »Bildtabellen« gestalten, die sogar Netscape Navigator 1.1 darstellen kann, auch wenn es zugegebenermaßen sehr unwahrscheinlich ist, dass dies nötig sein sollte. Der Nachteil ist, dass alle Bilder nur in Reihen angeordnet werden können, während in einer Tabelle jedes Feld wie eine Spalte fungiert, in der sich sogar mehrere Bilder untereinander platzieren lassen.

Der NOBR-Marker 04-07

In dieser Tabelle werden ‹P› Marker eingesetzt, was in zusätzlichem Platz zwischen den Bildern resultiert:

```
<TABLE WIDTH="129" HEIGHT="81" BORDER="0" CELLSPACING="0"
CELLPADDING="0">
    <TR>
      <TD>
      <P><IMG SRC="url"></P>
      <P><IMG SRC="url"></P>
      </TD>
      <TD>
      <P><IMG SRC="url"></P>
      <P><IMG SRC="url"></P>
      </TD>
    </TR>
</TABLE>
```

Um zu vermeiden, dass es zu einer Lücke kommt, wenn mehrere Bilder in einer Tabelle enthalten sind, sollten diese durch einen ‹BR›-Marker getrennt werden:

```
<TABLE WIDTH="100" HEIGHT="81" BORDER="0" CELLSPACING="0" CELLPAD-
DING="0">
    <TR>
      <TD>
      <IMG SRC="url"><BR>
      <IMG SRC="url">
      </TD>
      <TD>
      <IMG SRC="url"><BR>
      <IMG SRC="url">
      </TD>
    </TR>
</TABLE>
```

HTML Frame Code 04-08

Studio Archetype

Interview mit Clement Mok & Mark Crumpacker

Mark Crumpacker: Meine Absicht bei der Gestaltung dieser Web-Site war, ein Musterbeispiel für klare Navigation aufzuzeigen. Sie ist in gewisser Weise auch darauf ausgelegt, als Präsentation für unsere Kunden zu dienen, und ich verwende sie immer wieder, um zu erklären, was wir unter paralleler, globaler und lokaler Navigation verstehen. Über die Kopfleiste, die auf jeder Seite ganz oben zu sehen ist, kann global navigiert werden. Auf der Homepage verwenden wir auch eine Technik, die wir Content-Surfacing (Inhaltsdarstellung) nennen, was einfach nur ein Bereich ist, auf dem wir verschiedene Beiträge, die uns interessant erscheinen, mit einem Bild und Text darstellen und von wo aus der Anwender direkt zu den entsprechenden Artikeln springen kann. Um innerhalb einer Rubrik zwischen den Beiträgen zu wechseln, gibt es zu jeder Sektion eine parallele Navigation, und klickt man auf einen der Beiträge, sieht man noch zusätzlich die lokale Navigation, die es einem ermöglicht, innerhalb des Artikels bestimmte Stellen anzuspringen.

Studio Archetype in San Francisco war eine der bekanntesten Webagenturen in Amerika. Inzwischen mit Sapia zusammengegangen, existiert Studio Archetype nicht mehr als eigenständige Firma. Leider ist damit auch die Web-Site von Studio Archetype – ein Musterbeispiel für gelungene Informationsarchitektur – verloren gegangen. Die Site gehörte wohl mit zu den am meisten kopierten im Internet. Neben zahlreichen Web-Sites für Firmen wie Adobe und IBM hatte Studio Archetype aber auch große Bekanntheit erlangt durch Projekte wie »24hours in Cyberspace«, die Web-Geschichte geschrieben hat. Das folgende, bereits vor zwei Jahren geführte Interview mit Clement Mok und Mark Crumpacker über das Thema Informationsarchitektur im Web ist nach wie vor sehr aktuell.

Studio Archetype hat als traditionelle Werbeagentur angefangen und seine Hauptaktivitäten in den letzten Jahren auf die elektronischen Medien verlagert. Wie hat sich dieser Wechsel auf ihr Geschäft ausgewirkt?

Clement Mok: Als wir mit Web-Design begannen, hatten wir bereits viele CD-ROM-Projekte abgewickelt. Damals gab es noch keine Programmierer in unserer Belegschaft, nur Spezialisten für Lingo. Heute sind 65% unserer Aufträge aus dem elektronischen Bereich und der Rest aus dem Druckbereich. Was sich wirklich grundlegend geändert hat, sind die Fähigkeiten unserer Angestellten. Von unseren 90 Mitarbeitern sind nur 40 ausschließlich Designer, die anderen sind Java-, JavaScript- oder HTML-Programmierer.

Mark Crumpacker: Wir hatten früher zwei Abteilungen: den Druckbereich und den Interaktiv-Bereich. Nach einer Weile haben wir uns aber von dieser Idee wieder getrennt, weil es Teil unserer Philosophie ist, dass Design nicht so ausrichtungsspezifisch ist. Es ist außerdem dadurch leichter, gute Designer anzuziehen, da die Arbeit viel mehr Spaß macht, wenn jeder etwas Abwechslung hat. Daher haben wird diese Aufteilung aufgelöst und eine neue Gruppe geschaffen.

Also, sehen Sie eine Beziehung zwischen dem Design von Druck- und Online-Medien?

Clement Mok: Ich mache hier zwei Unterscheidungen: Kommunikationsdesign, Verkaufen eines Produktes oder etwas in einer Broschüre zu vermitteln, und Produktdesign, wo sie das eigentliche Produkt gestalten. In der Online-Welt gibt es diese eindeutigen Unterscheidungen bis jetzt nicht, aber es sind bestimmte Parallelen zwischen dem analogen und dem digitalen Universum vorhanden, das ähnliche Gedankengänge und Denkweisen erfordert. In der analogen Produktwelt geht es darum, einen Wert zu schaffen. Wenn Sie nun in der Online-Welt ein Online-Produkt betrachten, müssen Sie sich genau überlegen, wie Sie dieses Produkt oder diese Dienstleistung aufwerten. Es ist aber wichtig, auf die unterschiedlichen Anforderungen dieser beiden Welten einzugehen.

Die Möglichkeiten von Hyperlinks und Interaktivität erfordern eine andere Struktur der Information in der Online-Welt. Ist dies der Grund, warum Sie sich selbst als Informationsarchitekten bezeichnen?

Clement Mok: Wir haben uns als Informationsarchitekten neu definiert, weil unsere Aufgabe der eines Architekten ähnelt. Ein guter Architekt gestaltet nicht nur ein Gebäude, er betrachtet alle Aspekte des Standortes, wie die Umgebung oder das Verkehrsaufkommen auf den Straßen. Er untersucht dabei die Verhaltensweisen und Ziele der Bewohner und gestaltet große Plätze in Kontrast zu kleinen intimen Orten. Die Vorgehensweise bei Web-Design sollte ähnlich sein, denn es ist wichtig, Vielfalt in der digitalen Welt wiederzugeben.

Mark Crumpacker: 1995 herrschte eine große Unsicherheit, was eine Web-Site ist, und viele haben sie wie eine Broschüre betrachtet. Die Umsetzung der Information auf Seiten war eine der häufigsten Metaphern, aber als das Web umfangreicher und komplizierter wurde, wurde deutlich, dass diese in irgendeiner Art und Weise verbunden werden mussten. Im Prinzip bezeichnen wir das Strukturieren von Inhalten als Informationsarchitektur. In vielen Fällen nimmt dies die Form einer Karte oder eines Diagramms an, die wir auch sehr häufig gebrauchen. Aber nun, da Web-Sites mehr wie Softwareprogramme werden und weniger wie Broschüren aussehen, wird die Informationsarchitektur sogar noch komplizierter. Die Diagramme ähneln nun mehr Softwareentwürfen.

Trotzdem, der Begriff Informationsarchitektur ist mir noch zu abstrakt. Können Sie mir ein Beispiel für eine Anwendung bei einer Web-Site geben?

Mark Crumpacker: Ein gutes Beispiel ist »24hours in Cyberspace«. Das Ziel war eine Momentaufnahme eines Tages im Cyberspace zu machen und zu zeigen, wie das Internet das Leben überall auf diesem Planeten verändert. Fotografen und Autoren aus allen Kontinenten sandten uns eine Menge an Informationen, Bilder und Geschichten, die systematisch organisiert werden mussten, um die Web-Site innerhalb eines Tages gestalten zu können. Dazu gingen wir

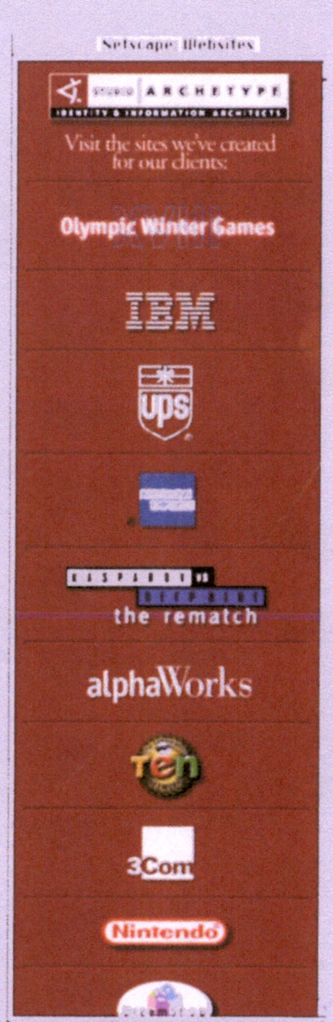

Die Web-Site von Studio Archetype präsentierte Links zu den verschiedenen Projekten und Kunden von SA.

Studio Archetype

Screenshots des ursprüngli-
chen Konzepts für »24hours in
Cyberspace«

die Informationen durch und arbeiteten anschließend eine Anzahl von verschiedenen Seitentypen heraus, aus denen wir verschiedene Musterseiten gestalteten. Als dann die Geschichten eintrafen, wurden sie entsprechend klassifiziert und die entsprechenden Musterseiten verwendet.

Was sie im Prinzip sagen, ist, dass die Klassifizierung von Inhalten Informationsarchitektur ist?
Mark Crumpacker: Das ist zumindest ein großer Teil davon. Vieles von dem, was wir bei Informationsarchitektur machen, dreht sich um das Gruppieren von ähnlichen Inhalten. Als wir die Adobe-Web-Site überarbeiteten, setzten wir uns zum Ziel, die ursprünglich 14 Kategorien auf sechs zu reduzieren. Danach arbeiteten wir mit Adobe daran, die bestehenden Informationen neu zu gruppieren, um dem Besucher die Navigation zu erleichtern. Zum Beispiel hatten sie ursprünglich eine Unterscheidung in Grafikprodukte und Druckvorstufe. Wir versuchten Sie davon zu überzeugen, dass es für einen Designer und Anwender ohne weiteres ein und dasselbe sein könnte und deswegen zusammenzufassen ist, um Verwirrungen zu vermeiden. Zwar erreichen wir nicht die angestrebten sechs, aber immerhin reduzierten wir von vierzehn auf acht Kategorien.

Clement Mok: Die Information zu strukturieren ist wirklich der Hauptteil der Informationsarchitektur. In den letzten zwei Jahren habe ich viel Zeit damit verbracht, unseren Kunden zu erklären, dass das Web nicht nur ein zusätzliches Aufgabengebiet ist, für das man eine Werbeagentur beschäftigt. Nur weil etwas in einem Web-Browser angezeigt wird, bedeutet das nicht, dass es mit den Druckmedien vergleichbar ist. Web-Design, wie Multimedia-Design, eröffnet ganz neue Dimensionen, und ich habe sehr viel Zeit damit verbracht, die Designprinzipien dieses neuen Mediums zu formulieren. Eine der wichtigsten Erkenntnisse in diesem rasant entwickelnden Wirtschaftszweig ist für mich, dass die Qualität des Resultats direkt von der Sorgfalt des Strukturierungsprozesses abhängt. Zudem ist bei der Informationsarchitektur ganz wichtig, einen stimmigen Gesamteindruck zu schaffen. Die Web-Site, die wir für American Express gestalteten, besteht aus nur sechs Hauptseiten, aber es hat fast sechs Monate gedauert, diese zu entwickeln, denn wir wollten einen bestimmten Eindruck und Stimmung schaffen. Web-Design dreht sich nicht nur um Seiten und Rubriken, es geht dabei um Aktivitäten und Abläufe. Es gibt hier eine grundsätzliche Änderung im Bewusstsein der Designer und wie man Web-Sites gestaltet. Man schafft nun verstärkt eine Erlebniswelt für den Konsumenten.

Ich nehme an, dies geht in die gleiche Richtung, die Sie bereits vorher erwähnten, dass man als Informationsarchitekt versucht, die Erlebniswelt durch Vielschichtigkeit anzureichern.
Clement Mok: Ja, das ist zutreffend. Web-Design dreht sich nicht nur um

Studio Archetype

schöne Bilder. Es geht darum, wie man eine Idee strukturieren kann und eine Web-Site effizient gestaltet. Bei der Entwicklung einer Web-Site gibt es vier Ebenen: Kommunikationsdesign, was für die meisten von uns gleichgesetzt wird mit Werbung und mit dem wir für Printmedien sehr vertraut sind. Die zweite Ebene ist Informationsdesign, was einfach ein Schlagwort ist für das Verständnis von Struktur. Der dritte Faktor ist die grafische Benutzeroberfläche und der vierte Bereich ist die Programmierung einer Web-Site.

Stellt sich die Frage, was ist gute und was ist schlechte Informationsarchitektur für Sie?

Mark Crumpacker: Es gibt eine Vielzahl an Web-Sites, die im Sinne der Information klar strukturiert sind, aber – und dies trifft sehr häufig auf Web-Sites großer Firmen zu – entsprechend der Organisation einer Firma in Abteilungen angelegt sind. Motorola war ein solches Beispiel, denn deren Firma ist in fünf Abteilungen gegliedert und ihre Angestellten sind auf verschiedene Städte verteilt. Aber nur weil Mobiltelefone und Pager von unterschiedlichen Abteilungen betreut werden, macht es keinen Sinn, die Web-Site ebenfalls so anzulegen, denn für einen Kunden handelt es sich bei beidem um mobile Kommunikation. Vom Standpunkt eines Informationsarchitekten würde ich lieber diese beiden Bereiche zusammengefasst sehen, als diese in verschiedene Gruppen zu unterteilen. Einem Endkunden ist es egal, ob die Mobiltelefonabteilung in Texas sitzt und

Nach der Umbenennung von Clement Mok Design auf Studio Archetype gab es auch eine Niederlassung in New York, bevor die Firma von Sapient aufgekauft wurde.

die Beeper-Abteilung in Illinois, er möchte einfach nur unterwegs erreichbar sein. Was ich damit versuche zu verdeutlichen, ist, dass schlechte Informationsarchitektur lediglich existierende Strukturen aufgreift, anstatt auf die Bedürfnisse des Kunden einzugehen.

Clement Mok: Ein Projekt, das wir vor einigen Jahren betreuten, war die UPS-Web-Site. UPS hatte eine Web-Site mit Tausenden von Seiten und stand nicht nur vor dem Problem, diese laufend zu aktualisieren, sondern auch zu verhindern, dass sich Leute in ihr verlieren. Als wir uns die bestehende Web-Site ansahen, stellten wir fest, dass das Problem in der Struktur lag. Aber wenn man sich Gedanken über den typischen Anwender macht, dann muss man sich mit der Frage auseinander setzen, welche Aufgaben dieser erledigen will. Dieser will auf der UPS-Web-Site den gegenwärtigen Aufenthaltsort seiner Sendung überprüfen, will die Kosten kalkulieren, herausfinden, wo er ein Paket abgeben kann oder eine Abholung vereinbaren. Was wir im Wesentlichen gemacht haben, war, die Web-Site um diese Anwendungsgebiete herum aufzubauen. Nachdem wir die neue Version installiert hatten, sank die Zahl der Telefonanrufe bei UPS um 20%, was wir auf die Überarbeitung der Web-Site zurückführen.

Es scheint wirklich, als wäre die falsche Struktur einer der häufigsten Fehler bei

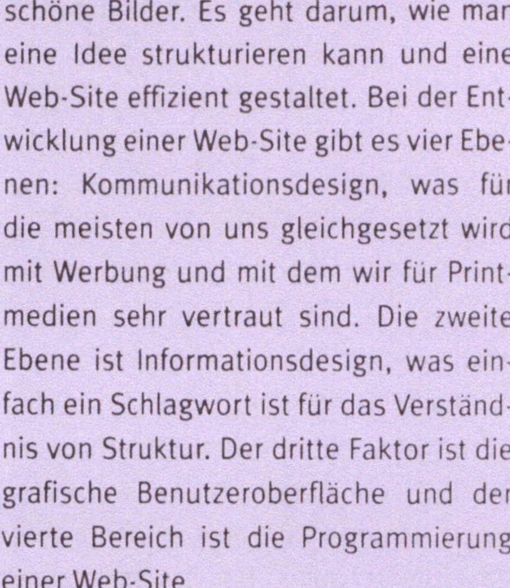

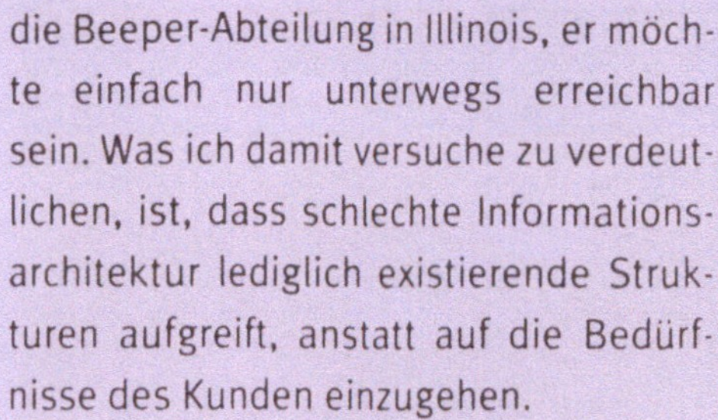

Mark Crumpacker: Die Intention war, eine Seite zu gestalten, die zu IBM passen würde und einen Beitrag zu der Welt der Computer leistet. In der Vergangenheit bestand IBMs Web-Site hauptsächlich aus acht verschiedenen Verknüpfungen zu den verschiedenen Firmenbereichen. Wir haben es dahingehend geändert, dass wir auf der Hauptseite bereits eine Darstellung des Inhaltes haben (Content-Surfacing). Hierfür nahmen wir einen der wöchentlich wechselnden Hauptbeiträge und präsentierten ihn zusammen mit einem Aufmacherfoto. Es gab dann noch eine kleine Rubrik für zwei weitere Meldungen. Clement Mok: Bei IBM waren wir mit dem Problem konfrontiert, ein Konzept für 120.000 Seiten zu entwickeln. Es stellte sich uns die Frage, wie man dieser immensen Seitenzahl Herr wird ohne eine Armee einzustellen. Unsere Lösung bestand teilweise in einer dynamischen Datenbankanbindung, was für viele Leute das Stigma von hässlichen Textseiten hat. Aber dies muss nicht so sein, und zusammen mit der Firma Dynamic Diagram versuchten wir, einen Informationskontext zu schaffen. Anstatt nur Dinge alphabetisch zu ordnen, gestalteten wir eine dynamische Maske.

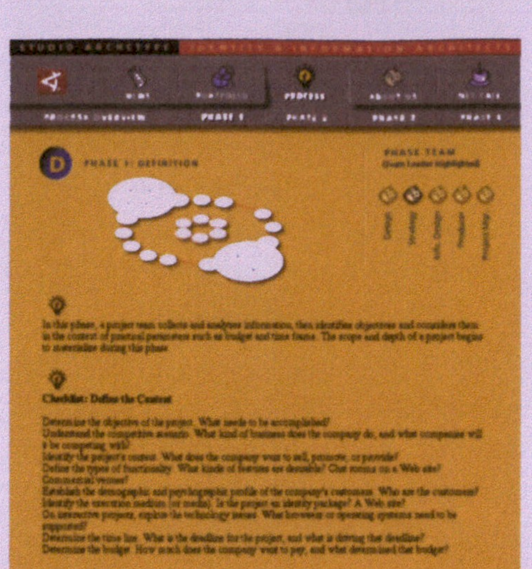

der Informationsarchitektur. Sehen Sie noch weitere typische Fehler, die Firmen auf ihrer Web-Site machen?

Mark Crumpacker: Oftmals ist Firmen unklar, was sie mit Ihrer Web-Site erreichen wollen. Beim Internet fällt es vielen Firmen schwer, den konkreten Nutzen für ihre Firma zu sehen. Für eine Softwarefirma ist der Sinn offensichtlich, für eine Firma mit anderen Produkten eventuell schwerer zu erkennen. Toyota erntete anfangs sehr viel Kritik für ihre Web-Site, denn sie versuchten, auf ihrer Site eine kulturelle Aussage zu machen. Es gab einen ganzen Bereich über Jazz, und Besucher fragten sich, was dies mit Toyota zu tun hat. Ich vermute, Toyota wollte versuchen, Inhalte zu schaffen, um Leute anzuziehen. Natürlich erwarten Anwender Inhalte, aber sie suchen sicherlich mehr nach Informationen, die mit den Produkten der Firma zu tun haben.

Clement Mok: Ein weiterer Fehler ist, dass Firmen mit der Einstellung an das Web herangehen, »lasst uns hiermit Geld verdienen«. Aber niemand macht mit einer Internetpräsenz das große

Geld. Das Web ist ein sehr nützliches Mittel, die Produktivität zu steigern, und zum gegenwärtigen Zeitpunkt ist dies auch schon alles, was das Internet einer Firma bringen kann.

Mark Crumpacker: Haben Sie die Ragu-Tomatensoßen-Web-Site gesehen? Es ist eine Web-Site, die einige Auszeichnungen gewonnen hat. Sie ist ziemlich ausgefallen und dreht sich hauptsächlich ums Essen. Viele Leute halten dies für eine sehr unterhaltsame Web-Site, aber es ist klar, dass niemand anfangen wird, Tomatensoße über das Internet zu bestellen. Die ultimative Frage hier ist, ob so eine Aktion die Leute dazu bringt, mehr Tomatensoße zu kaufen? Ich kenne die Antwort auf diese Frage auch nicht, denn die Firmen, mit denen wir normalerweise zusammenarbeiten, haben eine konkrete Zielstellung, wie beispielsweise UPS, wo wir es dem Endkunden ermöglicht haben, seine Sendungen zu verfolgen oder eine Abholung zu vereinbaren. Hier gibt es einen konkreten Nutzen für den Anwender und dies sind auch die Aufgaben, die wir gerne lösen.

Es scheint mir, dass viele es kaum erwarten können, ins Internet zu kommen, in der Hoffnung, damit ihren Umsatz zu vergrößern. Wie glauben Sie, wird sich das Internet auf das Geschäftsleben auswirken?

Mark Crumpacker: Nur einige Firmen werden einen Weg finden, wie sie das Web als festen Bestandteil in ihren Verkauf einbinden. Aber ich denke, dass wir zukünftig mehr Direktverkauf sehen werden, denn die Kunden wollen zunehmend über den Hersteller beziehen. Dies wird viele Firmen zwingen, noch kundenorientierter zu sein. Intel, für die wir in der Vergangenheit intensiv arbei-

teten, war beispielsweise eine Firma, die nicht sehr viel an Endkunden direkt verkauft hat. Da sie Computerchips herstellen, die sie an Computerhersteller liefern, die wiederum ihre Computer über den Handel verkaufen, besaß Intel sehr wenig Berührungspunkte mit Endkunden. Der Käufer wendet sich zuerst an den Laden und bei weiter gehenden Fragen an den Hersteller, aber Intel war erst die letzte Instanz. Taucht heute dagegen ein Problem mit einem Chip auf, wenden sich die Kunden direkt an Intel, und Intel musste sich darüber Gedanken machen, wie sie eine entsprechende Kundenbetreuung aufbauen oder wie sie auf E-Mails von Kunden reagieren. Dies hat die ursprüngliche Rolle von Intels Kundenbetreuung verändert.

Gibt es weitere Fehler, die Sie sehen?
Mark Crumpacker: Ein weiterer Fehler, den viele Firmen machen, ist es, keine Infrastruktur aufzubauen, um mit den Anfragen und Interaktionen fertig zu werden, die aufgrund ihrer Internetpräsenz entstehen. Oftmals bleiben dann E-Mails unbeantwortet oder die Information auf der Web-Site wird weder aktualisiert noch korrigiert. Kunden sind demgegenüber nur eine begrenzte Zeit lang tolerant. Wir haben in der Vergangenheit Projekte abgelehnt, weil der Kunde nicht die Notwendigkeit einsah, eine entsprechende Infrastruktur aufzubauen. Oftmals unterschätzen Kunden den Aufwand eine Web-Site zu unterhalten.

Werbung im Internet ist ein großer Geschäftszweig. Wie glauben Sie, wird sich Werbung im Internet verändern?
Mark Crumpacker: Wir verstehen unter klassischer Internet-Werbung Streifenbandanzeigen, die, überall platziert,

Interessenten auf die eigene Web-Site locken sollen. Diese Streifenbandanzeigen sind sicherlich nicht die aufregendste Art von Werbung, und ich halte es für ein viel interessanteres Konzept, Web-Sites zu sponsern.

Clement Mok: Zukünftig wird Web-Design wesentlich mehr den Anwender einbeziehen und mit neuen Wegen die Aufmerksamkeit des Besuchers binden. Wir müssen unser Verständnis von Internet-Werbung ändern: Anstatt nur auf die kurzzeitige Aufmerksamkeit abzuzielen, sollte es darum gehen, ein langfristiges Interesse zu wecken. Wenn Sie sich alte Fernsehwerbung ansehen, besteht diese hauptsächlich aus dem Sponsoring von Sendungen. Die »Comedy hour«, gesponsert von General Electric, ist hier ein gutes Beispiel und ich denke, dass diese Art von Werbung auch für das Internet ein geeignetes Modell ist.

Mark Crumpacker: Kennen Sie die Web-Site »You don't know Jack«? Es ist ein kleines Frage- und Antwort-Spiel, das sehr gut gemacht ist und das man umsonst herunterladen kann. Wenn man dieses Spiel einige Minuten gespielt hat, wird es unterbrochen und man sieht nach dem Prinzip einer Fernsehwerbung einen Spot, der allerdings aufgrund der geringen Übertragungsrate hauptsächlich aus Text besteht. Aber diese Werbung verwendet dabei den gesamten Bildschirm, und ich halte dies für eine sehr interessante Art, Internet-Werbung zu betreiben. Die Anwender mögen dieses Spiel so sehr, dass sie die Unterbrechung in Kauf nehmen.

Ist es nicht irgendwie ironisch, dass wir schließlich wieder bei Fernsehwerbung landen? Ich möchte noch mal zurückkommen auf die Gestaltung von Benut-

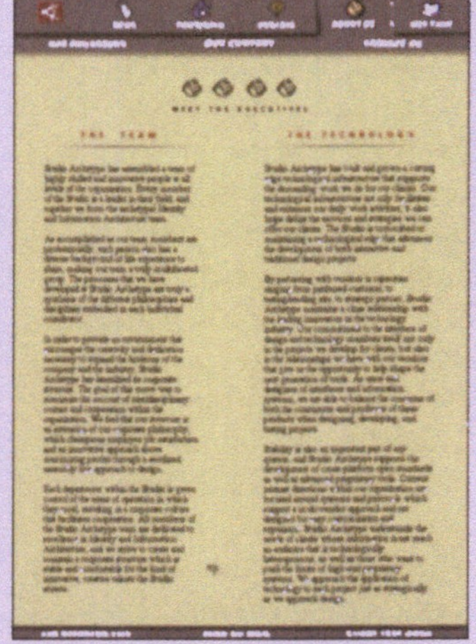

Oben: In »About us« finden sich Informationen zu Studio Archetype und den Mitarbeitern.

Unten: Ein weiterer Screenshot von »24hours in Cyberspace«

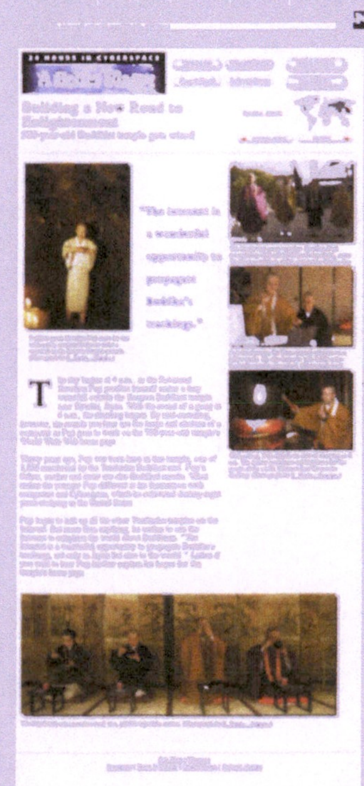

Studio Archetype

DIE ADOBE-WEB-SITE

Mark Crumpacker: Adobe produziert viele Produkte für Grafikdesigner. Unsere Philosophie bei der Gestaltung der Web-Site war, sie für ein breites Publikum anzulegen. Wir versuchten auch, die einzelnen Seiten und die Wege dorthin zielgruppenspezifisch zu gestalten.

Wenn Sie auf die Web-Site kommen und nach einer bestimmten Information suchen, beispielsweise, welche die letzte Version von Adobe Illustrator ist, gelangen sie innerhalb von nur zwei Klicks zur entsprechenden, sehr reduziert gestalteten Unterseite. Klicken Sie auf »Produkte«, enthält die Folgeseite Verknüpfungen aus Text, die sie mit den verschiedenen Produkten verbinden, und wenn Sie auf »Studio« klicken, sehen Sie als Erstes eine schöne Photocollage. Oder, wenn Sie Gestalter sind und die »Galerie« besuchen, sind die Seiten wesentlich grafischer orientiert.

zeroberflächen. Wie glauben Sie, wird sich die grafische Benutzerführung bei Web-Sites ändern?

Mark Crumpacker: Ich glaube, dass Web-Design immer mehr wie Software-Design wird. Bis jetzt wird immer noch sehr häufig die konventionelle Seitenmetapher verwendet, bei der man von einer Seite zur nächsten springt. Aber mit den neuen HTML-Erweiterungen besteht die Möglichkeit, etwas zu gestalten, das wesentlich mehr einer CD-ROM ähnelt und wo man nicht mehr das Gefühl hat, von Seite zu Seite zu klicken, sondern die unterschiedlichen Elemente auf derselben Seite aufgerufen werden. Dies hat zur Folge, dass Web-Design dem Software-Design immer ähnlicher wird und weniger dem Layouten von Seiten entspricht. Aber dies bedeutet auch, dass man gut sein muss im Gestalten von Benutzeroberflächen, die verständlich sind für den normalen Anwender, weil man nun versuchen muss, wesentlich mehr Information auf kleinerer Fläche unterzubringen. Ich glaube, dass Gestalter mit Erfahrung in benutzerfreundlicher Softwaregestaltung gegenüber ihren Kollegen aus den Printmedien einen Vorteil haben und es für Print-Designer zunehmend schwieriger wird hier aufzuholen.

Clement Mok: Ich gehe bei meinen Überlegungen sogar noch ein Stück weiter, denn ich kann mir vorstellen, dass zukünftige Benutzeroberflächen dreidimensional ausgelegt sind, fast wie eine virtuelle Umgebung, wo man durch eine virtuelle Welt wandert, Umgebungsgeräusche hört und Informationen dreidimensional dargestellt bekommt. Irgendetwas, das eine Erweiterung des Online-Eindruckes darstellt und nicht nur eine flache Seite.

... dies erinnert mich an Tikkiland, eine virtuelle Welt auf der MTV-Online-Site, wo man durch eine künstliche Landschaft geht und andere Menschen trifft und sich mit ihnen unterhalten kann. Mark, ich möchte noch mal auf die Aussage von Ihnen eingehen, dass Printmedien-Designer es zukünftig schwerer haben werden, den Anschluss zu finden. Ich wüsste in diesem Zusammenhang gerne, was für Sie gute Gestaltung von Benutzeroberflächen ist?

Mark Crumpacker: Diese ist abhängig von der Verwendbarkeit und wie intuitiv diese vom Anwender verstanden werden kann. Wir verwenden aus diesem Grund bei der Oberflächengestaltung verbreitete und gängige Metaphern. Wir sehen uns bereits bestehende Konzepte an und untersuchen dabei die etablierten Konventionen, um diese auch bei uns zu verwenden. Bei der Gestaltung von Benutzungsoberflächen ist es wirklich wichtig, dass jeder Anwender damit zurechtkommt. Wenn wir eine Oberfläche gestalten, überlegen wir uns jede mögliche Situation und Konstellation, die sich für den Anwender ergeben könnte, und gehen dabei sogar so weit, dass wir versuchen die Gestaltung zu zerstören: Wir gestalten unsere Web-Sites für eine Monitorgröße von 480 x 640 Pixel, eine bestimmte Farbtiefe und eine Modemgeschwindigkeit, mit der ein Anwender auf die Web-Site zugreifen könnte. Dann analysieren wir die möglichen Fehlerquellen oder auch mögliche Frustrationserlebnisse des Anwenders, um diese dann zu beheben. Ich kenne viele Web-Sites, die für Großbildschirme gestaltet wurden oder zu hohe Systemanforderungen haben und frage mich, wie viele Menschen wirklich diese Web-Sites besuchen werden. Ein weiterer Fehler, den ich sehr oft sehe, ist, dass Designer wirklich ausgefallene Benutzeroberflächen gestalten und davon ausgehen, dass der Anwender damit zurechtkommt, was aber nicht der Fall ist.

Sie legen viel Wert auf Beta-Tests, um die Verwendbarkeit zu überprüfen?
Mark Crumpacker: Wir machen sehr viele Tests, wo wir beispielsweise Leute und ihre Interaktion mit der Web-Site beobachten, die diese zuvor nie gesehen hatten. Die grundsätzliche Vorgehensweise ist die, dass wir einen Prototypen fertig stellen und dann dem Anwender die Aufgabe stellen, eine bestimmte Stelle und Information in dieser Web-Site zu finden. Wir zeichnen seine Reaktionen auf Video auf und untersuchen dabei auch, wie viele Schritte er braucht, diese spezielle Information zu lokalisieren. Dies nehmen wir als Ausgangsbasis, um Verbesserungen vorzunehmen.
In unseren Teams veranstalten wir andere Tests, beispielsweise, ob unser Konzept der Erwartungshaltung des Anwenders entspricht und ob bei dem Konsumenten die Gestaltung mit seinem Bild von der Firma in Einklang steht.
Außerdem haben wir eine Qualitätssicherungsabteilung, wo wir die Web-Site auf verschiedenen Browsern und Computerplattformen laufen lassen, um eventuelle Inkompatibilitäten zu überprüfen.

Vielen Dank für dieses Interview, ich habe zum Abschluss noch eine Frage an Clement. Sie betätigen sich verstärkt im Web-Bereich und haben sogar eine Softwarefirma gegründet, die ein Web-Layoutprogramm mit dem Namen Fusion entwickelt. Werden Sie den Printmedienbereich ganz aufgeben?

Clement Mok: Nein, denn dieser war meine erste Liebe und wird mir immer wichtig sein. An den Printmedien schätze ich einfach, dass diese immer eine gewisse Wertigkeit und Autorität besitzen. Auf dem Internet etwas zu veröffentlichen, ist sehr leicht. Es gibt keine Instanz, die hier eine Auswahl trifft, jeder kann etwas veröffentlichen. Außerdem besitzt das Internet kein Gedächtnis, Sachen verschwinden ziemlich schnell wieder ohne Aufzeichnungen. Bei einem Buch dagegen kann man auch in 100 Jahren noch durch die Seiten blättern und einen Eindruck von der Denkweise der damaligen Zeit bekommen.

KAPITEL 05

Rahmen/Frames

Ein Problem bei langen Dokumenten ist, dass deren Inhaltsangabe oder Navigationsleiste, am Anfang des Dokumentes platziert, außer Reichweite ist, sobald der Anwender auf den Rollbalken des Browsers klickt. Eine Möglichkeit dieses Problem zu lösen, ist die Verwendung von Frames (Rahmen), die es gestatten, Browserfenster in mehrere kleinere Einheiten aufzuteilen. Dies erlaubt es, einen statischen Rahmen für die Navigationselemente einzurichten und in einem anderen Rahmen den eigentlichen Inhalt zu platzieren. Anfangs gab es einige Nachteile bei der Verwendung von Frames. Beispielsweise konnten Frames nicht unsichtbar gemacht werden. Ein anderes Problem war, dass nicht alle Browser Frames darstellen konnten und Web-Designer deswegen zusätzlich noch eine rahmenlose Variante anbieten mussten. Beides gravierende Nachteile, die aber schon seit längerem behoben sind.

■ NACHTEILE VON RAHMEN

Geblieben ist allerdings ein entscheidendes Problem, welches wesentlich dazu beigetragen hat, dass Rahmen heute nur noch eingesetzt werden, wenn es unbedingt nötig ist. Suchmaschinen, wie Infoseek oder Excite, haben nämlich enorme Schwierigkeiten, eine auf Rahmen basierende Web-Site zu indizieren. Dies liegt daran, daß eine rahmenorientierte Webseite sich nicht nur aus einem einzigen, sondern aus mehreren Dokumenten zusammensetzt. Da zudem die Zusammensetzung wechselt bzw. durch den Anwender bestimmt wird, lässt sich eine absolute Adresse schwer bestimmen. Zwar produzieren manche Suchmaschinen auch für rahmenorientierte Web-Sites Suchergebnisse, aber oftmals nicht mit derselben Wertung wie bei rahmenlosen Webseiten. Da Suchmaschinen eine der wichtigsten und kostenlosen Möglichkeiten sind, Besucher auf eine Seite aufmerksam zu machen, ist

Eine Web-Site mit Frames besteht aus mindestens drei Dateien: dem Frame-Layout und mindestens zwei HTML-Dateien.

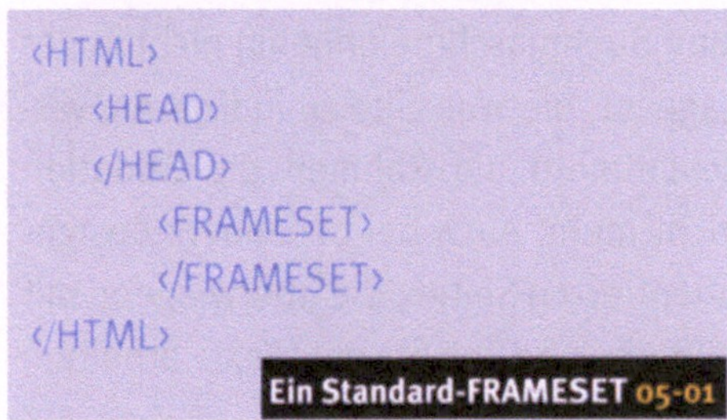

Ein Standard-FRAMESET 05-01

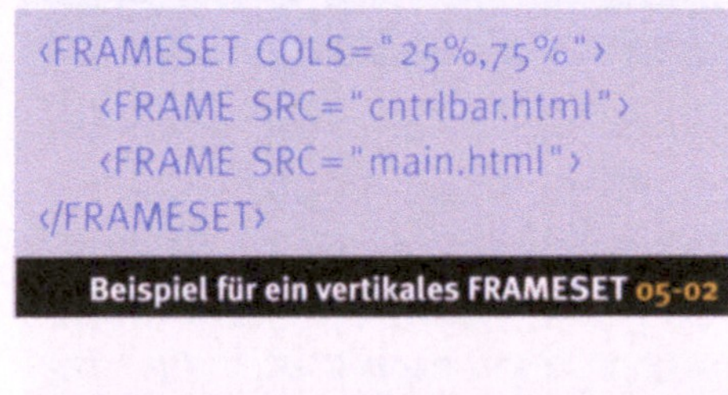

Beispiel für ein vertikales FRAMESET 05-02

Beispiel für ein horizontales FRAMESET 05-03

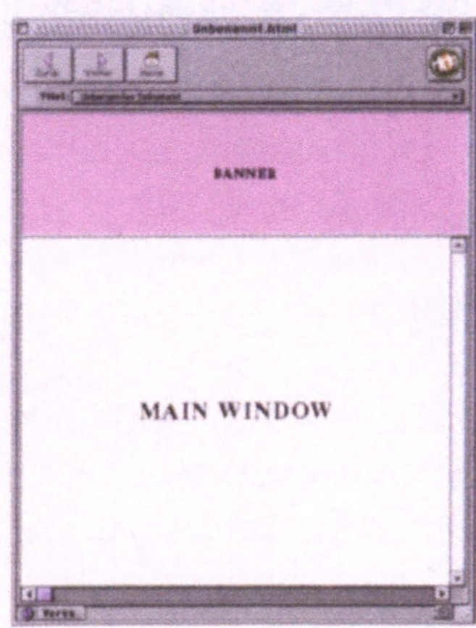

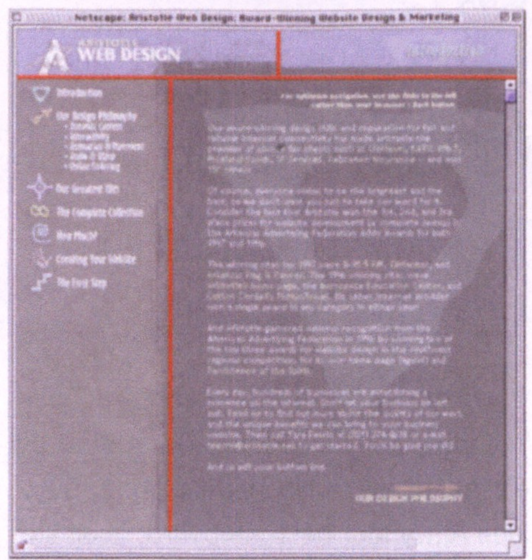

verständlich, warum die meisten Web-Designer auf Frames verzichten. Schließlich ist es ein relevanter Unterschied, ob bei einer Suchergebnisliste eine Web-Site auf Platz 1 oder auf Platz 100 steht.

Trotzdem bedeutet dies nicht, dass komplett auf Rahmen verzichtet werden muss. Beispielsweise ist es kein Problem, Rahmen für eine Web-Site einzusetzen, die ohnehin dynamisch über eine Datenbank aufgebaut wird. Da hier eine Suchmaschine ohnehin nicht in der Lage ist, die Web-Site zu indizieren, verschlimmern die Rahmen die Situation nicht mehr. Auch bei besonders designorientierten Seiten, die überwiegend mit Bildern und nicht mit Text arbeiten,

fallen Rahmen nicht unbedingt ins Gewicht.

Für alle, die Wert auf eine gute Platzierung in den Suchmaschinen legen und gleichzeitig aber nicht auf Rahmen verzichten wollen, gibt es noch einen Trick: Installieren Sie parallel eine rahmenlose Kopie der Web-Site. Diese kann über einen Link zu der rahmenorientierten Variante führen, dient aber ansonsten nur zur Verbesserung der Platzierung in den Suchmaschinen.

Wie sich diese Platzierungen noch verbessern lassen, ist inzwischen zu einer eigenen Wissenschaft geworden. Einige Firmen haben sich darauf spezialisiert, Webseiten für spezielle Schlüsselwörter zu optimieren. Obgleich das Thema zum einen sehr komplex ist und die Arbeitsprinzipien der Suchmaschinen sich in regelmäßigen Abständen ändern, werde ich im letzten Kapitel hierzu noch einige Tipps und Tricks verraten, sowie einige Adressen nennen, wo sich weiterführendes Material finden lässt.

■ DAS FRAME-DOKUMENT

Betrachten wir nun Frames etwas genauer. Die wohl wichtigste Information ist, dass eine auf Frames basierende Web-Site immer aus mindestens drei Dokumenten besteht: ein Dokument für das Layout der Frames und zwei oder mehr für den Inhalt jedes einzelnen Frames. Diese Dokumente sind reguläre HTML-Dateien, ausgenommen die Datei für das Frame-Layout, denn diese ist ein

---

DIE VIER WEGE, DIE RAHMENGRÖSSE FESTZULEGEN

1. Prozentual: Drei vertikale Rahmen, wobei der erste und letzte schmaler sind als der mittlere: <FRAMESET COLS="30%,60%,10%">

2. Relativ: Beispiel für zwei vertikale Rahmen (beide relativ), wobei der zweite zweimal so viel Platz einnimmt: <FRAMESET ROWS="*,2*">

3. In Pixel: Bei einer Werteangabe ohne Zusatz handelt es sich um eine Angabe in Pixel. Wichtig ist, dass immer ein Frame als relativ definiert sein sollte, da die Fenstergröße immer varriert: <FRAMESET ROWS="50,10,*">

4. Gemischt: Drei horizontale Rahmen – der obere mit fester, der mittlere mit flexibler und der dritte mit relativer Größe: <FRAMESET ROWS="50,*,15%">

```
<FRAMESET ROWS="25%,75%">
   <FRAME SRC="cntrlbar.html"
   MARGINHEIGHT="20" MARGIN-
   WIDTH="20">
   <FRAME SRC="main.html">
</FRAMESET>
```

Das MARGIN-Attribut 05-04

Dokument im Meta-Format. Anstatt eines BODY-Kontainers, besitzt dieses Dokument einen FRAMESET-Marker, der das Frame-Layout beschreibt und angibt, welche Dateien in die einzelnen Frames geladen werden [05-01].

Zum besseren Verständnis, was ein FRAMESET ist und wie es funktioniert, hier zwei Beispiele. Eines für ein vertikales FRAMESET [05-02], in dem das Hauptfenster in ein schmales Fenster auf der linken Seite und ein großes Fenster auf der rechten Seite unterteilt ist. Das Attribut COLS, das für »Columns« steht, legt fest, dass diese Rahmen vertikal angelegt werden.

Das gleiche Beispiel mit einem horizontalen FRAMESET würde aussehen wie in [05-03]. Diesmal ist das Hauptfenster in einen schmalen Rahmen oben und einen großen Rahmen unten aufgeteilt, der Datei »banner.html« für den oberen und »main.html« für den unteren Rahmen.

DAS BESTIMMEN DER RAHMENGRÖSSEN

Die Attribute ROWS und COLS bestehen aus einer Liste von Werten, die die Größe des Rahmens in Prozent, absolutem Pixelwert oder einem relativen Faktor definieren. Ein Wert ohne Zusatz entspricht dabei automatisch einem Pixelwert, während der Zusatz »%« entsprechend einen prozentualen Wert darstellt.

```
<FRAMESET ROWS="50,*,15%">
   <FRAME SRC="cntrlbar.html"
   SCROLLING="no" NORESIZE>
   <FRAME SRC="main.html">
</FRAMESET>
```

SCROLLING- & NORESIZE-Attribut 05-05

Relative Werte werden mittels eines Sterns »*« umgesetzt – die Kombination »2*, 3*« z. B. bedeutet, dass ein Browserfenster in zwei Rahmen aufgeteilt wird, wobei der eine Rahmen zwei Fünftel einnimmt, der andere drei Fünftel. Diese Größenangaben lassen sich auch beliebig kombinieren; häufig sieht man die Kombination von Breite in Pixeln und relativer Größe (100, *). Dies ist sinnvoll, um einer Navigationsleiste eine feste Größe zuzuweisen (100) und den verbleibenden Rest des Fensters, dem zweiten Rahmen. So lässt sich vermeiden, dass beide Rahmen verkleinert werden, wenn die Browserfensterbreite nicht ausreicht – ist der Bildschirm eines Anwenders nicht ausreichend groß, um alle Rahmen darzustellen, werden die Rahmen verkleinert, obwohl sie mit einem festen Pixelwert angelegt wurden.

RAHMEN HINZUFÜGEN

Für jede zusätzliche Reihe oder Spalte muss ein weiterer Wert in die FRAMESET-Liste eingefügt werden. Um einen weiteren vertikalen Rahmen einzufügen, wurde in diesem FRAMESET ein Wert


```
<FRAMESET ... FRAMEBORDER=No FRAMESPACING=0 BORDER=0>
   ...
</FRAMESET>
<NOFRAMES>
   <BODY>
   Viewing this page requires a browser capable of displaying frames.
   </BODY>
</NOFRAMES>
```

Unsichtbare FRAMES und das NOFRAMES-Attribut 05-06

Verschachtelte FRAMES 05-07

*Um ein Frame zu verschach-
teln, ersetzen Sie den FRAME-
Marker durch einen FRAME-
SET-Marker.*

und ein FRAME-Marker eingesetzt.

```
<FRAMESET COLS="80,*,20">
    <FRAME SRC="navigation.html">
    <FRAME SRC="main.html">
    <FRAME SRC="sidebar.html">
</FRAMESET>
```

Da eine Gestaltung nicht immer nur aus vertikalen und horizontalen Rahmen besteht, stellt sich die Frage, wie sich diese miteinander kombinieren lassen? Die Antwort ist: Ein FRAME-Marker wird einfach durch ein weiteres FRAMESET ersetzt. Das erste FRAMESET besteht aus drei Spalten, in dessen mittlerer Rahmen wiederum drei vertikale Rahmen platziert sind.

```
<FRAMESET COLS="80,*,20">
    <FRAME SRC="navigation.html">
    <FRAMESET ROWS="10,*,15">
        <FRAME SRC="topl.html">
        <FRAME SRC="main.html">
        <FRAME SRC="bottom.html">
    <FRAME SRC="sidebar.html">
</FRAMESET>
```

Diese Verschachtelung lässt sich beliebig fortführen, wobei sich hier immer die Ausrichtung der FRAMESETs ändert – es macht keinen Sinn, in ein FRAMESET mit vertikalen Rahmen wiederum ein FRAMESET mit vertikalen Rahmen einzubetten.

DIE RAHMENRÄNDER

Für die Rahmen lässt sich durch die Attribute MARGINWIDTH und MARGINHEIGHT nach dem SRC-Attribut ein Abstand zum Inhalt festlegen [05-04]. Der Wert für diese beiden Marker wird in Pixeln bestimmt und muss so gewählt werden, dass es eine darstellbare Fläche gibt.

Wenn also ein Rahmen mit 60 Pixel Breite definiert ist und die MARGIN-WIDTH (Breite) auf 30 eingestellt ist, wäre der Inhalt nicht sichtbar, da ja der MARGINWIDTH-Wert sowohl auf der linken als auch rechten Seite zur Anwendung kommt.

ROLLBALKEN IN RAHMEN

Wenn der Inhalt eines Rahmens nicht komplett darstellbar ist, erscheint automatisch ein Rollbalken. Aber mittels SCROLLING="no" lässt sich das auch unterdrücken und es ist kein Rollbalken zu sehen, auch wenn Teile des Rahmens verdeckt sind. Mit »yes« bleibt der Rollbalken immer sichtbar. Das SCROLLING-Attribut ist optional und muss im FRAME-Marker platziert sein [05-05].

KEINE RAHMENÄNDERUNGEN

Frames besitzen die Besonderheit, dass sie sich vom Anwender verschieben und anpassen lassen. Obwohl dies sehr nützlich ist, wenn es sich um Dokumente mit Text handelt, macht dies in der Regel bei grafischen Web-Sites weniger Sinn. Mit NORESIZE unterdrücken Sie die Möglichkeit des Anwenders Rahmen zu ändern. Das Attribut NORESIZE hat keine Parameter und wird einfach nur dem FRAME-Marker hinzugefügt [05-05].

UNSICHTBARE RAHMEN

Microsoft Internet Explorer war der erste Browser, der es dem Designer ermöglichte, die Rahmenkanten unsichtbar zu machen. Anfangs gab es einige Kompatibilitätsprobleme zwischen den Browsern, die sich aber mit den Attributen aus Beispiel [05-06] lösen lassen.

Mit diesen Attributen (FRAMEBORDER=No, FRAMESPACING=0, BORDER=0) innerhalb des FRAMESET-Markers werden die Rahmen unsichtbar ab Microsoft Internet Explorer 3.0 und Netscape Navigator 3.0. Ganz wichtig dabei

```
<HTML>
   <HEAD>
      <TITLE>The FRAME document</TITLE>
   </HEAD>
<FRAMESET ROWS="70,*">
      <FRAME SRC="top.html" NAME="top" SCROLLING=NO>
         <FRAMESET COLS="125,*">
         <FRAME SRC="control.html" NAME="control">
         <FRAME SRC="main.html" NAME="main">
         </FRAMESET>
</FRAMESET>
<NOFRAMES>
   <BODY>
   Viewing this page requires a browser
   capable of displaying frames.
   </BODY>
</NOFRAMES>
</FRAMESET>
</HTML>
```

Ein typisches FRAME-Dokument 05-08

ist, dass diese Attribute nicht im FRAME, sondern direkt im FRAMESET-Marker positioniert sind, denn ansonsten ist kein Effekt zu sehen.

TYPISCHE FEHLER

Verwenden Sie keinen BODY-Marker in einem Rahmen-Layout-Dokument, ausgenommen innerhalb eines NOFRAMES-Markers. Außerdem, vermeiden Sie alle Marker, die üblicherweise zwischen BODY-Markern erscheinen, da der Browser ansonsten das komplette FRAMESET-Dokument ignoriert. Der einzige Marker, den Sie innerhalb des FRAMESET-Markers einsetzen können, ist der NOFRAMES-Marker, der eine Nachricht anzeigt, falls der Browser des Anwenders nicht über die Rahmenfunktion verfügt. Im NOFRAMES-Marker lässt sich auch eine alternative Webseite unterbringen: Falls Ihre Homepage aus einer Navigationsleiste und einem Hauptfenster besteht, könnten Sie eine Alternativseite aus der Hauptseite und den Navi-

gationselementen gestalten und hier einfügen. Da ein Browser mit Frames alle Marker zwischen den NOFRAMES-Markern ignoriert, würde die Alternativseite nur angezeigt, wenn der Browser die FRAMESET-Marker nicht versteht. [05-07].

Wenn Sie Werte oder Marker im FRAMESET-Dokument verändern, während Sie die Seite in einem Browser betrachten, müssen Sie nach jeder Änderung das FRAMESET-Dokument speichern und im Browser neu öffnen. Es reicht nicht aus, nur den »Aktualisieren«-Taster im Browser anzuklicken, da hierbei nur die Inhalte der Frames aktualisiert werden und nicht das komplette FRAMESET-Dokument.

VERSCHACHTELTE FRAMES

Mit dieser Technik lassen sich durch die Kombination von vertikalen und horizontalen Rahmen beliebige Layouts gestalten. Dazu wird ein FRAMESET-Marker in einem anderen FRAMESET-

Marker eingebettet, wobei dieser eine Rahmendefinition ersetzt.

Nehmen wir beispielsweise an, Sie hätten ein Dokument mit drei vertikalen Rahmen gestaltet. Um nun drei Rahmen im mittleren Rahmen einzufügen, tauschen Sie den zweiten FRAME-COLS-Befehl mit einem FRAMESET-Marker. In diesem FRAMESET-Marker werden dann die horizontalen Rahmen bestimmt [05-07]. Dies ließe sich immer so weiterführen. Um einen der horizontalen Rahmen aufzuteilen, wechseln Sie den entsprechenden Marker wieder durch einen FRAMESET aus. Auf diese Weise ist es möglich, jedes vorstellbare Layout zu gestalten. In Beispiel [05-08] sehen Sie ein typisches FRAMESET-Dokument.

■ Adressieren von Rahmen

Jeder Rahmen im Browser kann benannt und gezielt adressiert werden. Dies ist wichtig, damit die Elemente einer Navigationsleiste das Laden einer Seite in einem anderen Rahmen steuern können. Die Links einer Navigationsleiste lassen sich so gezielt in einem anderen Rahmen öffnen – normalerweise wird ein Link immer im selben Rahmen oder

Fenster geöffnet. Wenn Sie einen Rahmen mit NAME benennen, beginnen Sie mit einem alphanumerischen Zeichen und verwenden anstelle eines Leerzeichens einen Unterstrich (»_«). Das Adressieren erfolgt im Link selbst über: TARGET="Name des Rahmens". Klickt der Anwender diese Verknüpfung an, wird die entsprechende Seite im Zielrahmen geladen.

Sollen alle Verknüpfungen in einem Dokument das gleiche Ziel haben, kann dies über den BASE-Marker erfolgen. Dies ist besonders hilfreich, wenn Sie eine Navigationsleiste verwenden und alle Verknüpfungen in diesem Rahmen auf ein Hauptfenster ausgerichtet sind. Durch ‹BASE TARGET="Name des Rahmens"› innerhalb des HEAD-Markers der Navigationsleiste, übernimmt das TARGET-Attribut dies als Grundeinstellung. Das TARGET-Attribut kann auch im AREA-Marker einer Client-Side-Image-Map verwendet werden.

Eine weitere Anwendung für das TARGET-Attribut erfolgt im FORM-Marker. Wenn Sie die Informationen aus einem Formular an einen Server übertragen, wird das Ergebnis der Übermittlung im selben Fenster angezeigt, aber mit dem TARGET-Attribut im FORM-Marker kann ein anderes Fenster als Ziel bestimmt werden.

Spezielle TARGET-Befehle

Es gibt einige festgelegte Befehle für das TARGET-Attribut, mit denen sich einige wichtige Tricks mit Rahmen und Fenstern erzielen lassen. Diese beginnen immer mit einem Unterstrich, wie beispielsweise »_self«.

_blank: Normalerweise wird beim Klicken auf eine Verknüpfung das entsprechende Dokument im selben Fenster geöffnet. Um die Seite in einem eigenen

```
<FRAMESET COLS=25%,75%>
   <FRAME SRC="controlbar.html" name=control>
   <FRAME SRC="mainwindow.html" name=main>
</FRAMESET>
```

Das Laden eines anderen FRAMESET-Dokumentes 05-09

```
<HEAD>
   <--! Main Window with Subframe -->
   <BASE TARGET="_parent">
</HEAD>
<FRAMESET ROWS=80,*
   <FRAME SRC="subcontrol.html" name=subcontrolbar>
   <FRAME SRC="products.html" name=submain>
</FRAMESET>
```

Das Dokument "mainwindow.html" 05-10

Fenster zu öffnen, lässt sich als TARGET-Attribut »_blank« verwenden. Speziell, wenn ein Link eine Verknüpfung zu einer anderen Web-Site ist, sollte dieses genutzt werden, da ansonsten die Gefahr besteht, dass der Anwender nicht mehr zurückkommt.

_self: Damit wird die verknüpfte Seite in demselben Fenster, in dem auch die Verknüpfung war, aufgerufen. Dies entspricht der normalen Funktionsweise und macht deswegen nur Sinn, wenn über BASE ein anderer Rahmen als Ziel definiert wurde. Soll beispielsweise bei einer Navigationsleiste, in der alle Links über BASE einen Hauptrahmen adressieren, ein Link zu einer anderen Navigationsleiste führen, die nicht in dem Hauptrahmen, sondern im Rahmen der ursprünglichen Navigationsleiste erscheinen soll, so lässt sich dies mit »_self« erzielen.

_parent: Der Befehl »_parent« ist etwas schwieriger zu erklären, aber hält man sich vor Augen, wie ein Frame-Layout definiert wird, leuchtet dessen Funktion ein. Komplexe Frame-Layouts sind Kombinationen aus verschachtelten Rahmen, wobei jede vertikale oder horizontale Unterteilung eines Rahmens quasi einer Untergruppe entspricht. Mit dem »_parent«-Befehl können alle Rahmen einer Untergruppe gelöscht und das Dokument in dem Rahmen, der ursprünglich die Untergruppe enthielt, geladen werden. TARGET="_parent" in einer Webseite mit einer vertikalen Navigationsleiste und einem Hauptrahmen eingesetzt löscht beispielsweise den Unterrahmen und das Dokument erscheint im gesamten Hauptfenster.

_top: Während der Befehl »_parent« nur das Unterlayout eines Rahmens löscht, gibt es auch einen »_top«-Befehl, um alle Rahmen zu entfernen. Stellen Sie sich dazu Folgendes vor: ein Rahmenlayout aus zwei vertikalen Rahmen und zwei horizontalen Rahmen, wobei die horizontalen Rahmen in einem der beiden vertikalen Rahmen eingebettet sind; eine Streifenbandanzeige in einer der beiden horizontalen Rahmen soll zu einer anderen Web-Site verlinken. Würde hier kein spezieller TARGET-Befehl verwendet, würde die Web-Site in dem Rahmen geladen werden, in dem die Streifenbandanzeige steht. Dies macht sicherlich keinen Sinn. Etwas besser wäre es bei der Verwendung von »_parent«: Die horizontalen Rahmen würden verschwinden, aber die vertikalen Rahmen blieben erhalten, da diese quasi die »Eltern« (parents) des eingebetteten Rahmenlayouts waren. Nur in den seltensten Fällen soll eine andere Web-Site in einem Rahmen geladen werden, und um alle Rahmen zu entfernen, wird besagter »_top«-Befehl verwendet. Dieser lässt sich übrigens auch einsetzen, um zu verhindern, dass Ihre Web-Site versehentlich als Unterlayout in einer anderen Web-Site erscheint. Setzen Sie dazu ‹BASE TARGET="top"› in den HEAD-Teil ihres Dokumentes.

■ ZWEI RAHMEN MIT EINEM ANKER ANSTEUERN

Ein Dokument in einem speziellen Rahmen zu öffnen ist mit TARGET kein Problem. Da es sich dabei auch um ein FRAMESET handeln kann, ist es so auch möglich, mit einem Link mehrere Dokumente zu laden. Folgendes Beispiel soll dies illustrieren: Eine Web-Site mit einer vertikalen Navigationsleiste (NAME="navigation") in dem linken Rahmen und

Jede Sektion der Oaklawn-Web-Site – zu sehen auf der linken Seite in einem unsichtbaren Rahmen – besitzt mehrere Untergruppen, die in einer zusätzlichen Navigationsleiste (unten) dargestellt werden. Die Untergruppen lösen eine JavaScript-Funktion aus. Beim Klicken auf eine der Sektionen werden zwei Dokumente auf einmal geladen: eines in dem Hauptfenster und eines in der zusätzlichen Navigationsleiste. Die Verwendung von JavaScript ist aber nicht zwingend notwendig: Auf der rechten Seite sehen Sie eine Variante, wie sich zwei Rahmen über HTML laden lassen.

einem Hauptrahmen (NAME="main") auf der rechten Seite; die Links in der Navigationsleiste repräsentieren die Hauptgruppen (Produkte, Services, Preise). Da innerhalb dieser Hauptgruppen noch viele Untergruppen existieren (Produkte: Elektronische Geräte, CDs, Bücher, Haushaltswaren), soll hierfür eine separate, »lokale«, horizontale Navigationsleiste im Hauptrahmen (main) angezeigt werden. Dies stellt kein Problem dar, denn hierzu muss nur ein FRAMESET mit einer horizontalen Navigationsleiste angelegt werden. Bei einem Klick auf Produkte in der vertikalen Hauptnavigationsleiste wird dieses FRAMESET aus horizontaler Navigationsleiste und Doku-

ment in das Hauptfenster geladen. Das eigentliche Problem taucht erst auf, wenn der Anwender auf eine andere Hauptgruppe wie beispielsweise Services klickt. Das FRAMESET, bestehend aus horizontaler Navigationsleiste und Hauptdokument, soll wiederum ersetzt werden durch ein anderes FRAMESET. Der erste Ansatz mag hier sein, das spezielle TARGET-Attribut »_parent« in den Services-Link der Navigationsleiste einzubauen. Hierbei würde aber die vertikale Hauptnavigationsleiste verschwinden und das verknüpfte FRAMESET das gesamte Browserfenster einnehmen. Dies ist also offensichtlich nicht der richtige Weg. Die Lösung des Problems liegt in der Verwendung von ‹BASE TARGET="_parent"› im FRAMESET-Dokument. Wird dieses FRAMESET geladen, löscht es zuerst das vorher geladene FRAMESET aus dem Hauptrahmen, bevor es selber dessen Platz einnimmt. Wichtig: Damit diese Technik richtig funktioniert, muss ‹BASE TARGET="_parent"› im HEAD-Bereich aller zu ladenden FRAMESETs stehen.

In Beispiel [05-09] ist das FRAMESET, das die Navigationsleiste und das Hauptfenster lädt, zu sehen. Alle Verknüpfungen zu den Sektionen laden ein FRAMESET [05-10], das zwei weitere Dokumente lädt: den Inhalt des Hauptrahmens und eine Datei für das Untermenü. In diesem FRAMESET muss ‹BASE TARGET="_parent"› eingefügt sein.

Diese Technik löst das Gros der Interface-Gestaltungsprobleme, aber leider auch nicht alle. Für diese Fälle gibt es noch die Alternative, mittels JavaScript das Laden mehrerer Dokumente mittels eines Links zu steuern.

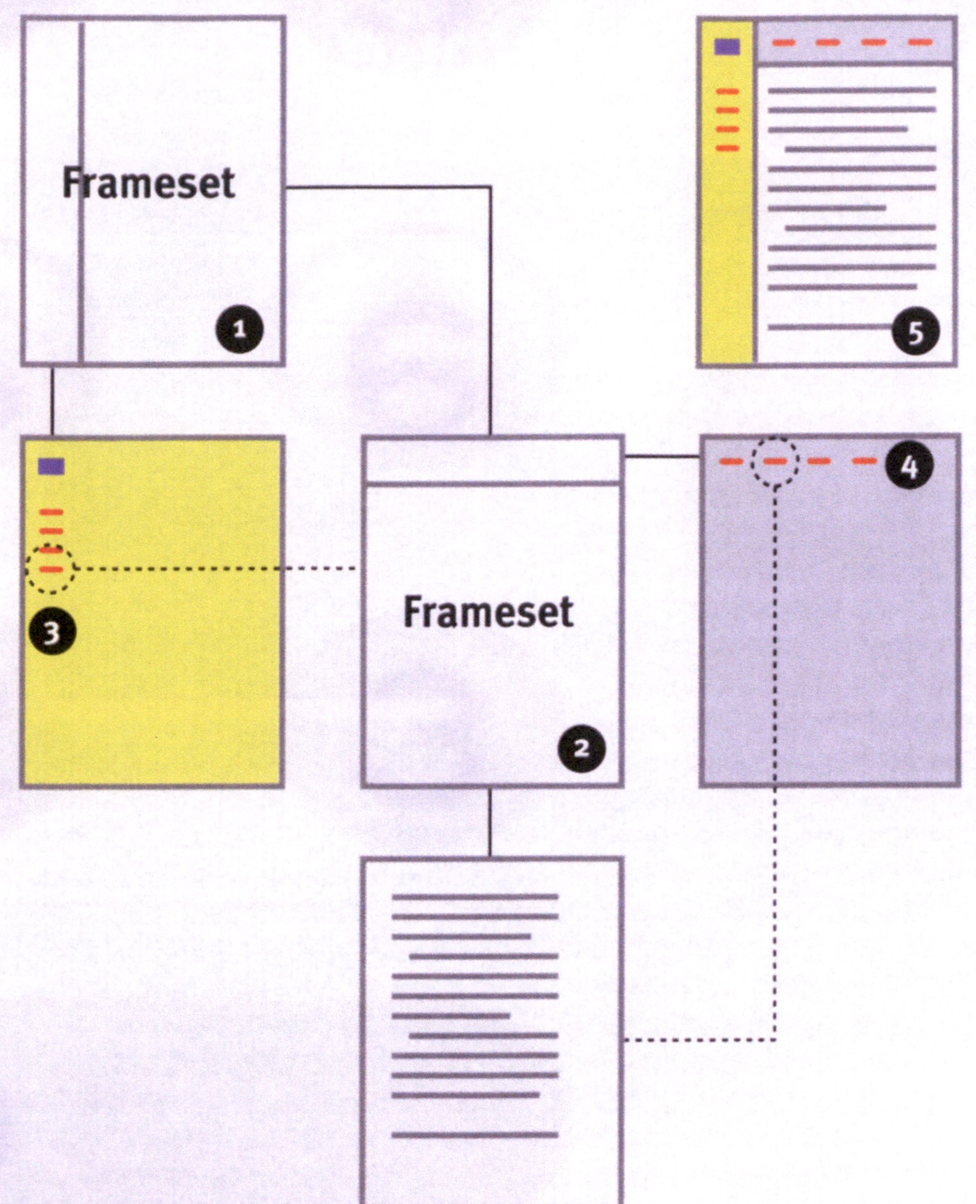

Dieses Diagramm zeigt, wie zwei Dokumente mit einem Klick geladen werden können: Das erste FRAMESET (1) besteht nur aus einem vertikalen Frameset. In das Hauptframe wird ein weiteres FRAMESET-Dokument geladen (2). Das Resultat ist in Abbildung 5 zu sehen. Damit nun bei einem Klick auf eine der Hauptsektionen sowohl die Hauptseite als auch die Untersektionen gelöscht werden, ist es wichtig, dass die Verknüpfung der Hauptsektionen (3) immer ein FRAMESET-Dokument mit dem ‹BASE TARGET ="_parent"› lädt. Dies bewirkt, dass das zuvor geladene FRAMESET gelöscht wird, bevor das neue FRAMESET geladen wird. Alle Verknüpfungen in den Unterbereichen (4) benutzen das TARGET-Attribut, um die HTML-Seiten in dem Hauptfenster zu laden.

Aristotle

Christopher Stashuk ist der Artdirector von Aristotle, eine Web-Design-Firma in Little Rock, Arkansas, die viele Web-Sites für lokale und internationale Firmen und Organisationen gestaltet hat. Zusammen mit Elton Pruitt, dem HTML-Autor vieler dieser Web-Sites, hat er auch die Aristotle-Homepage entwickelt.

Was war das Hauptziel, als Sie die Aristotle Web-Site gestalteten?

Christopher Stashuk: Wir wollten, dass die Web-Site unsere Auffassung von gutem Web-Design widerspiegelt und außerdem zeigt, was alles möglich ist. Es ging uns darum, eine Balance zwischen älterer und neuerer Technologie zu finden und verwendeten deswegen beispielsweise in der rechten oberen Ecke eine GIF-Animation und für die interaktiven Taster auf der linken Seite JavaScript. Die Web-Site arbeitet mit Frames, aber um dies nicht so augenscheinlich werden zu lassen haben wir die visuellen Elemente in jedem Frame so angelegt, dass sie die statischen Grenzen aufbrechen. Zum Beispiel ist die blaue Lasche, die scheinbar aus dem oberen Balken in den Randstreifen hineinragt, eigentlich im unteren Frame integriert. Dies gibt der Web-Site ein weniger statisches Aussehen als bei vielen anderen Web-Sites, die mit Frames arbeiten. Ich wollte zudem vermeiden, dass sich die Struktur des Randstreifens wiederholen würde, also habe ich es sehr groß angelegt.

Elton Pruitt: Eine der Schwierigkeiten bei der Entwicklung unserer Web-Site

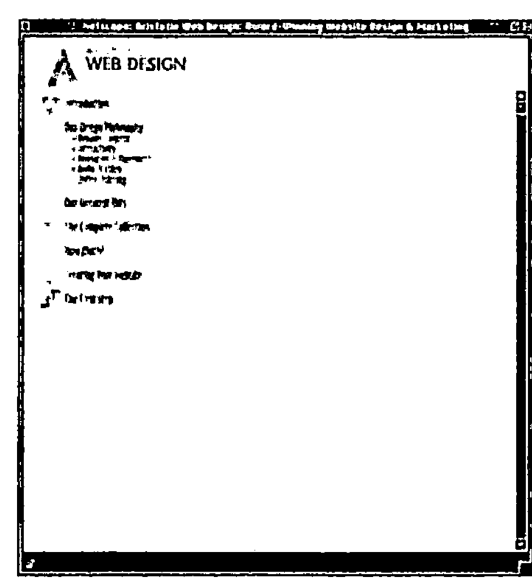

war, dass die Seite im Internet Explorer einwandfrei aussah, aber in Netscape Navigator eine verschobene Kopfleiste hatte und dadurch die GIF-Animation von dem schwarzen Bereich abgeschnitten wurde. Um dies zu vermeiden, schrieben wir ein JavaScript-Skript, das die Browserversion und Computerplattform ermittelt und dementsprechend optimierte Seiten lädt. Darüber hinaus wollten wir Cascading Style Sheets verwenden, um mehr Kontrolle über die Darstellung der Seiten zu haben. Damals wurde Cascading Style Sheets nur von Microsoft Internet Explorer 3.0 unterstützt, also benutzten wir für die Einzüge zusätzlich den SPACER-Marker – der nicht von Internet Explorer interpretiert wird – um in Netscape Navigator ungefähr den gleichen Texteinzug zu erhalten.

Gestalten für das Internet bedeutet ja auch sehr eingeschränkt zu sein in Bezug auf die Farbpalette. Wie stellen

Sie sicher, dass Ihre Web-Sites auch bei 216 Farben noch gut aussehen?

Christopher Stashuk: Normalerweise verwende ich nicht die Web-Farbpalette mit 216 Farben, weil ich damit kein zufrieden stellendes Ergebnis erhalte. Viele hängen religiös an dieser Palette, aber für mich ist sie aufgrund der deutlichen Farbeinschränkung indiskutabel. Ich arbeite lieber mit einer flexiblen Farbpalette und teste dann das Ergebnis unter 256 Farben auf Macintosh und PC, um sicherzustellen, dass das Ergebnis zufrieden stellend ist.

Ich nehme an, Sie arbeiten mit Adobe Photoshop, oder arbeiten Sie mit einem anderen Programm?

Christopher Stashuk: Ich arbeite hauptsächlich mit Photoshop, manchmal verwende ich allerdings auch DeBabelizer für die Stapelverarbeitung, aber insbesondere für sehr reduzierte Farbpaletten arbeite ich immer zuerst mit Photoshop. Als ich die Leitung über die Gestaltung eines 3DO-Spiels von Electronic Art hatte, benutzte ich fast ausschließlich DeBabelizer. DeBabelizers Superpalette, die Skripting-Möglichkeiten und die automatische Namengebung machen es zu einem exzellenten Werkzeug bei großen Bildmengen. Zum 3D-Modeling und zur Animation setze ich hauptsächlich Autodesk 3D Studio MAX ein.

Jeder hat eine etwas andere Herangehensweise an eine Web-Site. Wie fangen Sie bei einem neuen Projekt an?

Christopher Stashuk: Wir treffen uns normalerweise mit dem Kunden und ich versuche herauszufinden, was für eine Internetpräsenz er will. Im Anfangsstadium entwickle ich eine Skizze der Hauptseite, die dann das Aussehen und die Funktionsweise der gesamten Web-Site festlegt. Diese Skizze ist ein sehr hilfreicher Zwischenschritt für mich, und sehr oft gestalte ich diese Skizze nicht am Computer, sondern von Hand. Diese Skizze ist auch ein nützliches Mittel für den Kunden, sich die Ideen und die kreative Ausrichtung der Web-Site vorzustellen. Von dieser Stufe gehen wir dann direkt an die digitale Umsetzung der Hauptseite, die wir als Meilenstein für den Arbeitsprozess sehen. Wir verwenden diese Hauptseite, um das Okay des Kunden zu bekommen bezüglich der Gestaltung, der Farben, der Typographie und des Aufbaus. Anschließend wird mit den HTML-Autoren das finale Konzept abgestimmt. Hier entscheiden wir dann, ob wir Frames, Java, QuickTime VR etc. verwenden.

Web-Design entwickelt sich ja sehr schnell weiter, und ich würde gerne wissen, welche Erwartungen Sie haben?

Christopher Stashuk: Als Gestalter hoffe ich, dass die beiden führenden Browser kompatibler werden. Es wäre zu wünschen, dass sich die beiden Browser bei der Darstellung von HTML angleichen.
Elton Pruitt: Dem kann ich mich nur anschließen. Ich erwarte sehnsüchtig einen Standard, bei dem sichergestellt ist, dass eine Seite in beiden Browsern identisch dargestellt wird.

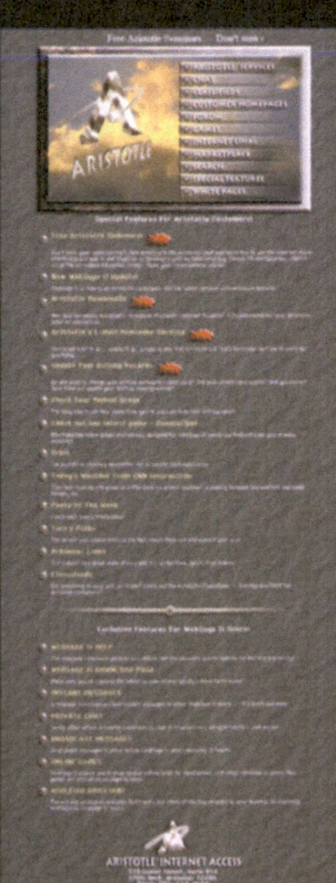

Aristotle ist Web-Design Agentur und Internet Service Provider (hier mit ihrer Web-Site).

KAPITEL 06

GIF-Animation

Mittlerweile gibt es zwar zahlreiche Multimedia-Plug-Ins, die GIF-Animation ist aber immer noch die beliebteste Methode, um bewegte Bilder auf eine Webseite zu bringen. Der Grund ist einfach: Netscape Navigator und Microsoft Internet Explorer (sowie die meisten anderen verfügbaren Browser) können animierte GIF-Dateien eben ohne zusätzliche Plug-Ins darstellen.

Ein weiterer Grund für die Popularität von GIF-Animationen ist, dass die benötigte Software in der Regel sehr günstig – im Falle von GifBuilder für den Macintosh sogar frei – erhältlich ist. Die GIF-Spezifikation sieht sogar einfache Interaktivitätsoptionen, wie das Anhalten und Weiterspielen von Animationen, vor, die aber von den Browsern nicht unterstützt werden. Schade, dass GIF nicht auch noch Audiounterstützung bietet.

■ DIE GIF89A-GESCHICHTE

GIF (Graphics Interchange Format) wurde von der Firma CompuServe entwickelt. Die GIF89a-Spezifikation wurde im Jahre 1989 verfasst und als das Web GIF aufgriff, war es bereits einige Zeit etabliert. Netscape war der erste Browser, der dabei auch die Animationsfunktion unterstützte. Allerdings dauerte es eine Weile, bis die ersten Web-Sites mit Animationen auftauchten, da Netscape die Animationsmöglichkeit nicht dokumentiert hatte. Web-Designer sind hierüber quasi gestolpert.

■ WELCHE PROGRAMME KÖNNEN SIE VERWENDEN?

Gab es anfangs nur Free- und Shareware-Programme, sind inzwischen eine Reihe von professionellen Anbietern am Markt. Zu den wichtigsten und bekanntesten Programmen gehören Macromedia Fireworks und Adobe ImageReady. Beide Programme sind fürs Web spezialisierte Bildbearbeitungsprogramme, die zudem GIF-Animationen beherrschen. Da ImageReady deutlich Marktanteile an Fireworks verloren hatte, und Adobe befürchten musste, dass dies auch noch Photoshops Hegemonialstellung gefährdet, wird ImageReady inzwischen nur noch mit Photoshop integriert verkauft. Fireworks dagegen bleibt ein eigenständiges Produkt, das sich trotz aller Bemühungen von Adobe immer stärker durchsetzt, da es über einige innovative Funktionen verfügt. Selbst wenn Sie bereits Photoshop besitzen, lohnt es sich, Fireworks genauer unter die Lupe zu nehmen.

Die nachfolgend genannten Programme eignen sich ideal für einen Einstieg in die Gestaltung von GIF-Animationen:

● GifBuilder ist Freeware und wird von den meisten Macintosh-Anwendern benutzt, weil es sehr leicht zu handhaben ist. Es besitzt Funktionen wie »Frame Optimization«, um die Dateigröße zu reduzieren, und vieles mehr. GifBuilder ist auch ideal für Besitzer älterer Photoshop-Versionen (5.0 oder älter) und anderer Bildbearbeitungsprogramme. Yves Piguet, der Programmierer von GifBuilder, hat mit diesem Programm wirklich ganz hervorragende Arbeit geleistet. Die aktuellste Version finden Sie einfach mithilfe einer Suchmaschine im Internet.

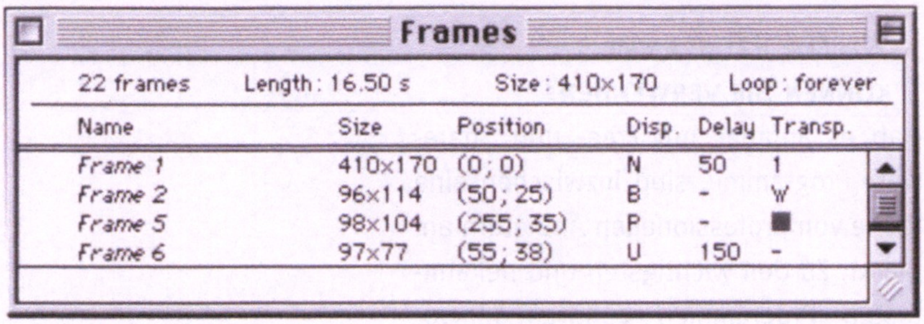

Frames

22 frames	Length: 16.50 s		Size: 410×170		Loop: forever

Name	Size	Position	Disp.	Delay	Transp.
Frame 1	410×170	(0; 0)	N	50	1
Frame 2	96×114	(50; 25)	B	–	W
Frame 5	98×104	(255; 35)	P	–	■
Frame 6	97×77	(55; 38)	U	150	–

Im Frame-Fenster von GifBuilder können die meisten Einstellungen durch Klicken auf einen der Einträge geändert werden. Manche Optionen lassen sich dabei sowohl für Einzelbilder als auch für alle Bilder global ändern.
Die oberste Linie im Frame-Fenster zeigt die Bilderanzahl der Animation, die Gesamtzeit in Sekunden, die Bildgröße und den Loop-Modus an.
Wenn Sie auf »Size« klicken, erscheint ein Dialogfeld für die Bildgröße, in dem Sie zwischen »Minimum Size« oder »Fixed Size« wählen können, wobei die erste Option die Abmessungen des Bildes übernimmt.

- GIFmation ist eine kommerzielle Software, die von Boxtop vertrieben wird. Wenn Sie es vorher einmal ausprobieren wollen, besuchen Sie deren Web-Site (www.boxtopsoft.com) für eine Demoversion.
- Gif Construction Set gestaltet GIF-Animationen unter Windows. Es besitzt einige nette Funktionen, wie das Gestalten von Lauftext oder Überblendungen zwischen einzelnen GIF-Bildern.

■ WIE SIE MIT GIFBUILDER FÜR MACINTOSH ARBEITEN

Anhand von GifBuilder sollen einige wesentliche Arbeitstechniken vermittelt werden, die sich prinzipiell auf die anderen GIF-Animationsprogramme übertragen lassen.

Importieren von Bildern: GifBuilder kann PICT-, GIF-, TIFF- oder Photoshop-2.5/3.0-Dateien importieren. Wenn Sie MAC-OS 7.5 (oder höher) verwenden, lassen sich die Bilder einfach durch Ziehen auf das »Frame«-Fenster importieren. Ansonsten verwenden Sie »Add Frame« im File-Menü und laden Sie die Bilder einzeln.

Arrangieren der Bilder: Verändern Sie die Reihenfolge der Bilder durch Ziehen des Bildes an die richtige Position: Eine horizontale Linie zeigt dabei an, wo das Bild nach dem Loslassen positioniert wird. Bilder zu löschen ist über »Clear« aus dem Edit-Menü oder über die Löschtaste ebenso einfach.

Grundlegende Einstellungen: Der nächste Schritt besteht darin, die Grafik-Optionen im Optionen-Menü einzustellen:

- Pixel Depth
- Color Palette
- Dithering

Es ist nicht unbedingt ratsam, diese Funktionen in GifBuilder zu verwenden, da Photoshop besonders bei der Arbeit mit flexiblen Farbpaletten hier wesentlich mehr Kontrolle über diese Parameter bietet. Mit einer flexiblen Farbpalette reduzieren Sie die Anzahl der Farben in dem Bild, was die Dateigröße verringert.

Gestalten Sie eine Farbpalette in Photoshop, speichern Sie diese über »Bild: Modus: Farbtabelle« vor dem Importieren der Bilder in GifBuilder.

GifBuilder erlaubt es auch die Standard-Macintosh-Systempalette oder eine 256-Graustufen-Palette zu verwenden. Bei der Einstellung »Best Palette« erzeugt GifBuilder eine flexible Farbpalette mit variabler Farbtiefe (»Options: Depth«). Dies bringt mit ziemlicher Sicherheit eine Farbverschiebung mit sich, die Sie durch die Option »Dithering« auffangen können. Dies macht es aber für den GIF-Algorithmus schwerer, zu komprimieren, und die Datei wird dadurch größer. Die 6 x 6 x 6-Farbpalette

entspricht der Webfarbpalette von 216
Farben.

»Remove Unused Colors« löscht alle
Farben in der Palette, die nicht im Bild
vorkommen. Dies bringt zwar einige
Einsparungen, es ist aber sinnvoller, die
Farbpalettenoptimierung in Photoshop
durchzuführen.

OPTIMIERUNG DER ANIMATION

Um eine Animation mit kleinstmöglicher
Dateigröße zu gestalten, gibt es eine
Reihe von hilfreichen Tipps. Beispielsweise müssen nicht alle Bilder der
Animation formatfüllend sein; es reicht,
wenn nur die sich verändernden Teilbereiche des Bildes gespeichert werden.
GifBuilder besitzt im Optionen-Menü
eine Funktion mit der Bezeichnung
»Frame Optimization«, die dies automatisiert. Ist diese Funktion aktiviert, vergleicht GifBuilder jedes Einzelbild mit
dem vorigen, um das Bild auf die Bereiche zu beschneiden, die sich ändern.
Dies ist insbesondere interessant, wenn
Sie mit GifBuilder ein QuickTime-Movie
konvertieren: Besitzt das Movie einen
statischen Hintergrund, wird GifBuilder
sich nur auf die bewegten Bereiche beschränken (die Option »Frame Expan-
sion« ist das Gegenstück zu dieser Funktion, denn es fügt den beschnittenen Bildern wieder den Hintergrund zu).

Mit »Frame Optimization« kann man
sehr viel Speicher sparen, aber abhängig von der Art der Animation lässt sich
manchmal noch mehr erzielen, wenn
man dies von Hand macht. Um zu
erklären, warum und wieso, verwende
ich am besten ein Beispiel: Bei einer
Streifenbandanzeige soll auf der rechten
Seite ein blinkender Text erscheinen,
während auf der linken Seite ein Lauftext nach rechts verschwindet. »Frame
Optimization« würde hier jeweils den

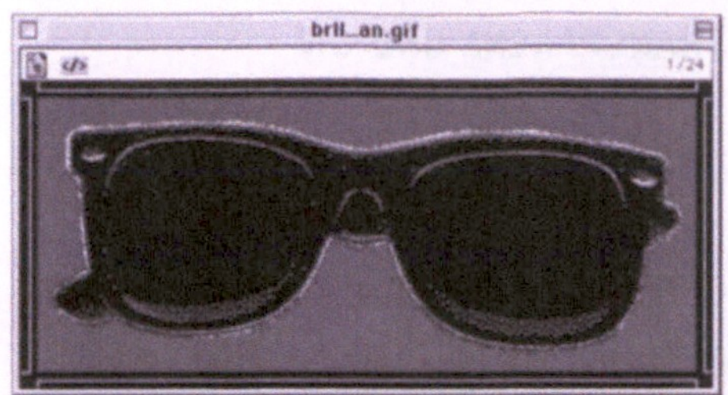

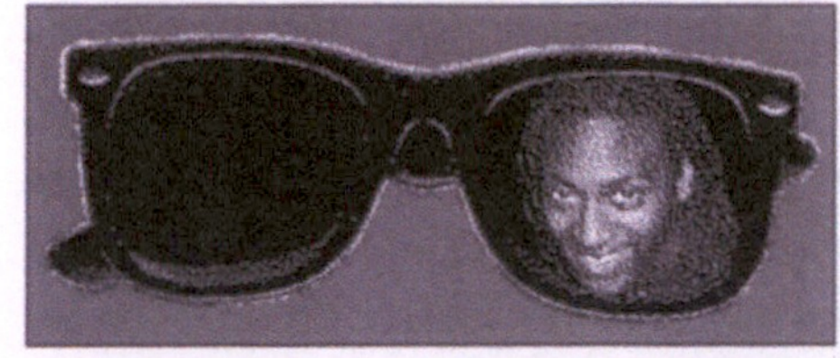

Mit »Frame Optimization« reduziert GifBuil-
der das nächste Bild auf die sich verändern-
den Bereiche. In diesem Beispiel wird so
nur das Gesicht übernommen.

äußeren Rahmen um beide Elemente
entfernen, aber nicht den gesamten statischen Bereich in der Mitte.

Um auch diesen zu entfernen, legen
Sie die Elemente und das Logo in Photoshop als Einzelelemente an und
importieren Sie diese in die Streifenbandanzeige. Nun lassen sich diese Objekte
einzeln animieren, und damit beide Bildelemente simultan erscheinen, muss die
zeitliche Verzögerung für eines der Elemente immer auf null gesetzt werden.
Für das menschliche Auge ist dies kaum
wahrnehmbar und die Dateigröße ist auf
ein Minimum reduziert.

Wenn Sie die Verzögerung auf null setzen,
entsteht der Eindruck, dass es sich bei zwei
Einzelbildern um ein einziges Bild handelt.

Transparenz und die Darstellungsmethoden

Weitere wichtige Funktionen sind Transparenz und Darstellungsmethoden. In GifBuilder ist für jedes Bild die Transparenz individuell einstellbar, entweder durch Anklicken des Transparenzwertes im Frame-Fenster oder über das Menü »Options: Transparent Background«. Die vier Einstellungen sind »No«, »White«, »Based on first pixel« und »Other«. »No« und »White« erklären sich von selbst; »Based on first Pixel« verwendet die Pixelfarbe in der linken oberen Ecke des Bildes als Transparenzfarbe. Dies macht insofern Sinn, da bei vielen Bildern die zentralen Elemente in der Mitte sind und der Rand ausgeblendet werden soll. Diese Option erleichtert es also, ein Objekt frei zu stellen ohne sich um die exakte Farbe kümmern zu müssen. Für eine andere Farbe rufen Sie den Farbwähler über »Other« auf.

Es lässt sich für jedes Bild eine Darstellungsmethode wählen, allerdings hat dies nur dann einen Effekt, wenn einige der Bilder mit Transparenz angelegt sind. Die Darstellungsmethoden (disposal method) legen fest, was in den transparenten Bereichen der Animation zu sehen ist. Zu wählen ist zwischen »Unspecified«, »Do not Dispose«, »Restore to Background« und »Restore to Previous«.

»Unspecified« ist die Standardvariante für Bilder ohne Transparenz, die ganz regulär wechseln.

»Do not dispose« ist hauptsächlich in Verbindung mit »Restore to Previous« nützlich, denn hierüber bleibt ein Bild sichtbar und wird nicht von nachfolgenden Bildern ersetzt, vorausgesetzt, diese verdecken sich nicht gegenseitig.

»Restore to Background« stellt in den transparenten Bereichen des Bildes den Hintergrund des Browsers dar, außer es wurde in GifBuilder eine Hintergrundfarbe gewählt.

»Restore to Previous« verwendet das letzte Bild, das die Einstellung »Do not dispose« besitzt, in den transparenten Bereichen. Diese Funktion eignet sich gut, wenn ein Bild vor einem Hintergrund animiert werden soll.

Animationsschleife

In einer GIF-Animation lässt sich bestimmen, ob und wie oft eine Animation wiederholt werden soll (im Menü »Options: Loop«). Wenn Sie den entsprechenden Befehl in GifBuilder aktivieren, erscheint ein Dialogfenster, in dem Sie einen Wert für die Anzahl der Wiederholungen eingeben können, wobei der erste Durchgang nicht mitgezählt wird. Geben Sie hier die Zahl 5 ein, erhalten Sie de facto sechs Durchgänge. Soll die Animation ständig wiederholt werden, wählen Sie die Option »Forever«.

■ Animationen mit Macromedia Director

GifBuilder ist ein tolles Programm, besitzt aber kaum unterstützende Funktionen für die Gestaltung von Animationen. Hierfür eignet sich Macromedia Director wesentlich besser, denn es ist für diesen Zweck optimiert und kann eine Animation als PICT-Sequenz exportieren, die sich dann wiederum in GifBuilder importieren lässt.

■ Animation mittels Meta-Marker

Außer GIF-Animationen lassen sich Animationen auf dem Web auch mit Macromedia Flash oder Director und Shockwave gestalten. Selbst mit HTML ist man in der Lage, einfache Animationen zu erstellen, entweder mit JavaScript und

Für den Fallschirmspringer verwendete Christopher Stashuk ein Bild aus einer Clip-Art-Bibliothek. Die Arme und Beine animierte er in Adobe Illustrator, den Fallschirm in Autodesk 3D-Studio MAX.

B-98.5

Designer: Christopher Stashuk, HTML-Autor: Nancy Mitchell

Eine Audiodatei begrüßt die Besucher der B-98.5-Web-Site mit der Stimme von Craig O'Neill – dem populärsten Moderator des Senders – während auf der Hauptseite mehrere Animationen ablaufen. Diese Animationen sind kombiniert mit statischen Bildern und werden über eine unsichtbare Tabelle zu einem Gesamtbild vereint. »Die Arbeiten an dieser Web-Site gingen sehr schnell. Wir benötigten nur eine Woche, da die Auftraggeber für alle unsere Vorschläge offen waren«, erinnert sich Nancy Mitchell. Dabei hat sehr geholfen, »dass sie unter Druck standen, denn alle anderen Radiosender waren schon online und sie waren im Zugzwang«, sagt Christopher Stashuk, der Designer der Web-Site. Dass Zeitdruck nicht unbedingt Schaden muss, sieht man an der B-98.5-Web-Site. Dass die Web-Site aufgemacht ist wie ein Cartoon, liegt darin begründet, dass B-98.5 eine Radiostation mit einem vor allem auf Frauen zugeschnittenen Programm ist. »Speziell der Moderator der Morgensendung ist sehr beliebt, und bedingt durch die Zielgruppe haben sie auch spezielle Sendungen für Kinder, wie zum Beispiel einen Club namens KURBY. Die Leute von B-98.5 wollten unbedingt sicherstellen, dass ihr Bezug zu Kindern in die Gestaltung der Website integriert werden würde. Die Web-Site verfügt darüber hinaus über eine Linksektion und Hinweise auf den Sendeplan, um den Besucher stets aktuell zu informieren«, sagt Nancy Mitchell über die Struktur der Web-Site. »Die meisten der ausgefallenen Features der Site bleiben dem Besucher verborgen. Sie haben vor allem mit den unterschiedlichen Funktionen von Netscape Navigator und Microsoft Internet Explorer zu tun«, erläutert Nancy. »Wir hatten in der Tat einige Schwierigkeiten mit dem Sendeplan und mussten deshalb zwei Versionen anlegen: eine für Navigator und eine für Internet Explorer. Die Version 3.0 von Explorer erlaubt es, sowohl eine GIF-Animation als auch ein JavaScript auf derselben HTML-Source-Codelinie zu schreiben. Aus unerfindlichen Gründen gelang dies mit Netscape Navigator 3.0 nicht. Außerdem wollten wir im Hintergrund Soundeffekte nutzen. Deshalb sind einige Seiten in zwei Versionen vorhanden, um sie für die unterschiedlichen Browser zu optimieren.«

Im Bereich LINKS erfährt der Besucher, welche Web-Sites die Redakteure von B-98.5 persönlich interessant finden.

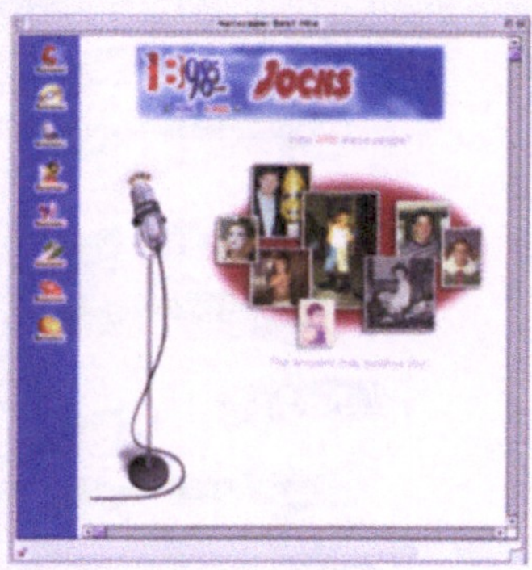

Die Sektion »JOCKS« zeigt eine Fotocollage der DJs in ihren jungen Jahren. Per Mausklick auf eines der Fotos öffnet sich eine kurze Biographie der betreffenden Person.

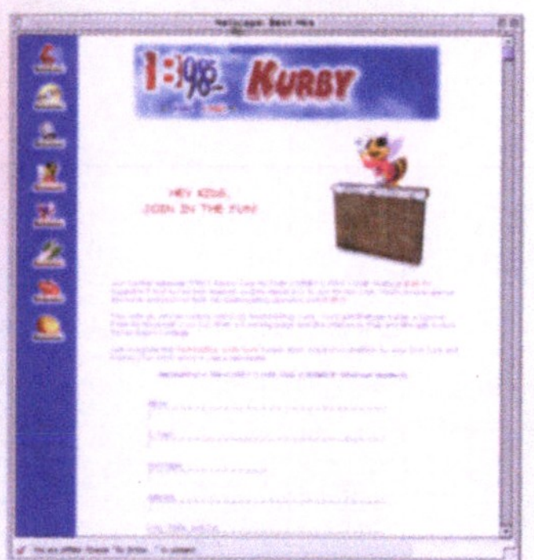

KURBY ist das Maskottchen von 98.5 und gleichzeitig der Sponsor eines KID's-Club. Die Mitglieder des Clubs erhalten Rabatte bei diversen regionalen Händlern sowie Geschenke vom Sender. Besucher können ihre Kinder online einschreiben und erhalten umgehend ein Begrüßungspaket.

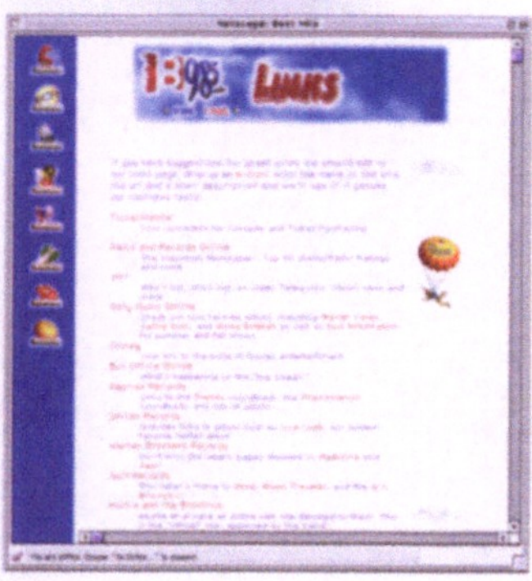

Bei dieser Animation auf der B-98.5-Web-Site ist die Wiederholungsrate auf »Forever« eingestellt. In GIF ist aber auch eine definierte Anzahl von Wiederholungen einstellbar. Gestaltet wurde der Zeppelin mit Autodesk 3D-Studio MAX.

der Verwendung von Ebenen (Layers) oder über META-Marker. Dieser wird am Anfang des HTML-Dokuments platziert und bestimmt, nach welchem Zeitraum eine neue Seite geladen werden soll. Dies eignet sich speziell für Streifenbandanzeigen, die nach einigen Sekunden durch eine andere ausgetauscht werden sollen. Voraussetzung ist natürlich, dass die Anzeige in einem Rahmen (Frame) platziert ist, damit der Austausch unabhängig vom Rest der Seite erfolgen kann.

```
<HEAD>
<TITLE>Advertising Banner</TITLE>
<META HTTP-EQUIV="refresh"
CONTENT="30,URL='http://www.ser-
ver.com/ad2.html'">
</HEAD>
<BODY>
    <IMG SRC="ad1.gif">
</BODY>
```

Animation mittels META-Marker 06-01

In Beispiel [06-01] wird die HTML-Seite, die im Attribut CONTENT bezeichnet ist, automatisch nach 30 Sekunden geladen – die Wahl dieses Intervalls sollte die Ladedauer der Bilder berücksichtigen.

WIE DAS ROTIERENDE KATV-LOGO GESTALTET WURDE

Christopher Stashuk von Aristotle erklärt, wie er das rotierende KATV-Logo gestaltete.

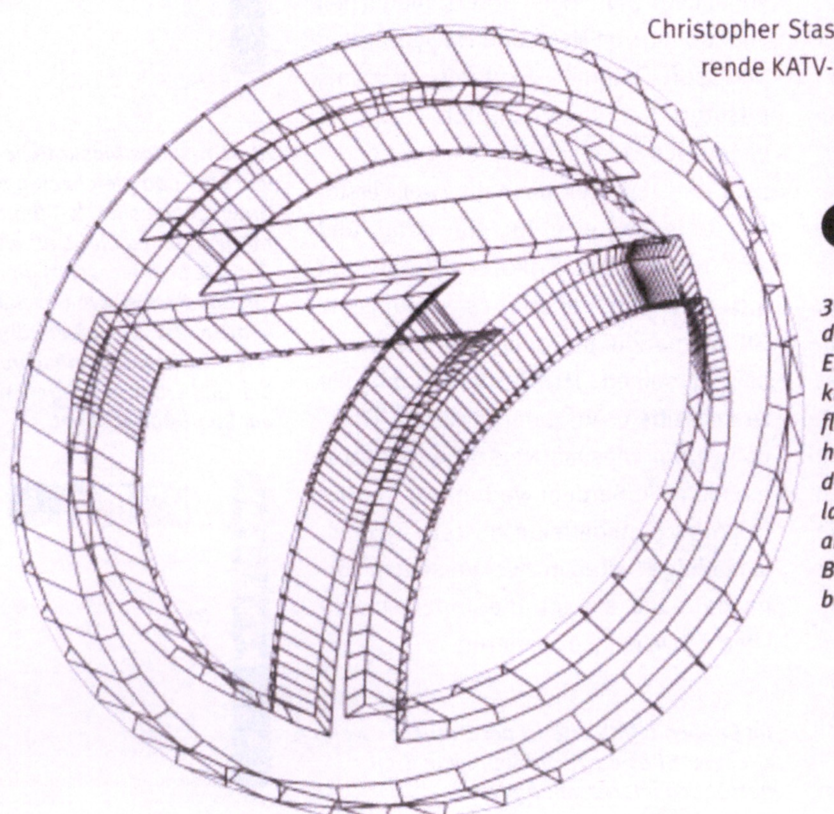

1 *Christopher Stashuk erstellte ein 3D-Gittermodell des KATV-Logos in Autodesk 3D-Studio MAX und gestaltete danach eine 360-Grad-Animation, wobei er mit der Anzahl der Bilder experimentierte und sich dann für 11 Einzelbilder entschied – ausreichend, um bei kleinstmöglicher Dateigröße die Bewegungen fließend erscheinen zu lassen. Die Animation hat er dann vor weißem Hintergrund (der Farbe des Hintergrundes der Web-Site) berechnen lassen, wobei er noch die Alpha-Kanal-Option aktivierte. Hierbei wird ein Alpha-Kanal für jedes Bild erstellt, was es ihm ermöglichte, das Logo beim Bearbeiten in Photoshop zu maskieren.*

GIF-Animation

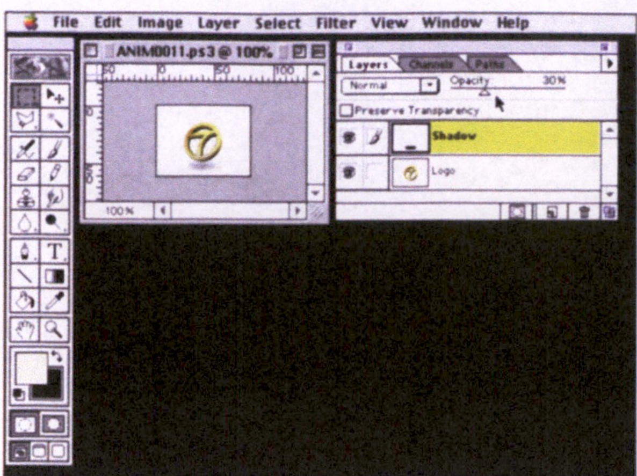

2 *Beim Gestalten einer GIF-Animation mit einem 3D-Programm versucht er in der Regel die Animation noch aufzuwerten, weswegen er sich dazu entschloss dem Logo einen Schatten zu geben. Zuvor verstärkte er den Goldton in Photoshop über »Bild: Einstellen: Farbton/Sättigung...« und gab dem Logo mehr Zeichnung über »Unscharf maskieren«. Mittels der Aktionspalette automatisierte er diesen Vorgang und wendete die Farbkorrekturen auf alle Bilder an, bevor er den Schatten in einer eigenen Ebene anlegte.*

3 *Beim Anlegen einer flexiblen Farbpalette entschied er sich für eine 6-Bit-Palette, um genügend Abstufungen im Schatten und in den Goldtönen zu erhalten. Diese Farbpalette speicherte er und wendete über die Aktionspalette die Farbpalette auf alle 11 Bilder an. Dabei löschte er auch den überflüssigen Rand über »Bild: Arbeitsfläche...«. Die Arbeit wurde ihm dadurch erleichtert, dass die spätere Transparenzfarbe gleichzeitig der Hintergrundfarbe der Web-Site entsprach.*

4 *Anschließend wurden die Bilder in GifBuilder importiert. Da der Hintergrund für die KATV-Site aus einem 900 x 747 Pixel großen Bild besteht, war es notwendig, die Animation transparent zu machen, um nicht Gefahr zu laufen, dass sich Logo und Hintergrund überlappen. Er experimentierte zudem mit der Ablaufgeschwindigkeit und entschied sich dafür, einem der Bilder eine etwas längere Zeit zu geben, damit das Logo einen Ruhepunkt hat. Dazu wählte er eine 3/4-Ansicht und einen Haltewert von 150/100 Sekunden, während die anderen Bilder einen Verzögerungswert von 13/100 Sekunden erhielten. Das Ergebnis erschien ihm aber noch zu linear, weswegen er dem Bild vor und nach der Pause mit 17/100 Sekunden eine leicht längere Verzögerung gab. Das Ergebnis besitzt eine Dateigröße von nur 8 KByte und kann auf der beiliegenden CD-ROM betrachtet werden.*

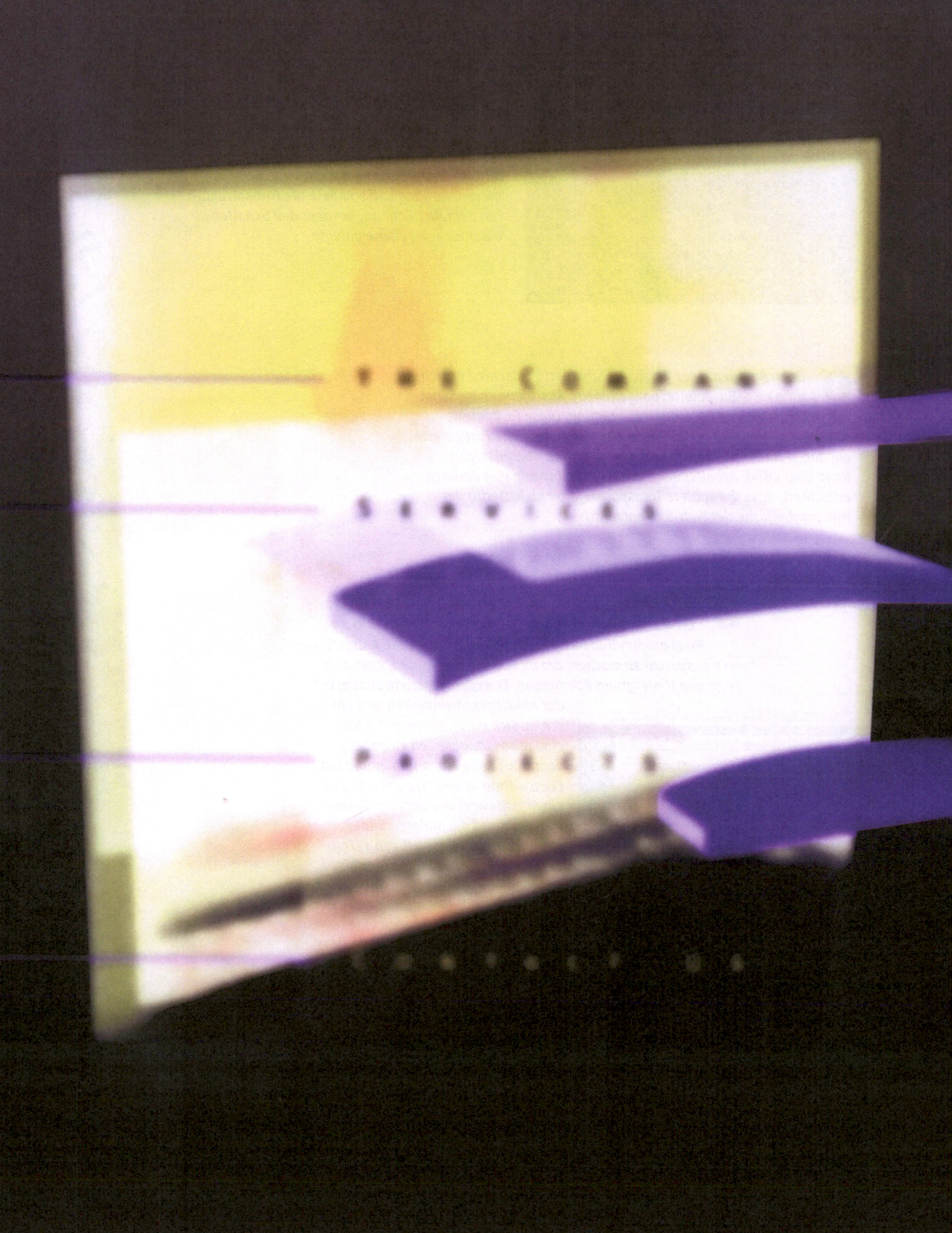
The Company
Services
Projects

Avalanche

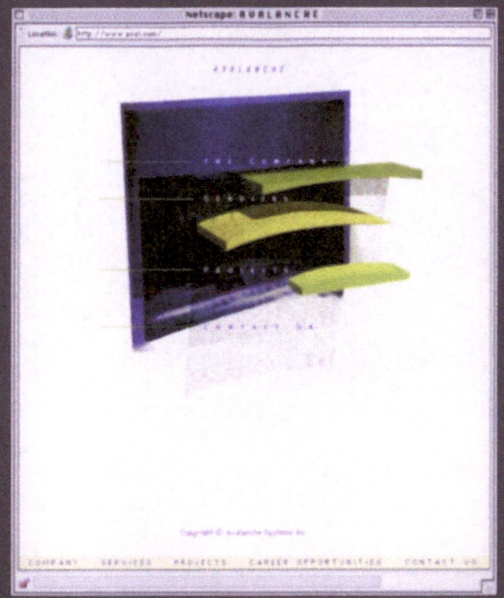

Avalanche wurde 1994 in New York von
Peter Seidler und seinem Partner Michael
Block gegründet und zählte lange Zeit zu
den größten Agenturen für interaktive
Medien in New York. Wie viele andere
Agenturen auch, hat sich Avalanche mit
einem ehemaligen Konkurrenten ver-
bündet und ist in der bekannten Agentur
Razorfish aufgegangen. In den Hochzei-
ten von Avalanche zählten einige der
größten Plattenfirmen und Fernsehanstalten zu ihren Kunden.

**Vor Avalanche hatten Sie eine Interface-
Design-Firma. Wie kamen Sie aus dieser
Ecke zum Web-Design?**

Peter Seidler: Als ich zum California Insti-
tute of Arts ging, habe ich mich intensiv
damit beschäftigt, wie man Informationen aufbereitet und in einem System
nutzbar macht, etwas, was heute auch
mit Informationsarchitektur bezeichnet

wird. Seitdem war es immer mein Ziel, eine Benutzeroberfläche zu gestalten, die einfach ist und Freude macht.

Informationsarchitektur ist ein ziemliches Schlagwort geworden, seit das Web so erfolgreich ist. Was stellt Informationsarchitektur für Sie dar?

Peter Seidler: Im Grunde geht es darum, zu verstehen, was die Information ist, die man kommunizieren will, wer sie kommuniziert, und wer die Zielgruppe ist, um dann einen Rahmen zu schaffen, in dem dies mit Spaß, Leichtigkeit und Nutzbarkeit möglich ist. Es ist ein sehr individueller Prozess, und wenn mich manchmal Leute fragen, was in diesem Zusammenhang meine Lieblings-Web-Site ist, dann frage ich zurück, was deren Lieblingswort ist. Denn wir fangen gerade erst an, das Feld der elektronischen Gestaltung zu entdecken. Diesen Leuten ist nicht bewusst, dass es mehrere Arten gibt, etwas umzusetzen. Und, was gut ist für eine Sache, muss nicht automatisch für eine andere Sache funktionieren.

Peter Seidler über die Carnegie-Hall-Web-Site: Wie präsentiert man angemessen diese Halle mit ihrer großartigen Einrichtung? Um eine Antwort zu finden, haben wir einige Tage dort zugebracht, sind in den Keller und hinter die Bühne gegangen. Wir hatten einen Fotografen dabei, der einige typische Merkmale der Architektur fotografierte, um dem Besucher der Web-Site das Gefühl zu geben, vor Ort zu sein. Daraus haben wir dann eine Web-Site gestaltet, in der wir diese Fotos mit einer sehr lyrischen Typographie kombinierten. Der Kunde war wirklich sehr zufrieden mit dem Ergebnis, und es war interessant zu sehen, wie die Gestaltung der Web-Site auf die anderen Marketingmaterialien abfärbte, die Carnegie Hall danach herausbrachte. Eine weitere Besonderheit bei der Carnegie-Hall-Site ist die integrierte Datenbank, die es erlaubt, den augenblicklichen Spielplan aufzurufen, die verfügbaren Sitze aufzulisten und im Online-Ticketbüro die Tickets zu kaufen, wobei unser Ziel war, die ganze Informationsfülle der Web-Site auf einer subtilen Ebene zu halten.

Können Sie mir dafür ein Beispiel geben?

Peter Seidler: Als wir die Web-Site für FAO Schwarz gestalteten, war der Grundgedanke, dem Anwender das Gefühl zu geben auf spielerische Art und Weise durch eine interaktive Spielzeugschachtel zu gleiten. Wir haben dies dann konsequent durchgezogen bis hin zur Transaktion, was auch die Intention bei dieser Web-Site war: den Anwender dazu zu bringen, online zu kaufen. Alles war auf dieses Ziel hin ausgerichtet, aber der Weg, den wir dort eingeschlagen haben, funktioniert für einen anderen Kunden oder eine andere Web-Site schon nicht mehr.

Wie stellen Sie also sicher, dass Ihre Informationsarchitektur funktioniert, und wie gehen Sie an ein Projekt heran?

Peter Seidler: Wir haben eine Qualitätssicherungsabteilung, wo wir die Web-

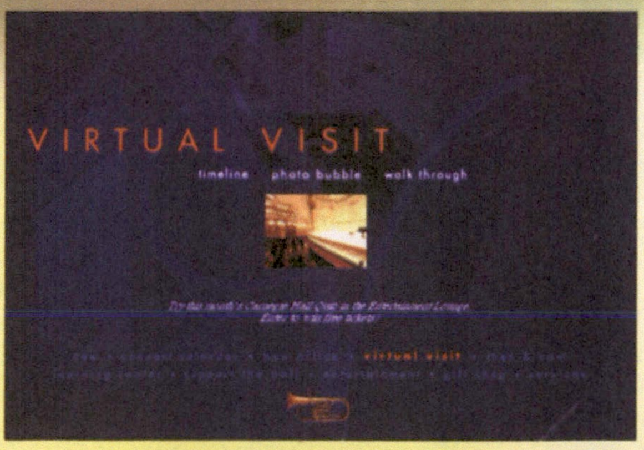

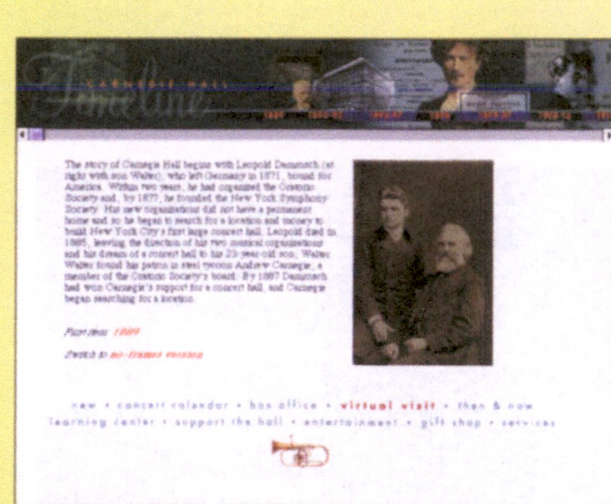

Sie können auf der Carnegie-Hall-Web-Site einen virtuellen Rundgang durch die Halle machen und mehr über die Geschichte erfahren.

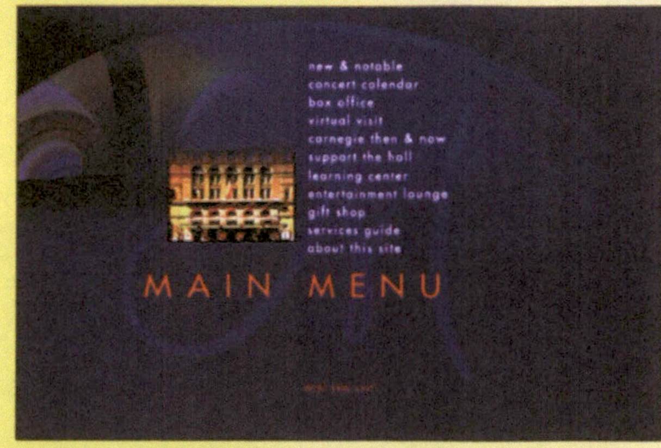

Lee
EVENTS
ADVERTISING
STYLES
FIT FINDER
FAQS
E-MAIL
It all began back in 1889 with rugged workwear clothing like
overalls and dungarees. Today, our sole purpose is to provide you
with a variety of the best-fitting, most comfortable and
fashionable jeans and casualwear. Clothing designed to make you
look and feel great so you can enjoy life to its fullest.
So come check us out. You'll look and feel your best in Lee

Lee   EVENTS ADVERTISING STYLES FIT FINDER FAQS E-MAIL
Ferry Boat
(Mov File:1.5mb)
Sand Dune
(Mov File:2.2mb)
Dandelion
(Mov File:2.1mb)

Avalanche

Sites testen. In der Softwareindustrie sind Beta-Tests Standard, in der Welt der Neuen Medien aber ist dies ein neuer Bereich. Hier wird ein neues Produktionsmodell geschaffen, um die verschiedenen Besonderheiten der Medien zusammenzubringen. Und eine der Sachen, die Web-Design von Print-Design unterscheidet, ist die Notwendigkeit von Beta-Tests. Dies wird mehr und mehr an Bedeutung gewinnen, da Web-Design-Projekte auch immer technischer werden. Was die Arbeit mit dem Kunden angeht, so versuchen wir in der Frühphase die Projektgegebenheiten auszuloten, wie beispielsweise die Zielgruppe, das Erscheinungsbild etc. Wenn wir uns mit dem Wunsch des Kunden vertraut gemacht haben, entwickeln wir ein detaillierteres Konzept. Wir verfassen dann eine Projektspezifikation, die alle technischen und geschäftlichen Fragen beantwortet sowie die Zeitplanung und das kreative Konzept enthält.

Wie viel Zeit nimmt dieser Prozess in Anspruch?

Peter Seidler: Dies kann zwischen vier Wochen und neun Monaten dauern.

Eines der langwierigsten Projekte, das wir gemacht haben, war die Warner-Music-Web-Site.

Sie haben viele Kunden aus der Medienindustrie wie Warner oder Electra. Gibt es einen bestimmten Grund dafür?

Peter Seidler: Nein, nicht wirklich, außer dass die Musikindustrie dem Internet von Anfang an sehr offen gegenübersteht, da dass Internet neben Software auch für Musik ein idealer Vertriebsweg ist. Eine unserer ersten Web-Sites vor mehreren Jahren war für Electra Entertainment. Dies war kurz bevor Hintergrundfarben und CENTER-Marker in HTML eingeführt wurden. Die Web-Site musste mit dem damals noch sehr rudimentären HTML erstellt werden. Wir setzen nicht notwendigerweise die neuste Technologie ein, sondern die sinnvollste Lösung. Dies bedeutet aber auch, dass man eine Site pflegen muss, um sie lebendig zu halten.

Sie erwähnten vorhin, dass die Musikindustrie das Web als neuen Vertriebsweg sieht. Welche Auswirkung wird das Web auf die Musikindustrie haben?

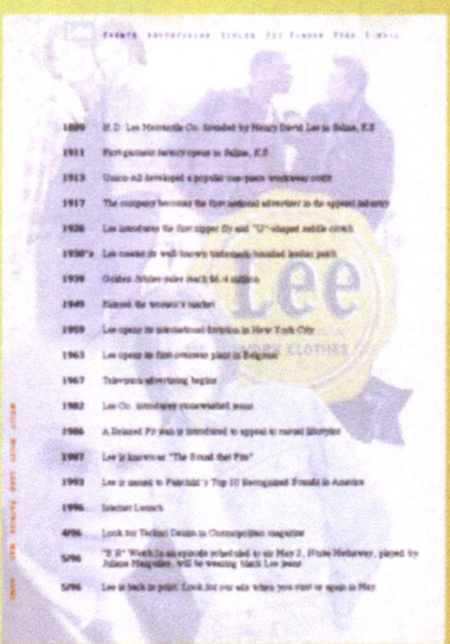

Peter Seidler: Das Web wird auf alle Geschäftszweige Auswirkung haben, aber diejenigen, deren Produkte elektronisch übertragen werden können, werden die größte Veränderung sehen. Alle großen Plattenfirmen denken sehr intensiv darüber nach, wie sie das Web für ihre Zwecke einsetzen können. Einige Firmen beschäftigen sich schon seit geraumer Zeit damit, andere versuchen gerade erst das Web zu verstehen, aber es ist ganz klar, dass es die Musikindustrie im ganz großen Rahmen verändern wird. Über das Internet lässt sich beispielsweise bislang unveröffentlichtes Material von einem Künstler vertreiben, welches sonst nicht profitabel genug wäre für die Plattenfirmen. Angenommen, die Plattenfirma von Peter Gabriel hätte in ihren Archiven eine andere Version eines seiner Songs und könnte diese Version nun verfügbar machen. Entweder durch das Berechnen einer Minigebühr für das Anhören des Stückes über das Internet oder für das Herunterladen des Stückes auf die Festplatte. Solche Überlegungen eröffnen für die Plattenfirmen neue Möglichkeiten, Geld zu machen mit bereits vorhandenem Material. Deswegen sind diese so daran interessiert, ins Internet zu kommen.

Sie haben auch viele Aufträge von Fernsehanstalten und der Filmindustrie. Eine der Web-Sites, die Sie geschaffen haben, war für den Film Lost Highway. Was ich an dieser Site im Speziellen mag, ist, dass sie keine Taster verwendet.

Peter Seidler: Ich habe Taster immer gehasst, denn ich denke, dass die Anwender intelligent genug sind, auch ohne Taster die Navigation zu erfassen, daher versuche ich, sie weitestgehend zu vermeiden. Das Interessante an der Lost-Highway-Web-Site ist, dass wir die nichtlineare Natur des Filmes simulieren wollten. Also haben wir eine, zugegebenermaßen sehr rudimentäre, Intelligenz in das Interface eingebaut: Wenn man auf Text klickt, erhält man zunehmend mehr Text, klickt man auf Bilder, sieht man mehr Bilder. In einem sehr beschränkten Maße hat diese Site ihre eigene künstliche Intelligenz, die auf die Eingaben des Anwenders reagiert.

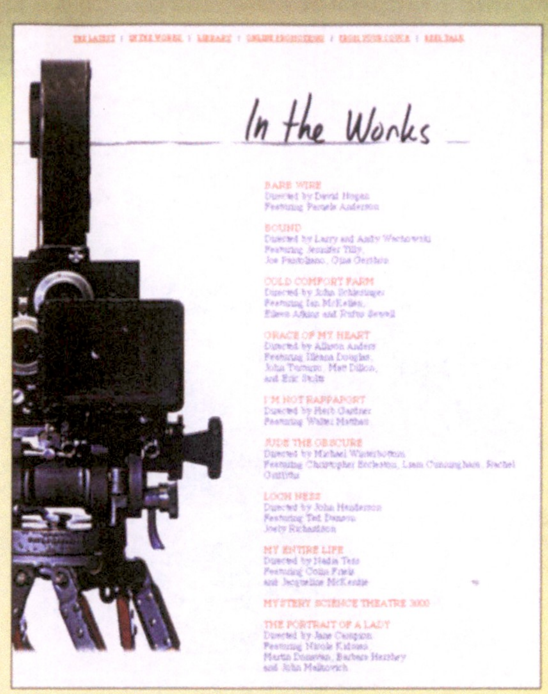

POLYGRAM FILMED ENTERTAINMENT
Peter Seidler: Bei diesem Projekt haben wir beim Fototermin verschiedene Filmutensilien fotografiert, um die Welt der Filmproduktion einzufangen.

5月 자금시장
韓銀 1조4천억 공급
설비투자가 늘도
이달에도 시중자금 사
여유가 있을 전망이
다됐다.
장 안정세

KAPITEL 07

Cascading Style Sheets

Der Einsatz von HTML bewirkt eine wesentliche Einschränkung: Die einzige Möglichkeit einen Zeichensatz in HTML selbst festzulegen, ist der FONT-Marker, der eine Liste von Schriften vorgibt. Da dies nicht ausreicht, wurde 1996 der Cascading-Style-Sheets-Standard (CSS1) und 1998 Cascading Style Sheets, Level 2 (CSS2) festgelegt. Mit CSS lassen sich Zeichensätze, Farben oder Zwischenräume bestimmen und auch HTML-Marker neu definieren, sodass Sie weiterhin strukturelle Marker wie ‹H1› oder ‹P› (Überschrift oder Absatz) verwenden, aber Formatierungsinformationen für diese Marker in einem Style Sheet einbinden können.

Falls der Browser kein CSS versteht, wird er zumindest die strukturellen Marker interpretieren. Dies war auch die Überlegung der CSS-Entwickler: Anstatt weitere HTML-Marker für die Darstellung hinzuzufügen, wollten sie sicherstellen, dass HTML eine strukturelle Sprache bleibt.

Die Integration von CSS in Ihre Web-Site ist sehr einfach, weil Sie die Spezifikation in einer externen Referenzdatei ablegen können. Der Vorteil dieses Verfahrens ist, dass mit einer Modifikation der CSS-Datei das Erscheinungsbild der gesamten Web-Site verändert werden kann.

Neben dem bereits erwähnten Verfahren, eine Stilvorlage als externe Datei

```html
<HTML>
<HEAD>
<TITLE>CSS Test</TITLE>
    <LINK REL=STYLESHEET TYPE="text/css"
    HREF="http://www.server.com/my_style_sheet" TITLE="my_style">
    <STYLE TYPE="text/css">
    @import url(http://www.server.com/additional_styles);
    H1 { color: blue }
    </STYLE>
</HEAD>
    <BODY>
    <H1>This Headline is blue</H1>
    <P STYLE="color: red">This paragraph is red.</P>
    </BODY>
</HTML>
```

Die drei Wege, CSS zu implementieren 07-01

abzulegen, gibt es noch lokale (Inline-Styles) und integrierte Stilvorlagen (Embedded Styles). Eine lokale Stilvorlage wird dem HTML-Element direkt hinzugefügt – dies könnte so aussehen: <P STYLE="margin-left: 20%">, was einen linken Rand von 20% des Browserfensters erzeugt – und gilt auch nur für dieses. Um eine integrierte Stilvorlage einzufügen, verwenden Sie den STYLE-Marker am Anfang der Datei zwischen den HEAD-Markern. Formatierungen einer externen Stilvorlage werden damit überschrieben.

Beispiel [07-01] zeigt die drei Arten, eine Stilvorlage zu implementieren:

1. Importieren einer Stilvorlage als externe Datei durch die Verwendung des LINK-Markers oder durch Einsatz der CSS-Import-Notation. Beispielsweise: @import url(http://www.server.com/additional_styles)
2. Platzieren eines STYLE-Markers innerhalb der HEAD-Markierungen
3. Setzen des STYLE-Attributes im P-Marker

Die kleine Stilvorlage in [07-02] zeigt die Definition in einem Kommentar-Marker eingebettet, damit CSS-inkompatible Browser nicht versuchen, die Information darzustellen. Wenn Sie diese Stilvorlage innerhalb des HEAD-Markers platzieren, wird jeder H1-Marker in dem Dokument in Rot dargestellt. Speichern Sie die Stilvorlage extern, können Sie sie mittels des LINK-Markers in jede Seite Ihrer Web-Site importieren.

Ein weiterer wichtiger Marker ist SPAN, weil dieser es gestattet, einem einzelnen Wort oder Satz ein anderes Aussehen zu geben. Um beispielsweise ein Wort einzufärben, geben Sie <SPAN STYLE="color: red">Wort</SPAN> ein.

Sie können auch den EM-Marker, der normalerweise dazu dient, etwas hervorzuheben, verwenden und diesen neu definieren. Dies hat den Vorteil, dass auch in einem CSS-inkompatiblen Browser der entsprechende Text hervorgehoben wird. Microsoft Internet Explorer und Netscape Navigator interpretieren zwar CSS, nur eben nicht alle Kommandos gleich, weswegen es zu Inkompatibilitäten kommen kann.

■ Kombination von Stilvorlagen

Eine externe Stilvorlage kann mit einer lokalen und einer integrierten Stilvorlage kombiniert werden. Die höchste Priorität besitzen dabei die lokalen, gefolgt von den integrierten und externen Stilvorlagen. Diese Kombinationsmöglichkeit erlaubt es einer untergeordneten Stilvorlage, die Darstellung einer übergeordneten Stilvorlage zu modifizieren, ähnlich wie in einem Layoutprogramm wie Quark XPress oder Adobe PageMaker, wo ein einzelnes Wort einen anderen Stil haben kann als der umgebende Absatz. Beispielsweise wird mit <P STYLE="background:#660033"> ein Absatz mit einer anderen Hintergrundfarbe dargestellt, ohne die anderen Formatierungen zu beeinträchtigen. Das heißt, Sie müssen nicht jedesmal die kompletten Formatanweisungen einfügen, es reicht, lediglich die Änderungen hinzuzufügen.

■ Ein kleiner Führer durch die CSS-Syntax

Eine einfache Stilvorlage zu gestalten ist unkompliziert. Es gibt noch wesentlich mehr Möglichkeiten, als ich hier auflisten kann, und wenn Sie noch tiefer in die Materie eindringen wollen, sollten Sie die Spezifikation vom Web herunterladen: http://www.w3.org/Style/CSS/ –

```
<STYLE TYPE="text/css">
<!-- H1 { color: red } -->
</STYLE>
```


Cascading Style Sheets

aber, beachten Sie auch die Angaben der Sites von Netscape und Microsoft, da deren Browser nicht alle CSS-Funktionen gleich unterstützen.

font-family: Alternative Werte werden nach absteigender Priorität durch Kommata voneinander getrennt: BODY { font-family: arial, helvetica, sans-serif }. Helvetica und Arial sind Schriften, während der letzte Eintrag nur einen Schrifttypus festlegt, aber immer als zumindest letzte Alternative aufgeführt werden sollte. Die folgenden Schrifttypen sind vordefiniert:

- serif (mit Serifen, z.B. Times)
- sans-serif (serifenlos, z.B. Helvetica)
- cursive (kursiv; z.B. Zapf-Chancery)
- fantasy (z.B. Western)
- monospace (z.B. Courier)

Enthält der Schriftname ein Leerzeichen, sollte dieser in Anführungszeichen stehen: BODY { font-family: "Gill Sans", sans-serif }

font-style: Hierüber wählen Sie zwischen normalem (normal), kursivem (italic) oder fettem (oblique) Schriftschnitt (H1, H2, H3 { font-style: italic }). Das einzige Problem hier ist, dass es keinen Standard bei der Klassifizierung von Zeichensätzen gibt. Schräg gestellter Text kann Italic, Oblique, Slanted, Incline, Cursive oder Kursiv heißen.

font-weight: Mit »bold«, »bolder«, »lighter« oder einem numerischen Wert bestimmen Sie den Schriftschnitt. Diese wird in 100er-Schritte von 100 bis 900 gesetzt, wobei 400 dem normalen Schriftschnitt entspricht und 700 einem fetten Schriftschnitt: H2 { font-weight: 700 }.

font-size: Die Schriftgröße kann ein relativer (»larger« und »smaller«) oder absoluter Wert sein [07-03].

font: Der font-Befehl ist eine Kurzschreibweise, um die Attribute »font-style«, »font-variant«, »font-weight«, »font-size«, »line-height« und »font-familiy« auf einmal zu setzen [07-04]. Der erste Eintrag (12pt/14pt) bestimmt die Schriftgröße und den Zeilendurchschuss, die durch Komma getrennten Einträge legen die Schriftfamilie fest.

color: Mit diesem Befehl haben Sie drei alternative Möglichkeiten den Farbwert zu bestimmen:

```
P { color: red }
P { color: rgb(255,0,0) }
P { color: #FF0000 }
```

background-color: Damit bestimmen Sie die Hintergrundfarbe: H2 { background-color: #FF0000 }.

background-image lädt ein Hintergrundbild [07-05].

Fortsetzung auf Seite 124

```
P { font-size: 10pt; }
BLOCKQUOTE { font-size: larger }
EM { font-size: 150% }
EM { font-size: 1.5em }
```

Das »font-size«-Attribut 07-03

```
P {font: 12pt/14pt Helvetica, Arial, sans-serif}
```

Die »font«-Abkürzung 07-04

```
BODY { background-image: url(image.gif) }
P { background-image: none }
```

Hintergrundbilder in CSS 07-05

```
BODY { background: url(image.gif);
background-repeat: repeat-y;}
```

Wiederholung des Hintergrundbildes 07-06

INSTALLIEREN VON CSS MIT BBEDIT

BBEdit ist ein Texteditor und das perfekte Werkzeug, um Ihrer Web-Site den letzten Schliff zu geben, falls Sie nicht mit einem HTML-Autorenprogramm wie Adobe GoLive oder Macromedia Dreamweaver arbeiten. Der Vorteil von BBEdit ist, dass Sie hier eigene HTML-Marker definieren können, was es erleichtert, HTML-Erweiterungen einzubauen. Aber am wichtigsten ist BBEdits Suchen&Ersetzen-Funktion, die mehrere Dokumente nacheinander durchsucht, wodurch sich BBEdit sehr gut eignet, CSS innerhalb von Minuten in einer Web-Site zu implementieren.

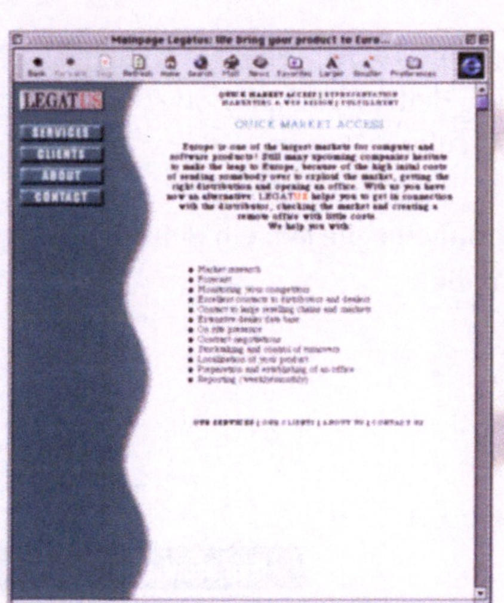

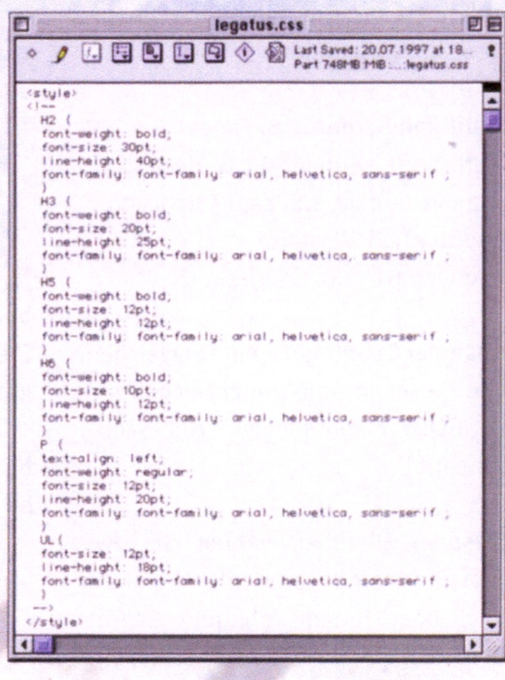

1 *Um CSS in der Legatus-Web-Site zu implementieren, wurde eine externe Stilvorlage für alle Seiten der Web-Site verwendet. Die Stilvorlagen für die Überschrift und für den Fließtext wurden als »legatus.css« gespeichert. Wichtig ist dabei der STYLE-Marker, der Kommentar-Marker (<-- -->) und ein Semikolon nach jedem Eintrag.*

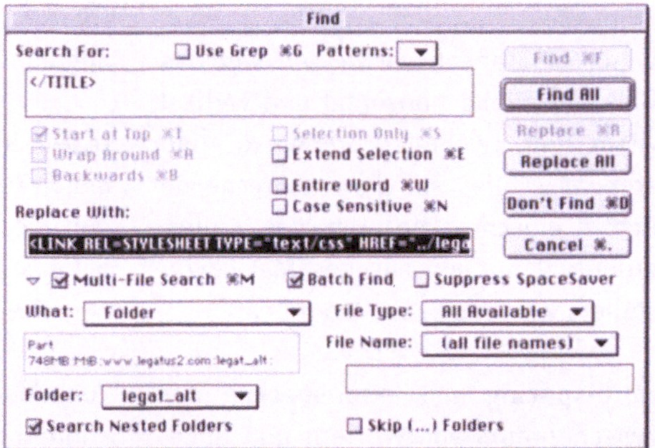

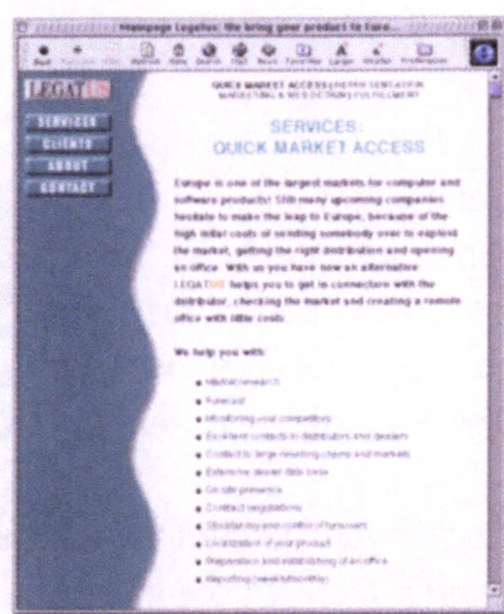

2   Mit der Find-Funktion im Search-Menü wurde der HTML-Marker </TITLE> gesucht und über »Replace with« ersetzt durch </TITLE>\r<LINK REL=STYLESHEET TYPE= "text/css" HREF="../legatus.css">. Dabei war die Option »Multi-File Search« und »Search Nested Folders« aktiviert, um sicherzustellen, dass auch HTML-Dateien im Unterordner gefunden werden. Nach Auswahl des Ordners durchsucht BBEdit alle Textdateien nach dem </TITLE>-Marker und ersetzt diesen durch die obige Befehlsfolge. Diese Funktion von BBEdit ist besonders nützlich, um Stilvorlagen in eine bereits bestehende Web-Site zu integrieren – das »\r« in der Zeichenkette weist BBEdit an, eine Zeilenschaltung einzufügen.

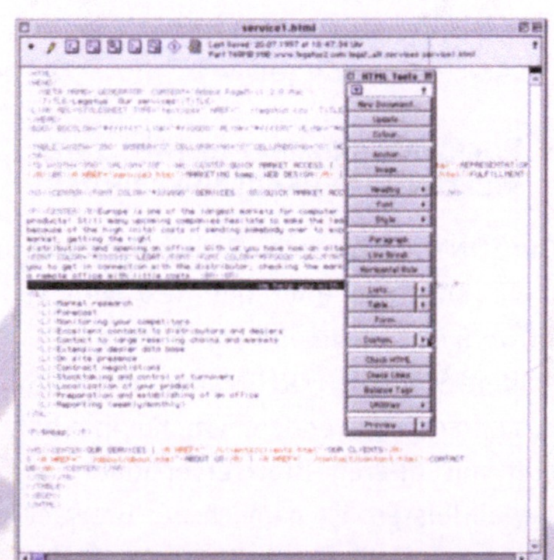

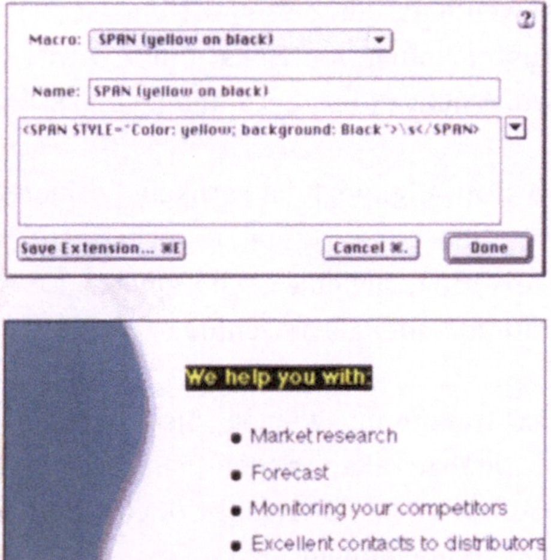

3   In BBEdit lassen sich HTML-Marker definieren. Diese Funktion verwende ich um einen SPAN-Marker anzulegen, der es erlaubt, eine CSS-Formatierung in den Text einzufügen. Dazu wähle ich »Custom« im HTML-Toolsfenster, dann ein »Undefined«-Makro und danach »Edit«. Hier gebe ich <SPAN STYLE="color: yellow; background: black!">\s</SPAN> ein und benenne das Makro. Dieses Makro definiert einen gelben Text auf schwarzem Hintergrund. Da ich »/s« in der Zeichenkette verwende, kann ich mit diesem Makro einen Text auswählen, das Makro aktivieren und Start- und Endmarker werden an der richtigen Position vor und hinter dem Text eingefügt.

Cascading Style Sheets

background-repeat gibt an, wie und wie oft ein Hintergrundbild wiederholt wird; die möglichen Werte sind: »repeat«, »repeat-x«, »repeat-y«, »no-repeat«. Wenn Sie »repeat« verwenden, wird das Hintergrundbild horizontal und vertikal wiederholt, während »repeat-x« und »repeat-y« dies auf die entsprechende Achse einschränken. Um das Hintergrundbild nur ein einziges Mal darzustellen, verwenden Sie »no-repeat«.

word-spacing und letter-spacing: Der Zwischenraum von Wörtern und Buchstaben kann hiermit bestimmt werden: H1 { word-spacing: 0.4em } und BLOCKQUOTE { letter-spacing: 0.1em }.

text-decoration: Hiermit kann man zwischen verschiedenen Textdarstellungen wählen: »none« (ohne), »underline« (unterstrichen), »overline« (überstrichen), »line-through« (durchstrichen) und »blink« (blinken). Eine nützliche Anwendung für diesen Befehl ist die Auszeichnung von Links: A:link, A:visited, A:active { text-decoration: none }.

vertical-align legt die vertikale Position fest: »baseline«, »sub«, »super«, »top«, »text-top«, »middle«, »bottom«, »text-bottom« oder als prozentualer Wert.

text-transform: Wählen Sie zwischen »capitalize« (Kapitälchen), »uppercase« (Großschrift), »lowercase« (Kleinschrift) und »none« (ohne).

text-align dient der Ausrichtung des Textes: »left« (linksbündig), »right« (rechtsbündig), »center« (zentriert), »justify« (Blocksatz), beispielsweise: P { text-align: justify }.

text-indent ermöglicht einen Einzug der ersten Zeile ohne spezielle Tricks. Verwenden Sie dazu diesen Befehl zusammen mit einem absoluten, relativen oder auch negativen Wert: P { text-indent: 3em }.

Zusammenfassen von Definitionen: Sie können mehreren Markern die gleichen Eigenschaften geben, indem Sie diese Marker zusammenfassen und durch Semikolons trennen, siehe [07-07]. Kommentare werden ähnlich eingefügt wie in der Programmiersprache C: /* Dies ist ein Kommentar */.

Links: Es ist ebenfalls möglich, die Farbe von Links zu definieren:

    A:link { color: red }
    A:visited { color: blue }
    A:active { color: yellow }

■ RÜCKWÄRTSKOMPATIBILITÄT: ZWEI WELTEN MITEINANDER VERBINDEN

Der FONT-Marker sollte Designern etwas mehr Kontrolle über den Text geben. Obwohl er zunehmend überflüssig wird, sollten Sie den FONT-Marker mit CSS zusammen verwenden, um Kompatibilität mit älteren Browserversionen zu gewährleisten. Ist nämlich der Browser CSS-inkompatibel, wird zumindest der FONT-Marker interpretiert.

```
H1, H2, H3 { font-weight: bold;
font-size: 10pt;
line-height: 15pt;
font-family: arial, helvetica }
```

Zusammenfassen in CSS 07-07

```
<FONT FACE="fontname,
fontname, fontname" SIZE="x">
This is text</FONT>
```

Der FONT-Marker 07-08

Cascading Style Sheets

Mit dem FONT-Marker geben Sie ebenfalls eine Liste von Schriften vor, nach denen auf dem Computer gesucht wird. Ist einer dieser Zeichensätze installiert, wird dieser vom Browser verwendet. Falls Sie sich auf Schriften beschränken wollen, die auf den meisten Rechnern installiert sind (beispielsweise die System-Zeichensätze, die im Lieferumfang von Windows und Macintosh enthalten sind), sollten Sie eine Kombination aus »Helvetica, Arial« oder »Palatino, Times« verwenden, um auf der sicheren Seite zu sein. Zusammen mit dem SIZE-Attribut besitzen Sie eine gute Kontrolle über das Erscheinungsbild ihrer Site in einem CSS-inkompatiblen Browser.

Kapitel 08

Flash

Die Erfindung von PostScript durch Adobe war für die Arbeit des Grafik-Designers sicherlich so fundamental wie Gutenbergs Erfindung der beweglichen Lettern für den Buchdruck. Hätten wir PostScript nicht, wäre die Arbeit als Desktop-Publishing-Designer wesentlich beschwerlicher. Zum einen gäbe es Grafikprogramme wie Adobe Illustrator oder Macromedia FreeHand nicht; zum anderen gäbe es nicht die unbegrenzte Skalierbarkeit von Illustrationen, da nach wie vor jede Grafik nur als Rasterbild gespeichert werden könnte.

(Für diejenigen, denen PostScript kein Begriff ist: Hierbei handelt es sich um eine Programmiersprache, mit der alle Elemente als so genannte Vektoren oder Umrisspfade gespeichert werden, anstatt sie in Rasterpunkte aufzuteilen, wie dies bei gescannten Bildern der Fall ist.)

Es war nahe liegend, dieselbe Technik auch für das Web zu nutzen, denn hier, wie sonst nirgendwo, geht es um die Einsparung von Daten. So war es nicht verwunderlich, dass ein vektororientiertes Dateiformat für das Web entwickelt wurde. Verwunderlich war mehr der Umstand, dass dies nicht Adobe, sondern Macromedia umsetzte. Macromedia, eine Firma, die mehr aus dem Multimedia-Bereich kommt, hatte hier ganz klar die Zeichen der Zeit erkannt und Flash entwickelt. Flash ist sowohl der Name eines Datenformats als auch der Software, mit der sich dieses erstellen lässt. Das Flash-Plug-In, das für fast alle Browser erhältlich ist, ist aufgrund seiner Marktdurchdringung nicht mehr aus dem Web-Design wegzudenken. Da es ohne lange Ladezeit geladen werden kann, brauchen Designer sich kaum noch den Kopf darüber zu zerbrechen, ob auch alle Besucher die Seite richtig sehen können.

Zudem wird es immer einfacher, Flash-Animationen zu gestalten. Abgesehen von der laufenden Verbesserung der Flash-Software selbst, gehen Macromedias Bestrebungen deutlich dahin, ihr Programm FreeHand für Flash zu optimieren. Seit Version 9 von Macromedia FreeHand ist es ein Leichtes, auch ohne Kenntnisse von Flash, kleinere Flash-Animationen und -Grafiken zu erstellen – ein Teil dieses Kapitels wird sich daher auch FreeHand widmen.

▩ Gestalten mit Flash

Die Elemente für eine Animation lassen sich direkt im Flash-Programm erstellen. Designer, die Grafikprogramme gewöhnt sind, werden sich anfangs schwer tun, da die Zeichenwerkzeuge zum einen sehr rudimentär sind und sich zum anderen in der Bedienung doch deutlich

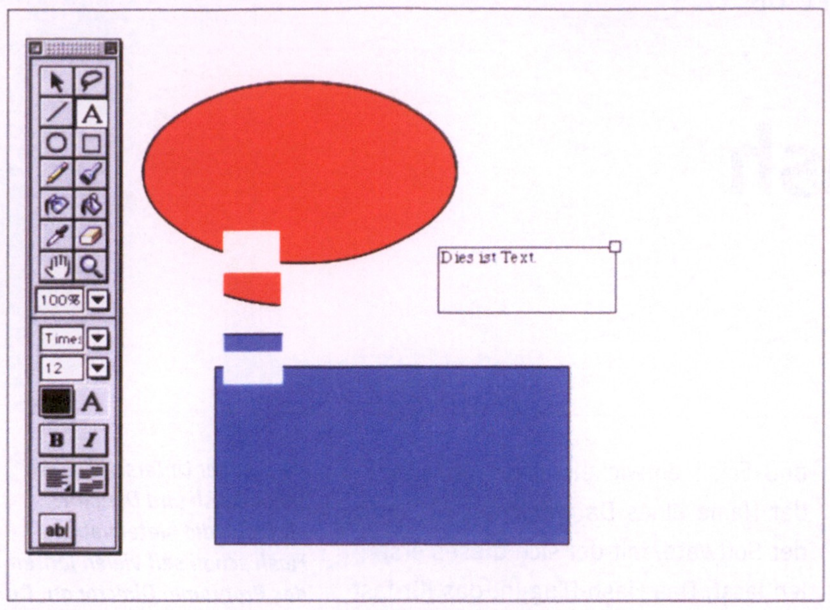

In Flash lassen sich natürlich EPS-Grafiken aus Illustrator oder FreeHand importieren. Noch komfortabler geht es allerdings, wenn die Elemente bereits aus FreeHand oder Illustrator im Flash-Format gesichert werden (Illustrator benötigt hier ein Plug-In, das kostenlos bei Macromedia zu beziehen ist). Der Vorteil ist, dass Sie so in der Lage sind, Grafiken (selbst kleinere Animationen im Falle von FreeHand) ohne Umweg über Flash zu speichern und auf Ihrer Web-Site zu verwenden.

von einem Grafikprogramm unterscheiden. So sind beispielsweise Umriss und Füllung eines Objektes zwei getrennte Einheiten und längere Pfade, wie für

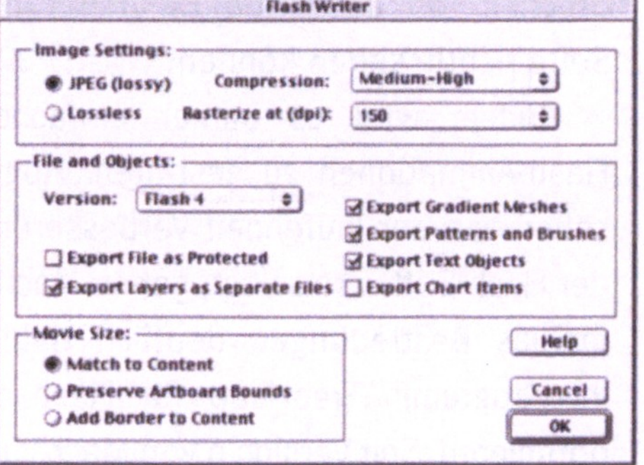

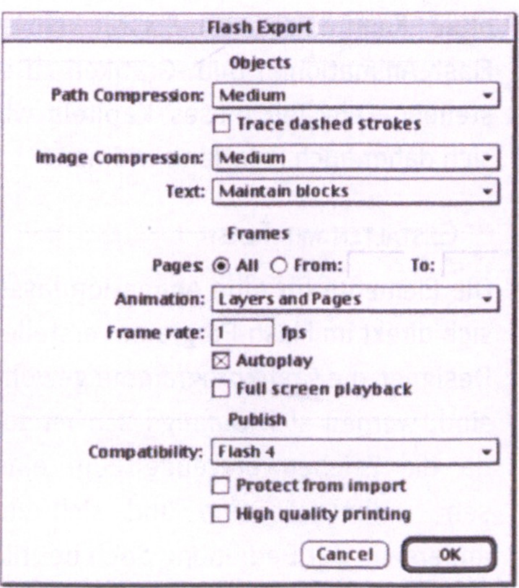

einen Kreis, werden in kleinere Kurvensegmente aufgeteilt. Dass es nicht mehr Parallelen zu Grafikprogrammen gibt, mag auf den ersten Blick verwunderlich erscheinen, denn schließlich hat Macromedia mit FreeHand bereits Erfahrung im Grafikbereich. Der Grund liegt in den speziellen Anforderungen, die eine Echtzeit-Animation vektorbasierter Grafiken stellt, z. B. müssen Pfade in kurze Segmente unterteilt sein, damit nicht unnötig Rechenleistung für die Berechnung langer Pfade verschwendet wird.

Basiselemente für Flash-Movies können aber auch von anderen Programmen stammen. Die meisten Flash-Designer verzichten auf dessen Grafikfunktionen und verwenden stattdessen Adobe Illustrator oder Macromedia FreeHand. Von beiden Programmen ist, wen wundert es, FreeHand besser darauf optimiert, Flash-Grafiken zu erstellen. Denn zum einen bietet es eine spezielle Flash-Voransicht, die das Flash-spezifische Kantenglätten simuliert. Zum anderen lassen sich aus FreeHand direkt Grafiken im Flash-Format speichern zusammen mit den einzelnen Symbolen – hierzu später mehr. Illustrator benötigt zum Exportieren im Flash-Format ein spezielles Plug-In, das sich ebenfalls von der Macromedia-Web-Site herunterladen lässt (http://www.macromedia.com/ software /flash/flwdownload). Es geht aber auch ohne, da Flash EPS-Grafiken importieren

Flash

kann. Auch Pixelbilder sind in Flash verwendbar – die unterstützten Formate reichen plattformabhängig von Bitmap bis PNG.

Sind alle benötigten Elemente in Flash importiert, kann bereits gestaltet werden. Wesentlicher Bestandteil für die Gestaltung einer Animation ist eine Timeline, wie sie auch aus Macromedia Director oder anderen Animationsprogrammen bekannt ist. Hier sind die Einzelbilder durch Kästchen repräsentiert; gefüllte Kästchen stehen für Elemente, die bereits platziert wurden. Zur leichteren Organisation gibt es mehrere Ebenen, auf denen sich die Objekte verteilen lassen.

Dieses Konzept ist zwar für einfachere Animationen ausreichend, aber nicht für die Gestaltung komplexer Movies mit Interaktion. Aus diesem Grund wird ein Flash-Movie in mehrere Szenen aufgeteilt. Alle Szenen haben ihre eigene Timeline. Etwaige Taster eines Interfaces lassen sich so programmieren, dass sie bestimmte Szenen adressieren – so lässt sich problemlos eine interaktive Präsentation gestalten.

Zudem bietet Flash eine Bibliothek, in der sich Elemente, die öfters eingesetzt werden, speichern lassen. Dabei unterscheidet Flash drei Arten von Elementen:

- Grafik-Symbol: Dies steht für Elemente, Logos beispielsweise, die innerhalb einer Animation mehrfach verwendet werden. Da das Grafik-Symbol hauptsächlich für statische Elemente, oder einfache Animationen, gedacht ist, bietet es nicht die Möglichkeit der interaktiven Steuerung oder der Integration von Audio.

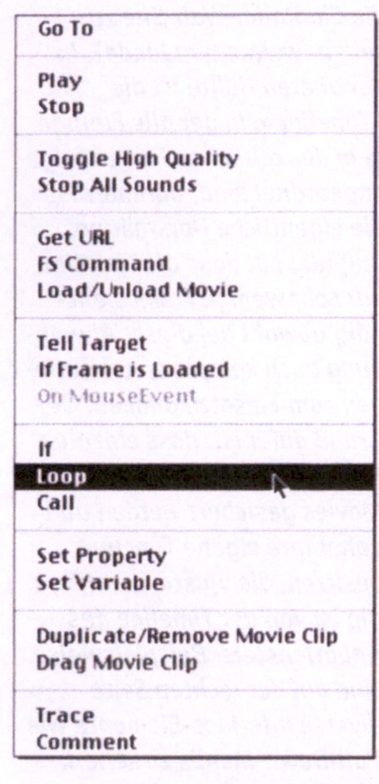

- Taster-Symbol: Taster haben ganz spezielle Anforderungen. So muß der Taster in der Lage sein verschiedene Zustände anzuzeigen wie beispielsweise den Zustand, wenn die Maus über dem Taster ist (Roll-over) oder der Taster gedrückt wird. Daher besteht die Timeline einer Taste aus mehreren Einzelbildern, eines für jeden Zustand.

- Movie-Clips-Symbol: Dieses Symbol steht für eine eigenständige Animation, die unabhängig von der Timeline abläuft. Zu diesem Zweck ist die entsprechende Animation als Movie-Clip zu sichern. Dann läuft die Animation ganz normal ab, obwohl der Abspielknopf der Szene selbst sich nicht bewegt.

ment um den Mittelpunkt rotieren. Diese Möglichkeiten erlauben es, bei geschickter Planung eine beeindruckende Animation zu gestalten, die trotzdem nur 10 KByte Daten benötigt. Diese Effizienz von Flash schlägt alles, was sich mittels animierter GIFs und HTML realisieren ließe. Mit der zunehmenden Erweiterung von Flash, wie beispielswei-

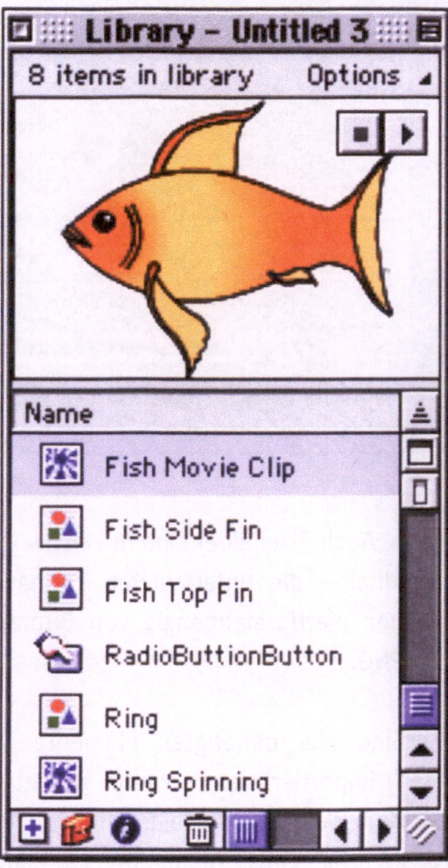

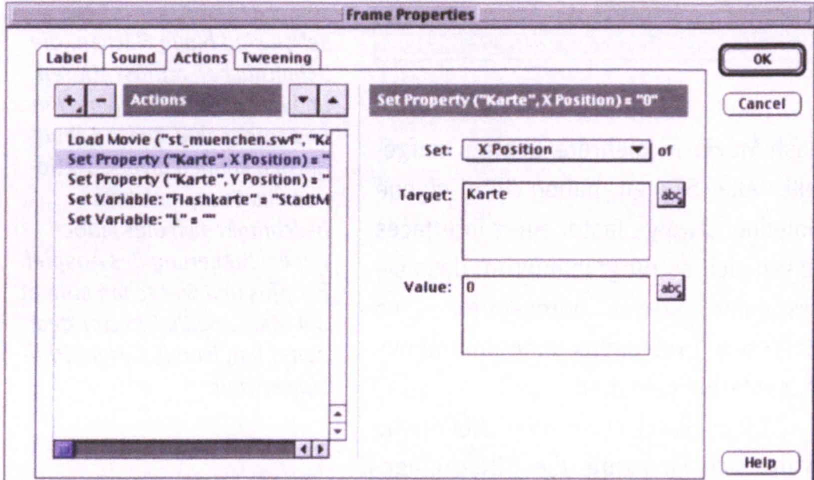

Aus diesen Hauptbestandteilen lässt sich in Flash also ein Movie gestalten. Flash bietet darüber hinaus noch eine Reihe von Animationsfunktionen, die es leicht machen, ein Element gleichmäßig über eine Strecke zu bewegen und dabei zu variieren. So muss nur eine Anfangs- und Endposition definiert werden, und Flash generiert die Zwischenschritte automatisch. Zusätzlich lässt sich die Farbe und Form verändern und das Ele-

se Datenerfassung (Forms), die für die Interaktion ein wesentlicher Bestandteil ist, ist absehbar, dass bald komplette Webseiten in Flash produziert werden. Basis dieser Interaktion ist eine Programmiersprache, die nicht mehr direkt programmiert, sondern über Dialoge eingegeben wird. Dieses Konzept ist etwas gewöhnungsbedürftig für Anwender, die Erfahrung mit Directors Lingo haben. Aber gerade diejenigen, die den

Einstieg in die Programmierung interaktiver Movies suchen, haben mit Flash gute Chancen.

Um den Multimedia-Eindruck perfekt zu machen, wurde Streaming MP3 Audio in Flash 4 integriert: In Flash 4 importierte Audio-Dateien werden mit wählbarer Bandbreite als Streaming MP3 Audio exportiert.

■ EXPORTFORMATE VON FLASH

Neben dem Export als Flash-Movie bietet Flash aber auch die Möglichkeit, eine Animation als Bildsequenz oder als animiertes GIF abzuspeichern. Zwar gehen dabei die interaktiven Fähigkeiten von Flash verloren, aber denjenigen, die nicht das Flash-Plug-In installiert haben, ließe sich so eine Alternative anbieten.

Um ein Flash-Movie in einem Web-Browser anzuzeigen, muss dieses über die EMBED- oder OBJECT-Marker mit den richtigen Attributen plaziert werden.

```
<EMBED SRC="moviename.swf" WIDTH="100" HEIGHT="100" PLAY="true"
LOOP="true" QUALITY="high" PLUGINSPAGE="http://www.macromedia.com/
shockwave/download/index.cgi?P1_Prod_Version=ShockwaveFlash"> </EMBED>
```

Die vier Attribute HEIGHT, WIDTH, CLASSID und CODEBASE sind innerhalb des OBJECT-Markers eingebettet. Alle anderen Parameter erscheinen in separaten PARAM-Markern:

```
<OBJECT CLASSID="clsid:D27CDB6E-AE6D-11cf-96B8-444553540000"
 WIDTH="100" HEIGHT="100" CODEBASE="http://active.macromedia.com/
 flash4/cabs/swflash.cab#version=4,0,0,0">
   <PARAM NAME="MOVIE" VALUE="moviename.swf">
   <PARAM NAME="PLAY" VALUE="true">
   <PARAM NAME="LOOP" VALUE="true">
   <PARAM NAME="QUALITY" VALUE="high">
</OBJECT>
```

Da der OBJECT-Marker eigentlich eine Entwicklung von Microsoft und nur der EMBED-Marker mit der HTML-Spezifikation konform ist, werden in der Regel beide Marker verwendet. Hierbei wird der EMBED-Marker innerhalb des OBJECT-Endmarkers platziert:

```
<OBJECT CLASSID="clsid:D27CDB6E-AE6D-11cf-96B8-444553540000" WIDTH=
 "100" HEIGHT="100" CODEBASE="http://active.macromedia.com/
 flash4/cabs/swflash.cab#version=4,0,0,0">
   <PARAM NAME="MOVIE" VALUE="moviename.swf">
   <PARAM NAME="PLAY" VALUE="true">
   <PARAM NAME="LOOP" VALUE="true">
   <PARAM NAME="QUALITY" VALUE="high">

     <EMBED SRC="moviename.swf" WIDTH="100" HEIGHT="100"
     PLAY="true" LOOP="true" QUALITY="high"
     PLUGINSPAGE="http://www.macromedia.com/shockwave/download/index.
     cgi?P1_Prod_Version=ShockwaveFlash">
     </EMBED>

</OBJECT>
```

Integration eines Flash-Movies in HTML 08-01

Damit die Wiedergabe auf allen Browsern gleich funktioniert, sind bei EMBED und OBJECT dieselben Werte zu verwenden. Der Zusatz swflash.cab#version=4,0,0,0 ist optional und kann entfallen, falls die Versionsnummer nicht geprüft werden soll. Übrigens, wenn Sie mit Flash arbeiten, müssen Sie sich mit dem Erzeugen dieses HTML-Codes nicht belasten. Flash generiert automatisch ein HTML-Dokument mit den richtigen HTML-Markern. Es ist sogar möglich, eigene HTML-Seiten zu verwenden. Hierbei müssen im HTML-Code einige spezielle Variablen platziert werden, die an die Programmiersprache Perl angelehnt sind. Die Variablen fangen dann immer mit einem Dollar-Zeichen ($) an – in der Dokumentation zu Flash ist dies ausführlich beschrieben.

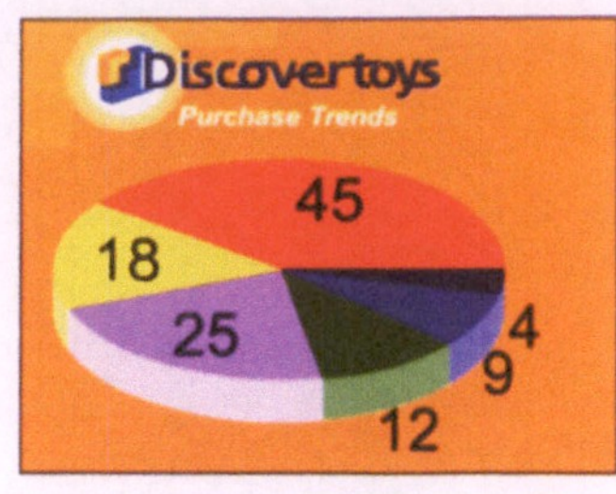

Macromedia Generator
Ein weiteres Produkt von Macromedia ist Generator, das verwandt ist mit Flash und auf dessen Technologie aufbaut. In einem Satz erklärt, erlaubt Generator die automatische Gestaltung von Flash-Movies auf Basis einer Datenbank oder anderer Datenquellen. Generator ist überwiegend dazu gedacht, Daten in Diagramme umzusetzen. Ein weiteres Einsatzgebiet ist die Personalisierung von Webseiten: Designer können Mustervorlagen entwerfen, in denen dann, für den Besucher individualisierte, Inhalte präsentiert werden.

Es ist sogar möglich, QuickTime-Movies in Flash zu importieren, diese um Flash-Elemente zu erweitern und das Resultat wieder im QuickTime-Format zu sichern. Apple hat den Flash-Player lizensiert in QuickTime 4 integriert, was den Einsatz von Sprites und interaktiven Elementen erlaubt. Ähnlich verhält es sich bei Real-Flash mit der Integration von Flash-Elementen in den Streaming-Media-Standard von RealNetworks.

EXPORTFORMATE VON FLASH
Flash-Player
Generator-Template
FutureSplash-Player
QuickTime
QuickTime-Video
Animated-GIF
PICT-Sequence
EPS-3.0-Sequence
Adobe-Illustrator-Sequence
DXF-Sequence
JPEG-Sequence
GIF-Sequence
PNG-Sequence

Beim Speichern eines QuickTime-Movies aus Flash (ab Version 4) lassen sich Abmessung, Alpha-Transparenz, Ebenen-Optionen, Streaming-Sound, Platzierung der Steuerelemente, Abspiel-Optionen und vieles mehr definieren.

1. Importieren Sie das QuickTime-Movie in ein ausgewähltes Frame in Flash.

2. Fügen Sie Titel, Animation oder Navigation in das QuickTime-Movie ein – bestimmte Ereignisse lassen sich zudem mit der Abspielposition synchronisieren.

3. Bei Bedarf können auch Flash-Taster das QuickTime-Movie steuern.

4. Exportieren Sie das Ganze als QuickTime-Movie aus Flash heraus.

Flash

Kein anderes Grafikprogramm auf dem Markt integriert die Web-Technologie Flash so umfassend wie Macromedia FreeHand. Grafik-Designer sollten damit einfach Flash-Grafiken und -Animationen für das Web gestalten können.

Trotz des immensen Erfolges von Flash besteht immer noch das Problem, dass zu wenige Designer den Einstieg in Flash finden. Die Bedienung ähnelt eher dem Multimedia-Autorensystem Director – wenig intuitiv für Grafiker. Über eine stärkere Integration von Flash in FreeHand soll die Hemmschwelle gesenkt werden. Anstatt sich an eine andere Arbeitsweise zu gewöhnen, arbeiten Designer so mit vertrauten Werkzeugen und exportieren eine fertige Animation. Zumindest so war es wohl angedacht. In der Realität zeigt sich, dass die Einarbeitung in das Erstellen von Flash-Animationen mit

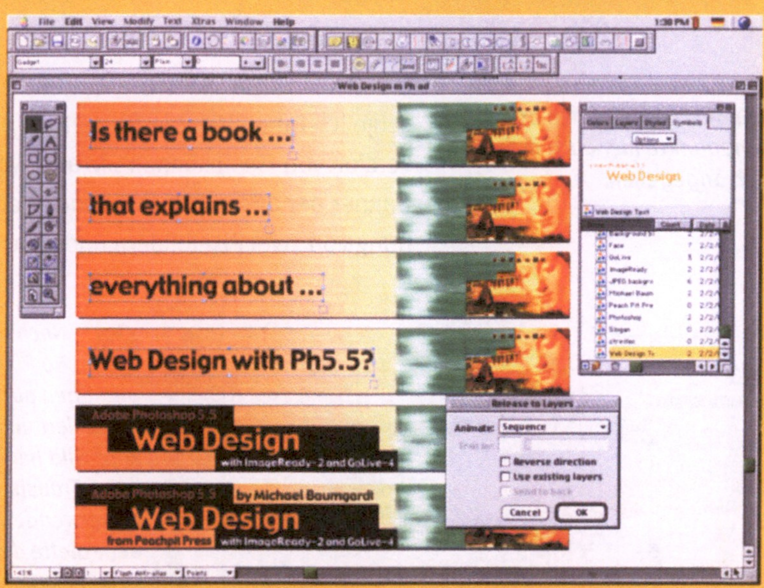

Eine der wesentlichen Neuerungen seit FreeHand 9 ist die verbesserte Unterstützung von Flash. Dadurch ist es möglich, direkt in FreeHand komplette Flash Animationen zu gestalten. Der zeitliche Ablauf wird dabei entweder über die Anordnung in der Ebenenpalette oder über eine Abfolge von Einzelseiten (wie hier zu sehen) gestaltet.

FreeHand ebenfalls einige Hürden birgt. Dies hängt hauptsächlich damit zusammen, dass FreeHand keine Animationsfunktionen besitzt. Für das Bewegen eines Objektes von links nach rechts muss dieses mehrfach dupliziert und verschoben werden. Zwar umständlich und manchmal unübersichtlich, muss man aber fairerweise bescheinigen, dass die entwickelte Lösung ein guter Kompromiss aus dem Wünschenswerten und dem für Macromedia wirtschaftlich Machbaren ist.

Um beispielsweise eine Streifenbandanzeige zu erstellen, bestimmt man mit dem Seitenwerkzeug die Seitengröße. Ist die Anzeige gestaltet, lassen sich mit dem Seitenwerkzeug mehrere Kopien anlegen, die dann, leicht modifiziert, als Sequenz exportiert werden. Um nicht für jede kleine Bewegung eine neue Seite generieren zu müssen, gibt es die Release-to-Layers-Funktion (auf Ebenen verteilen). Hierbei wird eine Auswahl mehrerer Elemente auf verschiedenen Ebenen angeordnet. Später beim Exportieren lassen sich die Ebenen als Basis für die Animation bestimmen. Der größte Nachteil bei diesem Verfahren ist, dass eine spätere Nachbearbeitung in Flash unnötig viele Frames produziert. Idealerweise sollten in FreeHand deswegen, vergleichbar einem Storyboard, nur die Schlüsselbilder angelegt werden. Erst wenn der Kunde den Entwurf abgesegnet hat, geht es an die Umsetzung. Dies dürfte auch ganz so im Sinne von Macromedia gewesen sein. Gemessen daran, sind die Animationsmöglichkeiten von FreeHand ausreichend.

Ein Problem bei der Gestaltung einer Animation mit Einzelbildern ist die daraus resultierende Fülle von Kopien gleicher Elemente. Ein animierter Schriftzug – für jedes Bild neu übertragen – belastet die Übertragung und das Resultat wären stockende und ruckelnde Bilder. Die Symbol-Palette, ein Nebenprodukt der Flash-Integration, löst dies, indem immer wieder benötigte Elemente gespeichert werden, die sich dann aus der Palette auf die Arbeitsfläche ziehen lassen. Diese Abkömmlinge bleiben immer mit dem Original verbunden, sprich, eine Änderung des Originals reflektiert sich in allen Kopien.

GESTALTEN EINES WERBEBANNERS IN FLASH

Da die Demoversion von Flash in Englisch ist, werden die Menüpunkte hier auch in Englisch angegeben.

Um Ihnen ein noch besseres Bild zu vermitteln, wie die Arbeit mit Flash aussieht, zeige ich Ihnen hier die Gestaltung einer Streifenbandanzeige – eine aktuelle Demoversion von Flash können Sie auch von der Macromedia-Web-Site herunterladen. Der Banner benötigt übrigens weniger als 20 KByte, was größtenteils durch die Verwendung von zwei Pixelbildern und sehr vielen Ein- und Ausblendungen bedingt ist.

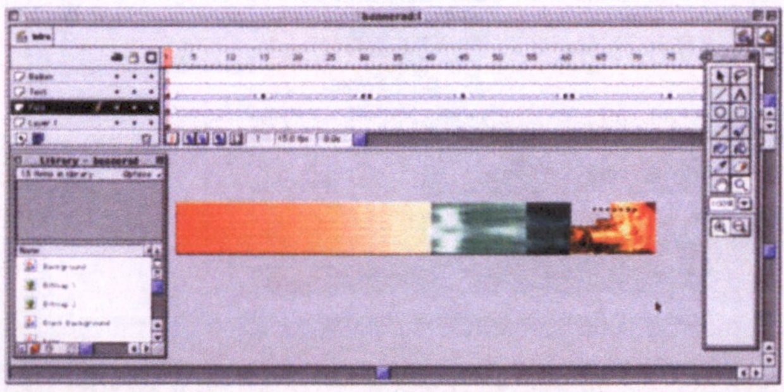

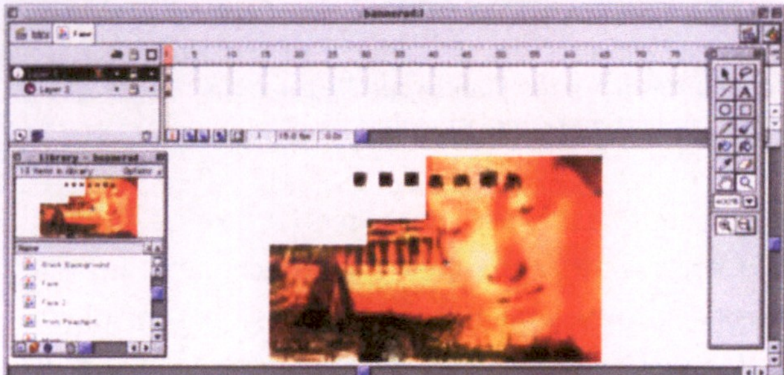

1 *Nach dem Festlegen der Größe (Modify › Movie) auf 468 x 60 Pixel, eine der Standardgrößen für Streifenbandanzeigen auf dem Internet, wurden die einzelnen Elemente importiert und in der Symbol-Palette abgelegt. Bei dem Frauenkopf-Bild handelt es sich um ein transparentes GIF – da Flash keine Transparenz bei GIFs anzeigt, wurde eine Maskierungsebene verwendet. Hierzu wird durch Doppelklick auf das Symbol in der Palette das Element geöffnet. Nach dem Anlegen einer zusätzlichen Ebene wird auf dieser die Maske gezeichnet. Der Prozess, diese Ebene in eine Ebenenmaske umzuwandeln, ist anfangs etwas gewöhnungsbedürftig: Nach einem Doppelklick auf das Ebenensymbol erscheint ein Dialog, in dem sich die Option »Maskieren« befindet. Für die darunter liegende Ebene wird nach dem gleichen Verfahren die Option »Maskiert« angewählt. Der Effekt ist allerdings erst sichtbar, wenn in der Maskierungsebene das Schlosssymbol zum Festsetzen aktiviert wird.*

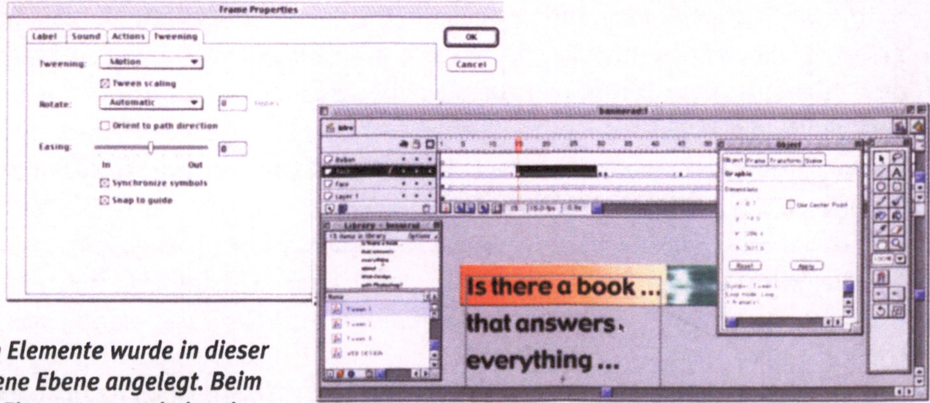

2 *Für die meisten Elemente wurde in dieser Szene eine eigene Ebene angelegt. Beim Platzieren eines Elementes erscheint ein gefüllter Punkt im ersten Frame der Ebene. Noch ein kleiner Tipp: Es ist sinnvoll, die Objekt-Palette zum genauen (numerischen) Positionieren der Elemente zu verwenden. Um eine Animation der Elemente zu erreichen, wird ein Punkt eines Frames bei gehaltener Option/Alt-Taste in einen neuen Frame kopiert. Flash hinterlegt alle dazwischen liegenden Frames mit einem grauen Balken, um anzuzeigen, dass das Element durchgehend sichtbar ist. In der Kopie des Frames lässt sich nun das Element an eine neue Position verschieben. Anschließend wird auf das erste Frame zweimal geklickt und die Frame-Propertys öffnen sich. In diesem Dialog lässt sich »Tweening: Motion« anwählen. Ein Pfeil zwischen dem ersten und dem letzten Frame zeigt an, dass die Zwischenschritte automatisch ausgeführt werden.*

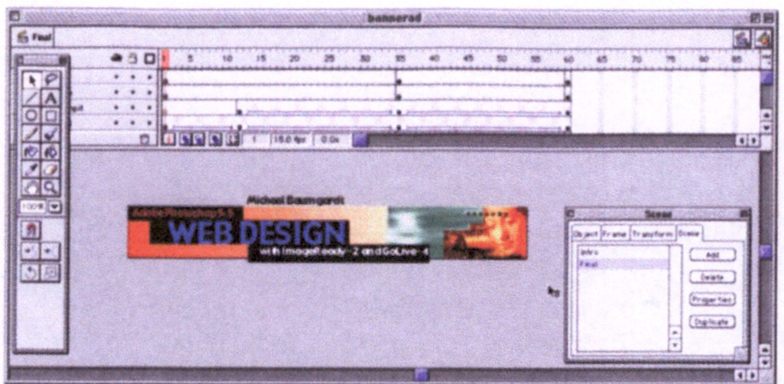

3 *Ist die eine Szene fertig, wird über die Szenen-Palette (Window › Inspector › Scene) eine neue angelegt. Hier lässt sich der zweite Teil der Animation gestalten. Später beim Generieren des Movies werden die Szenen in der Reihenfolge abgespielt, wie sie in der Palette erscheinen. Um die Reihenfolge zu ändern, genügt es, die einzelnen Szenen in der Palette an eine andere Position zu ziehen.*

4 *Da die Schriften sich langsam ein- und ausblenden sollen, ist es noch nötig, die Transparenz zu ändern. Da Parameter wie Transparenz oder Farbigkeit Objektattribute sind, wird der entsprechende Dialog durch einen Doppelklick auf das Objekt selbst geöffnet – dies funktioniert nur bei Objekten, die als Symbole in der Bibliothek abgelegt sind. In dem erscheinenden Dialog lassen sich verschiedene Attribute wie beispielsweise Helligkeit oder auch die Alpha-Transparenz bestimmen.*

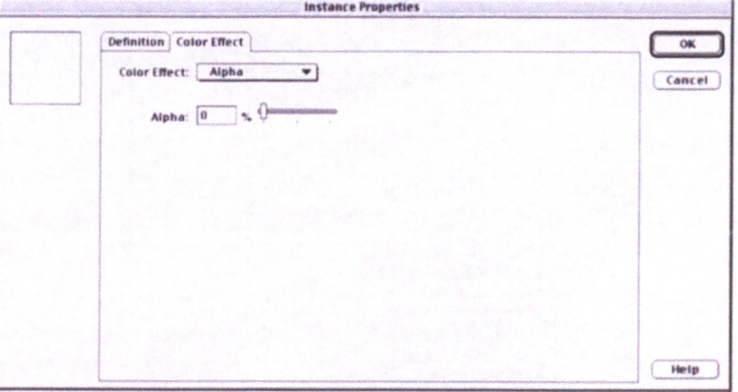

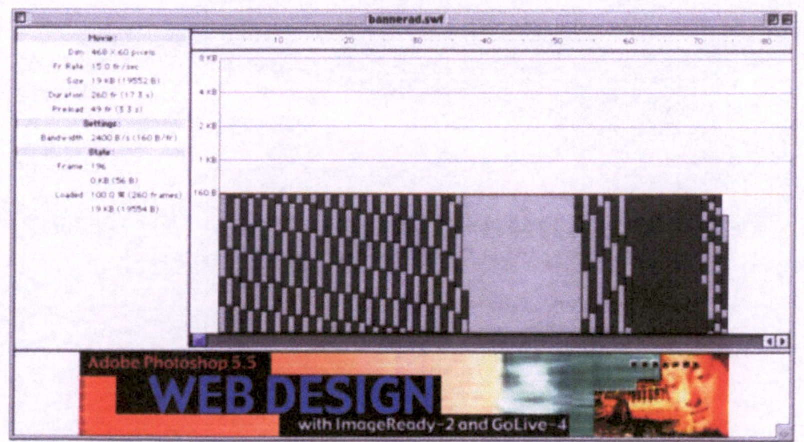

5 *Zum Schluss lässt sich die Animation in Flash abspielen. Hierbei zeigt Flash die Datendichte an, die während der Übertragung und dem Abspielen entsteht. So ist bereits im Vorfeld zu sehen, wo die Animation möglicherweise ins Stocken geraten könnte. Abschließend wird der Flash-Movie exportiert und kann dann in die HTML-Seiten eingebaut werden.*

Shockwave

Die Firma Macromedia ist mit dem Autorensystem Macromedia Director Marktführer für interaktive Applikationen. Director ist das Werkzeug schlechthin für alle Multimediaentwickler, und als der Web-Boom begann, hatte Macromedia die Zeichen der Zeit sehr richtig erkannt und ein Plug-In entwickelt, das es erlaubt, Director-Movies auch in einem Browser abzuspielen. Dieses Plug-In, und die zugehörige Technologie, heißt Shockwave. Die Web-Site http://www.shockwave.com/ von Macromedia widmet sich ausschließlich diesem Plug-In: Hier finden Sie aktuelle Informationen und Beispiele herausragender Web-Sites, die mit Shockwave arbeiten, und natürlich können Sie hier auch Shockwave downloaden. Die Beispiele vermitteln am besten die Möglichkeiten von Shockwave und zeigen auf, für welche Applikation sich Shockwave besser eignet als HTML.

☐ WELCHE VORTEILE BIETET SHOCKWAVE?

Warum sollte ein Designer überhaupt auf seiner Web-Site Shockwave einsetzen, anstatt sich auf HTML zu beschränken? Die kurze Antwort ist, dass Shockwave wesentlich mehr Möglichkeiten zur Animation und Interaktion bietet als HTML. In den Anfängen von HTML war dies ein wichtiger Punkt, inzwischen lassen sich aber sehr viele Aufgaben genauso gut in HTML bewerkstelligen.

Die wesentlichen Gründe, mit Director und Shockwave zu arbeiten, sind:

● **Animation digitalisierter Bilder**
Director ist ideal für die Animation von Pixelbildern – anders als Flash, das seine Stärke in der Animation von Vektorgrafiken hat. Beispielsweise lassen sich Pixelbilder ineinander überblenden oder auch farblich miteinander kombinieren, ähnlich wie mit den Ebenenmodi in Photoshop. Hierüber lassen sich interessante Bildkompositionen mit einfachsten Elementen realisieren.

● **Schnelle Interaktion**
Wesentlicher Bestandteil von Director ist die Programmiersprache Lingo, mit der sich auch komplexe Aufgaben lösen lassen, wie z. B. die Programmierung von Spielen oder Kiosk-Systemen. Auch die Erfassung von Daten ist hierüber besser möglich. Ob beispielsweise eine Eingabe richtig erfolgt ist, kann mit Director wesentlich leichter geprüft werden als mit Formularen (Forms) in HTML. Während mit traditionellem HTML die Eingabedaten erst auf dem Server von einem CGI-Script überprüft werden, lässt sich dies mit Shockwave sozusagen vor Ort machen – auch wenn es in HTML Möglichkeiten mit JavaScript gibt, ist Shockwave einfacher einzusetzen.

● **Schrift und Positionierung**
Ein leidiges Thema bei HTML ist die

Blender, das CD-ROM-Magazin aus New York, verwendet Streaming Shockwave für seine Web-Site.

Unterschied von Macromedia Flash und Macromedia Shockwave: Bei Flash handelt es sich sowohl um eine Technologie als auch um ein Autorenprogramm. Während Director das Werkzeug für Animationen von Pixelbildern ist, dient Flash der Animation von Vektorbildern. Verwirrung entsteht manchmal dadurch, dass Flash keine Shockwave-Movies abspielen kann, umgekehrt dies aber sehr wohl möglich ist. Dies hängt damit zusammen, dass Flash Bestandteil von Shockwave ist. Wer also Shockwave installiert hat, muss nicht noch zusätzlich das Flash-Plug-In laden. Das Shockwave-Plug-In ist dafür allerdings auch deutlich größer als das Flash-Plug-In.

absolute Platzierung und die Unsicherheit, wie ein Browser nun Schriftart und -größe darstellt. Alle diese Probleme sind mit Shockwave gelöst. So, wie der Designer die Gestaltung auf seinem Monitor sieht, wird sie auch von allen anderen gesehen. Dieser hohe Grad an Verlässlichkeit spart viel Arbeit, auch, da die Web-Site nicht in allen Browservarianten getestet werden muss.

■ WAS IST DAS BESONDERE AN STREAMING SHOCKWAVE?

Die ersten Versionen von Shockwave erforderten, dass eine Shockwave-Anwendung erst komplett vom Server zum lokalen Rechner heruntergeladen werden musste, bevor man das Movie abspielen konnte. Dies war natürlich ein großer Nachteil, denn solche Anwendungen können leicht ein, zwei oder mehr MByte beanspruchen. Für die Besucher einer Web-Site bedeutete dies

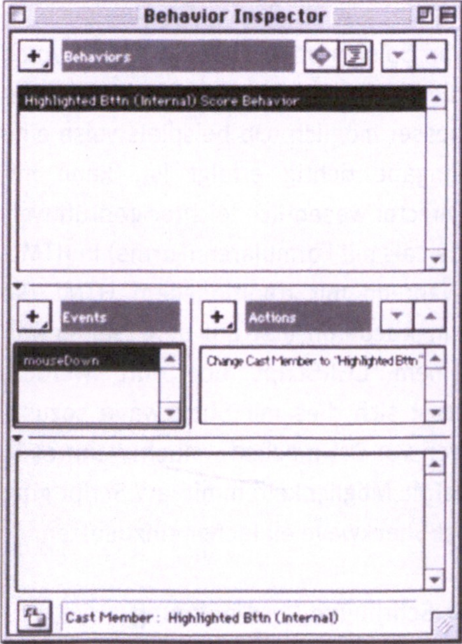

Die »Behaviour-Palette« in Director macht es viel leichter, interaktive Taster oder ein »Wait«-Icon zu gestalten. Solche Elemente sind wichtig, da sie den Betrachter beschäftigen, während die Bilder im Hintergrund geladen werden.

mehrere Minuten Ladezeit, bevor sie sehen konnten, ob sich das Warten gelohnt hat. Da zudem möglicherweise nicht alle Seiten oder Funktionen eines Shockwave-Movies genutzt wurden, war es wünschenswert, nur die benötigten Teile einer Anwendung zu laden. Eben diese Fähigkeit besitzt Streaming Shockwave. Zudem erlaubt Streaming Shockwave das Darstellen einer Animation, während diese noch im Hintergrund lädt. Bei geschickter Gestaltung lässt sich so die Ladezeit scheinbar verkürzen.

In diesem Kapitel will ich Ihnen einen Eindruck davon geben, wie eine Streaming-Shockwave-Applikation aufgebaut wird. Und obwohl in Director ein Großteil der Arbeit beim Programmieren liegt, lassen sich selbst mit geringen Kenntnissen Anwendungen einfach realisieren.

■ WIE SIE EIN STREAMING-SHOCKWAVE-MOVIE VORBEREITEN

Ein gutes Konzept für eine Streaming-Shockwave-Applikation benötigt ebenso viel Planung wie die Ausarbeitung einer Web-Site. Auch wenn die meisten Anwender 56-kbit/s-Modems verwenden, stellt die Übertragungsrate im Internet immer noch ein Nadelöhr dar. Greg Knoll, Artdirector bei Dennis Publishing und Gestalter der Online-Version des Blender-Magazins, fängt in der Regel mit einem einführenden Text zu den Beiträgen an. Dies hat den Vorteil, dass, während der Benutzer noch mit dem Lesen beschäftigt ist, im Hintergrund weitere Dateien bereits geladen werden. Aber Text ist nur eine von vielen

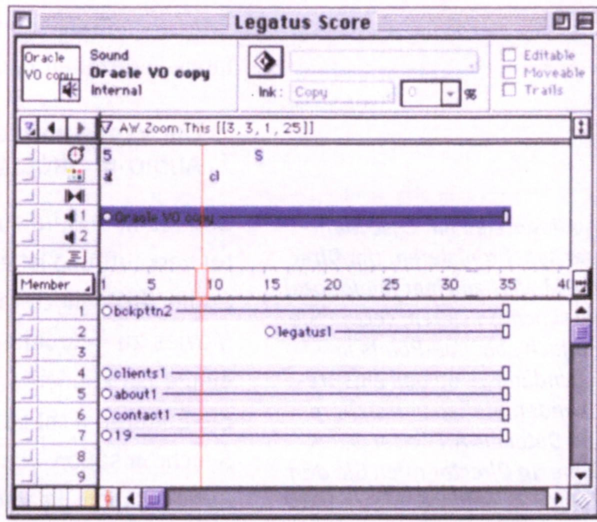

Möglichkeiten: Ebenso effektiv sind Bilder und Animationen, die sehr grafisch orientiert sind, denn diese lassen sich als 1-Bit-Bilder importieren und in Director einfärben, ohne diese deswegen in 8-Bit- oder gar 16-Bit-Bilder konvertieren zu müssen. Eine Überschrift mit Schlagschatten ließe sich so aus zwei unterschiedlich eingefärbten 1-Bit-Bildern gestalten.

Eine weitere Variante ist die Verwendung geometrischer Formen, da sich diese direkt in Director anlegen lassen und so gut wie keinen Speicherplatz beanspruchen. Als Grundformen stehen zwar nur Rechteck, Kreis (Ellipse), Rechteck mit abgerundeten Ecken sowie Linien und Polygone zur Verfügung, aber da sich diese animieren lassen, ist es relativ leicht, etwas Ansprechendes zu gestalten.

Shockwave lädt die Cast-Members, wie die einzelnen importierten Elemente in Director bezeichnet werden, in der Reihenfolge ihres Erscheinens im Score-Fenster. Solange ein Anwender die Animation linear betrachtet, ist dies auch kein Problem. Sobald aber Interaktion ins Spiel kommt, gilt es, ein weiteres Problem zu beachten. Was, wenn der Anwender an eine Stelle innerhalb des Score-Fensters springt, dessen Elemente noch nicht übertragen worden sind? Da die Elemente sequenziell geladen werden, kommt dies immer wieder vor. In diesem Fall stellt Director einen leeren Platzhalter dar, bis der entsprechende Cast-Member geladen wurde. Idealerweise sollte deswegen das Konzept so ausgelegt sein, dass der Anwender keine großen Sprünge innerhalb des Ablaufes durchführen kann. Zusätzlich hat Macromedia aber noch spezielle Lingo-Befehle entwickelt, die helfen, das Problem zu lösen. Im Besonderen der Befehl »Net Hold Until Frame Ready« ist hier sehr nützlich, da hierüber sichergestellt wird, dass alle Elemente in einem bestimmten Bereich vollständig geladen sind, bevor die Applikation weiterläuft. Dabei handelt es sich um eine Funktion der »Behaviour«-Palette, die bereits in Director eingeführt wurde und die nach Eingabe der benötigten Parameter automatisch den Lingo-Befehlscode anlegt. Darüber hinaus gibt es noch mehr Anweisungen und Lingo-Befehle im Zusammenhang mit Streaming Shockwave, und mit einem guten Konzept lässt sich mit Shockwave eine sehr interessante Web-

Wenn Sie mit SoundEdit 16 von Macromedia arbeiten, können Sie Marker in einer Audiodatei setzen, die das Auswechseln eines Cast-Members in Director auslösen. In dieser Party-Szene auf der Blender-CD-ROM ist es dadurch möglich, die Lippen der Akteure synchron zum Audio zu halten.

Site gestalten, ohne dem Besucher lange Ladezeiten zuzumuten.

■ DIE VERWENDUNG VON AUDIO IN SHOCKWAVE

SoundEdit 16 wird zusammen mit Director verkauft und ist eine große Hilfe, um Audio für Shockwave oder Director-Movies zu bearbeiten. Es bietet zudem einige Funktionen an, die andere Sample-Editoren nicht besitzen, wie z. B. die Synchronisation von Cast-Members zu Audio. Jason Pearson, Kreativdirektor und Mitgründer des Blender Magazins, benutzte diese Funktion, um eine Partyszene zu gestalten, bei der die Mundbewegungen der Partygäste lippensynchron zur Audiodatei waren. Hierzu wird einfach nur ein entsprechender Marker in der Audiodatei platziert. Über Lingo lässt sich dann eine Verknüpfung herstellen zwischen dem Cast-Member, der die Mundbewegung enthält, und dem Marker in der Audiodatei – Beispiele hierzu sind auf vielen Blender-CD-ROMs und der Web-Site (blender.com) zu sehen.

Eine weitere Funktion von SoundEdit 16 ist die Stapelverarbeitung von Audiodateien, wodurch Sie mehrere Aufnahmen per Knopfdruck in ein anderes Format konvertieren können – eine Funktion, die selbst einige teurere Sample-Editoren missen. Neben dem Schneiden von Audiodateien ist SoundEdit 16 natürlich auch dazu gedacht, die Klangqualität zu optimieren: »Normalize«, eine Funktion aus dem Effekte-Menü, sucht nach der lautesten Stelle im Audiosignal und hebt das gesamte Volumen an, bis diese Spitze die maximale Lautstärke erreicht. Die Sprachverständlichkeit lässt sich mittels eines Equalizers verbessern, und im Sound-Format Dialog gibt es zudem die Option »Höhen anheben«, die überwiegend dazu gedacht ist, beim Speichern der Audiodatei in einer niedrigeren Auflösung dem Höhenverlust entgegenzuwirken. Für die meisten Anwendungen reichen 8 Bit bei 11 kHz. Um schlussendlich eine Streaming Audiodatei zu erzeugen, müssen Sie die Datei in das Score-Fenster importieren und dort die »Shockwave Audio Einstellungen« im Xtra-Menü aufrufen. In dem Dialogfenster wählen Sie die geringstmögliche Bitrate. Das Ergebnis ist aber erst nach dem Sichern als Shockwave-Datei hörbar.

■ TESTEN DER SHOCKWAVE-APPLIKATION

Um die Applikation und das Streaming Audio zu testen, muss die Shockwave-Datei erst in einer HTML-Seite integriert und über einen Browser betrachtet werden – am besten laden Sie sogar alles

```
<OBJECT CLASSID="clsid:166B1BCA-3F9C-11CF-8075-444553540000"
CODEBASE="http://active.macromedia.com/director/cabs/sw.cab#version=6,0,0,0"
WIDTH="640" HEIGHT="480" NAME="theNameOfTheMovie">
<PARAM NAME="SRC" VALUE="Movie.dcr">
<EMBED SRC="Movie.dcr" WIDTH="640" HEIGHT="480" NAME=theNameOfThe-
Movie" PLUGINSPAGE="http://www.macromedia.com/shockwave">
</OBJECT>
<NOEMBED>
This page requires a web browser that can display objects.
</NOEMBED>
```

Integrieren einer Shockwave-Applikation 09-01

Shockwave

erst auf den Server, denn nur so lässt sich ein Eindruck über die Übertragungszeit gewinnen.

Es gibt noch zwei wichtige Dinge, die Sie wissen sollten: Alle Audiodateien, die in den Audiokanal importiert wurden, sind fester Bestandteil der Applikation, was wiederum bedeutet, dass sie nicht wirklich Streaming Audio sind. Sie werden zwar als Cast-Member per Streaming Shockwave übertragen, aber Streaming Audio bedeutet streng genommen, dass die Audiodatei bereits abspielt, während sie noch übertragen wird. Um wirkliches Streaming Audio zu erhalten, müssen Sie einen speziellen Cast-Member gestalten mit einem Xtra, das zu einer externen Datei gelinkt ist. Eine externe Audiodatei als Streaming Audio zu übertragen ist einfach: Wählen Sie »Einfügen: Media Element: Shockwave Audio« und geben Sie entweder die URL der Audiodatei ein oder klicken Sie auf den Taster »Browse«, um eine Datei auf Ihrer Festplatte auszuwählen – dieser neue Cast-Member muss in den normalen Kanälen platziert sein, nicht in den Audiokanälen. Die zweite wichtige Information ist, dass Sie das Shockwave-Audio-Xtra zusammen mit der Shockwave-Applikation abspeichern müssen. Für eine Übersicht aller Xtras, die in der Applikation verwendet werden, gehen Sie zu »Modifizieren: Movies: Xtras«, und Sie erhalten eine Liste, in der auch das SWA-Streaming-Xtra zu finden sein sollte.

Wenn die Director-Anwendung fertig ist, speichern Sie diese mit »Save and compact« und wählen »Xtras: Update Movies« sowie die Option »Convert to Shockwave-Movies«. Die Option »Back Up Into Folder ...« speichert eine Kopie der Originaldatei und nach dem Klicken von »Okay« wird die Datei zu einer Shockwave-Anwendung einschließlich aller benötigten Xtras.

Das Einbinden von Shockwave-Applikationen in eine HTML-Seite

Es gibt zwei Marker, die zum Platzieren einer Shockwave-Applikation benutzt werden können. Der universellste ist EMBED, der andere ist OBJECT. EMBED wird sowohl von Netscape Navigator als auch Microsoft Internet Explorer verstanden. Ein typischer Marker würde ungefähr so aussehen: ‹EMBED SRC= "ShockwaveMovie.dcr" HEIGHT="200" WIDTH= "250" NAME= "MyMovie"›. Die Attribute für Höhe und Breite sind wichtig, das Attribut NAME nur, wenn Sie über JavaScript zwischen der HTML-Seite und der Shockwave-Applikation interagieren wollen. Benutzen Sie den NOEMBED-Marker, um eine Alternativinformation oder ein Bild darzustellen für diejenigen, deren Browser den EMBED-Befehl nicht unterstützt, und verwenden Sie auch das Attribut PLUG-INSPACE, um zu der Seite zu verknüpfen, wo der Anwender dieses Plug-In finden kann. Es gibt eine Möglichkeit, beide Marker, OBJEKT und EMBED, zu verwenden (siehe Beispiel 09-01).

Blender

Interview mit Greg Knoll

Seien Sie zu Gast bei der Blender-Online-Cocktail-Party und hören Sie den neusten Klatsch.

Blender war eines der erfolgreichsten CD-ROM-Magazine am Markt. Hergestellt in New York von Dennis Publishing, fokussierte Blender hauptsächlich auf Popkultur und bot neben Musik- und Filmbesprechungen auch Interviews und Spiele. Die Blender-Web-Site war eine der ersten reinen Shockwave-Sites, die HTML nur noch verwendeten, um den Shockwave-Player einzubetten. Der Grund war einfach, da »wir bereits den Inhalt auf unserer CD-ROM hatten und wir diesen nur noch für das Web adaptieren mussten. Mit Shockwave waren und sind wir in der Lage, Bilder und andere Elemente auf Abruf zu laden«, sagt Greg Knoll, einer der Gestalter von Blender und verantwortlich für die Web-Adaption der interaktiven Beiträge. »Wir verwenden JavaScript auf unserer Web-Site, um zu ermitteln, ob der Besucher das Shockwave-Plug-In installiert hat. Wenn nicht, dann kann dieser die Applikation auch direkt und relativ schnell herunterladen. Shockwave erlaubte uns auch den gesamten Bildschirm auszublenden und die Site dem Aussehen einer normalen Blender-Ausgabe anzugleichen. Jeder Beitrag dauerte ungefähr fünfzehn Minuten, Zeit, die wir nutzten, um im Hintergrund bereits den nächsten Beitrag zu laden. Ein weiterer Trick, den wir einsetzten, war mit einer Texteinführung anzufangen, denn auf diese Weise hatten wir Zeit, Elemente zu laden, während der Anwender noch mit dem Lesen beschäftigt war«. Greg sieht für Shockwave eine große Zukunft, da »einer der Vorteile ist, dass es automatisch plattformübergreifend funktioniert. Es gibt keine unliebsamen Überraschungen, denn nichts verschiebt sich. Beim traditionellen Web-Design muss man alle seine Seiten auf verschiedenen Browsern und Rechnern ausprobieren.« Die neue Umsetzung hat viele Vorteile für Blender. Neben den besseren Layout- und Gestaltungsmöglichkeiten erlaubt es auch, Werbung anders einzubinden. »Mit dem Shockwave-Player sind wir in der Lage, Werbung abhängig vom Anwenderprofil, wie beispielsweise

Die Hauptseite sieht aus wie die CD-ROM.

Verweildauer und Interessen, einzublenden.« Dieses Anwenderprofil wird von der Applikation auf dem Rechner des Anwenders erstellt, was laut Greg Knoll einen großen Vorteil hat: »Warum sollte man dieses Profil von einem Rechner erstellen lassen, der Tausende von Kilometern entfernt ist? Selbst der langsamste Rechner auf der Anwenderseite ist hier schneller als die Übertragungsdauer zum Server und die dortige Bearbeitungszeit. Wir erarbeiteten ein Unterprogramm, das seine Entscheidungen davon abhängig macht, was der Besucher bereits gesehen hat.« Die Verwendung von Shockwave hat noch einen weiteren Vorteil für den Werbenden, »es erlaubt ganzseitige Anzeigen mit Audiountermalung auf dem Internet, etwas, was es in dieser Form bis zu diesem Zeitpunkt nicht gab. Und, Shockwave gestattet auch einige Effekte, wie beispielsweise das Einblenden einer Seite, was man mit traditionellem Web-Design nicht machen kann«. Nicht zuletzt ist das Gestalten mit Shockwave schneller als das Gestalten von HTML-Seiten, denn »unsere Designer benötigen acht Stunden und die Programmierer vier Stunden, um eine Geschichte von Blender für Shockwave zu adaptieren«. Das meiste dieser Arbeit besteht darin, »die Audiodaten so zu komprimieren, dass sie als Streaming Audio versendet werden können«, sagt Greg Knoll.

Ein weiterer Teil der Umstellung bestand darin, zu »lernen, wie die Shockwave-Komprimierung funktioniert, denn es ist nicht ganz so einfach wie bei GIF, wo man nur die Farben begrenzt und schon eine bessere Kompressionsrate erzielt«. Nichtsdestotrotz ist die Farbbegrenzung einer der Schlüsselfaktoren dabei und »wir arbeiten hart daran, die Bilddateien auf 1 Bit oder 4 Bit zu reduzieren. Wenn man die Bilder auf der CD-ROM genau unter die Lupe nimmt, sieht man, dass sie alle gedithered sind, um die Darstellung zu verbessern. Für das Web haben wir alle diese Bilder ohne Dithering ange-

legt, da sie dann besser komprimieren.« Wichtig im Zusammenhang mit Shockwave ist auch, die Bandweite des Anwenders im Hinterkopf zu behalten. Greg beschränkt sich darauf »8 kbit pro Sekunde für Streaming Audio und 10 kbit pro Sekunde für die Bilder einzukalkulieren, denn selbst mit einem 28,8-kbit/s-Modem können wir nicht sicherstellen, dass es zu keinen Unterbrechungen kommt«.

Greg Knoll hat noch weiter gehende Pläne als nur das Magazin für das Internet zu adaptieren. »Woran wir arbeiten, ist die Möglichkeit mit anderen Besuchern zu kommunizieren. Da die Shockwave-Anwendung auf dem Anwenderrechner läuft, erzielt man eine viel bessere Reaktionszeit als mit einem Server und dem traditionellen Post- oder Get-Befehl. Außerdem versuchen wir einige Spiele zu entwickeln, bei denen mehrere Anwender gegeneinander antreten können.«

Alle diese Anstrengungen sind darauf ausgerichtet, ein eigenständiges Produkt zu schaffen. »Es gibt für uns drei Argumente für Blender-Online: Zum einen dient es als Marketingmittel für das Magazin, zudem als Einnahmequelle durch Fremdanzeigen und außerdem als Beispiel für das Leistungsspektrum von Dennis Interactive. Der CD-ROM-Markt ist nicht mehr, was er einmal war, und wir entwickeln uns deswegen immer mehr zum Online-Dienstleister.«

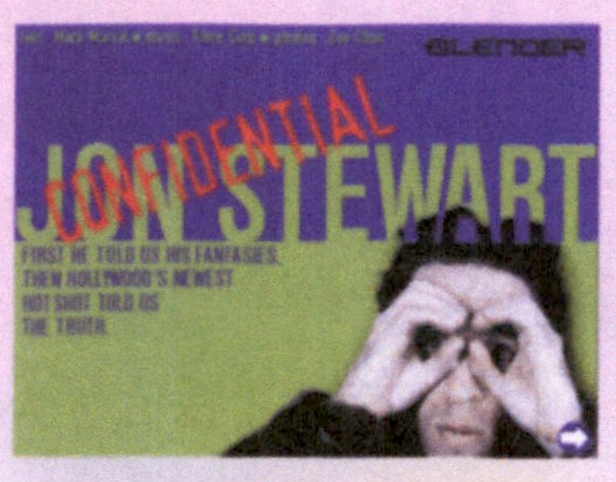

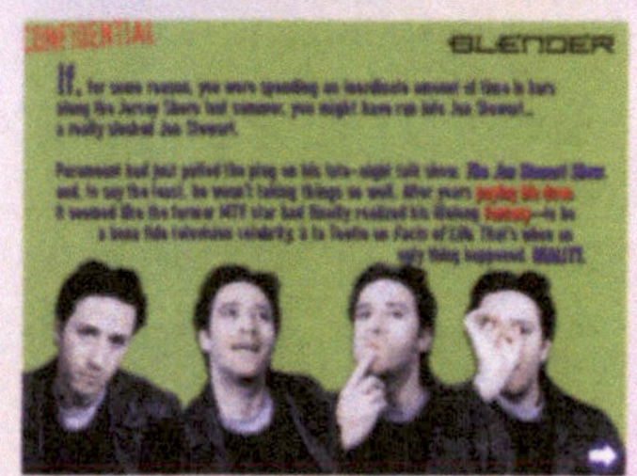

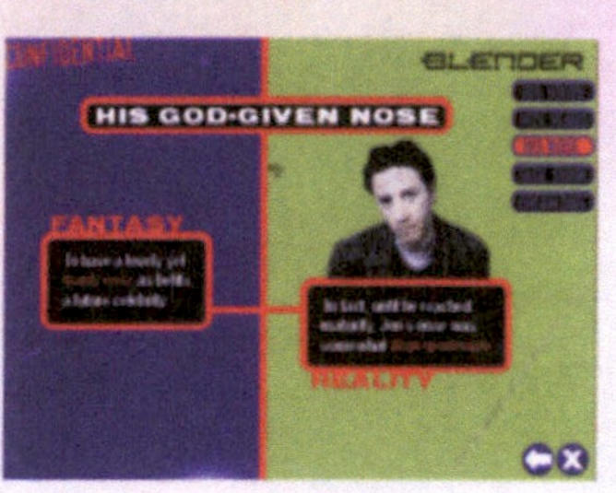

Das Memory-Spiel für Erwachsene: Finden Sie die passenden Brüste.

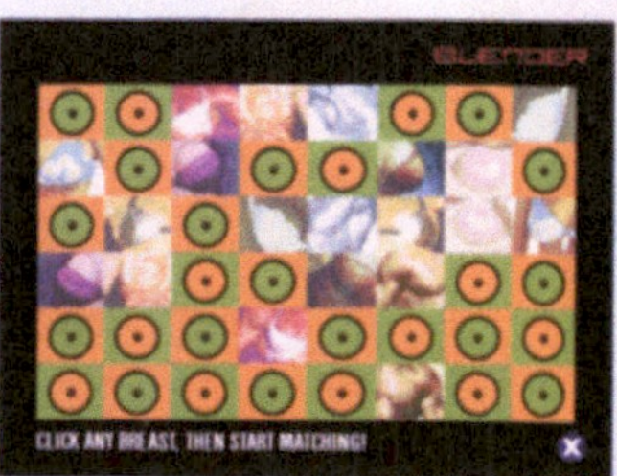

Kapitel 10

Video

Man muss kein Visionär sein, um zu erkennen, dass über kurz oder lang Fernsehen und Internet verschmelzen werden. Höhere Bandbreiten bei der Übertragung, verbesserte Kompressionsmethoden, stärkere Nachfrage bei den Konsumenten werden unweigerlich Internet und Video zusammenwachsen lassen. Bereits heute, wo ein Großteil der Anwender noch mit 56-kbit/s-Modems surft, ist es bereits möglich, in Echtzeit brauchbare Videoübertragungen zu realisieren. Wer also wirklich innovative Web-Sites gestalten will, sollte sich intensiver mit Video auseinander setzen.

In diesem Kapitel sind einige der wichtigsten Informationen zusammengetragen, die Sie wissen sollten, um Video für das Internet zu realisieren. Da es bis jetzt immer noch wenig Literatur zu diesem Thema gibt, dürfte dieses Kapitel sehr hilfreich sein, wenn Sie sich mit dieser Materie auseinander setzen wollen.

QuickTime und RealVideo

Die beiden wichtigsten Videoformate auf dem Web sind Apples QuickTime und RealNetworks RealVideo. Beide haben Vor- und Nachteile. QuickTime (www.apple.com/quicktime) bietet die bessere Qualität und eine Reihe von anderen Vorteilen, ist aber nicht so weit verbreitet wie RealVideo (real.com), obwohl es QuickTime auch für Windows gibt. Der Grund ist, dass Apple anfangs die Entwicklung des Internets verschlafen hat und RealNetworks widerstandslos das Feld überlies. Seit Steve Jobs, der Gründer und Kopf von Apple, wieder die Geschicke bei Apple lenkt, verbessert sich die Situation deutlich. In seinen Keynote-Ansprachen auf den diversen MacWorld-Messen lässt er keinen Zweifel daran, dass Apple sich ganz intensiv auf den Internet-Markt konzentriert und auch Internet-Fernsehen als die Zukunft sieht. Speziell das Live-Streaming von Video, das in der Vergangenheit problematisch war und zudem immer eine kostspielige Serversoftware benötigte, ist durch das Anbieten einer kostenlosen Streaming-Video-Software von Apple für viele interessant geworden.

QuickTime besticht ohne Zweifel durch die Einfachheit der Benutzung, sowohl für den Anwender als auch für den Web-Designer. Die Installation und Integration von QuickTime auf einer Web-Site ist deutlich einfacher als Real-Video und es bleibt abzuwarten, wie sich QuickTime etablieren wird.

Andere Videoformate fürs Internet haben sich nicht durchgesetzt, und wenn Sie Video auf ihrer Web-Site ver-

Digitale Videokameras (Camcorders) sind für jedermann erschwinglich geworden und jeder Web-Designer sollte dies zu seinem Handwerkzeug zählen. Cameras wie die Sony PC-100 (Abb. links) können neben Video auch Standbilder auf einem Memory-Stick aufzeichnen. Dieser Memory-Stick kann über einen Adapter direkt in den PC-Slot eines Laptops gesteckt werden. Dadurch lassen sich die Bilder direkt übertragen ohne lange Warte- oder Ladezeiten.

wenden wollen, sollten Sie sich für eines der beiden Formate entscheiden oder eventuell sogar für beide. Die Benutzeroberfläche von QuickTime ist zumindest vom Standpunkt des Web-Designers das schönere Format und Plug-In.

■ VIDEODIGITALISIERUNG

Während eine Videoproduktion für das Fernsehen immer ein stattliches Budget erfordert, sind die Kosten für Internet-Video überschaubar. Sie benötigen nur eine Videokamera, einen Rechner mit Videoeingang und eine Videosoftware. Alles in allem ein Posten der mit nicht mehr als einigen Tausend Mark zu Buche schlägt. Wenn Sie einen Apple iMac DV besitzen, dann haben Sie bereits die halbe Miete, denn im Lieferumfang dieser Macs ist die Videosoftware iMovie, eine abgespeckte Version von Final Cut Pro, enthalten – siehe auch Stepp-by-Stepp-Anleitung in diesem Kapitel.

Apples iMac DV war der erste auf Videoschnitt spezialisierte Personalcomputer.

HARDWAREVORAUSSETZUNGEN

Neuere Computer bieten zunehmend auch im Consumer-Bereich einen Videoeingang standardmäßig, und selbst wenn dies nicht der Fall ist, die Hardware für die Videodigitalisierung ist in erschwingliche Bereiche gerutscht, die es jedem Web-Designer ermöglichen, selber Internet-Videos zu gestalten.

VIDEOEINGANG

Grundsätzlich gibt es zwei verschiedene Kartenarten für Video im Computer: analoge oder digitale Videokarten. Es gibt günstige Karten im PCI-Format, als PC-

Card (PCMCIA für Notebooks), für die USB-Schittstelle (Universal Serial Bus) oder im FireWire-Format (IEEE1394, iLink). Hersteller, die plattformübergreifend Produkte anbieten, sind unter anderem Avid, Digital Origin (früher Radius), Irez (Partec), Media 100 und Pinnacle (miro, TrueVision). Es gibt selbstredend mehr Videoformate und Aufzeichnungsoptionen als hier angesprochen werden können. Hier einige der wichtigsten Formate und Schnittstellen.

1a) FireWire (IEEE1394, iLink, Digital Video, miniDV, DVCAM): Dieser digitale Videostandard erlaubt den direkten Transfer der Videodaten in den Rechner ohne Neukompression der Bilddaten bei voller Auflösung und Bildwiederholrate.

Firewire Karte für Laptops erlaubt das direkte Übertragen von Videobildern

Der FireWire-Standard wurde vor einigen Jahren von Apple entwickelt und hat sich zuerst bei Digital Video (DV)-Kameras durchgesetzt. Zukünftig soll FireWire das Hochgeschwindigkeitsinterface schlechthin darstellen und Kameras, Festplatten, Scanner, Musikequipment usw. auf einfachste Weise miteinander verbinden.

DV-Kameras verwenden einen sehr effizienten Kompressionsalgorithmus, DCT (Diskrete Kosinus-Transformation), der den Datenstrom ungefähr 10:1 komprimiert und trotzdem eine Videoqualität erreicht, die BetaCam gleich ist oder diese übertrifft. Auf der Computerseite gibt es Interfacekarten als eingebaute FireWire-Anschlüsse (G3- und G4-Macs sowie einige SONY-Systeme mit iLink), PCI-Steckkarten oder PC-Cards für Notebooks mit CardBus-Spezifikation. Für ein Basissystem benötigen Sie noch eine Videokamera mit DV-Anschluss oder eine analoge Wandlerbox, damit auch analoge Videoquellen angeschlossen werden können. Die etwas teureren Videokameras verfügen oftmals über analoge Eingänge, sodass ein VHS-Rekorder darüber angeschlossen werden kann.

Wenn Sie eine DV-Kamera verwenden, ist die Aufnahme von Video und Audio per FireWire denkbar einfach. Ein einziges Kabel verbindet die Videoquelle mit dem Rechner und überträgt alles von Video über Audio bis hin zu Steuerinformationen und Timecode. Da DV ein relativ neuer Standard ist, ist es überaus wichtig, neueste Treiber- und Softwareversionen zu verwenden, um Probleme zu vermeiden. Suchen Sie nach letzten Updates für Anwendungen wie Adobe Premiere, Apple FinalCut Pro oder Digital Origin EditDV auf deren Web-Sites.

Wenn Sie die Bilder digital übertragen und editieren, sind Produktionen in Fernsehqualität möglich (Nachrichtenstandard). Die Dateigrößen bei Aufzeichnung in voller Auflösung und Bildwiederholrate sind trotz Kompression beachtlich: Ein Video von 10 Minuten Länge belegt 2 GB, mit anderen Worten, ausreichender Festplattenspeicher ist eine Grundvoraussetzung.

1b) Analoge Video-Digitalisierungskarten: Diese werden ebenfalls als eingebaute Karten (hauptsächlich für Apple Macs), PCI-Karten oder PC-Cards für Notebooks angeboten. Zu unterscheiden sind Varianten mit und ohne Hardwarekompression (meistens Motion-JPEG). Karten mit Hardwarekompression sind aufgrund der hochintegrierten Chips teurer, erlauben aber die Aufzeichnung von Video mit voller Auflösung und Bildwiederholrate, da sie den Datenstrom deutlich minimieren.

Unkomprimiertes Video erzeugt Dateigrößen von 28 MB pro Sekunde (!) und das ist selbst für die schnellsten Heimcomputer zu viel. Obwohl Hardwarekompression für die bisher geringen Auflösungen von Web-Video nicht notwendig ist, lohnt die Anschaffung, wenn das Video auch für andere Zwecke verwendet werden soll.

Analoge Digitalisierungskarten bieten gemeinhin zwei Varianten der Erfassung: "Composite Video" und "S-Video". Der einfachere und ältere Composite-Standard verwendet ein einziges Kabel (Chinch oder BNC) um die gesamte Videoinformation zu übertragen. Bei S-Video, auch Y/C-Video genannt, werden Mini-DIN-Kabel benutzt. Das S-Video-Signal wird in separaten Bestandteilen übertragen, wodurch eine bessere Qualität erzielt wird. Dies zeigt sich in besserem Kontrast, besserer Schärfe und höherer Farbtreue. Es ist empfehlenswert, S-Video zu verwenden, wenn Kamera oder Abspielgerät und Digitalisierungskarte dies anbieten. Beachten Sie jedoch, dass S-Video nur ab S-VHS- und Hi-8-Geräten und höher verfügbar ist. Die technisch älteren VHS- und Video-8-Geräte verwenden prinzipbedingt nur Composite Video.

1c) Video-Digitalisierungsadapter für USB (Universal Serial Bus): Spätestens seit der Einführung des iMacs ist eine zunehmende Anzahl von Digitalisierungsadaptern für USB verfügbar. Diese externen Adapter sind sehr preisgünstig, aber da USB, aufgrund der Geschwindigkeitsbeschränkung des Busses, Video nicht in voller Auflösung und Bildwiederholrate aufzeichnen kann (z. B. 640 x 480 Pixel und 30 Bilder pro Sekunde), kommt man bei einer Digitalisierung ohne Komprimierung nicht aus. Die

Geschwindigkeit von USB unterstützt lediglich 12 Mbps (Megabits pro Sekunde, oder 1,5 MBytes pro Sekunde). Aber auch ohne Hardwarekompression ist USB-Video zumindest für Web-Video geeignet, da hier die Datenmengen vergleichsweise gering sind. Selbst mit schnelleren Modems wird eine Auflösung von 240 x 180 Pixeln mit 8 Bildern pro Sekunde wohl so schnell nicht überschritten werden. Daher ist es völlig ausreichend, ein Video in dieser Größe zu digitalisieren.

Digitalisierungsadapter für USB sind unter anderem Avid Cinema USB von Avid (www.avid.com), MyVideo von Eskapelabs (www.eskapelabs.com) und Inter-View USB von XLR8 (www.xlr8.com).

Digitalisieren von Audio

Lediglich FireWire erlaubt standardmäßig die Aufzeichnung von Audiozusammen mit den Videoinformationen. Bei anderen Aufzeichnungsmethoden bedarf es möglicherweise einer separaten Audiokarte. Nahezu alle aktuellen Macs bieten direkt qualitativ ausreichende Audioaufnahmemöglichkeiten. Für die Veröffentlichung auf dem World Wide Web sind die eingebauten Wandler mit 16 Bit Dynamik und 44,1 kHz Abtastrate akzeptabel. Dieselben Spezifikationen sollten auch von PCs erfüllt werden. Soundblaster-kompatible Karten sind Standard und sollten den Ansprüchen gemeinhin genügen. Wenn Ihnen der Sinn nach direkter digitaler Überspielung von DAT, CD oder MiniDisc steht, sollte die Audiokarte auch ein digitales Interface im S/PDIF-Format bieten. S/PDIF steht für Sony Philips Digital InterFace und ist der digitale Audiostandard für den Heim- und semiprofessionellen Bereich.

Rechneranforderungen

Selbstredend kommt hier nur ein Computer mit ausreichend schnellem Prozessor, genügend RAM-Speicher (mindestens 128 MByte) und schneller Festplatte (mindestens 4 GB), die dem Fast-SCSI oder UltraATA Standard entspricht, zum Zuge. Mit einem Laufwerk zum Erstellen von Sicherheitskopien oder Backups, wie beispielsweise wieder beschreibbare CDs, sind Sie außerdem gut beraten, um nicht die Original-Videodaten wegwerfen zu müssen. Die Firma Dantz (www.dantz.com) bietet mit Retrospect ein Programm an, das inkrementelle Backups mit diesen Laufwerken zulässt. Die Software übernimmt die automatische Verteilung der Daten auf mehrere CDs, ohne dass Sie sich hier Gedanken machen müssen. Wichtig ist, dass CD-Rekorder und Software miteinander kompatibel sind. Nicht alle Laufwerke unterstützen Packet-Writing, eine der Voraussetzungen für Retrospect.

■ Video-Capturing-Formate

Die scheinbar zahllosen Variationen von Auflösung, Kompression, Bild- und Klangeinstellung stiften leicht Verwirrung beim Digitalisieren von Video. Dieser Abschnitt enthält Informationen darüber, wie die richtigen Einstellungen gewählt werden und wie die Videodigitalisierung am besten geplant wird.

Obwohl Video auf dem Word Wide Web keine hohe Bandbreite (Datenmenge) in Echtzeit zulässt, ist es trotzdem empfehlenswert, in hoher Qualität zu digitalisieren. Dafür gibt es verschiedene Gründe:

● Jeder Komprimierungsprozess verschlechtert das Videosignal. Hohe Kompressionsraten bei der Aufzeichnung minimieren die Videoinformation unter Umständen mehr als notwendig. Die nachfolgende Kompression für das Web erzielt mit ziemlicher Sicherheit schlechtere Ergebnisse, wenn bereits die Vorlage schlecht ist, da die Kompressionsalgorithmen für das Web sich mit der Kompression bei der Digitalisierung überschneiden. Hohe Kompressionsstufen bei der Digitalisierung können außerdem dazu führen, dass Bilder ausgelassen werden (dropped frames). Dies betrifft vor allem die Digitalisierungskarten ohne Hardwarekompression, da hier die CPU des Rechners die Kompression übernimmt und in Echtzeit nur begrenzt in der Lage ist, den Videostrom aufzuzeichnen und gleichzeitig zu komprimieren.

- Neben der Veröffentlichung auf dem Web soll Ihr Video vielleicht auch für CD-ROMs, hochauflösende Bildschirmfotos oder sogar Ihre eigene Videobearbeitung verwendet werden, die dann wieder zurück auf Band gespielt werden soll. Die Digitalisierung in hoher Qualität lässt mehr Optionen der Verwendung offen.

- Von einem hochauflösenden Video können mehrere niedrigauflösende Varianten generiert werden, umgekehrt ist dies nur mit sichtbaren Verlusten möglich. QuickTime und RealMedia SureStream (Real G2 mit Serversoftware) beispielsweise erlauben es, von einer Quelldatei verschiedene Videoclips in unterschiedlicher Auflösung und Kompression für verschiedene Modemgeschwindigkeiten zu erzeugen. Das Plug-In erkennt dabei die maximal mögliche Übertragungsgeschwindigkeit und wählt dabei automatisch die richtige Version aus.

Ein 160 x 120-Pixel-Video könnte für Betrachter mit 28-kbit/s-Modem bereitgestellt werden, während die Auflösung für 56-kbit/s-Modems 240 x 180 Pixel beträgt. QuickTime und RealMedia unterstützen die verbindungsabhängige Skalierung von Videos mit Reference-Movies (QuickTime) und SureStream.

- Obwohl es mit manchen Konfigurationen möglich ist, Video für das Web in Echtzeit zu komprimieren, ist dies nur für manche Einsatzgebiete, wie z. B. die Echtzeitübertragung von Veranstaltungen, empfehlenswert. Die vorhergehende Aufzeichnung in hoher Qualität erlaubt die Wahl von Kompressionseinstellungen, die dem Material angepasst ist. Die Kompression mag dabei nicht in Echtzeit möglich sein, erlaubt aber oftmals eine überlegene Ausgabequalität. Selbst erfahrene Videoautoren benötigen oft verschiedene Tests, um die besten Einstellungen für ein bestimmtes Video zu ermitteln.

DIGITALISIERUNGSEINSTELLUNGEN

Wie erwähnt sollte für die Digitalisierung die höchste erzielbare Qualität verwendet werden. Abhängig vom verwendeten System sind hier unter Umständen einige Testläufe nötig, um herauszufinden, welche Einstellungen am besten funktionieren. Digitalisierungskarten ohne Hardwarekompression werden nicht in der Lage sein, Video in voller Auflösung und Bildwiederholrate aufzuzeichnen. Bei den gängigen Bus-Bandbreiten und Festplattengeschwindigkeiten sind Clips in 320 x 240-Pixel-Auflösung mit 15 Bildern pro Sekunde hier so ziemlich das Maximum. Bei dieser Einstellung hat jedes unkomprimierte Bild

Beispiele sind für ein Verhältnis 4:3 und eine Auflösung, die ein Vielfaches von 4 Pixel ist, angegeben.

Auflösung in Pixel	Bildgröße in KB	Bilder pro Sekunde	Filmdauer in Minuten	Dateigröße in Gigabytes	Durchsatz in MB pro Sek.	Durchsatz in Mbit pro Sek.
160 x 120 (16 Bit)	38.4	15	5	0.1728	0.576	4.608
160 x 120 (16 Bit)	38.4	30	5	0.3456	1.152	9.216
160 x 120 (24 Bit)	57.6	15	5	0.2592	0.864	6.912
160 x 120 (24 Bit)	57.6	30	5	0.5184	1.728	13.824
240 x 180 (16 Bit)	86.4	15	5	0.3888	1.296	10.368
240 x 180 (16 Bit)	86.4	30	5	0.7776	2.592	20.736
240 x 180 (24 Bit)	129.6	15	5	0.5832	1.944	15.552
240 x 180 (24 Bit)	129.6	30	5	1.1664	3.888	31.104
320 x 240 (16 Bit)	153.6	15	5	0.6912	2.304	18.432
320 x 240 (16 Bit)	153.6	30	5	1.3824	4.608	36.864
320 x 240 (24 Bit)	230.4	15	5	1.0368	3.456	27.648
320 x 240 (24 Bit)	230.4	30	5	2.0736	6.912	55.296
640 x 480 (16 Bit)	614.4	15	5	2.7648	9.216	73.728
640 x 480 (16 Bit)	614.4	30	5	5.5296	18.432	147.456
640 x 480 (24 Bit)	921.6	15	5	4.1472	13.824	110.592
640 x 480 (24 Bit)	921.6	30	5	8.2944	27.648	221.184
720 x 480 DV	104.16	30	5	0.93744	3.1248	24.9984

16 Bit = Tausende von Farben
24 Bit = Millionen von Farben

des Videos eine Größe von 230 KByte. Der erforderliche Datendurchsatz beträgt somit 3,5 MByte pro Sekunde und ein 10-Minuten-Clip belegt 2 GByte auf der Festplatte. Ohne eine große Festplatte lässt sich also nicht arbeiten.

Die Tabelle »Festplattenbedarf für unkomprimierte Videodateien« enthält weitere Hinweise als Hilfestellung für die Digitalisierung. Außerdem sind dort auch die populärsten Auflösungen für Desktop-Video abzulesen. Sie entsprechen den gängigen Anforderungen:

768 x 576 Pixel PAL Vollauflösung
384 x 288 Pixel PAL Halbe Auflösung
192 x 144 Pixel PAL 1/4 Auflösung

a) Die Auflösung des Videoclips: Die gängigen Auflösungen für Fernsehen und Video verwenden ein Größenver-

hältnis von 4 zu 3. Dies beschreibt die Breite (4) und Höhe (3) des Bildes. Dieses Größenverhältnis ist das populärste, daneben werden auch noch 16:9 (HDTV, Breitband TV) und 20:9 (Super-Breitband, wie z. B. bei den Star-Wars-Trailern) verwendet.

Ein anderer wichtiger Faktor, den es zu berücksichtigen gilt, ist das Verhältnis von Auflösung und Kompression. Um optimale Kompression zu erzielen, sollten die Auflösungen für Höhe und Breite Vielfache von vier sein. Im Zusammenhang mit dem zuvor erwähnten Größenverhältnis ist dies vor allem bei niedrig auflösendem Web-Video nicht automatisch gegeben. Um beste Kompression zu erreichen, ist es in diesen Fällen sinnvoll, das Größenverhältnis so zu stutzen, dass durch vier teilbare Werte entstehen. Beispielsweise würde eine Breite

Beispiele für ein Verhältnis von 16:9 und eine Auflösung, die ein Vielfaches von 4 ist.

Auflösung in Pixel	Bildgröße in KB	Bilder pro Sekunde	Filmdauer in Minuten	Dateigröße in Gigabytes	Durchsatz in MB pro Sek.	Durchsatz in Mbit pro Sek.
184 x 104 (16 Bit)	38.272	15	5	0.172224	0.57408	4.59264
184 x 104 (16 Bit)	38.272	30	5	0.344448	1.14816	9.18528
184 x 104 (24 Bit)	57.408	15	5	0.258336	0.86112	6.88896
180 x 104 (24 Bit)	57.408	30	5	0.516672	1.72224	13.77792
240 x 136 (16 Bit)	65.28	15	5	0.29376	0.9792	7.8336
240 x 136 (16 Bit)	65.28	30	5	0.58752	1.9584	15.6672
240 x 136 (24 Bit)	97.92	15	5	0.44064	1.4688	11.7504
240 x 136 (24 Bit)	97.92	30	5	0.88128	2.9376	23.5008
320 x 180 (16 Bit)	115.2	15	5	0.5184	1.728	13.824
320 x 180 (16 Bit)	115.2	30	5	1.0368	3.456	27.648
320 x 180 (24 Bit)	172.8	15	5	0.7776	2.592	20.736
320 x 180 (24 Bit)	172.8	30	5	1.5552	5.184	41.472
640 x 360 (24 Bit)	460.8	15	5	2.0736	6.912	55.296
640 x 360 (24 Bit)	460.8	30	5	4.1472	13.824	110.592
640 x 360 (24 Bit)	691.2	15	5	3.1104	10.368	82.944
640 x 360 (24 Bit)	691.2	30	5	6.2208	20.736	165.888
Größe von Audiodateien						
Bei 16 Bit / 44 kHz Mono	2.77	30	5	0.02493	0.0831	0.6648
Bei 16 Bit / 44 kHz Stereo	5.55	30	5	0.04995	0.1665	1.332

von 120 Pixel dem 4:3-Größenverhältnis nach eine Höhe von 90 Pixel erfordern. Da dieser Wert aber nicht bruchlos durch vier teilbar ist, sollte stattdessen ein Wert von 88 oder 92 Pixeln für die Höhe verwendet werden, um optimale Kompression zu erreichen. Wenn Sie unsicher sind, welche Auflösungen im 4:3-Größenverhältnis gebräuchlich sind, verwenden Sie die abgebildete Tabelle als Hilfestellung. Die Varianten stammen zwar von NTSC ab (amerikanischer Fernsehstandard), sind aber im Multimedia- und Web-Video-Bereich gebräuchlicher als von PAL oder SECAM abgeleitete Varianten (europäische Fernsehstandards).

b) Bildwiederholrate (Bilder pro Sekunde): Beste Ergebnisse erzielen Sie hier, wenn Sie Bildwiederholraten verwenden, die ganzzahlige Teiler der Originalrate sind. Ist das Original in 30 Bildern pro Sekunde aufgezeichnet (NTSC Video, exakt 29,97), verwenden Sie 30, 15, 10 oder 7,5 Bilder pro Sekunde als Digitalisierungsrate. Ausgelassene Bilder bei der Digitalisierung (dropped frames) werden dadurch weitgehend vermieden. Zuverlässige Digitalisierung ohne ausgelassene Bilder erfordert eine bildgenaue Synchronisation von Videoquelle und Digitalisierungssystem und verlangt bei analogen Systemen nach zusätzlicher Hardware (DV und FireWire beherrschen dies direkt).

Die Angabe der Datenmenge für Audiodateien in Abhängigkeit von der Bildrate wurde nur zum Vergleich angegeben, diese ist aber unabhängig von der Bildrate. Audiodateien, die über die angegebene Auflösung hinausgehen, benötigen 5 MByte für eine Minute Mono und 10 MByte für eine Minute Stereo (16 Bit).

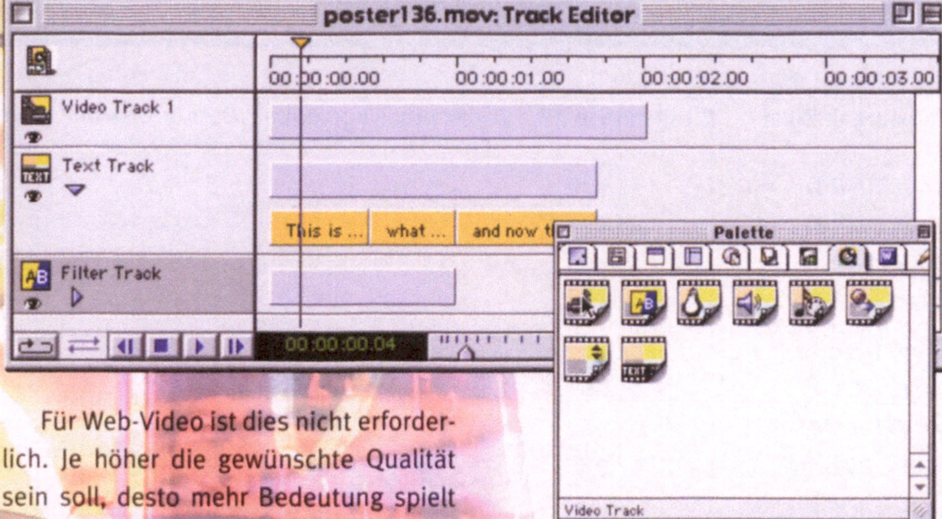

Eine Spezialität von QuickTime sind die eingebauten Videoeffekte, die von einfachen Überblendungen bis hin zu Spielereien wie diese Flammen reichen. Solche Effekte lassen sich beispielsweise in dem HTML-Autorenprogramm Go Live in das Movie selbst einfügen, wie hier rechts zu sehen ist.

Für Web-Video ist dies nicht erforderlich. Je höher die gewünschte Qualität sein soll, desto mehr Bedeutung spielt bildgenaue Synchronisation. Im Trickfilmbereich beispielsweise wird mit unkomprimierter Einzelbildaufzeichnung gearbeitet. Dort ist genaue Synchronisation unerlässlich.

c) Farbtiefe: Generell ist heutzutage nicht zu empfehlen, eine niedrigere Farbtiefe als 16 Bit (Tausende von Farben) für die Digitalisierung zu verwenden. Wenn möglich, sind sogar 24 Bit (Millionen von Farben) ratsam, da moderne Kompressionsalgorithmen wie SorensonVideo im QuickTime-Standard exzellente Ergebnisse erzielen.

d) Kompression: Wie bereits vielfach erwähnt, sollte auf Kompression bei der Digitalisierung, wenn möglich, verzichtet werden – lediglich Hardwarekompression kann geringfügig eingesetzt werden. Je geringer die Kompression bei der Digitalisierung gewählt wird, desto besser sind die Ergebnisse bei der nachfolgenden Kompression für das Web oder andere Ziele.

e) Bildeinstellungen: Die Bildeinstellungen für Sättigung, Helligkeit, Kontrast etc. sollten bereits vor der Digitalisierung angepasst werden. Es ist zwar möglich, viele dieser Werte im Nachhinein zu ändern, aber dies benötigt Rechenzeit, die bei geschickter Einstellung des Bildsignals vermieden werden kann.

f) Audioeinstellung: Wenn neben Video auch Audio digitalisiert werden soll, ist es notwendig, dessen Datenrate miteinzubeziehen. Audioraten können in der Tabelle abgelesen werden. Üblicherweise erfolgt die Aufzeichnung mit 16-Bit-Dynamik und einer Abtastrate von 44 kHz in Mono oder Stereo. Diese Einstellung ist kompatibel mit den meisten Computersystemen und Kompressionsalgorithmen. Es ist außerdem die gleiche Rate, die für CDs verwendet wird, sollten Sie jemals Audio-CDs von Ihrem Video-Soundtrack erstellen wollen.

Beim Betrachten der Tabelle sollten Sie besonderes Augenmerk auf die Spalte »Durchsatz in MB pro Sekunde« legen. Stellen Sie sicher, dass die kombinierte Datenrate von Video und Audio die Ihres Computers nicht übersteigt. Festplatte und Festplatten-Controller sind hier vor allem zu berücksichtigen, aber auch der Prozessor des Rechners spielt eine Rolle. Die Werte in der Tabelle sind als Anhaltspunkt zu verstehen und können Tests nicht ersetzen. Eine Datenrate von 4 MB pro Sekunde sollte mit vielen gängigen Systemen möglich sein.

■ Bearbeitung und Vorbereitung von Video für das Web

Nachdem die Videoclips auf der Festplatte gesichert sind, ist es oftmals nötig, diese zu editieren, bevor diese komprimiert und auf den Webserver hochgeladen werden. Geht es Ihnen nur um minimale Schnittmöglichkeiten, sind einige der als Freeware oder Shareware erhältlichen Programme schon ausreichend. Auch QuickTime Player Pro von Apple bietet Grundfunktionen hierfür an, aber wenn Sie vorhaben, sich ernsthafter in den Internet-Video-Bereich einzuarbeiten, werden Sie an einer professionelleren Lösung nicht vorbeikommen.

Zu den populärsten Vertretern der semiprofessionellen Schnittprogramme gehören Adobe Premiere, Apple FinalCut Pro oder Avid Cinema. Hiervon ist wohl Adobe Premiere, erhältlich für Windows und Macintosh, das Bekannteste. Final Cut Pro – nur für Apple Macintosh – sollten Sie genauer unter die Lupe nehmen, wenn Sie sich für Videobearbeitung interessieren.

Komprimierung von Video für das Web

Die Komprimierung Ihres Movies zur Publikation auf dem Web ist der bedeutende letzte Schritt der Medienvorbereitung. Es gibt eine Vielzahl verschiedener Videoformate auf dem Internet, die zwei populärsten Kompressions-Codecs sind aber sicherlich Apples QuickTime und RealSystems RealVideo. RealSystems Standard hat eine deutlich längere Marktpräsenz, aber Apples Einbindung von Echtzeit-Streaming mit kostenloser Serversoftware (Mac OS X) hat Quick-

Der QuickTime Player von Apple kann diverse Formate abspielen, von Audio (MPEGs) bis Video (einschließlich Flash-Movies).

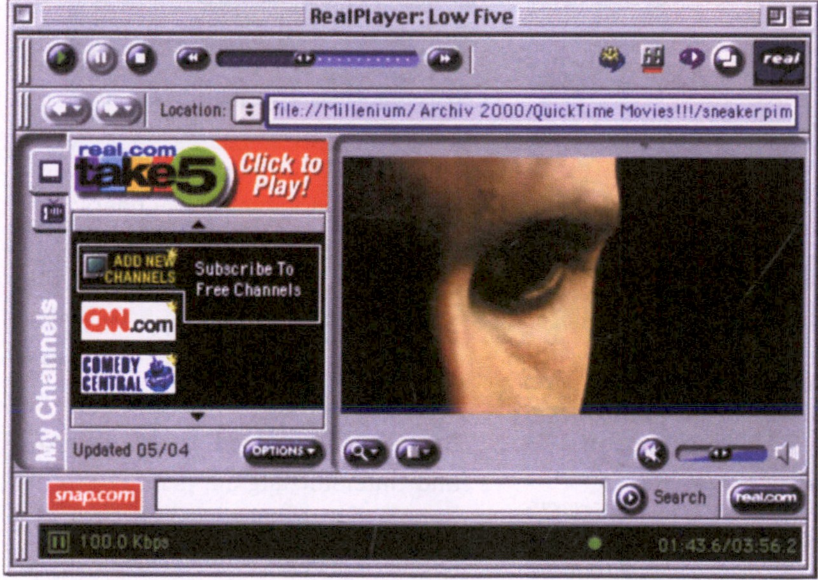

Der RealPlayer kann wie QuickTime sowohl Audio als auch Video abspielen.

Times Popularität und Verbreitung extrem gesteigert. Um Video für das Internet zu komprimieren, bietet Apple QuickTime Player Pro und FinalCut Pro an, während RealSystems eine Reihe verschiedener RealProducer-Pakete mit unterschiedlichem Funktionsumfang anbietet (RealProducer, RealProducer Plus, RealProducer Pro). Falls Sie unterschiedliche Medienstandards gleichzeitig generieren wollen, und/oder wenn Sie nach einem vielseitigen und intuitiven Assistenten für die Medienzubereitung suchen, dann ist Terrans Media Cleaner Pro die Anwendung der Wahl. Media Cleaner Pro unterstützt die

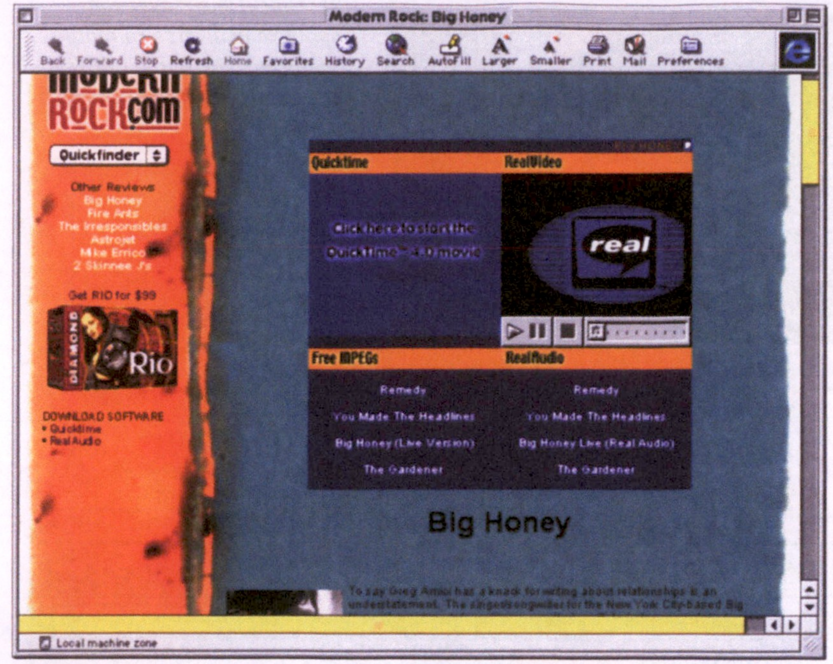

Dies ist ein gutes Beispiel für ein eingebettetes QuickTime- und RealVideo-Movie: das QuickTime-Movie (links) besitzt dabei die Möglichkeit, ein Poster-Image darzustellen. Hierbei handelt es sich um ein kleineres Movie, das unter Umständen nur aus einem Bild besteht und das bei einem Klick auf das Bild das eigentliche Movie lädt. RealVideo dagegen (rechts) präsentiert immer nur ein Standardbild.

Fade-Ins und Fade-Outs lassen sich für Video und Audio definieren. Es gibt verschiedene Audio- und Videofilter, wie zum Beispiel Brightness, Hue und Saturation und Adaptive Noise Removal. Um die richtigen Kompressionseinstellungen zu finden, gibt es einen Settings Wizard, der mithilfe einer Multiple-Choice-Sequenz die richtigen Einstellungen für Ihr Videomaterial definiert. Außerdem können einige spezielle Codec-Funktionen nur von Media Cleaner Pro aus gesetzt werden. Disable saving from WWW zum Beispiel untersagt dem Besucher publizierte QuickTime-Movies auf der Festplatte zu sichern. Dies gewährleistet Kopierschutz für Ihr Material und arbeitet zuverlässiger als das

Media Cleaner Pro ist wohl das professionellste Video-Bearbeitungswerkzeug für Multimedia und Internet. Es bietet eine Fülle von Formaten und Optionen und da es zudem mehrere Filme in Stapelverarbeitung abarbeiten kann, ist es ideal, wenn mehrere Filme komprimiert werden sollen.

neuesten Kompressions-Codecs mit höchsten Qualitätsstufen und kontinuierlichen Updates (Sorenson Video Developer Edition, QDesign2 Music Professional Edition, Real G2 und MP3). Außerdem bietet Media Cleaner Pro Batch-Processing und visuelle Kontrolle und Unterstützung auf jeder Ebene des Programms. Medien können zusätzlich innerhalb des Programms mit einer Vielzahl von Funktionen editiert werden.

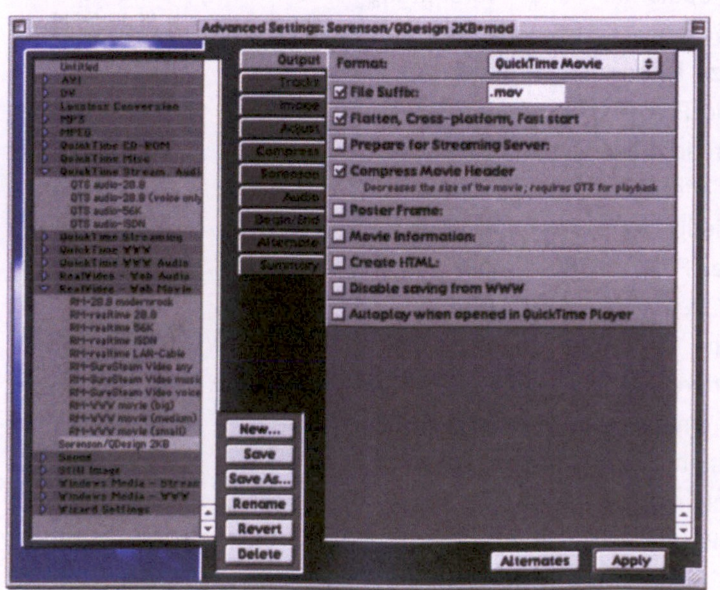

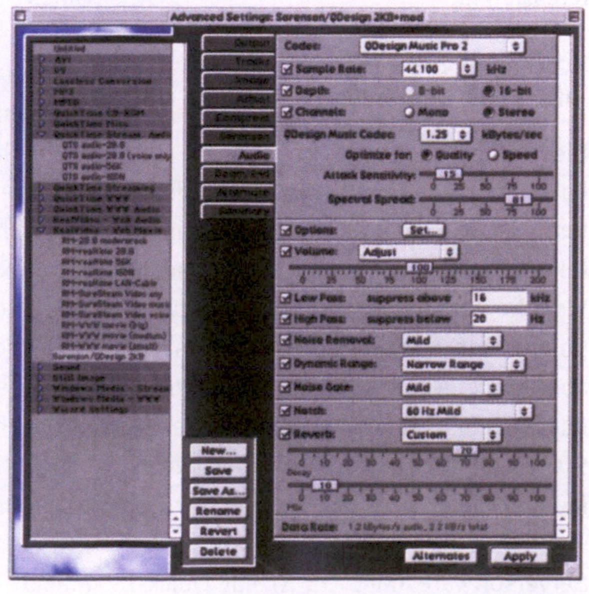

Video

HTML-QuickTime-Attribut, das noch erwähnt wird. Media Cleaner Pro integriert auch die speziellen Optionen von High-End-Codecs wie Sorenson Video und QDesign Music 2 in der Benutzerführung und macht sie mehr zugänglich. Dies ist lediglich eine Zusammenfassung der wichtigsten Eigenschaften von Media Cleaner Pro. Sollten Sie nach einer speziellen Funktion im Bereich Medienzubereitung suchen, ist es wahrscheinlich, dass Media Cleaner Pro diese bietet. Media Cleaner Pro ist das Schweizer Messer in Bezug auf die Vorbereitung von Video für das Web oder Multimedia.

Es bleibt allerdings die Frage offen, welcher Kompressionsstandard für Web-Publikation verwendet werden sollte. Auch wenn RealVideo den Vorteil der weiteren Verbreitung durch frühere Markteinführung hat, erfordert das neue G2-Format auch einen neuen Player und der muss von den Anwendern erst heruntergeladen werden. Vergleicht man RealVideo und QuickTime, wird deutlich, dass QuickTime wesentlich weniger die CPU belastet und auch zuverlässig auf langsamen Systemen arbeitet. QDesign Music 2 erlaubt zudem bessere Audioqualität als RealMedia (16 Bit, 44 kHz Stereo bei 3 KB/s). Auch die Datenrate kann deutlich feiner abgestuft werden. RealVideo dagegen erzeugt beeindruckende Videoqualität mit scharfer und exakter Auflösung, hat aber deutlich höhere Systemanforderungen und neigt zu Stottern und verzögerter Bedienbarkeit auf langsamen Systemen. Die Ursache dafür ist die hohe Anforderung für die Dekompression der Bilder. Das Resultat auf langsamen Systemen ist eine niedrige Bildwiederholrate (1 Bild oder weniger pro Sekunde) und Datenstau sowie Fehlermeldungen selbst bei lokalem Play-back. Quick-

Times Sorenson Video Developer Edition mit variabler Bitrate (VBR) dagegen erzeugt ähnliche Videoqualität wie Real-Video und kann auf mehr Systemen abgespielt werden.

ERSTELLUNG EINES POSTER-MOVIES MIT QUICKTIME PLAYER PRO

Wird ein Movie einfach auf einer Webseite eingebettet, beginnt der Browser beim Öffnen der Seite automatisch das Herunterladen des Movies. Dies ist meist nicht sinnvoll und auch nicht wünschenswert. Poster-Movies verhindern aber genau diesen Effekt, dass in Webseiten eingebettete QuickTime-Movies per Progressive Streaming (ohne Quick-Time-Server) direkt heruntergeladen werden. Das Poster-Movie agiert als

Dies sind die beiden Einzelbilder des Poster-Movies. Diese werden in Quicktime geladen, um eine kleine Animation zu gestalten (in diesem Beispiel leuchtet die Schrift in Intervallen auf). Da dieses Poster-Movie relativ klein ist, kann es in einer Web-Site eingebaut werden, ohne die Übertragungszeit der Seite zu sehr zu beeinträchtigen.

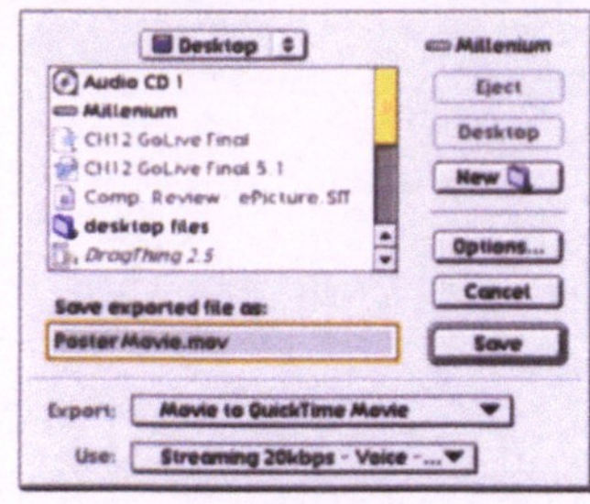

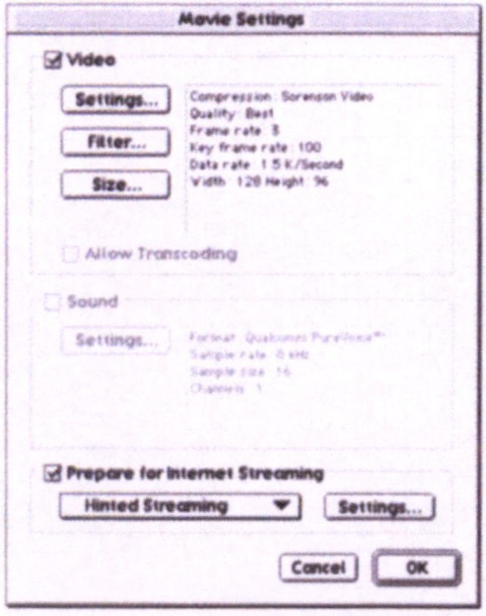

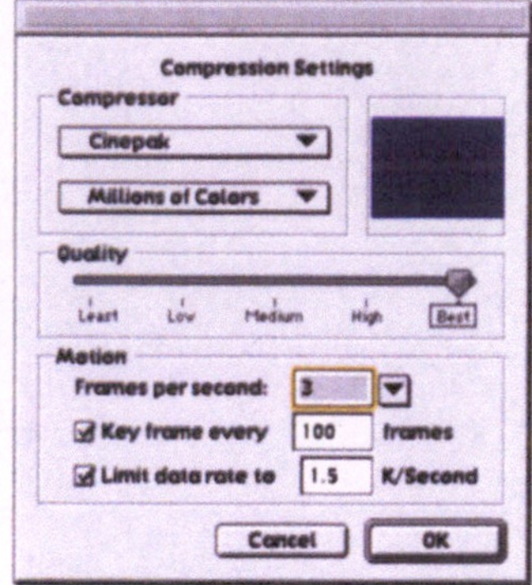

Nachdem die beiden Poster-Bilder in das QuickTime-Movie importiert wurden, sichern Sie die Datei. In der Dateienauswahl klicken Sie dabei auf Optionen und in dem erscheinenden Dialog auf Settings, um die Kompression festzulegen.

Platzhalter, bis der Besucher darauf klickt, um den Start des eigentlichen Movies einzuleiten. Theoretisch kann das Poster-Movie beliebig lang sein, von einem Einzelbild bis zum ausgewachsenen Trailer. Im Hinblick auf die Bandbreitenbeschränkungen des Internets sind momentan kleine Poster-Movies ratsam. Im nachfolgenden Beispiel wird gezeigt, wie ein Poster-Movie mit zwei abwechselnden Bildern erstellt wird.

1. Kreieren Sie zunächst zwei Bilder in der Auflösung des Original-Movies, also des Movies für das das Poster-Movie Platzhalter sein soll. In diesem Beispiel ist die Auflösung 160 x 120 Pixel. Wenn Sie vorhaben, die Kontrollleiste (Start-, Stopp-Tasten etc.) für das Poster-Movie auszublenden, dann muss die Höhe des Poster-Movies bei QuickTime zusätzlich 16 Pixel umfassen. Dies stellt sicher, dass die Positionierung von Poster- und Original-Movie auf der Webseite später unproblematisch verläuft. Die Kontrollleiste für das Poster-Movie wegzulassen hat bedienungstechnische Vorteile. Es stellt sich ohne Leiste nicht die Frage, wohin geklickt werden muss, um das Original-Movie zu starten, besonders wenn das Poster-Movie einen Hinweis enthält wie »Klicken Sie hier, um das Quick-Time-Movie zu starten«.

2. Zu Beginn gestalten Sie zwei Bilder in Photoshop, die beispielsweise eine blinkende Schrift simulieren. In der Abbildung ist zu sehen, wie in Photoshop der Ebeneneffekt »Schein außen« dazu benutzt wurde, um einen Neoneffekt zu erzielen. Sichern Sie die fertigen Bilder als TIFF und benennen Sie diese sequenziell als Poster1.TIF

und Poster2.TIF. Die Bilder sollten außerdem in einem eigenen Ordner gespeichert sein.

3. Öffnen Sie nun QuickTime Player Pro und wählen Sie Open Image Sequence aus dem File-Menü. Wählen Sie das erste der eben gespeicherten Bilder und klicken Sie OK. Im nächsten Dialog wählen Sie »1 Frame per second«, um jedes Bild für jeweils eine Sekunde darzustellen. Nach Bestätigen des Dialogs sollte nun das erste Bild im Abspielfenster erscheinen. Drücken Sie Start und jedes Bild wird für eine Sekunde dargestellt werden. Um eine Vorschau für das blinkende Neonschild zu erhalten, wählen Sie Loop aus dem Menü Movie und drücken Start. Wählen Sie Export aus dem File-Menü und klicken Sie Options im erscheinenden Dialogfenster, um das Ergebnis als Poster-Movie zu verwenden. Sehr kleine Dateigrößen erziehlen Sie mit Cinepak, allerdings mit sichtbarer Verschlechterung des Bildsignals (mit Cinepak komprimiert belegt dieses Poster-Movie 20 KB). Animation generiert sehr gute optische Resultate aber auch deutlich größere Dateien.

VIDEOS AUF EINER HTML-SEITE EINBAUEN

Der letzte Schritt besteht darin, das aufbereitete Video in die HTML-Seite einzubetten. Der einfachste Weg führt über ein HTML-Autorenprogramm, wie beispielsweise Adobe GoLive, das QuickTime- und RealMedia-Attribute unterstützt. Damit Sie das Ergebnis in GoLive auch direkt betrachten können, ist es aber wichtig, zuerst die entsprechenden Plug-Ins im Plug-Ins-Ordner von GoLive zu installieren.

Die wohl einfachste Variante, ein Video auf einer Seite einzubauen, ist über eine Verknüpfung – ein einfacher Textlink beispielsweise genügt. Wird dieser vom Besucher angeklickt, öffnet sich das Video im QuickTime-Player oder RealMedia-Player; es wird also nur ein Hilfsprogramm gestartet, das die Darstellung übernimmt. Viel ansprechender dagegen ist es oftmals, das Video auf der Seite einzubetten und abspielen zu lassen. Hierzu muss man sich aber mit den speziellen Attributen auskennen, die sowohl die Plug-Ins als auch GoLive anbieten.

QuickTime-Attribute

Vor dem Platzieren eines QuickTime-Movies vergewissern Sie sich, dass dessen Endung »·mov« lautet und auch der Dateinamenkonvention des Internets folgt. So sollten keine Leerzeichen verwendet werden und möglichst nur Kleinbuchstaben. Da beispielsweise Unix-Server zwischen Groß- und Kleinschreibung unterscheiden, steckt hier eine potenzielle Fehlerquelle. QuickTime-Movies müssen zudem speziell gesichert werden – dieser Prozess heißt »flatten« in QuickTime. QuickTime Player Pro oder Media Cleaner Pro übernehmen dies automatisch.

Wie auch bei anderen Plug-Ins wird QuickTime mittels des EMBED-Markers platziert, der mindestens noch die Attribute HEIGHT und WIDTH – für Höhe und Breite – enthalten sollte. Eine einfache Einbettung könnte daher so aussehen:

```
<EMBED SRC="sample.mov"
WIDTH="160" HEIGHT="136">
```

Dies stellt das Movie in 160 x 136 Pixel dar. Beachten Sie dabei, dass die Höhe darauf ausgelegt ist, noch 16 Pixel für die Kontrollleiste zur Verfügung zu stellen; das Video ist also nur 120 Pixel hoch.

Damit das Video automatisch zu spielen beginnt, nachdem die Seite geladen wurde, lässt sich das Attribut AUTOPLAY="true" einsetzen – "false" unterbindet Autoplay. Auch eine Schleife lässt sich bestimmen, damit das Video nach dem Erreichen des Endes wieder von vorne spielt. Hierzu muss LOOP="true" gesetzt sein. Um Verzögerungen beim Abspielen zu vermeiden, ist es sinnvoll, das Video in den Cache des Browsers zu laden mittels CACHE="true".

Benutzen Sie ein Poster-Movie, dann ist es wichtig, noch eine Verknüpfung zu dem eigentlichen Movieclip auf dem Server einzugeben. HREF im EMBED-Marker sorgt dafür, dass nach einem Klick der entsprechende Film geladen wird. Wichtig ist dabei, dass das TARGET-Attribut richtig gesetzt wird. Es muss entweder "_self" oder "myself" lauten, damit das Video anstelle des Poster-Movies zu sehen ist (TARGET="quicktimeplayer" lädt das Video im Player). Der HTML-Code könnte so aussehen:

```
<EMBED SRC="poster.mov"
WIDTH="160" HEIGHT="136"
HREF="true.mov" TARGET="myself">
```

Da es beim Poster-Movie nicht wichtig ist, die Kontrollleiste zu sehen, ist es sinnvoll, diese über das Attribut CONTROLLER="false" auszublenden. Da dieses Attribut nicht für das später geladene Video Gültigkeit hat, gibt es hier keinen Konflikt. Wichtig ist nur, wie bereits erwähnt, dass das Poster-Movie zusätzlich 16 Pixel in der Höhe haben muss.

Alle diese Attribute lassen sich in der Inspektor-Palette von GoLive einstellen, da es aber noch wesentlich mehr Attri-

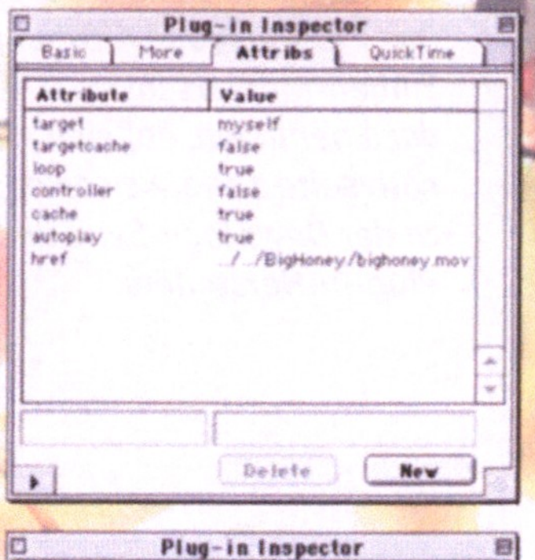

Autorenprogramme, wie hier Adobe GoLive, erlauben es, für QuickTime diverse HTML-Optionen direkt aufzurufen.

bute gibt, als GoLive anbietet, kann es in speziellen Fällen nötig sein, diese manuell zu definieren. Dazu muss man aber nicht den HTML-Code editieren, da das Attr-Register im Inspektor es erlaubt, dort Attribute anzulegen, indem auf die Neu-Taste gedrückt und das Attribut und der Wert eingegeben werden.

Da nicht jeder Besucher der Webseite QuickTime installiert hat, sollte unbedingt noch das Attribut PLUGINSPAGE gesetzt werden, denn dieses verweist dann auf die URL, wo sich der Anwender das Plug-In herunterladen kann. Für QuickTime geben Sie Folgendes ein:

PLUGINSPAGE="http://www.apple.com /quicktime/download/"

Und zu guter Letzt noch ein Attribut, das sinnvoll ist, wenn Sie das Movie verbergen wollen: Fügen Sie HIDDEN ein (hier gibt es keine weiteren Werte, nur den Befehl), um beispielsweise nur einen Soundclip abzuspielen: QuickTime ist auch ideal als Audioformat – siehe hierzu Kapitel 11 in diesem Buch.

REALMEDIA EINBETTEN

Das Einbetten von RealMedia-Dateien ist etwas komplizierter als QuickTime, aber lassen Sie sich davon nicht abschrecken. Die wohl wichtigste Information in diesem Zusammenhang ist, dass

man eine Meta-Datei erzeugen muss, damit das Video vom Server als Streaming Video übertragen wird. Ansonsten wird das komplette Video erst auf die Festplatte des Benutzers geladen, was in der Regel nicht gewünscht ist. Eine Meta-Datei ist nichts weiter als ein einfaches Textdokument, welches die URL zu dem Video enthält. Jedes Textverarbeitungsprogramm lässt sich dazu verwenden. Die Information in einer Meta-Datei könnte so aussehen: http://www.mysite.com/media/movie.rm. Zu beachten ist, dass es sich um eine absolute URL handeln muss, was es etwas umständlicher macht, wenn Sie die Funktionstüchtigkeit der Seite erst einmal lokal auf ihrem Rechner testen wollen. In diesem Falle muss der Text in der Meta-Datei den Pfad auf Ihrer Festplatte repräsentieren und mit "file://" beginnen – beispielsweise: file://harddisk/documents/websites/mysite/media/movie.rm. Wie gesagt, dies muss später, vor dem Hochladen der Web-Site auf den Server, wieder korrigiert werden. Hier liegt eine mögliche Fehlerquelle, denn wenn Sie dies vergessen, dann werden Sie den Fehler zuerst gar nicht bemerken, denn die Videos spielen einfach von Ihrer Festplatte ab, da der Pfad auf Ihre Festplatte verweist. Alle anderen Besucher Ihrer Web-Site erhalten allerdings eine Fehlermeldung.

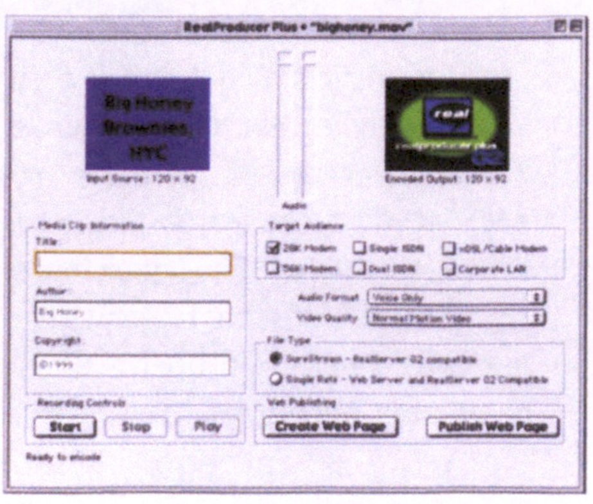

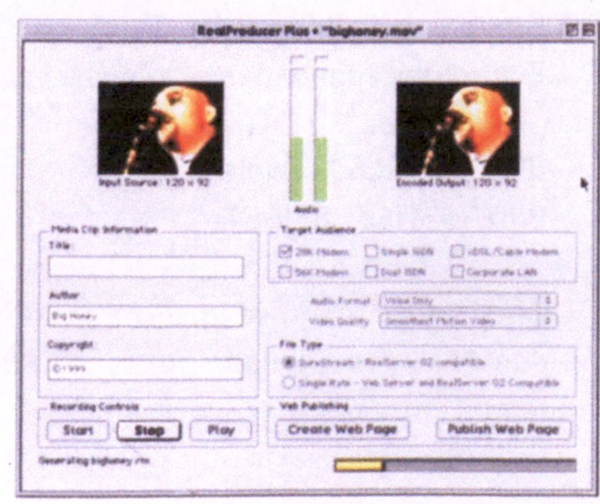

Sichern Sie die Meta-Datei mit der Endung ».rpm« oder ».ram«. Eine ».rpm«-Datei wird normalerweise dazu benutzt, ein Video- oder Audioclip auf der Webseite abzuspielen, während ».ram« für die RealPlayer-Anwendung eingesetzt wird. Um nun dieses Video aufzurufen, müssen Sie nur auf der Webseite eine Verknüpfung zu der Meta-Datei herstellen.

Um die Video- oder Audiodatei mit einer ».rpm«-Endung auf einer Seite einzubetten, sind noch einige Attribute vonnöten. Wie bei QuickTime wird der EMBED-Marker verwendet mit den HEIGHT- und WIDTH-Attributen. Allerdings ist es wesentlich schwieriger, die Kontrollelemente des RealPlayers ebenfalls darzustellen. Diese werden als einzelne Elemente betrachtet und daher separat platziert. Mit dem CONTROLS-Attribut bestimmen Sie, welches Bedienungselement anzuzeigen ist:

ImageWindow   das eigentliche Movie-Fenster
PlayButton   die Start-Taste
StopButton   stellt eine Stopp-Taste dar
PositionSlider   Die Position des Abspielknopfs lässt sich hierüber anzeigen.
VolumeSlider   zeigt den Lautstärke-Regler

Diese Attribute müssen wie gesagt alle als Einzelelemente platziert werden, sprich alle in einem eigenen EMBED-Marker. Damit RealPlayer die einzelnen Bedienelemente auch dem richtigen Video zuweisen kann, muss jedes dieser EMBED-Marker noch ein CONSOLE-Attribut haben, welches den Namen des Videos enthält, allerdings ohne die Endung. Der folgende HTML-Code zeigt

ein Beispiel [10-01] für ein Video mit mehreren Bedienungselementen:

```
<EMBED SRC="movie.rpm" WIDTH="160" HEIGHT="120"
CONTROLS="ImageWindow" CONSOLE="movie">
<EMBED SRC="movie.rpm" WIDTH="44" HEIGHT="26"
CONTROLS="PlayButton" CONSOLE="movie">
<EMBED SRC="movie.rpm" WIDTH="26" HEIGHT="26"
CONTROLS="StopButton" CONSOLE="movie">
<EMBED SRC="movie.rpm" WIDTH="90" HEIGHT="26"
CONTROLS="PositionSlider" CONSOLE="movie">
```

RealVideo-HTML-Platzierung 10-01

Wichtig: Die Abmessungen für die Werte von WIDTH und HEIGHT für die Play- und Stop-Taster können nicht allzu sehr von den hier verwendeten Werten abweichen, was die Platzierung und die Gestaltung doch sehr einschränkt.

■ VIDEOBEARBEITUNG IN ADOBE PREMIERE

Nachfolgend wird erläutert, wie Sie einen importierten Videoclip auf die gewünschte Länge kürzen und mit einem Anfangs- und Endtitel versehen.

VIDEOCLIP IMPORTIEREN UND TRIMMEN

Von einem leeren Projektfenster aus wählen Sie **File > Open** oder **File > Import > File**. Bestimmen Sie die In- und Out-Punkte des Videos im Trim-Fenster. Gehen Sie mit einem der Werkzeuge an die gewünschte Stelle des Videoclips und klicken Sie die geschweiften Klammern, um Anfangs- oder Endpunkt des Videos zu setzen (»{« für Einstiegs- und »}« für Ausstiegsposition). Ziehen Sie den getrimmten Clip an den Anfang der Video-1A-Spur im Timeline-Editor. Wenn der Videoclip Audiodaten enthält, werden diese automatisch in der Audio-1-Spur erscheinen. Um bessere Übersicht über den Clip zu erhalten, verändern Sie

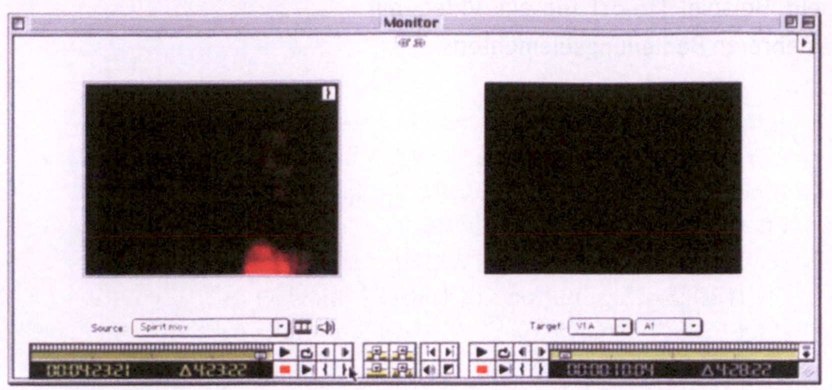

In dem Trim-Fenster lässt sich der In- und Out-Marker setzen.

die Darstellungsauflösung im Timeline-Editor, indem Sie eine Einstellung aus dem Popup-Menü in der linken unteren Ecke des Fensters wählen. Alternativ können Sie auch die Navigator-Palette verwenden.

Eine Überblendung erstellen

Klicken Sie zunächst das kleine Dreieck neben Video 1A an, um die Transition-Palette und Video-1B-Spur anzuzeigen. Ziehen Sie nun den Überblendungseffekt

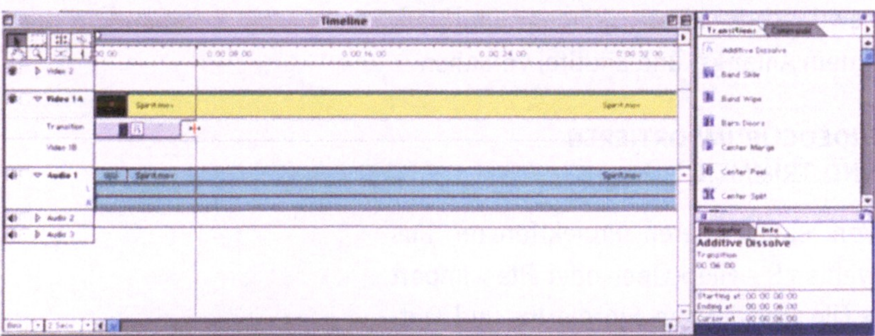

Um eine Überblendung zu gestalten, wird ein Effekt in die Transition-Spur gezogen.

Additive Dissolve von der Transition-Palette an den Anfang der Transition-Spur im Timeline-Editor. Verlängern Sie die Überblendung auf ca. 6 Sekunden, indem Sie die rechte Kante des Effekt-rahmens anklicken und verschieben. In der Info-Palette können Sie die Länge der Überblendung während der Verschiebung genau erkennen (_clip transition resize). Um Video 1B als Quelle und Video 1A als Ziel für die Überblendung zu definieren, doppelklicken Sie den

Überblendungseffekt und klicken Sie das Symbol mit dem animierten Über-blendungseffekt. Wenn Sie Show actual sources wählen, sollten Sie nun den Videoclip im rechten Fenster sehen (clip dissolve settings). Klicken Sie OK, um den Dialog zu schließen. Die erste Über-blendung ist nun fertig und blendet von Schwarz in den Videoclip in 6 Sekunden. Wiederholen Sie die vorherigen Schritte und generieren Sie dieselbe Überblen-dung für das Ende des Clips. Die Über-blendungsrichtung muss dafür umge-kehrt sein und von Video 1A zu 1B ver-laufen. Um die Überblendungen anzuse-hen, müssen Sie das Premiere-Projekt zuerst sichern und dann die Arbeitsbe-reich-Marker im Timeline-Fenster an Start und Ende einer Überblendung bewegen. Drücken Sie die Enter-Taste auf der Tastatur, oder wählen Sie Pre-view vom Menü, um die Überblendung berechnen und darstellen zu lassen.

Erstellen und Einsetzen eines Titels

Wählen Sie File > New > Title, um einen neuen Titel zu erstellen. In dem neuen Fenster klicken Sie die rechte Hälfte des Rectangular Tools und kreieren ein ge-fülltes Rechteck, das den gesamten Titelbereich füllt. Benutzen Sie die An-kerpunkte, um die Größe des Rechtecks zu verändern und wählen Sie dann eine Farbe mit Object Color. Verwenden Sie als Nächstes das Type-Werkzeug und erstellen Sie einen Text, der den Inhalt des Clips beschreibt. Verändern Sie die Textbox nach Wunsch mit dem Selec-tion-Werkzeug und über die Einstellun-gen aus dem Title-Menü. Sichern Sie den fertigen Titel innerhalb des Premie-re-Projektordners. Um den Titel einzufü-gen, halten Sie die Befehlstaste (Alt-Taste für PCs) gedrückt, klicken Sie

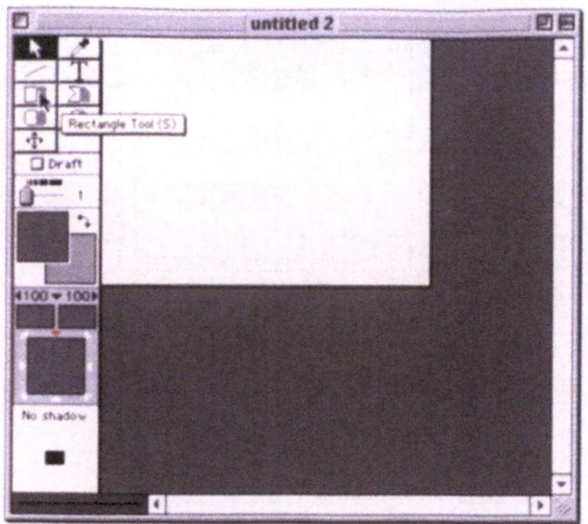

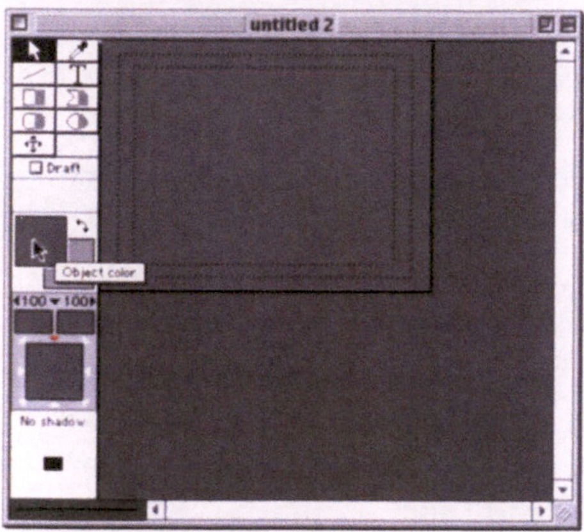

Um einen Titel für das Video zu gestalten, wurde eine Title-Datei erzeugt, in diese dann eine orangene Hintergrundfläche eingezogen. Mit dem Textwerkzeug lässt sich dann der Text gestalten. Wie hier rechts zu sehen ist, wird später dieses Standbild auf die Video-IB-Spur platziert und über den Überblendeffekt mit dem Film verbunden. In der Audiospur (siehe rechts unten) wird anschließend noch die Lautstärke angepasst.

irgendwo innerhalb des Titels und ziehen Sie den Titel an den Anfang der Video-1B-Spur im Timeline-Editor. Verlängern Sie den Titel auf die gleiche Länge wie die Überblendung. Verwenden Sie den gleichen Titel für das Ende des Clips oder gestalten Sie einen neuen, indem Sie die obigen Schritte wiederholen.

HERSTELLEN VON FADES FÜR DIE AUDIOSPUR

Stellen Sie zunächst sicher, dass die Audiospur völlig sichtbar ist, indem Sie das kleine Dreieck neben Audio 1 anklicken. Wählen Sie das Selection-Tool und klicken Sie ins Zentrum der Audiospur ca. 6 Sekunden nach dem Anfang. Um die generelle Lautstärke der Audiospur beizubehalten, setzen Sie den kreierten Ankerpunkt auf 100%, indem Sie ihn nach oben oder unten bewegen (der aktuelle Wert kann in der Info-Palette abgelesen werden). Sollte der gewünschte Wert nicht direkt erzielbar sein, klicken

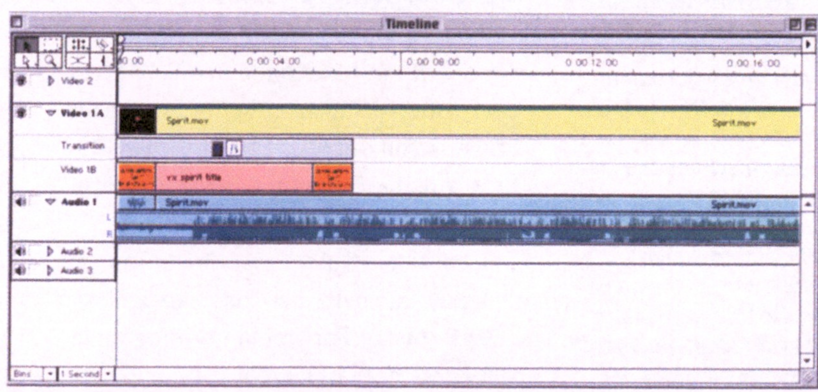

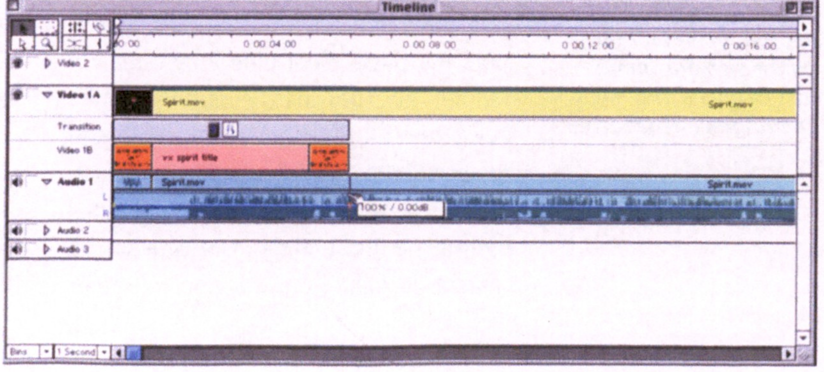

Mit dem QuickTime-Plug-In lassen sich nicht nur Video- und Audiodateien abspielen, sondern auch Flash-Animationen und QuickTime-VR-Filme. Bei Letzteren handelt es sich um eine 360-Grad Panoramaansicht, in der man durch Bewegen des Mauszeigers die Blickrichtung ändern, in eine Ansicht hinein- und herauszoomen oder, sofern vorhanden, auf so genannte Hot Spots klicken kann, um einen anderen VR-Film zu laden. Quick-Time VR ist ideal, um beispielsweise virtuelle Hausbesichtigungen zu gestalten oder Rundumansichten von Objekten zu erzeugen. Die Einsatzmöglichkeiten von Quick-Time VR auf E-Commerce-Web-Sites sind offensichtlich, aber Christopher Stashuk von der Web-Design-Firma Aristotle nutzte QuickTime beispielsweise auch als Navigationselement.

Um einen QuickTime-VR-Film zu erzeugen, können Sie das kostenlose »QTVR Make Panorama 2«-Programm von Apple herunterladen: www.apple.com/quicktime/developers/tools.html, allerdings nur für Macintosh. Als Basis dient eine Panoramaaufnahme, aus der das Programm einen QuickTime-VR-Film generiert. Während dieser Schritt wirklich unkompliziert ist, stellt die Erzeugung des Panoramas das eigentliche Problem dar. Um eine solche Ansicht zu gestalten, müssen mit einer Kamera mehrere Einzelaufnahmen gemacht werden, die dann in Photoshop mühsam zusammengesetzt werden. Dieser Prozess ist sehr arbeitsaufwendig, da man ständig in der Ebenenpalette die Transparenz zweier Ebenen regeln muss, um eine visuelle Kontrolle bezüglich der Überlappungen der Motive zu haben. Wenn Sie nur einen einzigen QuickTime-VR-Film erstellen wollen, ist dieser Aufwand vertretbar. Bei häufigerem Einsatz führt kein Weg an Apples QuickTime VR Authoring Studio vorbei. Bei diesem Programm handelt es sich um die wohl professionellste Lösung, und es gibt nur sehr wenige Programme, die mich in den letzten Jahren so begeistert haben, wie dieses. Abgesehen davon, dass QuickTime VR Authoring Studio wirklich alle Funktionalitäten von QTVR nutzt und unterstützt, ist die Arbeit hiermit eine derartig eklatante Verbesserung, dass sich die Anschaffung dieses Programmes bereits bei mehr als zwei QuickTime-VR-Filmen bezahlt macht. Zum Vergleich: Das Zusammenfügen der Einzelaufnahmen und das Generieren des VR-Filmes kann mit Photoshop und dem kostenlosen QTVR Make Panorama 2 zwischen zwei und vier Stunden dauern. Mit dem QuickTime VR Authoring Studio benötigt der gleiche Vorgang nur 20 Minuten, im Auto-Modus ggf. sogar noch deutlich weniger. Wie einfach der Prozess ist, wird deutlich anhand dieser schrittweisen Beschreibung:

1. Für die Panoramavorlage müssen mehrere Einzelaufnahmen gemacht werden. Hierzu verwenden Sie am besten eine Digitalkamera, da dies den Arbeitsauf-

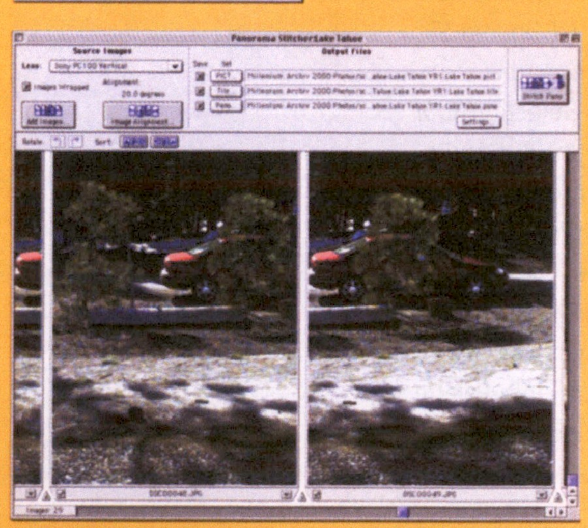

Der wichtigste Schritt beim Anlegen eines Quicktime-Panoramas in QTVR Studio ist das Definieren der Kamera. Anschließend lassen sich die Bilder importieren und QTVR Studio fügt die Einzelaufnahmen selbstständig zusammen. Wenn die Überlappungen nicht exakt sind, genügt ein Klick auf das Dreieck zwischen zwei Bildern, um das Pair-Alignment-Fenster aufzurufen. In diesem Fenster lassen sich die überlappenden Bereiche deckungsgleich bringen (siehe rechte Seite).

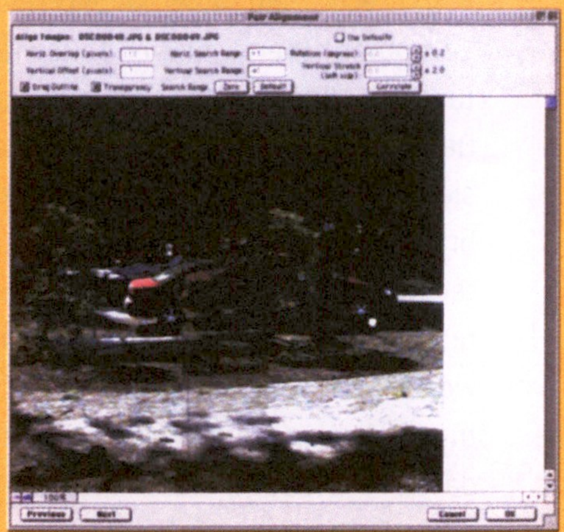

Wenn Bilder nicht in regelmäßigen Abständen genommen wurden, dann müssen oftmals im Pair-Alignment-Fenster die Überlappungsbereiche deckungsgleich gebracht werden.

wand deutlich verringert. Benutzen Sie bei der Aufnahme unbedingt ein Stativ, am besten eines mit einer eingebauten Wasserwaage, denn je mehr die Bilder an den Rändern variieren, desto mehr muss später das Panorama beschnitten werden. Zwischen jeder Aufnahme wird die Kamera in 20-Grad-Intervallen rotiert. Damit der VR-Film den größtmöglichen Bereich abdeckt, empfiehlt es sich, die Kamera im Hochformat auf dem Stativ zu montieren.

2. Sind die gesamten Aufnahmen im Kasten, ist der nächste Schritt das Zusammenfügen der Einzelmotive. Hier besitzt QuickTime VR Authoring Studio einen Modus, bei dem die Bilder automatisch deckungsgleich übereinander gebracht werden. Diese Funktion arbeitet herausragend, und wer dies einmal in Aktion sehen konnte, dürfte meine Begeisterung teilen. Wie gut diese Funktion arbeitet, hängt aber davon ab, dass

die Software »weiß«, welches Objektiv verwendet wurde und in welchem Winkel die einzelnen Aufnahmen zueinander stehen. Zum Definieren eines Objektives wird zuerst der Panorama-Stitcher geöffnet und im Objektive-Aufklappmenü der Befehl »Bearbeiten« aufgerufen. Bis die richtigen Einstellungen gefunden sind, kann es etwas dauern: Kalkulieren Sie einige Fehlversuche ein. Doch einmal richtig eingestellt, genügt es, die Bilder über »Loading Images« zu laden und dann den Taster »Stitch Pano« zu drücken. Nur wenn die Bilder nicht in regelmäßigen Abständen gemacht wurden, wird es ein Problem geben. Hier besteht aber immer noch die Möglichkeit, die Bilder von Hand zu justieren. Dazu wird einfach auf das Dreieck zwischen zwei Bildern geklickt und das »Pair Alignment«-Fenster erscheint. Da die Überlappungsbereiche transparent sind, ist es ein Leichtes, die Bilder zu positionieren.

So einfach, wie sich der Prozess anhört, ist er auch. QuickTime VR Authoring Studio bietet noch eine Vielzahl anderer Funktionen an, auf die hier nicht eingegangen wurde, und wenn Sie mehr zum Thema lesen wollen, besuchen Sie: www.apple.com/quicktime/qtvr.

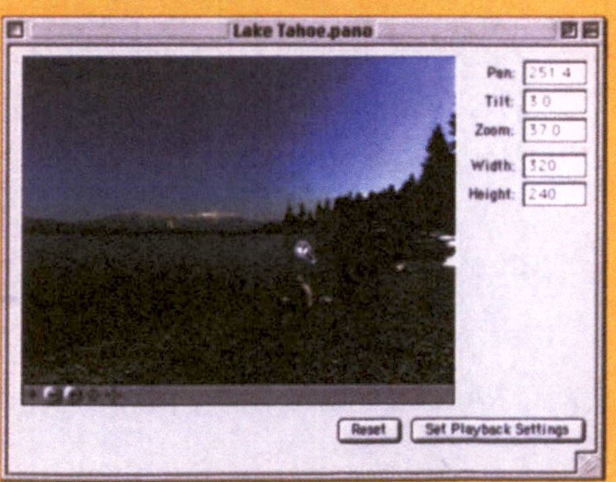

Das fertige QTVR-Panorama, in dem sich durch Bewegen des Mauspfeiles die Blickrichtung bestimmen lässt.

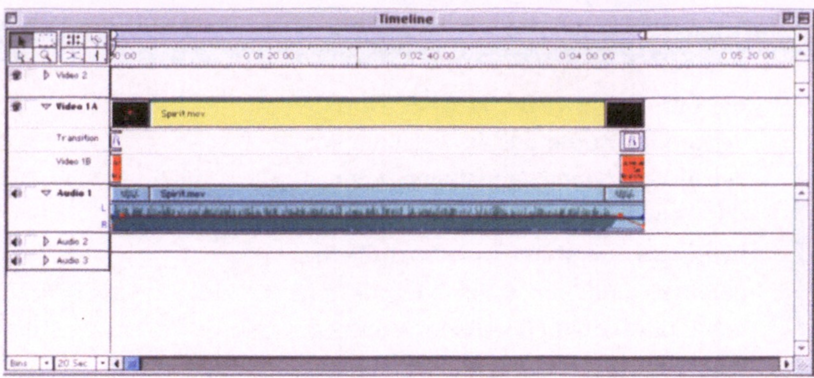

In der Abbildung ist die Time-line zu sehen, nachdem die Einblendungen am Anfang und Ende eingefügt worden sind und die Audio-Spur einen Fade-In und Fade-Out erhalten hat.

Media Cleaner Pro ist wohl das beste Werkzeug, um Quick-Time-Movies zu exportieren. Hier ist beispielsweise der Datendurchsatz grafisch dar-gestellt, was es für die Verwen-dung auf dem Internet leicht macht, eventuelle Probleme abzusehen.

Sie den Ankerpunkt und halten die Umschalttaste gedrückt, um feinere Wertabstufungen zu erhalten. Greifen Sie den Ankerpunkt am Anfang der Audiospur und ziehen Sie ihn auf 0%. Wiederholen Sie die angegebenen Schritte für den Fade-Out am Ende der Audio-spur.

Wenn Sie alle Schritte befolgt haben, sollte das Timeline-Fenster ungefähr so aussehen wie in der Abbildung (links oben). Sichern Sie das Projekt und exportieren Sie es mit File › Export › Movie im gewünschten Format. Dabei ist zu beachten, dass Premiere erst ab Version 5.1 eine vollständigere Audioexport-Funktion besitzt. Um sicherzustellen, dass alle Funktionen der verschiedenen Kompressionscodecs zur Verfügung stehen, sollte das Projekt ohne Kompression exportiert und extern komprimiert werden. Geeignete Werkzeuge zur Kompression sind QuickTime Player Pro, RealProducer oder der Alleskönner Media Cleaner Pro von Terran. Media Cleaner Pro lässt sich über ein Plug-In direkt mit Premiere integrieren.

■ Videobearbeitung in Apple Final Cut Pro

Die Zahl der semiprofessionellen Videobearbeitungsprogramme ist sehr überschaubar, da in der Vergangenheit der Markt für Videobearbeitung im High-End-Bereich lag und daher kein Massenmarkt war. Seit aber selbst Low-End-Computer über genügend Rechenleistung für Videoschnitt verfügen, kommt Bewegung in diesen Bereich. Steve Jobs sieht Videoschnitt für den Heimgebrauch als einen der zukunftsträchtigsten Marktsegmente in den nächsten Jahren, und so wie Desktop-Publishing wesentlich zum Erfolg von Apple beigetragen hat in den Achtzigern, ist Jobs davon überzeugt, dass Desktop-Video diese Rolle in der Zukunft haben wird. Aus diesem Grund werden alle iMac DV und iMac Special Edition mit der Videoschnittsoftware iMovie ausgeliefert. Final Cut Pro ist dabei die professionelle Variante von iMovie und beide Programme sind sich in der Benutzerführung sehr ähnlich. Wer sich bei der Gestaltung von Internet-Videos hauptsächlich auf QuickTime konzentrieren will, sollte sich Final Cut Pro genauer ansehen, denn abgesehen davon, dass dieses Programm durch seine intuitive Bedienung besticht, hat es auch eine herausragende QuickTime-Unterstützung. So lässt sich ein Video direkt aus Final Cut Pro in einem der vielen Kompressionsformate sichern, die von QuickTime angeboten werden, einschließlich M-JPEG und Streaming Video. Auch die zahlreichen Videoeffekte und Überblendungen, die QuickTime besitzt, lassen sich in Final Cut Pro direkt einsetzen.

Überspielen von Video

Videoaufnahmen lassen sich über File › Log and Capture direkt in den Rechner überspielen, wenn der Rechner über eine FireWire-Schnittstelle verfügt. Die entsprechenden Voreinstellungen für die Aufnahme werden in dem Preferences-Register vorgenommen. Die eigentliche Aufnahme lässt sich manuell über Capture Now starten. Bei analoger Übertragung lässt sich im Clip-Settings-Register noch die Videoqualität bei der Aufnahme kontrollieren und so beispielsweise bereits beim Digitalisieren mehr Kontrast oder Helligkeit hinzufügen. Bei Digital Video entfällt diese Möglichkeit zwar, aber Digital Video hat den Vorteil, dass sich über den Time-Code genaue Bereiche schon beim Überspielen setzen lassen. Da die Datenmenge bei Digital Video sehr hoch ist, ist es also sinnvoll, sich beim Überspielen auf die Szenen zu beschränken, die auch wirklich verwendet werden sollen. Um diese Szenen zu markieren, legen Sie zuerst ein Projekt über File › Save Project an. Im Logging-Register des Log-and-Capture-Fensters geben Sie zuerst die Informationen für das Videoband ein, bevor Sie mit dem Setzen von Markern beginnen. Beim Abspielen des Bandes werden die In- und Out-Punkte einer Szene durch einen Klick auf die Taste neben den Timecodes gesetzt (siehe Abbildung). Im Marker Textfeld lässt sich eine Szene benennen, bevor diese Markerpositionen über Set Marker in die Logging-Liste aufgenommen wird. Nachdem auf diese Art und Weise alle wichtigen Szenen eines Bandes gelogged wurden, lassen sich diese in einem Zuge über die Batchtaste überspielen. Final Cut Pro spielt dabei das Videoband von Anfang an und zeichnet nur die markierten Szenen auf.

Arbeiten mit dem Browser und dem Viewer

Final Cut Pro versteht einen kompletten Film immer als Projekt, repräsentiert durch den Browser, in dem alle Sequenzen, Standbilder sowie Video- und Audioclips enthalten sind. Sequenzen entsprechen dabei kleineren Abschnitten,

In dem Capture-Fenster wird aus dem Video über das Setzen von Markern ein größeres Segment aufgezeichnet. Anschließend lassen sich aus dieser langen Aufnahme kleinere Segmente definieren, indem In- und Out-Marker gesetzt werden und die Funktion »Make Subclip« aufgerufen wird.

die mehrere Einzelszenen zusammenfassen. Diese sind also ein wesentliches Hilfsmittel, um organisiert zu arbeiten. Um später in der Timeline die einzelnen Szenen zusammenzufügen, ist es wichtig, die Clips zu beschneiden. Wie hier am besten vorgegangen wird, hängt mit der bevorzugten Arbeitsweise zusammen: Wurde beispielsweise das gesamte Videoband in einem Durchgang digitalisiert, gibt es auch nur ein einziges Clip. Aus diesem Masterclip lassen sich Subclips (Teilbereiche) definieren und als eigene Szenen im Browser ablegen. Diese Subclips sind nur Referenzen und benötigen daher keinen zusätzlichen Festplattenspeicher. Der Vorteil bei diesem Verfahren liegt in der geringeren Beanspruchung des Videobandes, der Nachteil in dem hohen Speicherver-

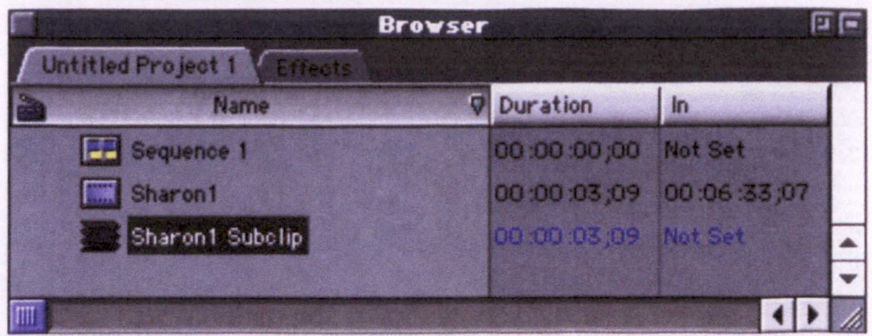

In dem Browser-Fenster sind alle Clips aufgelistet. Hierbei werden Subclips, also Teilclips aus einem großen Clip, über eine gezackte Kante angezeigt. Die Arbeit mit Subclips hat den Vorteil, dass man das komplette Video in einem Durchgang digitalisiert bzw. überträgt und erst dann die einzelnen Bereiche definiert.

brauch auf der Festplatte. Um nun aus diesem Masterclip einzelne Bereiche zu definieren, werden im Viewer einfach In- und Out-Marken gesetzt (siehe Abbildung vorige Seite) und über Modify › Make Subclip der Ausschnitt zu einer eigenen Szene – Subclips sind an dem Film-Icon mit dem gezackten Ende zu erkennen – zusammengefasst.

Wurden die einzelnen Szenen aus dem Videoband im Log-and-Capture-Fenster gelogged, dann befinden diese sich alle als Einzelclips im Capture-Ordner von Final Cut Pro und über File › Import › Folder lassen sich alle Clips in einem Durchgang importieren.

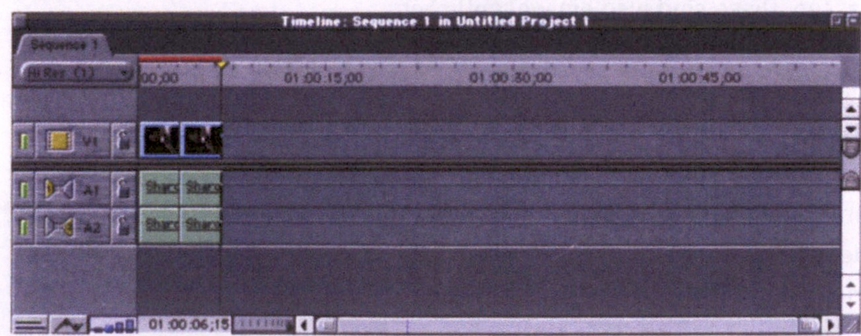

In dem Timeline-Editor von Final Cut Pro werden die einzelnen Clips zusammengestellt.

EDITIEREN IN DER TIMELINE

Wie bereits beschrieben dienen Sequenzen in Final Cut Pro dazu, mehrere Szenen zusammenzufassen. Nachdem eine neue Sequenz angelegt wurde (File › New › Sequenz), genügt ein Doppelklick auf die Sequenz, um die entsprechende Timeline zu öffnen. In diese lässt sich direkt ein Video- oder Audioclip ziehen,

um es zu positionieren, aber Final Cut Pro besitzt hier noch einen intuitiveren Weg. Im Canvas, dem Abspielfenster, werden automatisch verschiedene Edit-Funktionen eingeblendet, sobald ein Clip aus dem Browser in das Fenster hineingezogen wird, wobei hier die Position des Abspielmarkers entscheidend ist:

Overwrite: Dies ist die Standardfunktion und der aktuelle Clip wird einfach an der entsprechenden Stelle eingefügt. Eventuell vorhandene Clips werden dabei einfach überschrieben.

Insert: Anstatt die bereits platzierten Clips zu überschreiben, wird bei Insert die Szene eingefügt und das zuvor platzierte Clip auseinander geschnitten und das Ende nach hinten verschoben.

Replace: Hier wird ein bereits platziertes Clip gelöscht und durch das neue ersetzt. Wichtig ist dabei, dass dieses neue Clip mindestens so lange, wenn nicht noch länger, wie das zu löschende Clip ist.

Fit to Fill: Es kommt immer wieder vor, dass ein Clip um einen Bruchteil einer Sekunde zu kurz ist oder auch nur, dass nachträglich eine Szene als Zeitlupe ablaufen soll. Beide Probleme lassen sich mit Fit to Fill lösen. Im Canvas wird die gewünschte Länge für den Clip festgelegt und die zu platzierende Szene wird auf die entsprechende Länge zusammengestaucht oder gestreckt.

Superimpose: Wenn bei einem Interview der Redner immer wieder ausgeblendet wird und nur als Hintergrundaudio zu hören ist, während andere Szenen eingeblendet werden, spricht man von Superimposing. Hierbei wird automatisch das platzierte Clip auf einer

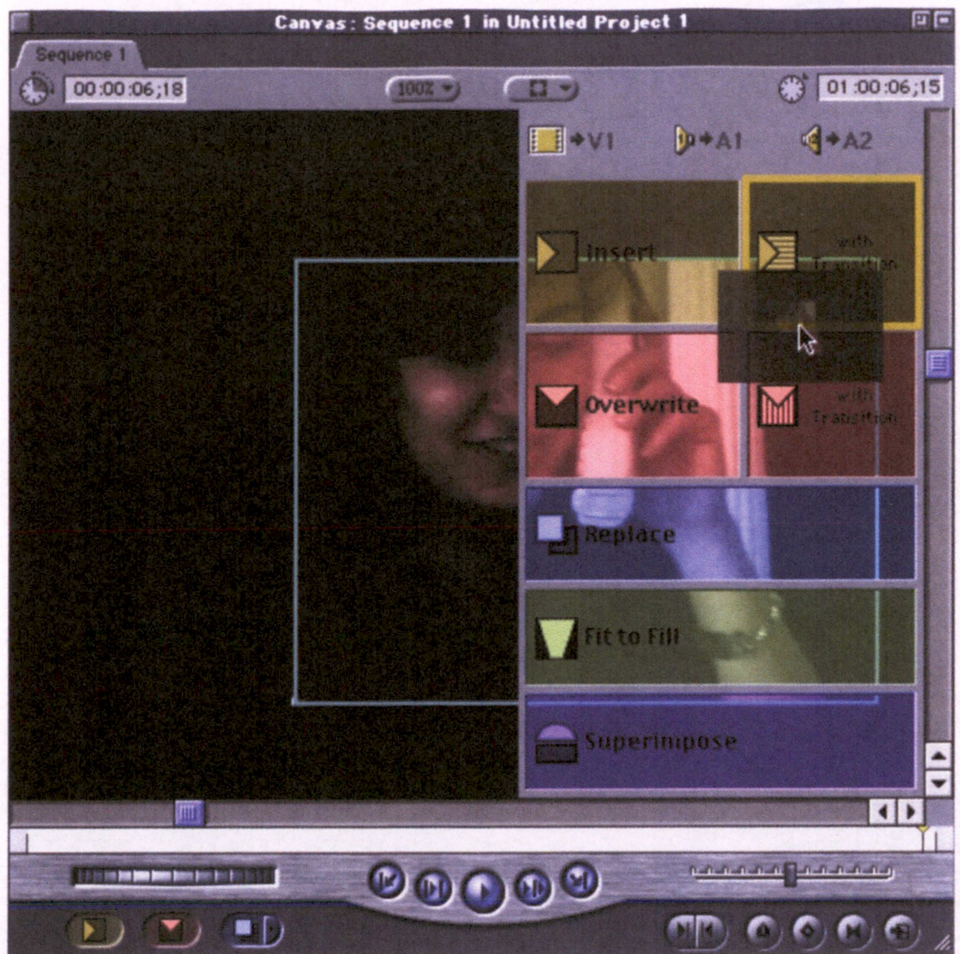

Alternativ zum Zusammenstellen der Clips in der Timeline lässt sich ein Clip auch einfach an eine bestehende Stelle ziehen. Hierbei werden eine Reihe von Optionen sichtbar wie beispielsweise Insert with Transition.

neuen Spur abgelegt und die Audiospuren zusammengemischt.

Editieren mit Final Cut Pro ist wirklich denkbar einfach. Selbst das Hinzufügen von Überblendungen (Transitions) lässt sich im Canvas direkt anwählen. Die entsprechenden Überblendungen können dann später aus dem Effects-Register gezogen werden. Ein Doppelklick auf das Überblendungsfenster öffnet das Effekt-Fenster, in dem sich die Parameter für die Überblendungen oder Filter regeln lassen.

EXPORTIEREN ALS QUICKTIME

Für das Web soll das fertige Video nun exportiert werden, nachdem es gerendert wurde. Dazu wird über File › Export

› QuickTime-Movie das Dateiauswahlfenster geöffnet und der Datei ein Name gegeben. Über Optionen lassen sich dann diverse Parameter einstellen, wie beispielsweise die Videokompression und das endgültige Format. Da das Originalvideo wahrscheinlich größer ist, als sich über die meisten Modems streamen lässt, empfiehlt es sich, das Video auf 320 x 240 Pixel herunterzurechnen.

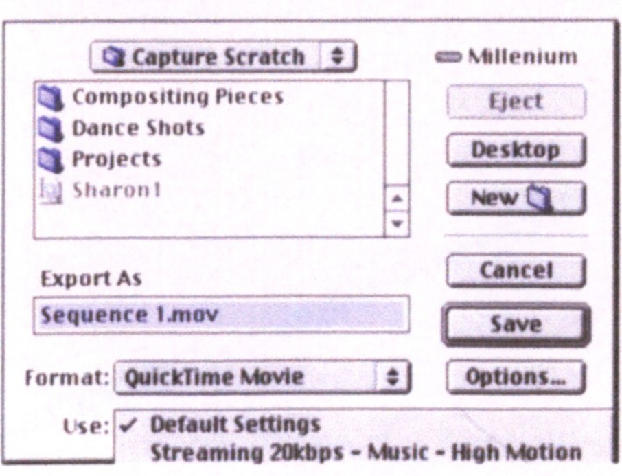

Beim Sichern des Videofilms lässt sich das Video bereits für das Internet optimiert abspeichern.

<HTML>
</HTML>
MUSIC
<MUSIC>
<AUDIO>
<EMBED SRC="music_file.m
AUTOSTART="tru
HIDDEN="tru
LOOP="

Musik & Audio

Erst mit Audio und Video wird Ihre Web-Site ein wirklich multimediales Ereignis. Unglücklicherweise ist beides nicht so einfach zu übertragen, da die Übertragungsbandbreite bei den meisten Anwendern sehr begrenzt ist. Aber mit weiteren Fortschritten bei der Kompression wird Audio sicherlich fester Bestandteil von Web-Sites.

Gegenwärtig gibt es zwei Methoden, um Audio über das Web zu übertragen: entweder als Datei, die zuerst vollständig heruntergeladen werden muss, oder als Audiodatei, die während der Übertragung bereits abspielt (Streaming Audio).

Die erste Methode gibt Ihnen mehr Kontrolle über die Klangqualität und benötigt kein Plug-In, da Netscape Navigator und Microsoft Internet Explorer diese Dateien direkt abspielen können. Eine lange Ladezeit birgt aber auch immer die Gefahr, dass der Besucher den Prozess abbricht, daher sollten Sie bei sehr großen Dateien unbedingt Streaming Audio verwenden.

■ INTEGRATION EINER AUDIODATEI

Es gibt verschiedene Möglichkeiten, Klang in eine Webseite einzubauen. Wenn Sie Plug-Ins vermeiden wollen,

```
<EMBED SRC="music_file.mid"
AUTOSTART="true" WIDTH="144"
HEIGHT="60" LOOP="1">
```

Der EMBED-Marker mit MIDI-Datei 11-01

können Sie den BGSOUND-Marker verwenden, der allerdings nur mit Microsoft Internet Explorer 3.0 und höher kompatibel ist, oder den EMBED-Marker, den beide Browser unterstützen. Der EMBED-Marker integriert Audiodateien in den Formaten WAV, AIFF, AU und MIDI.

■ **WAV (.wav)** ist das Standard-Audioformat für IBM-kompatible Windows-Rechner.

■ **AIFF (.aiff)** ist das Standard-Audioformat für Mac-Rechner und eignet sich für Musik und hochwertiges Audio.

■ **AU (.au)** wurde von Sun Microsystems entwickelt, besitzt eine geringe Klangqualität, ist dafür aber sehr klein.

■ **MIDI (.mid):** Falls Sie Musiker sind, kennen Sie dieses Format sicherlich, denn es wird verwendet, um Musik mit einem Sequenzer aufzuzeichnen.

[10-01] zeigt wie eine Audiodatei mit einem EMBED-Marker platziert wird. Abhängig von der Datei benötigen Sie die richtige Erweiterung. In diesem Beispiel wird eine MIDI-Datei geladen und dank des Attributes AUTOSTART="true" wird die Datei gestartet, sobald sie komplett heruntergeladen ist. Ist das Attribut auf »false« gesetzt, wird die Datei erst abgespielt, nachdem der Anwender die Starttaste in der Konsole gedrückt hat. Diese ist sichtbar, wenn

Da MIDI-Dateien eine interessante Möglichkeit darstellen, Musik im Browser abzuspielen, will ich hier kurz erklären, was MIDI ist. MIDI steht für Musical Instrumental Digital Interface und erlaubt Tonhöhen und Tonlängen zu übertragen, aufzuzeichnen, in einem Sequenzer-Programm zusammenzusetzen und an ein Musikinstrument zu senden. Alle modernen elektronischen Musikinstrumente sind mit dieser Schnittstelle ausgestattet. Der Vorteil dieser Technik ist, dass sie sehr wenig Speicher benötigt. Ein mehrminütiges Musikstück belegt unter Umständen weniger als 20 KByte. Da MIDI aber nur die Tonhöhen und Tonlängen überträgt, ist für das Anhören der Datei eine Audiokarte (PC) oder eine QuickTime-Musik-Systemerweiterung (Mac) notwendig.

```
<EMBED SRC="music_file.mid"
AUTOSTART="true" HIDDEN="true"
LOOP="1">
```



```
<NOEMBED>Your browser doesn't
support EMBED! To listen to the
background music, please click <A
HREF="bgsound.aif">here.</A></NO-
EMBED>
```



```
<META HTTP-EQUIV="refresh"
CONTENT="20; URL=bgsound.wav">
```


Sie die benannten Werte übernehmen, bei kleineren Werten wird die Konsole abgeschnitten und bei Werten unter WIDTH="0" und HEIGHT="2" ist sie überhaupt nicht zu sehen. Wenn Sie die Konsole verbergen wollen, benutzen Sie lieber das Attribut HIDDEN="true" [11-02].

Mit dem LOOP-Attribut wird dem Browser mitgeteilt, wie oft die Audiodatei wiederholt werden soll. Dieses Attribut kann entweder eine Zahl oder den Wert »true« oder »false« enthalten. Wird »true« verwendet, entspricht dies einer Endlosschleife, die nur durch Klicken des Stopp-Tasters unterbrochen werden kann.

Für alle Browser, die nicht EMBED unterstützen, können Sie einen NO-EMBED-Marker auf der Seite platzieren mit einer Verknüpfung zu der Audiodatei [11-03].

Aber es gibt noch eine weitere Variante, eine Klangdatei einzubauen: über einen META-Marker. Dieser Marker kann dazu verwendet werden, eine Seite nach einer bestimmten Zeit auszutauschen, aber auch, um eine Audiodatei abzu-

spielen [11-04]. Der Marker muss innerhalb des HEAD-Markers am Anfang des HTML-Dokumentes stehen. In diesem Beispiel wird die Hintergrundmusik nach 20 Sekunden geladen. Das Beste daran: Die Datei wird automatisch in einem neuen Fenster zusammen mit der Konsole geöffnet.

◼ Einige Audio-Aufnahmetipps

Falls Sie einen Macintosh PowerPC besitzen, können Sie eine externe Klangquelle digitalisieren ohne zusätzliche Hardware – andere Rechner und auch PCs benötigen in der Regel eine installierte Audiokarte. Um die beste Qualität beim Aufnehmen zu erhalten, ist es wichtig, das Audiosignal in größtmöglicher Lautstärke aufzuzeichnen, ohne allerdings über den Maximalbereich zu geraten. Wenn die Aufnahme lauter als die maximale Dynamik ist, wird der Klang verzerrt, und dies lässt sich später nicht mehr beheben. Nehmen Sie immer in der besten Qualität auf, weil das Ergebnis wesentlich besser ist, wenn alle Signalbearbeitungen in CD-Qualität vorgenommen werden und erst danach auf eine geringere Auflösung konvertiert wird. Der CD-Standard ist 44.1 kHz bei 16 Bit. Für einen normalen Popsong bedeutet dies zwischen 40–60 MByte an Daten. Solange die meisten Websurfer das Internet nur mit einem 28.8- oder 56-kBit/s-Modem nutzen, muss diese Audiodatei auf eine geringere Frequenz wie 22,05 kHz, 11,025 kHz oder sogar 5,664 kHz konvertiert werden, um sie einem breiteren Publikum zugänglich zu machen. Mit 22 kHz und 11 kHz ist immer noch eine akzeptable Qualität zu erzielen, und bei 6 kHz ist die Qualität vergleichbar einer Telefonübertragung – ausreichend für Stimmen, aber nicht für Musik.

MACAMP ist ein Programm für den Macintosh, das MPEG schreiben kann.

Während die Frequenz die Qualität auf der Zeitachse bestimmt, entspricht die Bitrate der Dynamikauflösung eines Klanges. Zum Reduzieren der Datenmenge konvertieren Sie die Audiodatei auf 8 Bit. Eine gute Einstellung für Streaming Audio ist 22 kHz bei 8 Bit, wenn Sie davon ausgehen, dass der Besucher Ihrer Web-Site eine 28.8-kbit/s-Verbindung besitzt und 11 kHz bei 8 Bit für 14.4-kbit/s-Modems.

■ Optimieren von Audio für das Web

Bevor Sie eine hochqualitative Audiodatei zu einer Streaming Audiodatei konvertieren, sollten Sie sie für die Verwendung im Web optimieren. In Programmen, wie Peak oder Cubase VST, lassen sich eine Reihe von Bearbeitungen durchführen, die teilweise den Qualitätsverlust kompensieren. Hier sind die Hauptwerkzeuge:

- **Normalize:** Diese Funktion gibt es in fast jedem Audio-Editor und alles, was diese Funktion macht, ist nach dem größten Lautstärkepegel zu suchen. Falls dieser nicht der maximalen Dynamik entspricht, wird die Gesamtlautstärke der Datei so weit angehoben, bis dies der Fall ist.
- **Kompressor:** Ein Kompressor geht hier noch einen Schritt weiter, denn hier wird der Dynamikbereich zwischen den lauten und leisen Stellen komprimiert. Das Endergebnis klingt lauter, besitzt aber einen fast linearen Pegel.

Audioformate für das Web: MP3

MP3, oder MPEG Layer 3, ist ein qualitativ hochwertiges Audioformat mit nahezu CD-Qualität bei relativ geringer Dateigröße. Es erreicht Kompressionswerte von bis zu 12:1 und ist dem RealAudio-Format klanglich weit überlegen. MP3 komprimiert Audio durch Entfernen der für das menschliche Ohr nicht wahrnehmbaren Bestandteile. Dabei bleibt aber trotzdem das volle Frequenzspektrum und der Dynamikumfang erhalten. Das Format ist bereits für Streaming Audio ausgelegt. Unter http://software.mp3.com/software/ finden Sie auch zahlreiche kostenfreie MP3-Player für Macintosh, Windows, UNIX und andere Betriebssysteme. Eine professionelle Variante für Macintosh ist SoundJam MP Plus von Casady & Greene (http://www.soundjam.com/). Diese Software ist auch ideal um MP3 direkt von CDs zu codieren.

Shockwave-Audiodateien arbeiten übrigens auch mit MP3-Algorithmen. Für die Entwicklung am Mac bietet sich hierzu SoundEdit 16 (www.macromedia.com/support/soundedit/) an und unter Windows das kommerzielle Programm SoundForge.

Warner Music Latin

Peter Seidler, Mitgründer von Avalanche, New York

Ein gutes Beispiel für eine Musik-Web-Site ist die Warner-Music-Latin-Site. Sie bietet Video-Clips und Real-Audio-Sound und wurde von Peter Seidler von Avalanche gestaltet: »Die Warner-Music-Latin-Web-Site ist eine dreisprachige Site und es ist zu jedem Zeitpunkt möglich, zwischen den Sprachen zu wechseln. Mein Ziel war es, in dieser Web-Site die Musik lebendig werden zu lassen. Wir sendeten Einwegkameras an alle Warner-Music-Latin-Büros in Südamerika, selbst an Niederlassungen mit nur drei Mitarbeitern wie in Chile. Wir gaben diesen Leuten eine Liste von Dingen, die wir gerne fotografiert hätten, wie beispielsweise die Gegenstände auf ihren Schreibtischen oder der Blick aus der Tür. Ein Grund dafür war, dass wir kein Hunderttausend-Dollar-Budget hatten und wir keinen professionellen Fotografen senden konnten. Wir erhielten also all diese Einwegkameras aus ganz Südamerika, entwickelten die Filme, scannten die besten Bilder und färbten diese in Photoshop ein, um sie anschließend als Hintergrundbilder für die Web-Site zu verwenden. Wenn Sie also die Brazil-Sektion sehen, dann vermittelt diese einen sehr subtilen Eindruck von dem Land, weil Sie im Hintergrund eine alltägliche Szene sehen, wie vielleicht die Ansicht eines Busses, aber dieser Bus hat etwas ganz besonderes an sich: Es ist der Bus, der in der Straße vor dem Warner-Music-Büro in Brazil stand«.

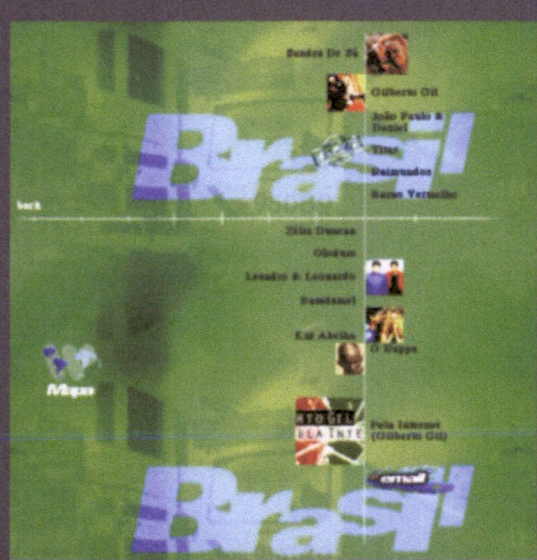

Die Künstler in jedem Land lassen sich hier anwählen und Musik- und Videoclips anhören und sehen.

Dieses Datenformat ist sehr populär, da es aufgrund der Streaming-Audio-Technologie erlaubt, während des Ladens von Songs, Interviews oder Live-Übertragungen, diese zeitgleich zu hören. Der RealAudio-Algorithmus verwendet dabei eine sehr hohe Kompressionsrate von 17:1 bis 170:1. Ein drei Minuten Song kann damit bis auf 180 KByte schrumpfen – die gleiche Audiodatei in CD-Qualität benötigt etwa 10 MByte pro Minute. Es gibt eine deutliche Verfremdung in der Klangqualität bei diesen hohen Kompressionsraten, aber diese hohe Kompression erlaubt Realtime-Audio selbst für 14.4-kbit/s-Modems. So stark komprimierte Audiodateien benötigen allerdings besonders viel Aufbereitung, um Verzerrungen und dumpfe Klangqualität zu reduzieren.

Der RealAudio-Abspieler ist als kostenloses Plug-In für Macintosh und Windows erhältlich.

der Audiodatei in Ihre Web-Site stellen Sie eine Verknüpfung zu dieser Datei über einen A-Marker her. Aber, hier kommt die Überraschung: Wenn Sie im Browser auf den Link klicken, wird die Audiodatei erst komplett auf die Festplatte geladen, bevor der RealAudio-Player die Datei abspielt. Dies ist offensichtlich nicht Streaming Audio, also was lief schief? Hier ist der Trick: Damit die Datei als Streaming Audio übertragen wird, muss eine Meta-Datei angelegt werden, was nichts weiter ist als eine Textdatei, die nur die URL zur eigentlichen Audiodatei enthält. Der Link im HTML-Dokument lädt die Meta-Datei, die dann wiederum auf die Audiodatei verweist. Dies klingt komplizierter, als es ist, aber es ist immer noch umständlicher, als es eigentlich sein müsste. So muss immer erst alles auf den Server hochgeladen werden, um die Funktionstüchtigkeit zu überprüfen.

Die Vorgehensweise Schritt für Schritt:

1. In dem HTML-Dokument verknüpfen Sie zu der Meta-Datei, die die Endung ".ram" haben muss, z. B.: ‹A HREF= "audiofile.ram"›.

2. Erzeugen Sie ein reines Textdokument mit einem Link zu der RealAudio-Datei, z. B.: http://www.servername.com/audio-ordner/audio.ra – die Endung der Audiodatei muss ».ra« sein.

3. Laden Sie die Audiodatei auf den Server hoch, dann sollte es funktionieren.

■ Equalizer: Da viele Anwender die Audiodateien über Computerlautsprecher hören, verliert der Klang viele seiner hohen Frequenzen, was durch einen Equalizer kompensiert werden kann.

Die Verwendung von RealAudio

RealAudio von RealNetworks, Inc. ist ein Plug-In, das es erlaubt, eine Audiodatei in Echtzeit über das Internet anzuhören. Unter www.realaudio.com bekommen Sie nicht nur das Plug-In, sondern auch den notwendigen Encoder, um RealAudio-Dateien zu erstellen.

Im Encoder wählen Sie die gewünschten Zielparameter – z. B. 28.8-kbit/s-Modem, Mono –, bevor Sie die Datei konvertieren. Zum Implementieren

Cubase VST von Steinberg

Wie bereits erwähnt, können neben Audio- auch MIDI-Dateien auf einer Webseite integriert werden. Eines der besten Programme, um Musik- und Audio-dateien für das Web zu bearbeiten, ist Cubase VST aus der deutschen Softwareschmiede Steinberg. Cubase VST ist ein Sequenzer in Kombination mit einem Harddisk-Recording-System für Audio und damit ein ideales Werkzeug für die Musikproduktion mit Mac oder PC.

Wenn Sie daran interessiert sind, MIDI-Dateien für das Internet zu arrangieren, ist es wichtig, sich mit General MIDI auszukennen. Dieser Standard wurde von der japanischen Keyboardfirma Roland entwickelt, um sicherzustellen, dass beim Anhören einer MIDI-Datei auf einem anderen Klangmodul das Ergebnis ähnlich klingt und dass bestimmte Klänge an vordefinierten Speicherplätzen abgelegt sind. So befinden sich beispielsweise Schlagzeug- oder Bassinstrumente immer auf denselben Programmnummern. Vielleicht erscheint Ihnen das zunächst etwas verwirrend, aber wenn Sie sich ins Gedächtnis rufen, dass eine MIDI-Datei nur Informationen über Tonhöhe und Tonlänge enthält, wird dies verständlicher.

Arbeiten Sie auf einem Macintosh, lassen sich die Klänge der QuickTime-Musik-Erweiterung nutzen. Dazu muss das Opcode Music System (OMS) installiert sein, damit in Cubase VST die Instrumente über Programmwechsel aufrufbar sind. Ob Sie nun ein Klangmodul oder die QuickTime-Musik-Erweiterung verwenden ist unerheblich, entscheidend ist, dass alle MIDI-Spuren im Sequenzer einen Programmwechsel-Befehl enthalten, damit anschließend auch der richtige Klang angesprochen wird.

■ BIAS PEAK

Dieses Softwarepaket für den Macintosh ist ein reiner Klangdaten-Editor. Wenn Sie nur Audiodaten bearbeiten wollen, ist dieses Programm eine gute Alternative zu Cubase VST. Es hat den Vorteil, dass es RealAudio-Dateien direkt schreibt. Zwar ist dies auch mit dem frei erhältlichen RealAudio-Encoder möglich, aber Peak besitzt neben den Bearbeitungsfunktionen noch einige Möglichkeiten, wie URLs in der Audiodatei zu platzieren, um einen Seitenwechsel auszulösen. Außerdem kann Peak direkt von einer CD Klangdaten lesen. Falls Sie eine Web-Site für eine Musikband gestalten, ist Peak das richtige Hilfsmittel für Sie, da hier alles in einem Programm enthalten ist.

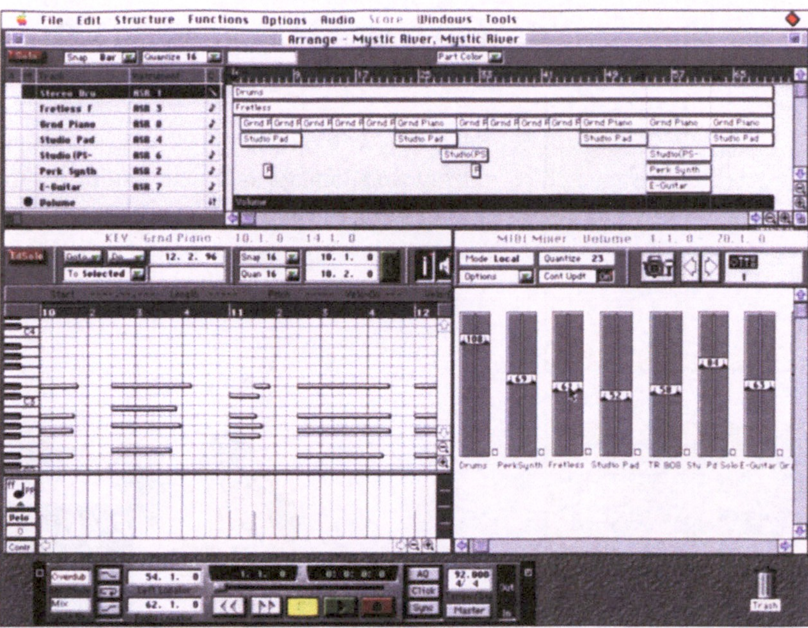

Das Arrange-Fenster und einige der Editoren von Cubase VST.

In dem Fenster lassen sich bis zu acht Effekte gleichzeitig simulieren und auf unterschiedliche Audiospuren anwenden.

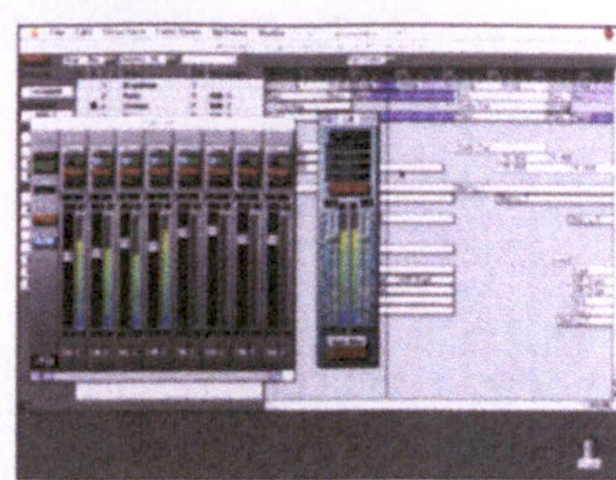

Cubase VST ist ein Sequenzer in Kombination mit einem Hard-Disk-Recording System. In diesem Bild sehen Sie das Audio-Mixer-Fenster.

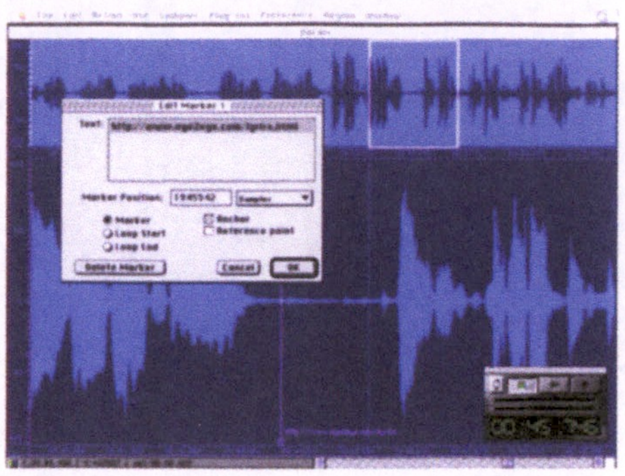

In Bias Peak (www.bias-inc.com) lässt sich eine URL in eine Audiodatei einbetten.

OPTIMIEREN VON CD-AUFNAHMEN FÜR DAS WEB

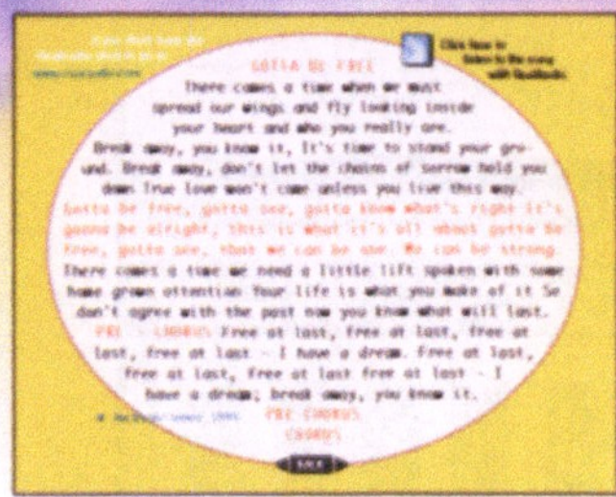

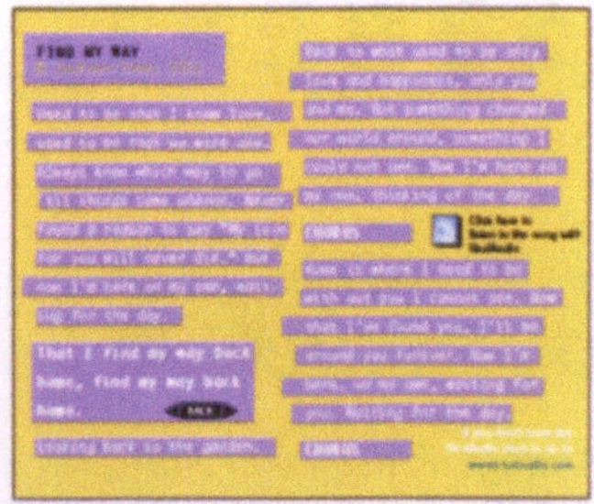

Bei dieser Web-Site für die Band Eye2Eye aus Boston arbeitete ich mit Hajo Carl, Produzent und Toningenieur aus Berlin, zusammen, um deren CD-Aufnahmen für das Internet aufzubereiten. Wir verwendeten BIAS Peak und die Waves-Native-Power-Pack-Plug-Ins, um die Songs in das RealAudio-28.8-Mono-Format zu konvertieren.

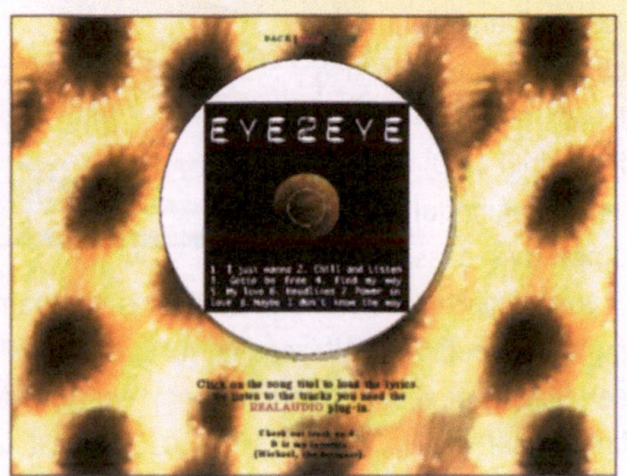

1 *Im ersten Schritt importierten wir die Stücke über Peaks »Import CD Track«-Funktion, welche eine 16 Bit/44.1 kHz AIFF-Datei auf der Macintosh-Festplatte anlegt. Da das gewählte RealAudio-Format nur Frequenzen bis 4 kHz bietet, war das Ziel, ein ausgewogenes Klangbild zu schaffen.*

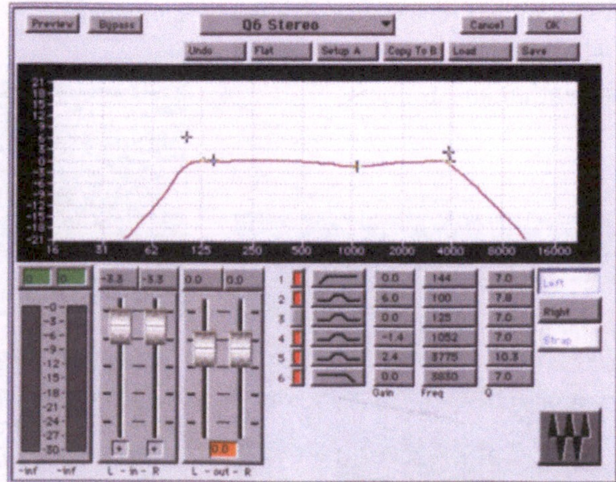

2 *Dazu beschnitten wir die tiefen Frequenzen, um mehr Raum für die Stimme des Sängers zu lassen. Um die Sprachverständlichkeit weiter zu verbessern, wurden auch die Mitten heruntergesetzt. Es ist wichtig, diese Bearbeitungen vor dem Konvertieren durchzuführen, da es danach wesentlich schwieriger ist, den Klang zu optimieren. Zum Beschneiden der Frequenzen kam der grafische Equalizer Waves Q6 zum Einsatz.*

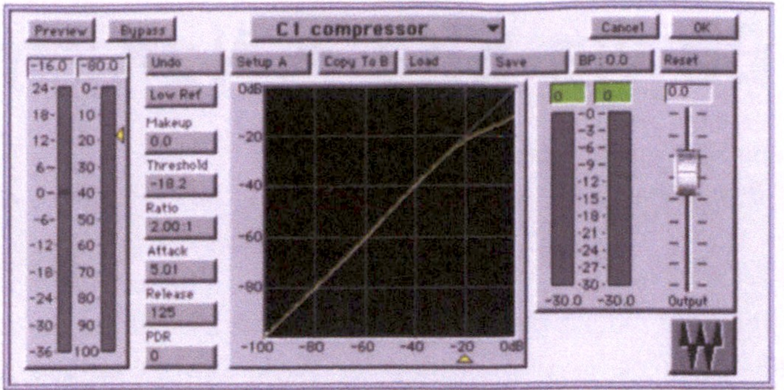

3 RealAudio-Kompression vermindert auch die dynamische Bandbreite, weswegen wir mit dem Waves-C1-Kompressor den leisen Signalen im Musikmaterial mehr Druck gaben. Die Einstellungen hängen sehr vom Ausgangsmaterial ab, und extreme Bearbeitungen rufen unerwünschte Effekte hervor. Um Pumpeffekte oder unnatürliche Beschneidungen von Signalspitzen zu vermeiden, die besonders stark in perkussiven Klängen zu hören sind, wenden Sie lieber eine brauchbare Einstellung zweimal hintereinander auf die Datei an.

4 Bevor wir die Sounddatei in das RealAudio-Format konvertierten, erhöhten wir die Gesamtlautstärke des Songs mit dem Waves-L1-Maximizer. Dieser Prozess steigert die Lautstärke noch deutlich mehr als nur die Normalisieren-Funktion. Da die Stereodatei zu Mono konvertiert werden sollte, setzten wir den Ausgangspegel beim L1 auf −3 dB. Dies vermeidet Verzerrungen, die ansonsten beim Mischen von zwei Kanälen, die beide auf 0 dB optimiert sind, auftauchen können.

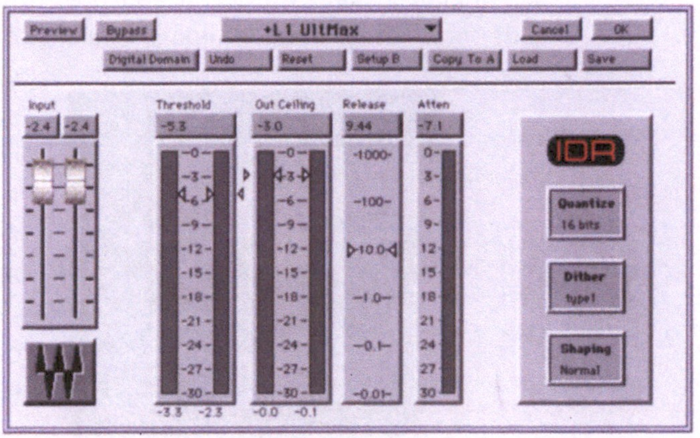

Wir konvertierten alle RealAudio-Daten direkt aus Peak heraus und wählten dazu das RealAudio-28.8-Format, weil Peak weichere Ergebnisse erzielt.

5 Der letzte Schritt ist immer, die Datei mit dem RealAudio-Player zu überprüfen. Wenn das Ergebnis nicht zufrieden stellend ist, muss der gesamte Prozess wiederholt werden, weswegen wir normalerweise verschiedene Versionen auf einmal gestalteten und dann die heraussuchten, die uns am besten gefiel.

David-Bowie-Site • N2K, In

Bei einer Umfrage von MTV Online bei seinen Lesern über die beste Musik-Web-Site wurde unter anderem die David-Bowie-Web-Site nominiert, die von Marlene Stoffers und Ben Clemens von N2K, inzwischen mit CDNow zusammengegangen, gestaltet wurde. Dies war nur eine von vielen Auszeichnungen, die

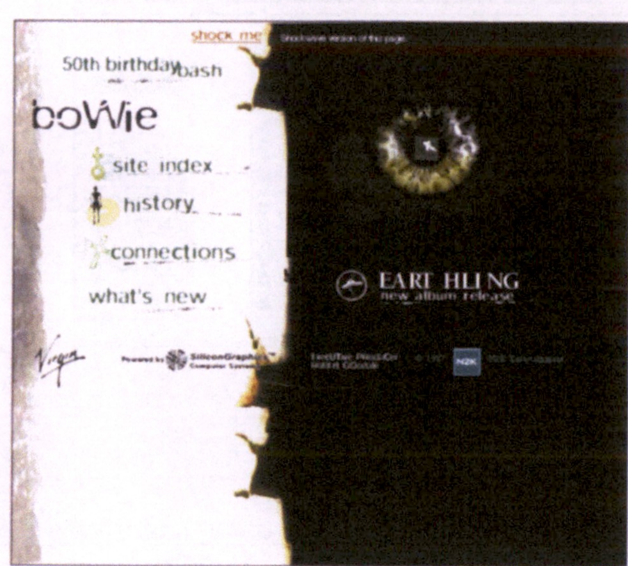

beide Designer für ihre Arbeit erhalten haben, und die David-Bowie-Web-Site zählt zu den Klassikern unter den Musikweb-Sites. Obwohl, wie so viele Web-Sites, durch eine neue Version ersetzt, wirkt die Gestaltung auch heute noch frisch und zeitgemäß.

Wie kam es, dass Sie mit der Überarbeitung der David-Bowie-Web-Site beauftragt wurden?

Marlene Stoffers: Die ursprüngliche Site war im Laufe der Zeit von verschiedenen Agenturen und Künstlern gestaltet worden, und anlässlich der Veröffentlichung von David Bowies neuem Album und seinem 50. Geburtstag wollte die Plattenfirma etwas Besonderes veranstalten. N2K bekam von Virgin Records den Auftrag, die ursprüngliche Web-Site etwas aufzufrischen und ihr eine neue Ausrichtung zu geben. Aber es endete darin, dass wir die gesamte Site neu gestalteten. Aufgrund des begrenzten Finanzrahmens mussten wir dann die Web-Site in vier Wochen gestalten.

Hatten Sie eine klare Vorgabe, oder war es Ihnen überlassen, die Web-Site nach eigenen Vorstellungen zu gestalten?

Marlene Stoffers: Bowie wollte einige der grafischen Elemente des Album-Covers in die Web-Site einbauen. Außerdem gab es eine Fülle an Inhalt ohne durchgängiges Navigationskonzept, also haben wir alles von Grund auf neu gestaltet. Allerdings mussten wir wegen des Zeitdruckes das Navigationskonzept in nur einem Tag entwickeln.

Dafür scheint es ja ziemlich gut funktioniert zu haben, oder gibt es etwas, was Sie heute ändern würden?

Ben Clemens: Die Web-Site ist in fünf Kategorien eingeteilt: Earthling, Connection, History, Site-Index, Beginning. Wir mussten mit einer Unmenge an Inhalten fertig werden und diese in mehr oder minder uneindeutige Bereiche ordnen. Ein Kollege von mir, Paul Cofrancesco, hat ebenfalls sehr zu der Struktur der Web-Site beigetragen. Wenn ich es heute nochmal machen könnte, würde ich eine Benutzeroberfläche gestalten, die wesentlich mehr von der Informationsfülle zeigt, denn die gesamte Web-Site besteht aus 120 Seiten und ist in so vielen willkürlichen Kategorien verteilt, dass es schwer ist, eine ganz bestimmte Information zu finden.

War es schwierig, bei der Gestaltung der Web-Site das bestehende Material von der CD verwenden zu müssen?

Ben Clemens: Das Problem bestand eigentlich nur darin, diesem statischen, visuellen Material für die Verwendung auf dem Internet mehr Leben einzuhauchen. Wir beschäftigten uns dazu auch mit der Idee der Kirilian-Fotografie. Hierbei handelt es sich um eine Lebensphilosophie und eine Technik, wie man mit einer speziellen Kamera die Gesundheit eines Menschen anhand seiner Aura misst.

Dies hört sich an, als wenn Sie damit sehr vertraut sind. Woher hatten Sie diese Informationen, und wie reflektiert die Kirilian-Fotografie und die Web-Site die Persönlichkeit von David Bowie?

Ben Clemens: Wir hatten Glück und fanden viele Informationen zum Thema Kirilian-Fotografie im Internet. Der zweite Teil der Frage ist nicht ganz so leicht zu beantworten, aber ich glaube David Bowie ist absichtlich vieldeutig in seiner Ästhetik, und er versucht ganz einfach so viele Zweifel wie möglich zu wecken. Er wechselt seine Identität, er spielt mit musikalischen Ausdrucksformen, und er vermeidet eine klare Aussage in Bezug auf seine Person. Man könnte also sagen, dass wir seine vagen visuellen Ideen ausgebaut haben, um die Web-Site zu gestalten.

Marlene Stoffers: Die Bemerkung von Ben scheint mir sehr zutreffend. David Bowie ist ein so vielschichtiger Charakter, und die Web-Site ist nur ein Element seines Charakters, das wir festgehalten haben. Damals mussten wir aber wegen seines 50. Geburtstags auch auf seine Geschichte eingehen und uns auseinander setzen mit fünf Jahrzehnten seiner chameleonartigen Karriere. Es ist wirklich schwierig, einen Künstler darzustellen, der sich ständig wandelt, deswegen beschränkten wir uns auf einige Elemente.

Ben Clemens: Wir spielten mit David Bowies Identität genauso, wie er es tut, und das Gute an ihm ist, dass aufgrund seiner Mehrdeutigkeit seine Identität auch Neuinterpretationen zulässt.

Gab es irgendeine Stellungnahme von ihm?

Ben Clemens: Wir haben nicht selber mit ihm gesprochen, aber Ted Mico hat uns gesagt, dass ihm die Site sehr gut gefallen hat.

Eines der herausstechenden Merkmale der Web-Site ist der Hintergrund. Wie

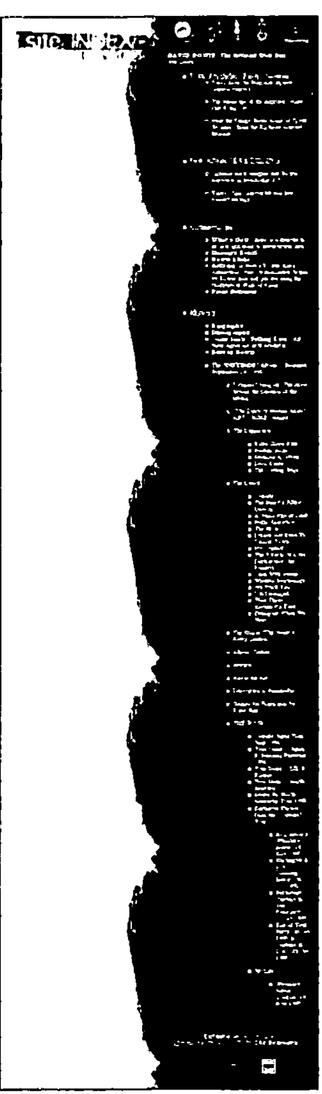

Der Site-Index zeigt die gesamte Fülle an Informationen, die in der Web-Site sind.

wurde dieser und die anderen Elemente der Web-Site gestaltet?

Marlene Stoffers: Eine Vielzahl der Elemente, wie das Drahtgittermodell bei den Navigationselementen, wurde in dem 3D-Programm Infini-D erstellt. Der Hintergrund entstand durch das Pressen von Flüssigkeiten zwischen zwei Glasscheiben, die wir dann anschließend scannten. Ben hat diesen Scans in Photoshop dann Farbigkeit verliehen, und der obskure Hintergrund wurde unser Hauptgestaltungsmittel. Wir mochten die ursprünglichen Gestaltungselemente des CD-Covers und verwendeten diese als Navigationselemente für die gesamte Web-Site. Dabei vermieden wir aber Text; diesen sieht man nur, wenn man mit der Maus über die Icons geht.

Ein weiteres wichtiges Element bei der David-Bowie-Site ist die Verwendung von Shockwave. War dies das erste Mal, dass Sie Shockwave eingesetzt haben?

Ben Clemens: Ich habe auch schon zuvor mit Shockwave gearbeitet. Für die David-Bowie-Web-Site benutzten wir Streaming Shockwave, das es erlaubt, die Elemente herunterzuladen, während die Applikation bereits läuft. Das einzige Problem war, die vielen Bilder zusammen mit den dazugehörigen Farbpaletten für 256 Farben zu optimieren. Wir benötigten acht Anläufe, bis es zu unserer Zufriedenheit funktionierte.

Die Farbbearbeitung ist eines der Hauptprobleme beim Gestalten für das Web. Was sind denn die Hauptfehler, die viele Designer machen?

Ben Clemens: Viele Designer betrachten ihre Bilder auf einem Monitor mit Millio-

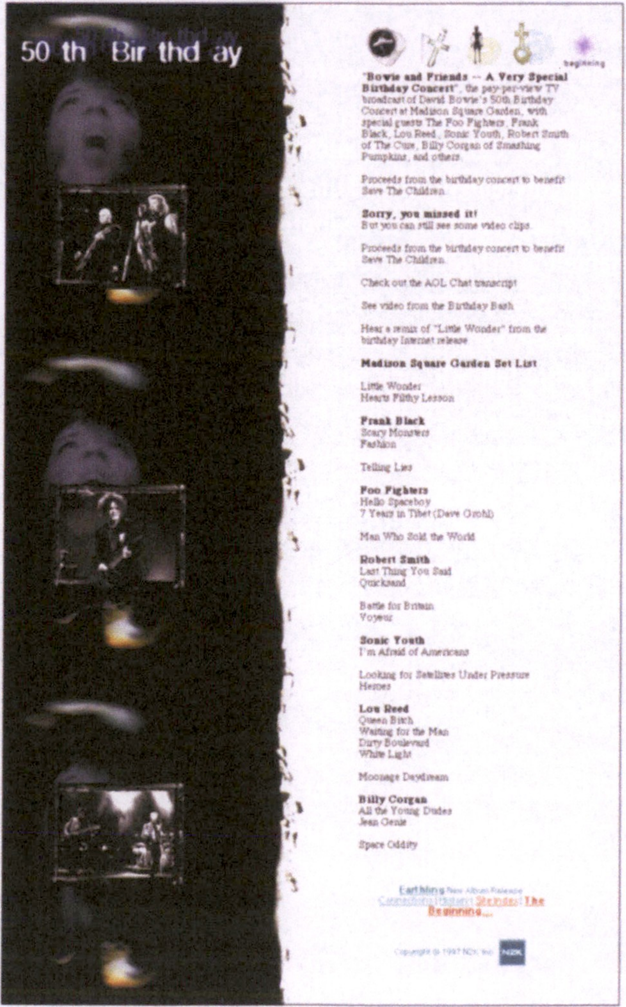

"Bowie and Friends -- A Very Special Birthday Concert", the pay-per-view TV broadcast of David Bowie's 50th Birthday Concert at Madison Square Garden, with special guests The Foo Fighters, Frank Black, Lou Reed, Sonic Youth, Robert Smith of The Cure, Billy Corgan of Smashing Pumpkins, and others.

Proceeds from the birthday concert to benefit Save The Children.

Sorry, you missed it!
But you can still see some video clips.

Proceeds from the birthday concert to benefit Save The Children.

Check out the AOL Chat transcript!

See video from the Birthday Bash

Hear a remix of "Little Wonder" from the birthday Internet release

Madison Square Garden Set List

Little Wonder
Hearts Filthy Lesson

Frank Black
Scary Monsters
Fashion

Telling Lies

Foo Fighters
Hello Spaceboy
7 Years in Tibet (Dave Grohl)

Man Who Sold the World

Robert Smith
Last Thing You Said
Quicksand

Battle for Britain
Voyeur

Sonic Youth
I'm Afraid of Americans

Looking for Satellites Under Pressure
Heroes

Lou Reed
Queen Bitch
Waiting for the Man
Dirty Boulevard
White Light

Moonage Daydream

Billy Corgan
All the Young Dudes
Jean Genie

Space Oddity

Earthling New Album Release
Connections History Statistics! The Beginning...

Copyright © 1997 N2K, Inc.

Happy Birthday, Mr. Bowie – eine Seite der Site ist seinem 50. Geburtstag gewidmet.

gekostet, damit die David-Bowie-Web-Site auch bei 256 Farben noch gut dargestellt wird. Wir haben auch mit DeBabelizer gearbeitet, aber das Ergebnis war nicht zufrieden stellend, also haben wir alle Bilder individuell in Photoshop bearbeitet und manuell die überflüssigen Farben entfernt.

Wie sind Sie überhaupt Designer geworden?

Ben Clemens: Ich ging zur Kunst-Akademie, begann aber dann meine Leidenschaft für Design zu entdecken. Eine Zeit lang habe ich als Illustrator gearbeitet und bin dann nach New York gekommen, weil ich hier immer schon leben wollte. Dabei habe ich zufällig Nicholas Butterworth getroffen, der damals anfing, Web-Sites zu gestalten, und ich habe mit ihm zusammen ungefähr eineinhalb Jahre lang bei SonicNet gearbeitet, zu einer Zeit, als es noch keine Musik auf dem Internet gab. SonicNet ist eine alternative Musik-Site, die von Tim Knife initiiert wurde. Ursprünglich wollte er ein globales Netzwerk von Cyberstudios gründen, damit Bands aus der ganzen Welt sich auf dem Internet treffen konnten, um über MIDI miteinander zu musizieren, aber es gelang ihm nicht, das Projekt zu finanzieren. Der amerikanische Internet-Service-Provider Prodigy bezahlte SonicNet dafür, eine alternative Musik-Web-Site zu gestalten, um mit MTV Online zu konkurrieren.

Marlene Stoffers: Ich besuchte vier Jahre lang die Parsons Designakademie in New York und habe während dieser

Grafikabteilung einer Marketing-Firma. Wir hatten viele Plattenfirmen als Kunden, vermarkteten Bands und gestalteten auch unsere eigene Web-Site. Aufgrund dieser Web-Site bekamen wir zunehmend mehr Aufträge für Web-Sites, und Mercury Records in Nashville beauftragte mich, eine Shania-Twain-sowie eine Terry-Clark-Web-Site zu gestalten. Damals stellte ich fest, dass mich dieses Medium sehr interessiert,

Wird auf einen Punkt in der Illustration geklickt, werden verschiedene Aspekte von David Bowies Persönlichkeit offenbart.

denn es wandelt sich ständig und nimmt mich in seinen Bann. Manchmal vermisse ich zwar die Printmedien, weil es dort nicht so viele Einschränkungen gibt, aber das schöne am Web ist, dass jeder deine Arbeit sehen kann.

Was sind denn die Einschränkungen, die Sie am meisten am Web stören?

Marlene Stoffers: Dass man die Bilder auf ein Minimum beschränken muss und

die Begrenzungen der Farbpalette sind alles Dinge, die mich stören. Aber auf der anderen Seite sind es diese Einschränkungen, die mir wiederum gefallen.

Ben Clemens: Was ich am Web mag, ist, dass es mich fordert, über Information in einer Art und Weise nachzudenken, wie ich es früher nie musste. Die Gestaltung eines Prospekts ist einfach, da Gestalter als auch Konsumenten eine klare Vorstellung davon haben, wie dieser auszusehen hat. Aber ich habe wirklich viel Zeit damit verbracht, über die Interaktion einer Web-Site nachzudenken. Für mich ist dies eine sehr große gestalterische Herausforderung und der interessanteste Teil daran. Bilder sind

sicherlich wichtig für eine Web-Site, aber mehr noch ist es die Interaktion, denn diese ist die eigentliche Schwierigkeit.

Was halten Sie für die Hauptfehler vieler Web-Designer, und was ist eine gelungene Benutzerführung?

Ben Clemens: Viele Web-Sites werden wie ein Nachschlagewerk behandelt. Es ist wie zur Bücherei zu gehen: Du suchst im Verzeichnis und gehst dann zum Bücherregal und ziehst das Buch heraus. Aber ich glaube, dass es mindestens so viele unterschiedliche Ansätze wie Themenbereiche geben sollte. Dieses Nachschlagemodell und eine Baumstruktur ist für einige Sachen sicherlich angemessen, aber nicht für alles.

Marlene Stoffers: Designer sollten sich wesentlich mehr über die Zielgruppe der Web-Site Gedanken machen. Viele Designer gestalten einfach nur etwas, was sie gut finden, aber es ist wichtig zu überprüfen, ob die Gestaltung für die gewünschte Zielgruppe auch funktioniert. Dabei ist die Einfachheit der Schlüssel zum guten Interface-Design, ebenso wie eine Gestaltung, die verschiedenen Anwendern gerecht wird. Eine meiner Ideen war es, denselben Inhalt für verschiedene Besuchertypen zu gestalten.

Und wie würden diese Gestaltungs-modelle aussehen?

Marlene Stoffers: Die eine Zielgruppe liebt es mehr zu blättern und auf geheimnisvolle Objekte zu klicken, ohne zu viel Wert auf Text zu legen, während eine andere Zielgruppe lieber eine klare und offensichtliche Umsetzung wünscht. Jeder hat seine eigenen Vorlieben, es ist also schwer, hier den ultimativen Weg nennen zu wollen.

Was glauben Sie, wird sich zukünftig im Web-Design ändern?

Marlene Stoffers: Anwendertests werden wesentlich wichtiger werden in der Zukunft, vergleichbar den Beta-Tests bei Software, um noch besser auf die Bedürfnisse der Besucher eingehen zu können.

Die Shockwave-Version der Site arbeitet mit RealAudio.

Kapitel 12

JavaScript

Designer sind nicht unbedingt auch begeisterte Programmierer, aber das Gestalten fürs Web wird sich zunehmend in Richtung Multimedia-Design entwickeln und immer weniger dem Gestalten für Printmedien ähneln. Dies erfordert ein gewisses Maß an Grundwissen über Java und JavaScript, da sich hierüber wesentlich mehr Interaktivität als mit reinem HTML erzielen lässt. In diesem Kapitel finden Sie einige gebrauchsfertige Programme, die Sie nur geringfügig anpassen müssen, um diese für Ihre Seite einzusetzen. Dazu bedarf es nur wenig Hintergrundinformationen zu JavaScript und wie es implementiert wird. Aber zuerst will ich auf den Unterschied zwischen beiden eingehen, da deren Namensähnlichkeit leicht zu Verwirrung führt.

■ Java und JavaScript

Java, entwickelt von Sun Microsystems, ist eine vollwertige Programmiersprache, während JavaScript »nur« als Scriptsprache bezeichnet wird. Während Sie mit Java kleine Applets gestalten, die als eigenständige Programme ablaufen können oder sich in eine Webseite implementieren lassen, verwendet man JavaScript nur dazu, kleinere Probleme zu lösen oder einer Seite mehr Interaktivität zu geben, wie beispielsweise das Auswechseln eines Bildes in Abhängigkeit von der Benutzereingabe. Java und JavaScript ähneln sich in ihrer Syntax und Informationen lassen sich zwischen beiden austauschen, aber obwohl beide leicht zu lernen und zu verwenden sind, setzt Java gewisse Kenntnisse in der Programmierung mit C++ voraus. JavaScript dagegen ist leichter zu lernen und zu implementieren, und wenn Sie jemals mit Basic gearbeitet haben, sollte es nicht schwer sein, sich mit JavaScript zurechtzufinden. In diesem Kapitel will ich deswegen einige JavaScript-Anwendungen vorstellen, die Sie in Ihrer Web-Site verwenden können und die Ihnen eine bessere Vorstellung da-von geben werden, was mit JavaScript möglich ist.

■ Implementieren von Java und JavaScript

Java-Programme werden Applets genannt, und es lassen sich viele frei verfügbare Applets auf dem Internet finden, die kostenlos verwendet werden dürfen. Um ein Java-Applet einzubauen, verwendet man den APPLET-Marker und legt die Werte für die Parameter mit dem PARAM-Marker fest [12-01].

In diesem Beispiel wird ein Applet für einen interaktiven Taster (Abmessung 100 x 25 Pixel) aufgerufen und die ent-

Manche Browser können kein Java interpretieren und stellen stattdessen einen leeren Rahmen dar. Um dies zu vermeiden, sollten Sie immer ein Bild im APPLET-Marker einbinden.

```
<APPLET CODE="ChangingImage.class" WIDTH=100 HEIGHT="25">
<PARAM NAME="button" VALUE="button_regular.gif">
<IMG  SRC="alt_image.gif">
</APPLET>
```

Der APPLET-Marker 12-01

sprechenden Informationen übergeben. Zum Platzieren eines Java-Applets auf der Seite müssen Sie die Variablen kennen, die normalerweise als Kommentare im Quellcode des Applets zu finden sind. Ebenso wie für Java finden Sie auch für JavaScript viele fertige Scripts auf dem Internet, die nur leicht modifiziert werden müssen, um auf Ihrer Webseite zu laufen.

Um JavaScript in einem HTML-Dokument zu installieren, muss das Script innerhalb des SCRIPT-Markers stehen [12-02]. Damit die Befehle nicht als Text in einem Browser dargestellt werden, fassen Sie das Script am besten zwischen Kommentar-Markern ein (<!-- ... -->).

```
<SCRIPT LANGUAGE=javascript>
<!-- ... here you place the script -->
</SCRIPT>
```

Der SCRIPT-Marker 12-02

```
<A HREF="http://www.server.com" onMouseOver = 'button.src=
"image2.gif"' onMouseOut = 'button.src="image1.gif"'>
<IMG NAME="button" SRC="image1.gif" BORDER=0 WIDTH=100
HEIGHT=25></A>
```

Interaktive Taster 12-03

```
<HTML>
<HEAD>
<TITLE>JavaScript Banner</TITLE>
<SCRIPT LANGUAGE="JavaScript">
//this script rotates a banner ad
var counter = 0
var timer
var imgs = new Array()
    for (var i = 1; i <= 3; i++) {
        imgs[i] = new Image()
        imgs[i].src = "banner" + i + ".gif"
    }
    function banner_animation() {
        counter = (counter < 3 ) ? (counter + 1) : 1
        document.banner.src = imgs[counter].src
        timer=setTimeout("banner_animation()",5000)
    }
</SCRIPT>
</HEAD>

<BODY BGCOLOR="ffffff" onLoad="banner_animation()">
<IMG SRC="banner1.gif" NAME="banner">
</BODY>
</HTML>
```

Rotierende Streifenbandanzeige/Bilder 12-04

■ INTERAKTIVE TASTER UND EINBLENDMENÜS

Eine sehr nützliche Anwendung für JavaScript ist das Auswechseln von Bildern auf der HTML-Seite, was auch dazu benutzt weden kann, um interaktive Schaltflächen zu gestalten, die ihr Aussehen ändern, sobald die Maus über diese geführt wird. Eine weitere Anwendung dafür könnte eine Streifenbandanzeige sein, die sich alle dreißig Sekunden ändert.

Die zwei benötigten Befehle für interaktive Taster sind »onMouseOver« und »onMouseOut« [12-03].

In diesem Script wurde das Bild mittels des NAME-Attributes im IMG-Marker als »button« benannt. Nun lässt sich das

Was aussieht wie Text, ist im Grunde ein Bild: Die gelben Taster werden über JavaScript gegen rote Taster ausgetauscht.

Bild mit JavaScript adressieren, und in der Verknüpfung ist die Bilddatei für den aktivierten Taster festgelegt (image2.gif). Jedesmal, wenn der Anwender die Maus über das Bild führt, löst der »onMouseOver«-Befehl einen Bildwechsel aus, und sobald die Maus außerhalb der Bildabmessungen ist, stellt der »onMouseOut« den Originalzustand wieder her. Wie Sie die Bilder benennen, ist dabei unwesentlich, nur sollten alle Bilder dieselbe Größe besitzen, da sie ansonsten entsprechend den Abmessungen skaliert werden, die im IMG-Marker definiert sind.

■ WECHSELNDE STREIFENBANDANZEIGEN

Viele Web-Sites finanzieren sich aus den Streifenbandanzeigen am oberen oder unteren Rand der Seite. Eine nette Funktion wäre, die Anzeigen automatisch alle dreißig Sekunden auszutauschen, damit jede Anzeige auch gesehen wird. Dies kann über JavaScript geschehen, was zudem den Vorteil hat, dass die Anzeigen sich leicht aktualisieren lassen. Benennen Sie die Bilder und legen Sie diese einfach in den richtigen Ordner. Mit diesem Script lässt sich auch ein Online-Portfolio erstellen.

Um die Anzahl der dargestellten Anzeigen zu ändern [12-04], ersetzen Sie in der Zeile »for (var i = 1; i <= 3; i++)« die Zahl 3 gegen die Anzahl der Bilder. Außerdem ändern Sie die Zahl 3 in der Zeile »counter = (counter ‹ 3) ? (counter + 1) : 1«. Alle Bilder müssen denselben Namen in Verbindung mit einer Zahl haben, was in der Zeile »imgs[i].src = "banner" + i + ".gif"« festgelegt wird. In diesem Beispiel sind alle Bilder mit „banner" und der Endung ».gif« benannt. Wichtig: Wenn die Bilder in einem Unterordner sind, dann muss hier der gesamte

Ein weiteres Beispiel für ein Interface, bei dem die Taster mittels JavaScript kontrolliert werden.

```
<HTML>
<HEAD>
<TITLE>JavaScript Banner with rotating link</TITLE>

<SCRIPT LANGUAGE="JavaScript">
//this script rotates a banner ad
var counter = 0
var timer
var imgs = new Array()
    for (var i = 1; i <= 3; i++) {
    imgs[i] = new Image()
    imgs[i].src = "banner" + i + ".gif"
    }
    function banner_animation() {
        counter = (counter < 3 ) ? (counter + 1) : 1
        document.banner.src = imgs[counter].src
        timer=setTimeout("banner_animation()",5000)
        if (counter == 1) {
        newLocation="http://www.web_address_1.com"
        }
        if (counter == 2) {
        newLocation="http://www.web_address_2.com"
        }
        if (counter == 3) {
        newLocation="http://www.web_address_3.com"
        }
    document.links[0].href=newLocation
    }
</SCRIPT>
</HEAD>

<BODY BGCOLOR="ffffff" onLoad="banner_animation()">
<A HREF="www.web_address_1.com">
<IMAGE SRC="banner1.gif" NAME="banner" BORDER=0>
</A>
</BODY>
</HTML>
```

Wechselnde Streifenbandanzeige/Bilder mit Verknüpfungen 12-05

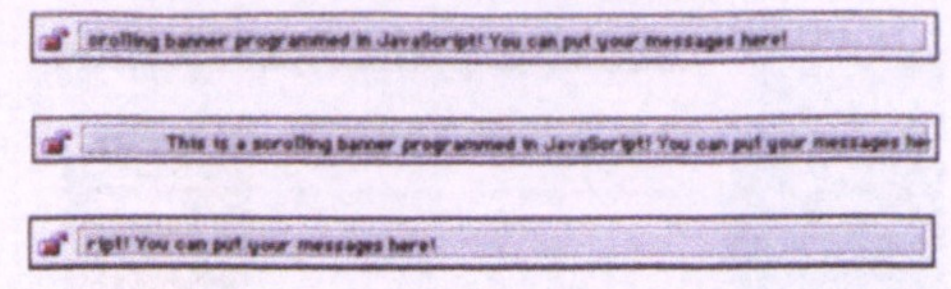

Mit dem Script in [12-06] kön-nen Sie einen eigenen Lauftext gestalten.

Pfad angegeben werden (beispielsweise: bannerads/banner). Der Befehl »onLoad«, der im BODY-Marker platziert wird, löst die Animation aus, und die Zeit zwischen jeder Anzeige ist auf fünf Sekunden eingestellt (5000).

Eine wechselnde Streifenbandanzeige ist eine feine Sache, aber meistens sollen die Anzeigen eine Verknüpfung besitzen. Mit wenigen Änderungen des vorigen Scripts wird das Bild jedesmal mit einer anderen URL verknüpft [12-05]. Dazu platzieren Sie das Bild innerhalb eines A-Markers und fügen einen Befehl hinzu, der die Adresse der Verknüpfung jedesmal ändert: »document.links[0].href= newLocation«. Es könnte sein, dass die Nummer in der eckigen Klammer geändert werden muss, denn die Null adressiert die erste Verknüpfung auf der Seite und funktioniert nicht, wenn im HTML-Dokument zuvor schon eine Verknüpfung steht. Die Variable »newLoca-tion« wird in der Funktion über eine Reihe von »if ... then«-Routinen definiert.

■ LAUFTEXT IN DER STATUSANZEIGE

Lauftext zieht immer sehr viel Aufmerksamkeit auf sich, und es ist über JavaScript möglich, Text in der Statusanzeige des Browsers darzustellen, was ideal ist, um auf besondere Ereignisse oder Angebote aufmerksam zu machen. Das folgende Script erlaubt es, die Geschwindigkeit des Lauftextes über die Variable »banner_speed« und den Text über die Variable »message« zu verändern. Die »banner_main«-Funktion wird

```
<HTML>
<HEAD>
<TITLE>JavaScript: scrolling text in the status bar</TITLE>
<SCRIPT LANGUAGE="JavaScript">
var banner_position=0;
var banner_speed=10; //this value defines banner speed
function banner_main() {
    var message="This is a scrolling banner programmed in JavaScript!"
    +" You can put your messages here!"
    var k=(100/message.length)+1;
    for(var j=0;j<=k;j++) message="        "+message;
    window.status=message.substring(banner_position,banner_position+100);
        if(banner_position++==message.length){
        banner_position=0;
        }
    setTimeout("banner_main()",1000/banner_speed);
}
</SCRIPT>
</HEAD>

<BODY BGCOLOR="ffffff" onLoad="banner_main()">
</BODY>
</HTML>
```

Lauftext in der Statusanzeige 12-06

nach dem Laden der Seite über den Befehl »onLoad« aufgerufen, könnte aber auch über den Befehl »onMouse-Over« oder »onClick« angesprochen werden. Der Lauftext würde dann erscheinen, sobald der Anwender die Maus über eine Verknüpfung führt oder nachdem er auf eine solche geklickt hat [12-06].

■ DAS ÖFFNEN EINES NEUEN FENSTERS

JavaScript kann auch ein Browserfenster kontrollieren. Denkbare Anwendung wäre das Öffnen eines zusätzlichen Navigationsfensters wie in diesem Beispiel, wo das Navigationsfenster über den Befehl »onLoad« im BODY-Marker automatisch nach dem Laden der Hauptseite geöffnet wird. Die Funktion mit dem Namen »openWin()« wird aufgerufen; sie enthält den Befehl »window.open«, das zu ladende Dokument (web_page. html), den Namen (name_window) und das Erscheinungsbild des Fensters. Mit »status=no,width=200,height=300,toolbar=no,directories=no,menubar=no« werden alle üblichen Bedienungselemente des Browsers deaktiviert, und mit den Attributen »width« und »height« bestimmen Sie die Größe des Fensters [12-07]. Ganz wichtig: Fügen Sie keine Leerzeichen zwischen die Kommas ein, da ansonsten der Befehl nicht funktioniert. Mit dem Befehl »self.name« wird dem Hauptfenster ein Name zugewiesen, der es im Navigationsfenster gestattet, dieses Fenster über das TARGET-Attribut anzusprechen (z. B. <A HREF="page.html" TARGET="main">).

■ MEHRERE SEITEN MIT EINEM MAUSKLICK LADEN

Im Kapitel über Frames habe ich bereits erklärt, wie man mehrere Seiten gleichzeitig in verschiedene Rahmen lädt. Hier

```
<HTML>
<HEAD>
<SCRIPT LANGUAGE="JavaScript">
    function openWin(){
    var newWin=window.open("web_page.html","name_window",
    "status=no,width=200,height=300,toolbar=no,directories=no,
    menubar=no")
    self.name = "main"
    }
</SCRIPT>
</HEAD>
    <BODY onLoad="openWin()">
    </BODY>
</HTML>
```

Öffnen eines HTML-Dokuments in einem neuen Fenster 12-07

nun eine auf JavaScript basierende Lösung: Das Prinzip ist, eine Funktion zu gestalten, die das Laden von zwei Seiten steuert und diese über eine Verknüpfung aufruft. Verknüpfung zum Ansteuern von Funktionen ist ein wichtiges Gestaltungsmittel, denn hierüber lassen sich viele Interface-Probleme lösen. In der Zeile <A HREF="JavaScript:loadFile('page1.html', 'page2.html')">click here </A> in unserem Beispiel [12-08] sehen Sie, wie eine Funktion über eine Verknüpfung adressiert

```
<HTML>
<HEAD>
    <SCRIPT LANGUAGE="JavaScript">
        <!--
        function loadFile(document1, document2) {
        parent.frame_name1.location.href=document1;
        parent.frame_name2.location.href=document2;
        }
        // -->
    </SCRIPT>
</HEAD>
    <BODY>
    <A HREF="JavaScript:loadFile('page1.html','page2.html')">
    click here</A>
    </BODY>
</HTML>
```

Mehrere Seiten mit einem Mausklick laden 12-08

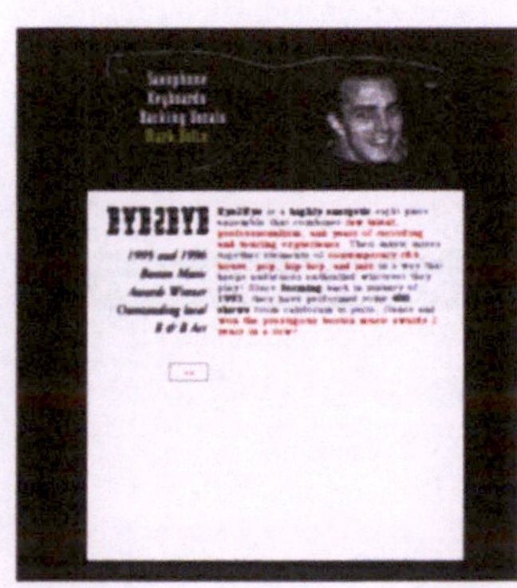

```html
<HTML>
<HEAD>
  <SCRIPT LANGUAGE="JavaScript">
  <!--
  function changeColor() {
  document.bgColor="red"
  }
  // -->
  </SCRIPT>
</HEAD>
  <BODY>
    <A HREF="JavaScript:change-
    Color()">change the color</A>
  </BODY>
</HTML>
```

Wechseln der Seitenfarbe 12-09

wird: Das HREF-Attribut bestimmt die Scriptsprache, in diesem Falle JavaScript, und ruft die Funktion »loadFile« auf, die zwei Werte an diese Funktion übergibt. Die Funktion übernimmt diese Werte als die URL der Seiten, die geladen werden sollen, deswegen müssen hier die absoluten oder relativen Adressen stehen. Ersetzen Sie »frame_ name1« und »frame_name2« mit den Namen der Rahmen, und dieses Script sollte auch bei Ihnen funktionieren [12-08].

■ Das Wechseln der Seitenfarbe

Jedes Objekt und Attribut einer Webseite, wie die Hintergrundfarbe oder die Farbe der Verknüpfungen, kann mit JavaScript angesprochen und verändert werden. Hier nun eine nette Spielerei, die es dem Anwender ermöglicht, die Hintergrundfarbe zu ändern. In diesem Beispiel ruft eine Verknüpfung die Funktion »changeColor« auf, die nur aus einer einzigen Befehlszei-

le besteht: document.bgColor="red".

Wenn Sie nicht eine der 16 Standard-Farbnamen verwenden wollen, benutzen Sie die reguläre Syntax (#nnnnnn), um einen RGB-Wert zuzuweisen. Andere Farbeigenschaften, die sich setzen lassen, sind beispielsweise die Farbe von Verknüpfungen (linkColor), die Farbe von aktiven Verknüpfungen (alinkColor) und die Farbe der besuchten Verknüpfungen (vlinkColor). Leider funktionieren viele dieser Eigenschaften nicht mit dem Netscape-Browser, aber das könnte sich in der Zukunft ändern [12-09].

JavaScript-Version	Windows		Mac	
	IE	Navigator	IE	Navigator
1.0	3.0	2.0	-	2.0
1.1	-	3.0	3.1	3.0
1.2	4.0+(*)	4.0+	4.0+(*)	4.0+

JavaScript-Unterstützung der verschiedenen Browser

* Jede Plattform unterstützt leicht modifizierte Versionen von JavaScript.

DAS GESTALTEN VON TASTERN MIT EYE CANDY

Eine meiner beliebtesten Plug-Ins für Photoshop ist die Filtersammlung Eye Candy von Alien Skin Software. Diese Filtersammlung bietet eine Fülle von Standard-Effekten auf Knopfdruck, die normalerweise viel Zeit in Anspruch nehmen würden, müsste man diese mit traditionellen Photoshop-Techniken erstellen. Nun, da Sie wissen, wie man interaktive Taster mit JavaScript programmiert, wollte ich Ihnen noch einen Tipp mit auf den Weg geben, wie Sie Taster gestalten können.

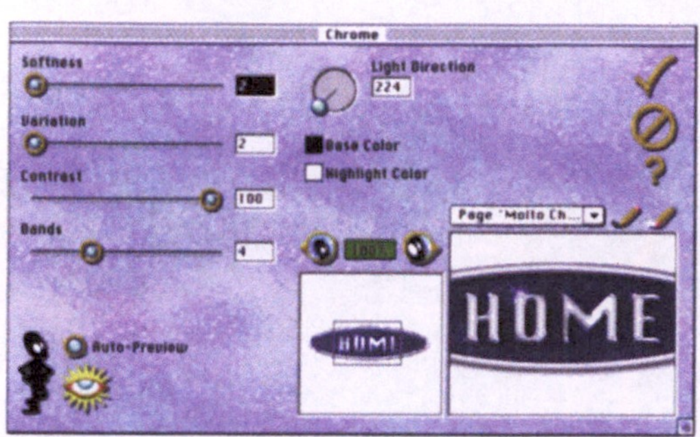

1 *Obwohl Sie mit Eye Candy kaum Photo-shop-Kenntnisse benötigen, sollten Sie dennoch wissen, wie man mit Auswahlen und der Kanalpalette arbeitet. Um diesen Taster mit Chromkante zu gestalten, lud ich erst eine Strukturfläche, wählte einen Bereich aus und löschte die überflüssigen Bereiche, indem ich die Auswahl invertierte und die Löschtaste drückte. Danach kehrte ich die Auswahl wieder um, sicherte diese in einen Kanal (#4) und duplizier-te ihn (zu #5) durch Aufrufen der entsprechenden Funktion in dem Einblendmenü der Palette. Mit »Auswahl: Auswahl verändern: Verkleinern« erzeugte ich eine Auswahl, die parallel zu der ursprünglichen Auswahl verlief und füllte diese mit Schwarz. Das Ergebnis ist eine Ellipse mit einem 10 Pixel breiten Rand. Nach dem An-wählen der RGB-Kanäle in der Kanalpalette lud ich den Kanal #5 als Auswahl (Auswahl: Aus-wahl laden). Mit dieser Auswahl und dem Chromfilter von Eye Candy entstand der Chrom-effekt für den Rand. Dieser wirkt authentischer, wenn zusätzlich noch ein kleiner Schlagschatten über den Filter »Schlagschatten« hinzugefügt wird.*

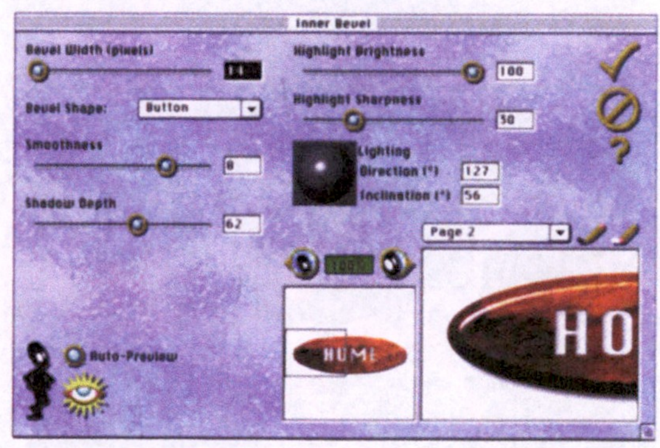

2 *Für einen dreidimensionalen Taster eignet sich auch der »Beleuchtungseffekte«-Filter in Photoshop, aber Sie benötigen einige Grundkenntnisse, um einen Reliefkanal zu erstel-len. Eye Candy vereinfacht die Gestaltung von Tastern mit Kanten, da es abrufbereite Kantenfor-men anbietet. Sie müssen diese nur in der Kanten-form-Option anwählen und die anderen Parameter wie Licht oder Schattenstärke setzen.*

KAPITEL 13

Perl, CGI und Formulare

Wer mit Web-Design zu tun hat, wird früher oder später mit zwei Begriffen in Berührung kommen, die wesentlich für viele kommerzielle Web-Sites sind: Perl und CGI. Obwohl beide Begriffe oftmals in einem Atemzug genannt werden, hat das eine mit dem anderen nur peripher zu tun. Dieses Kapitel soll Ihnen die wichtigsten Aspekte und Informationen vermitteln, damit Sie einerseits die Möglichkeiten von Perl und CGI verstehen und andererseits in der Lage sind, fertige Perlscripte auf Ihrem Server zu installieren. Hierzu benötigen Sie keine weiteren Programmierkenntnisse, und da es auf dem Internet eine Vielzahl von Web-Sites gibt, die kostenlos Perlscripte anbieten, können Sie mit wenig Aufwand Ihre Web-Site deutlich aufwerten.

■ WIE HÄNGEN CGI UND PERL ZUSAMMEN?

Perl ist eine Programmiersprache, CGI dagegen ist ein Protokoll, welches definiert, wie Informationen, die vom Browser kommen, auf dem Server abgelegt werden. Diese Informationen kann Perl, oder eine andere Programmiersprache, dann bearbeiten. So gibt es beispielsweise viele Web-Designer, die hierzu Visual Basic verwenden, insbesondere wenn die Web-Site auf einem Windows-NT-Rechner gehostet wird. Aber auch wenn Visual Basic relativ einfach zu lernen ist, hat Perl doch den Vorteil, dass es auf jedem Server funktioniert und, gerade was die Textbearbeitung angeht, Stärken zeigt. Die Verwendung von Perl gibt Ihnen also größtmögliche Flexibilität bei der Wahl Ihres Internet-Hosting-Services. Wenn Sie eine Web-Site, die Perl verwendet, auf einen anderen Rechner transferieren wollen, genügen einige Anpassungen in den Perlscripten und im HTML-Code und schon ist die Web-Site wieder am Start. Dies ist bei anderen Lösungen, wie beispielsweise ColdFusion nicht der Fall, denn nicht jeder Internet-Hosting-Service hat ColdFusion installiert.

■ WAS IST PERL?

Bei Perl (Practical Extraction and Report Language) handelt es sich um eine Interpretersprache, die auf den meisten Servern, speziell den Unix-Servern, installiert ist. Richtiger wäre es, zu sagen, dass ein Interpreter installiert sein muss, der das Programm liest und dann entsprechend in Befehle übersetzt, die der Computer ausführen kann. Dies ist ideal, wenn es Ihnen darum geht, schnell eine kleine Funktion zu programmieren, die beispielsweise dem Anwender mitteilt, dass die gesendeten Daten einer Eingabemaske übermittelt wurden.

Was ist der Vorteil einer kompilierten Programmiersprache zu einer interpretierten Sprache, werden Sie sich vielleicht fragen. Der hauptsächliche Unterschied liegt darin, dass eine kompilierte Programmiersprache wesentlich schneller arbeitet als eine interpretierte, denn der Computer ist während des Programmlaufs nicht noch mit dem Übersetzen des Programmes beschäftigt. Der andere Vorteil ist, dass kompilierte Programme eigenständig arbeiten und keinen Zugriff auf den Programmcode selber bieten.

Vor einiger Zeit hat Netscape für sehr viel Medienwirbel gesorgt, als sie den Programmcode von Navigator als Open Source auf dem Internet frei zugänglich gemacht haben. Dieser Programmcode, der quasi das Betriebsgeheimnis, und damit das Kapital, einer Firma darstellt, wird normalerweise gehütet wie ein Augapfel. Netscape hatte sich aber zu diesem Schritt entschlossen, da Microsoft es zwischenzeitlich mit dem Internet Explorer geschafft hatte, Navigator als Marktführer zu verdrängen. Es bleibt abzuwarten, ob dies den gewünschten Effekt hat und Navigator wieder an Popularität gewinnen kann. Der Vorteil einer Interpreter-Sprache gegenüber einer kompilierten Sprache ist, dass die Programme plattformübergreifend funktionieren, wenn ein entsprechender Interpreter vorhanden ist.

◼ Was ist CGI?

Wenn ein Anwender in einem Online-Bestellformular seine Daten eingibt und auf den Submit-Taster (Senden) drückt, wird die Information, die im Wesentlichen nur aus einer langen Zeichenkette besteht, an den Server übertragen. Dort wird die Information gepuffert und kann von einem Programm, das auf dem Server installiert ist, abgearbeitet werden. Dies wäre an sich kein Problem, wenn nicht gleichzeitig mehrere Anwender mit Ihrer Web-Site interagieren würden. Tatsache ist, dass bei manchen Web-Sites gleichzeitg Hunderte von Informationen eintreffen, die alle auf einen »Haufen« geworfen werden. Gäbe es hier keinen Standard, wie die Informationen abgelegt werden, wäre es enorm schwierig, sich die richtigen Daten aus diesem Haufen herauszusuchen, zu bearbeiten und eine Antwort an den richtigen Browser zurückzusenden.

Genau dieser Standard ist CGI, was für Common Gateway Interface steht. Jede Information, die von einem Browser kommt, erhält hier quasi einen Stempel zur Kennzeichnung des Absenders (Browser) und der übermittelten Nachricht. Der HTML-Code enthält die Information, welches Programm nun diese Nachricht bearbeiten soll und wie die Information übertragen wurde.

Vielleicht haben Sie schon einmal die beiden Begriffe GET und POST gehört. Diese entsprechen der Art und Weise der Übermittlung, und wollte man hier eine Analogie zum realen Leben ziehen, dann wären sie vergleichbar mit der Aufgabe einer Postkarte oder eines Päckchens. GET wäre das Äquivalent einer Postkarte, denn GET wird überwiegend verwendet, wenn man nur kleinere Datenmengen übertragen will. Es gibt hier eine Einschränkung in der Anzahl der übertragbaren Zeichen und die Art und Weise, wie diese übermittelt werden. Bei GET wird die Information einfach an die URL angehängt, was allerdings den großen Nachteil hat, dass dies die Datensicherheit einschränkt. Es wäre also beispielsweise ein großer Fehler, einen Benutzernamen und ein Passwort per GET übertragen zu wollen, auch wenn die Datenmenge gering ist: Das Passwort würde völlig uncodiert in der URL auftauchen. Wenn der Rechner von mehreren Personen genutzt wird, wäre hier die Gefahr eines Missbrauches gegeben. Verwenden Sie also GET nur für nicht sensitive Informationen. »moviefone.com" ist beispielsweise eine Web-Site, auf der sich die Filmprogramme aller Kinos einer Stadt listen lassen. Hier wird die Postleitzahl, die der Anwender eingibt, mittels GET an die URL angehängt. Aber da es sich hier um keine kritischen Daten handelt, ist dies unbedenklich.

POST dagegen ist das Äquivalent eines Päckchens. Es kann im Prinzip eine unbegrenzte Anzahl an Zeichen enthalten. Dies ist wichtig, wenn Sie beispielsweise eine Web-Site gestalten, bei der Anwender Dateien auf den Server hochladen können – die Kapazität von GET wäre zu begrenzt, um beispielsweise eine noch so kleine Audiodatei zu senden.

In der Regel werden alle CGI-Programme auf dem Server in einen speziellen Ordner, oftmals »cgi-bin" benannt, abgelegt. Die Bezeichung könnte an sich beliebig sein, aber sie hat sich eingebürgert, und wenn Sie per FTP einen Blick auf die Ordnerstruktur Ihres Servers werfen, sollte der Ordner ohne Schwierigkeiten zu finden sein. Zur Not müssen Sie Ihren Internet-Service-Provider fragen, wie der Server konfiguriert ist.

Der Ordner unterscheidet sich übrigens von den anderen Ordnern auf Ihrem Server durch die Zugriffsrechte: Programme oder Dateien, die in diesem Ordner platziert sind, können Daten und Dateien auf dem Server manipulieren oder sogar löschen. Informationen in allen anderen Ordnern auf dem Server können nur gelesen werden, was für HTML-Seiten und Bilder ausreichend ist. Gleichzeitig ist das »Leserecht« der Dateien im CGI-Ordner auf den Administrator eingeschränkt. Mit anderen Worten, nur wenn Sie Benutzernamen und Passwort haben, können Sie die Programme in diesen Ordnern einsehen. Dies ist essenziell, denn wenn dies nicht der Fall wäre, könnten Hacker z. B. die URL zum Programm dem HTML-Code entnehmen und damit das Programm im Browser einfach als Textdatei darstellen lassen. Ich erwähne dies nur, damit Sie nicht den Fehler begehen, eines Ihrer CGI-Programme in einen beliebigen Ordner zu platzieren, was theoretisch möglich wäre. Nach diesem Ausflug zu CGI nun aber zurück zu den Vorteilen von Perl.

■ Warum Perl?

Einige der wichtigsten Vorteile von Perl sind bereits erwähnt worden. Es ist einerseits kostenlos und praktisch auf jedem Server dieser Welt vorhanden, zudem ist es auch noch leicht zu erlernen und ideal für die Bearbeitung von Text. Ach ja, und es gibt eine Vielzahl kostenloser Perlscripte auf dem Internet. Die fertigen Anwendungen reichen von der komplexen Streifenbandanzeigenverwaltung bis hin zur Generierung von Diagrammen als GIF-Bilder. Um einen Eindruck zu bekommen, was mit Perl möglich ist, sollten Sie im CPAN-Archiv stöbern, einem der größten Perl-

Archive auf dem Internet – CPAN steht für Comprehensive Perl Archive Network. Lesen Sie mehr über CPAN unter www.Perl.com/CPAN/README.html.

Bevor wir uns an die Programmierung und Installation eines Perlscriptes machen, will ich noch auf die Bearbeitung von Text eingehen, und warum Perl sich hier so sehr von anderen Sprachen abhebt.

Wenn Sie bereits mit einer Programmier- oder Scriptingsprache wie Basic oder JavaScript gearbeitet haben, dann standen Sie eventuell schon vor dem Problem, dass Sie eine Textzeichenkette hatten, aus der Sie eine bestimmte Information herausfiltern wollten. Auch wenn dies natürlich im Prinzip mit allen Programmiersprachen möglich ist, unterscheidet sich die Vorgehensweise, und oftmals sind Sie genötigt, mehrere Zeilen Programmcode zu schreiben, nur um beispielsweise eine Hausnummer aus einer Anschrift herauszulösen. Perl ist dazu im Vergleich wie ein komfortabler Texteditor, der hierfür bereits eine fertige »Suchen-und-Ersetzen«-Funktion bereit hält. Besonders komfortable Texteditoren bieten sogar die Möglichkeit, so genannte Wildcards zu verwenden. Solche Wildcards sind wie Variablen

Mit einem FTP-Programm lassen sich die Dateien zum Server übertragen und gleichzeitig die Zugriffsrechte setzen. In diesem Beispiel ist die Inspektor-Palette aus GoLive zu sehen und die neun verschiedenen Optionen.

BBEdit für Mac/Win
Auch wenn sich ein Perlscript mit jedem Textverarbeitungsprogramm schreiben lässt, ist es sinnvoll, dies lieber mit einem Texteditor zu machen. Texteditoren unterscheiden sich von Textverarbeitungsprogrammen darin, dass sie Text nicht gestalten und formatieren können, aber sehr gut im Bearbeiten von Textblöcken und Informationen sind. Ein sehr populärer Editor, der von vielen Programmierern verwendet wird, ist BBEdit, den es sowohl für Macintosh als auch Windows gibt. BBEdit besitzt sehr gute Suchen- und Ersetzen-Funktionen, die beispielsweise mehrere Dateien in einem Durchgang durchsuchen können. BBEdit ist aber auch ideal für die manuelle Codierung von HTML. Wenn Sie BBEdit nicht schon bereits besitzen (es wird beispielsweise bei Macromedia Dreamweaver mitgeliefert), dann sollten Sie den Kauf unbedingt erwägen. Außerdem gibt es eine kostenlose Light-Version (BBEdit LE), die sich bei »web.barebones.com« herunterladen lässt.

UltraEdit für Windows
Für Windows gibt es wesentlich mehr Texteditoren als für den Macintosh, und eines der besten Programme hier ist UltraEdit (ultraedit.com).

oder Platzhalter, die eine größere Flexibilität bei der Suche zulassen. So lässt sich in Microsoft Word nach »?aus« suchen – das Fragezeichen entspricht dabei einer Wildcard –, um sowohl das Wort »Maus« als auch »Haus« zu finden, denn beide Wörter bestehen aus vier Buchstaben und enden mit »aus«. Solche Funktionalitäten bietet auch Perl, und die Leistungsfähigkeit von Perl ist hier schier unglaublich. In anderen Programmiersprachen würde eine solche Suchroutine bereits mehrere Zeilen Code benötigen, während Perl dies in einer einzigen Zeile abwickelt. Für die Bearbeitung von Daten, die zum Server übertragen wurden, ist aber Perls Fähigkeit eine Zeichenkette zu zerteilen und in einer Tabelle abzulegen wohl die wichtigste. Da der Text zum Server im MIME-Format »application/x-www-url-formencoded« übertragen wird, gibt es beispielsweise keine Leerzeichen, da diese, wie bei einer URL, durch »%20« ersetzt werden. Eine mittels CGI übertragene Information aus einer Eingabemaske könnte so aussehen:

Name="Michael%20Baumgardt" &Geburtstag="12.09.66"&Geburtsort="Berlin".

Wie hier zu erkennen ist, besteht die Zeichenkette aus einer Kombination aus Bezeichnungen der Eingabefelder und der Information. Um hiermit etwas Sinnvolles anfangen zu können, muss diese extrahiert werden. In Perl lässt sich dies mit einem Befehl bewerkstelligen, der die Information nach »=« und vor »&« immer einer Variablen zuweist.

■ EIN SIMPLES PERL-PROGRAMM

Nach dieser Vorrede wird es Zeit, dass Sie Ihre ersten Erfahrungen mit Perl sammeln. Aus irgendeinem Grund ist es Tradition geworden, dass das erste Programm immer eines ist, das die Worte »Hello, world!« auf dem Bildschirm darstellt. Um mit dieser Tradition nicht zu brechen, öffnen Sie ein beliebiges Textverarbeitungsprogramm und geben Sie die folgende Zeile ein:

Print "Hello, world!\n";

Wichtig ist, dass Sie nicht den Strichpunkt am Ende der Zeile vergessen. Perl benötigt dies, um die einzelnen Befehle unterscheiden zu können. Dies ist bereits das ganze Programm.

Nur eine entscheidende Information ist noch nötig, damit es funktioniert: die Pfadangabe zum Interpreter, der das Script abarbeitet und für den Computer übersetzt. Dieser Aufruf muss als erste Zeile in dem Programm stehen und benötigt keinen Strichpunkt am Ende. Dafür ist aber das Doppelkreuz und das Ausrufezeichen sehr wichtig. Da der Pfad von Server zu Server unterschiedlich sein kann, müssen sie dies von Ihrem ISP erfragen oder auf der Web-Site des Providers nachsehen.

Das fertige Programm sieht also wie folgt aus:

#!/usr/bin/Perl Print "Hello, world!\n";

Speichern Sie dieses Dokument als »Nur Text/ASCII«-Datei ab. Dies ist ganz wichtig, da ansonsten Formatierungsmarker und Steuerzeichen eingebettet werden, mit denen Perl nichts anfangen kann. Das Programm wird sonst eine Fehlermeldung ausgeben. Wenn Sie Zweifel haben, ob es sich um eine reine Textdatei handelt, öffnen Sie die Datei in Ihrem

Browser. Da der Text keinen ‹HTML›-Marker enthält, wird der Browser den Text einfach darstellen, ohne ihn zu interpretieren.

INSTALLIEREN UND AUFRUFEN DES SCRIPTS

Der nächste Schritt ist, das Script zu installieren und eine HTML-Seite zu generieren, die dieses Script aufruft.

Die Installation auf dem Server ist einer der wichtigsten Schritte, denn wenn die Zugriffsrechte für das Programm nicht richtig gesetzt sind, erhalten Sie eine Fehlermeldung. Es ist daher nicht schlecht, die ersten Schritte mit dem »Hello, world!«-Programm zu machen, denn hier lässt sich fast ausschließen, dass das Script einen Fehler enthält. Alle eventuellen Fehlermeldungen können also nur zwei Ursachen haben: Entweder sind die Zugriffsrechte nicht richtig gesetzt, oder der Pfad zum Interpreter ist nicht korrekt.

Um das Programm hochzuladen, benötigen Sie ein FTP-Programm, mit dem Sie eine FTP-Verbindung zum Server aufbauen können (siehe auch Kapitel Installieren & Registrieren), z. B. das beliebte, im Internet kostenlos erhältliche, Fetch für Macintosh. Falls Sie mit einem HTML-Autorenprogramm wie Adobe GoLive oder Macromedia Dreamweaver arbeiten, benötigen Sie kein weiteres Programm – diese können ebenfalls eine FTP-Verbindung herstellen.

Sobald Sie eine FTP-Verbindung aufgebaut haben, sehen Sie das Inhaltsverzeichnis des Servers mit all seinen Dokumenten und Ordnern. Legen Sie das Perl-Programm in den CGI-Ordner. Bei der Benennung des Programmes empfiehlt sich als Endung ».pl« (für Perl) oder ».cgi« zu verwenden. Welche Endung Sie verwenden, macht keinen Unterschied, sie könnte theoretisch sogar weggelassen werden.

Bei der Einstellung von Zugriffsrechten müssen die »Execute«-Rechte, die normalerweise nicht gesetzt sind, für »Owner«, »Group« und »Other« festgelegt werden. Die Rechte müssen also wie in der folgenden Übersicht vergeben sein:

	Read	Write	Execute
Owner	X	x	x
Group	X		x
Other	X		x

Es gibt noch die Unix-Schreibweise, die manche FTP-Programme verwenden bzw. anzeigen. Hierbei handelt es sich um eine Zeichenkette von neun Zeichen, wobei die ersten drei Zeichen den Besitzer (Owner) repräsentieren, die nächsten drei Zeichen die Gruppe (Group) und die letzten drei Zeichen die Allgemeinheit (Other). Dabei steht »r« für »Read«, »w« für »Write« und »x« für »Execute«. Ein Minuszeichen repräsentiert eine nicht gesetzte Zugriffsberechtigung. In unserem Fall müsste im FTP-Programm also folgende Zeichenkette zu sehen sein:

rwxr-xr-x

Theoretisch können Sie bereits das Perl-script aufrufen, indem Sie die URL in Ihren Browser eingeben, beispielsweise: http://www.server.com/cgi-bin/hello.pl. Aber, wir wollen dies über eine HTML-Seite machen. Dazu legen Sie einfach eine neue HTML-Seite an und geben etwas Text ein, den Sie als Verknüpfung (Link) definieren. Als URL für die Verknüpfung geben Sie den relativen oder absoluten Pfad zum Perl-Dokument ein. Nachdem die HTML-Seite auf dem Server gesichert ist, kann diese im Browser aufgerufen werden und mit einem Klick auf die Verknüpfung erscheint »Hello, world!« im Browserfenster.

■ MÖGLICHE FEHLERURSACHEN UND TIPPS ZUM DEBUGGEN

Jeder, der sich in CGI/Perl eingearbeitet hat, kann ein Lied seiner Misserfolge singen. Im Folgenden gehen wir eine Reihe von möglichen Ursachen für Fehler durch.

● Der Pfad ist nicht richtig: Überprüfen Sie nochmals, ob der Pfad zum Perl-Interpreter richtig ist.

● Die Zugriffsrechte sind nicht richtig gesetzt: Dies ist eine der häufigsten Ursachen und es kann sehr frustrierend sein, wenn einem dies nicht gleich auffällt. Fetch für Macintosh beispielsweise zeigt die aktuellen Zugriffsrechte nicht an, kann diese aber sehr wohl setzen. Auch wenn Fetch hier die Ausnahme ist, schadet es nicht, nochmals die Zugriffsberechtigung zu setzen oder sogar Ihr Programm zu testen, ob es richtig mit dem Server interagiert. Hierzu können Sie alle Zugriffsrechte für »Other« und »Group« deaktivieren und die URL zu dieser Datei im Browser aufrufen. Der Browser muss eine Fehlermeldung ausgeben, wie »URL not found« oder »Access denied«. Als letzte Möglichkeit könnten Sie noch überprüfen, ob der CGI-Ordner dieselben Zugriffsrechte hat wie das Dokument.

● Überprüfen des HTML-Aufrufs: Haben Sie vielleicht einen Fehler bei der Eingabe der URL gemacht, die das Perlscript aufruft? Dies ist aber in der Regel leicht zu lokalisieren, denn der Browser wird in jedem Fall die Meldung »File not found« ausgeben.

● Online-Debugging: Viele Internet-Service-Provider unterstützen Programmierer mit einem Online-Debugger. Hierbei lässt sich die URL zum Perl-Programm auf der Web-Site des ISPs eingeben und der Debugger gibt das Resultat der Überprüfung im Browser aus. Hauptsächlich ist dies nur für komplexere Programme sinnvoll, aber im Falle unseres simplen Programmes ließe sich so wenigstens ermitteln, ob der Interpreter gefunden wurde.

■ EIN WIRKLICH INTERAKTIVES CGI-SCRIPT

Im Idealfall hat Ihr »Hello, world!«-Programm auf Anhieb funktioniert. Aber Ihre Begeisterung dürfte sich in Grenzen halten, da es sich hierbei nicht wirklich um ein interaktives Programm handelt, und das Ergebnis sich auch mittels einer HTML-Seite hätte generieren lassen. Aus diesem Grund wollen wir unser bestehendes Programm erweitern und

---

DIE GESCHICHTE VON PERL

Entwickelt in der Mitte der Achtzigerjahre von Larry Wall, der diverse Systemadministrationsaufgaben zu erledigen hatte, ist Perl inzwischen eines der beliebtesten Werkzeuge für Netzwerkbetreiber oder Systemoperatoren geworden. Perl steht für Practical Extraction and Report Language. Ein Gerücht besagt, dass Larry es ursprünglich PEARL nennen wollte, englisch für Perle, aber da es schon eine andere Programmiersprache mit diesem Namen gab, hat er sich auf PERL beschränkt. Wie der Name schon suggeriert, liegt die Stärke in dem Lesen von Text-Dateien, dem Erzeugen von neuen Dateien oder von Reports. Alles Aufgaben, die auch bei der Interaktion mit einer Web-Site anfallen. C, eine ebenfalls zu der Zeit schon sehr populäre und verbreitete Programmiersprache, hätte sich ebenfalls für diese Aufgaben verwenden lassen, aber C hat einige Schwächen in Bezug auf die Verarbeitung von Text und ist wesentlich schwerer zu erlernen.

Perl, CGI und Formulare

```perl
#!/usr/bin/Perl
require "subparseform.lib";
Print "Hello, $formdata{'name'}!\n";
```

In dem HTML-Dokument geben wir anstelle der Verknüpfung nun ein Textfeld und einen Submit-Taster ein. Der HTML-Code für die Seite könnte dann so aussehen:

```html
<html>
  <head>
    <meta http-equiv="content-type" content="text/html;charset=iso-8859-1">
  </head>
  <body>
    <form name="Besuchername" action="http://www.server.com/cgi-
    bin/hello.cgi" method="get">
      <input type="text" name="name" size="10"><input type="submit"
      value="Senden" name="submitButtonName">
    </form>
  </body>
</html>
```

Die drei Wege, CSS zu implementieren 13-01

das Wort »world« durch den Namen des Besuchers ersetzen, das dieser in einem Textfeld eingibt. Für das Extrahieren des Textes aus dem CGI-String gibt es eine fertige Routine, die Sie nicht selber schreiben müssen. Diese Routine ist auf der CD zum Buch enthalten, Sie müssen sie (subparseform.lib) nur im CGI-Ordner auf Ihrem Server ablegen. Da diese Routine nicht als eigenständiges Programm aufgerufen wird, sondern quasi aus dem Hauptprogramm, ist es noch nicht einmal nötig, die Zugriffsrechte zu setzen.

Um dieses Unterprogramm in unserem Script aufzurufen, gibt es den Befehl »require«. Hiermit wird Perl signalisiert, dass eine zusätzliche Datei für die Funktionstüchtigkeit des Scripts nötig ist. Das Unterprogramm selbst teilt die Informationen vom Server in einer Liste auf, die »formdata« benannt wurde. Es handelt sich bei »formdata« also nicht um ein Perl-Befehl, sondern nur um den Namen der Liste. Diese Liste speichert immer zwei Werte gemeinsam: einmal die Bezeichnung des

Textfeldes (Variable) der HTML-Form und den übertragenen Wert. Da in unserem HTML-Dokument das Textfeld später mit »Name« beschriftet wird, lautet der Aufruf $formdata{'name'}. Das fertige Programm sieht dann wie in [13-01] aus.

Wenn Sie die HTML-Seite aufrufen und Ihren Namen in das Eingabefeld tippen und auf Senden klicken, erscheint nun wieder die Botschaft von vorhin, allerdings diesmal mit Ihrem Namen.

INFORMATIONEN AUF DEM SERVER SPEICHERN

Anstatt die Information im Browser auszugeben, lässt sie sich auch in einer Datei sichern. Dies wird ebenfalls über den Print-Befehl gemacht, allerdings leicht modifiziert, sodass das Perlscript weiß, in welche Datei gesichert werden soll. Hier fängt es erst an, richtig interessant zu werden, denn gerade das Sichern von Informationen, die vom Besucher kommen, eröffnet attraktive Möglichkeiten, deren Darstellung würde aber im Rahmen dieses Kapitels zu weit führen.

Perl, CGI und Formulare

```perl
sub Parse_Form {
  if ($ENV{'REQUEST_METHOD'} eq 'GET') {
      @pairs = split(/&/, $ENV{'QUERY_STRING'});
  } elsif ($ENV{'REQUEST_METHOD'} eq 'POST') {
      read (STDIN, $buffer, $ENV{'CONTENT_LENGTH'});
      @pairs = split(/&/, $buffer);

      if ($ENV{'QUERY_STRING'}) {
          @getpairs =split(/&/, $ENV{'QUERY_STRING'});
          push(@pairs,@getpairs);
          }
  } else {
      print "Content-type: text/html\n\n";
      print "<P>Use Post or Get";
  }

  foreach $pair (@pairs) {
      ($key, $value) = split (/=/, $pair);
      $key =~ tr/+/ /;
      $key =~ s/%([a-fA-Fo-9][a-fA-Fo-9])/pack("C", hex($1))/eg;
      $value =~ tr/+/ /;
      $value =~ s/%([a-fA-Fo-9][a-fA-Fo-9])/pack("C", hex($1))/eg;

      $value =~s/<!--(.|\n)*-->//g;

      if ($formdata{$key}) {
          $formdata{$key} .= ", $value";
      } else {
          $formdata{$key} = $value;
      }
  }
}
1;
```

`subparseform.lib 13-02`

WEITERFÜHRENDE LITERATUR

Haben Sie Geschmack an Perl/CGI bekommen und wollen Sie sich tiefer in die Materie einarbeiten? Wohl eines der besten Bücher zu diesem Thema ist »Perl und CGI für das World Wide Web« von Elizabeth Castro, erschienen im Verlag Peachpit Press. Dieses Buch ist als Referenz ideal und speziell, wenn Sie schon einmal mit Basic, oder einer anderen Sprache, programmiert haben, reicht

dieses Buch, um die ersten kleinen Anwendungen zu schreiben. In jedem Fall ist es durch seine Kompaktheit und Übersichtlichkeit ideal als ständiger Begleiter. Die Datei »subparseform.lib« stammt beispielsweise aus diesem Buch und wird dort im Detail erklärt. Aber es lässt sich auch völlig ohne weiteres Hintergrundwissen auskommen. Die meisten kostenlosen Perl-Programme lassen sich über das Austauschen einiger Variablen für die eigenen Zwecke anpassen. Welche Variablen angepasst werden müssen, und wie Sie hierbei vorzugehen haben, wird in den Scripten selber dokumentiert.

Die HTML-Syntax für FORM-Elemente

```
1   <form name="Besuchername" action="http://www.server.com/cgi-
       bin/hello.cgi" method="get">
2     <input type="text" name="name" size="10" value="Beispiel"
       maxlength="15">
3     <input type="password" name="passwort" size="10" value="bei-
       spiel">
4     <textarea name="Rollfeld" cols="40" rows="4"></textarea>
5     <input type="checkbox" value="1" name="Name_der_Checkbox">
6     <input type="radio" value="Wert1" name="Gruppe1"><input
       type="radio" value="Wert2" name="Gruppe1"><input
       type="radio" value="Wert3" name="Gruppe1">
7     <select name="Aufklappmenue" size="1">
         <option value="1">Erstens
         <option value="2">Zweitens
         <option value="3">Drittens
      </select>
8     <select name="selectName" size="4" multiple>
         <option value="one">first
         <option value="two">second
         <option value="three">third
      </select>
9     <input type="submit" value="Senden"
       name="Eingabemaske_uebertragen">
10    <input type="reset" value="Neue Eingabe">
11    <button type="button" name="Standardtaster"
       value="ABC">Taster</button>
12  </form>
```

1. Jedes Formular muss innerhalb eines FORM-Markers (form name="Besucher-name") eingebettet sein, der Name ist dabei optional. Dagegen ist die URL zum CGI/Perlscript unerlässlich und wird in dem Attribut Action definiert (action="http://www.server.com /cgi-bin/hello.cgi"). Ebenfalls unerlässlich ist die Information der Übertragungsart (method="get"). Hier lässt sich alternativ noch POST wählen. Wenn Sie sich nicht im Klaren darüber sind, welche Methode am sinnvollsten ist, dann verwenden Sie POST. Mit dieser Methode können Sie nie falsch liegen.

2. Die meisten Formelemente basieren auf dem INPUT-Marker und werden nur über das Attribut Type spezifiziert (input type="text"). Über das Attribut NAME lässt sich dieses benennen. Hier sollte immer ein eindeutiger Name gewählt werden, damit sich später die übertragenen Werte leichter zuordnen lassen. Die Länge eines Textfeldes wird über das Attribut SIZE definiert. Die Angabe bezieht sich auf die Anzahl der Zeichen. Da Microsoft Internet Explorer und Netscape

Navigator hierbei eine unterschiedliche Auffassung von der Breite eines Zeichens haben, bedeutet dies, dass Formelemente zwischen den Browsertypen und Rechnerplattformen variieren. Testen Sie daher Ihre Gestaltung immer auf allen vier Browsern aus (zwei Plattformen, zwei Browser). Im VALUE-Attribut lässt sich festlegen, ob ein Eingabefeld bereits einen Wert enthalten soll. Dies ist nicht immer wünschenswert oder gewollt, daher ist dieses Attribut auch optional. Die maximale Länge eines Eingabefeldes lässt sich über MAXLENGTH beschränken.

3. Eine spezielle Variante des Texteingabefeldes ist das Passwortfeld (input type="password"). An sich identisch mit dem Textfeld, unterscheidet es sich nur darin, dass die Eingabe nicht sichtbar ist, da die Zeichen durch Punkte ersetzt werden.

4. Für längere Texte ist ein Textfeld nicht sinnvoll. Daher gibt es **mehrzeilige Textfelder,** die zudem noch einen Rollbalken enthalten können. Der Marker lautet TEXTAREA und besitzt als wichtigstes Attribut die Anzahl der Spalten (COLS) und Zeilen (ROWS). Das mehrzeilige Textfeld besitzt einen Endmarker, und wenn bereits Text im Feld vorgegeben sein soll, wird dieser einfach zwischen Start- und Endmarker eingefügt.

5. Checkboxen sind kleine Kästchen, die entweder an oder ausgeschaltet sein können. Im angeschalteten Zustand zeigen sie einen Haken oder ein Kreuz. HTML verwendet hier wieder den INPUT-Marker, allerdings mit dem Attribut TYPE ="checkbox". Wichtig ist, dass Sie noch einen Wert angeben, der übertragen werden soll, wenn diese Option aktiviert ist. Meistens wird hierfür die Zahl 1 verwendet oder der Begriff "true". Beides sind im Computerbereich gebräuchliche Methoden, den Zustand einer Checkbox zu beschreiben.

6. Radio-Taster sind eine spezielle Variante und werden über das Attribut TYPE="radio" angelegt. Da Radio-Taster verwendet werden, wenn der Anwender sich unter mehreren Optionen entscheiden kann, lassen sich mehrere Radio-Taster zu einer Gruppe zusammenfassen, indem diese einfach gleich benannt werden (NAME=Gruppe1). Klickt der Anwender auf einen Radio-Taster, bedeutet dies für den Browser, dass er gleichzeitig die anderen Radio-Taster aus der gleichen Gruppe deaktiviert. Dadurch kann immer nur ein Wert, der über das VALUE-Attribut festgelegt wird, an den Server übertragen werden.

7. Popup-Menüs, oder auch Aufklappmenüs, sind ideal, um viele Optionen platzsparend auf kleinem Raum unterzubringen. Ein Aufklappmenü wird vom Browser über den SELECT-Marker erkannt. Die verschiedenen Möglichkeiten und Einträge des Menüs werden im OPTION-Marker festgelegt, der wiederum im SELECT-Marker eingebettet sein muss. Für jeden Menüeintrag muss ein weiterer OPTION-Marker eingesetzt werden.

8. Da Aufklappmenüs immer nur eine Auswahl gleichzeitig erlauben, gibt es noch eine Variante des SELECT-Markers. Im Prinzip das Äquivalent zur Checkbox, die auch dazu verwendet wird, mehrere Optionen zu aktivieren, unterscheidet sich das Rollmenü nur darin, dass es den Zusatz MULTIPLE als Attribut im SELECT-Marker enthält.

Bei den HTML-Tastern gibt es drei Varianten:
9. Submit (Senden),
10. Reset (Zurücksetzen) und
11. Button (normaler Taster).
Submit und Reset unterscheiden sich von der Syntax nur darin, dass der SUBMIT-Taster kein Wert-Attribut besitzt (VALUE). Da beim Reset-Taster nur die Daten der Eingabemaske zurückgesetzt werden, ist es hier auch nicht nötig, einen VALUE zu übermitteln. Nur beim Submit-Taster (TYPE="submit") weiß der Browser, dass er die Werte an das im FORM-Marker spezifizierte Script senden muss. Der normale Taster (TYPE="button") dagegen wird nur verwendet, um beispielsweise JavaScripts aufzurufen. Daher ist dieser auch etwas anders aufgebaut. Die Beschriftung des Tasters erfolgt über das Einbetten zwischen einem Start- und Endmarker.

12. Ein Formular muss mit dem Endmarker des FORM-Markers abgeschlossen werden. Sollten Sie dies vergessen, dann kann es Ihnen passieren, dass Netscape unter Windows die Eingabemaske überhaupt nicht darstellt. Explorer ist hier wesentlich gnädiger und zeigt die Elemente dennoch an. Problematisch wird dies erst, wenn auf einer HTML-Seite mehrere Formulare platziert sind, denn hier wird der Endmarker unbedingt benötigt, um eine eindeutige Zuordnung der Formelemente zu ermöglichen.

CHARACTER
READINGS
YOUR
FUTU

KAPITEL 14

FileMaker und ColdFusion

In den Anfängen des Web-Designs reichte es völlig, zu wissen, was HTML ist und wie man statische Seiten erzeugen kann. Die meisten Firmen nutzten das Web ohnehin nur zur Selbstdarstellung, als vermeintlich kostengünstige Alternative einer Hochglanzbroschüre. Das Web hat sich aber grundlegend verändert und besteht mittlerweile überwiegend aus Inhalten, die dynamisch aus Datenbanken generiert werden. Aus diesem Grund führt für einen Web-Designer kein Weg mehr daran vorbei, sich mit diesem Thema auseinander zu setzen: In diesem Kapitel erfahren Sie wesentliches über Funktion und Gestaltung dynamischer Web-Sites.

■ DAS FUNKTIONSPRINZIP

Es gibt inzwischen eine Vielzahl von Varianten, um dynamische Web-Sites zu gestalten.

Die meisten Lösungen funktionieren über im HTML-Code eingesetzte spezielle Marker, die dann beim Aufruf der Seite gegen Informationen aus einer Datenbank ausgetauscht werden.

Eine HTML-Seite für eine Warenkorb-Applikation wäre demnach entsprechend einfach aufzubereiten: Nachdem die Datenbank auf dem Server installiert ist, müssen in der Dokumentation zu der Shopping-Lösung nur die entsprechenden Marker (beispielsweise $Summe für die Gesamtsumme des Auftrages) nachgeschlagen und in den HTML-Code eingegeben werden. Dies sollte für jeden, der sich mit HTML etwas auskennt, kein Problem sein. Abgesehen von der Zeit für das Lesen der Dokumentation, sind solche Anwendungen relativ schnell installiert.

In der Regel bietet jeder Internet-Service-Provider eine favorisierte und oftmals preiswerte Lösung an. Hier heißt es allerdings aufpassen, denn die meisten dieser günstigen Standardlösungen haben ihre Vor- und Nachteile. Manche sind beispielsweise beschränkt in der Anzahl der Produkte oder besitzen nur eine Kategorie-Ebene, was bei der Klassifizierung Ihrer Produkte unter Umständen Schwierigkeiten bereiten kann. Ein Online-Shop hätte so nur die Kategorie Musik, könnte aber keine Unterkategorien für CDs, Musikkassetten etc. anbieten.

Solche Unterschiede in der Leistungsfähigkeit treffen auch auf Warenkorb-Anwendungen zu, die kostenlos auf dem Internet zu haben sind und meistens auf PERL basieren. Ohne fundierte Programmierkenntnisse dürfte es schwer sein, eine PERL-basierte Lösung anzupassen.

EmbracingHumanity.org arbeitet auf Basis von FileMaker. Nur die Hauptseite ist statisch, alle anderen Seiten werden dynamisch erzeugt.

Bevor Sie sich für eine Lösung entscheiden, prüfen Sie auf alle Fälle, ob diese auch zukünftig Ihren Anforderungen genügen kann.

■ FILEMAKER UND COLDFUSION

Wenn Sie größtmögliche Flexibilität bevorzugen, sollten Sie sich in PERL einarbeiten, denn mit PERL können Sie nahezu jede Anwendung programmieren. Allerdings ist PERL nichts für Einsteiger oder Web-Designer, die lediglich HTML-Erfahrung besitzen. PERL setzt einiges an Programmierkenntnissen voraus, um sich an eine Datenbankanbin-

Worldwidehost.com ist ein auf FileMaker-Hosting spezialisierter Internet-Service-Anbieter in den USA.

dung zu wagen. Wer schon einmal mit JavaScript, Basic, Lingo oder einer anderen Scriptsprache gearbeitet hat, kommt sicherlich auch gut mit PERL zurecht. Es ist weit weniger schwer, als es vielleicht auf Anhieb erscheint, obwohl die Programmierung in PERL ihre Tücken hat, die den Einstieg etwas erschweren. Daher sollten sie nicht gleich mit einer Datenbankanbindung als erstem Projekt beginnen.

Falls Sie sich weniger tief in die Programmierung einarbeiten wollen, bieten sich zwei Lösungen an: FileMaker und ColdFusion.

● **Claris FileMaker** ist eine populäre Datenbank für den Macintosh, die es auch für Windows gibt, und die sich vor allem durch ihre Einfachheit auszeichnet. Um eine Datenbank zu erstellen, müssen Sie in FileMaker nur eine Reihe von Feldern angeben und deren Format bestimmen, beispielsweise, ob es sich bei den Feldern um Textfelder, Zahlenfelder, Datumsfelder oder Popup-Menüs handelt. FileMaker erzeugt dann eine Datenbank mit einem Standard-Layout, das sich aber ganz leicht modifizieren lässt. Überhaupt ist die Gestaltung

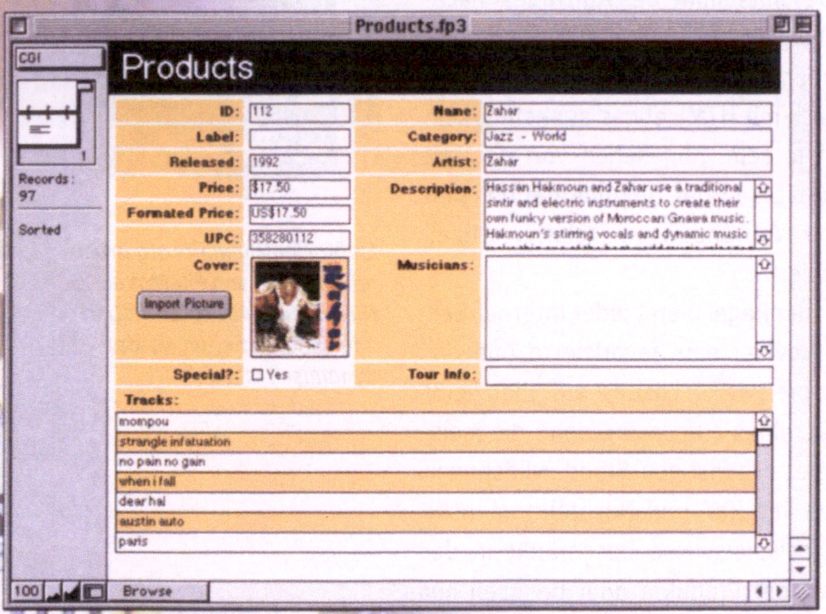

Oben: Eine Datenbank, geöffnet in FileMaker. Hier lassen sich bequem die Daten eingeben, um diese später auf dem Web zu publizieren. Für die Einbindung in eine HTML-Seite werden spezielle Marker in den HTML-Code platziert. Claris Homepage ist das HTML-Autorenprogramm desselben Herstellers und erlaubt die Platzierung dieser Marker direkt in die Gestaltung (siehe rechts). Das endgültige Ergebnis kann aber nur direkt auf dem Web betrachtet werden.

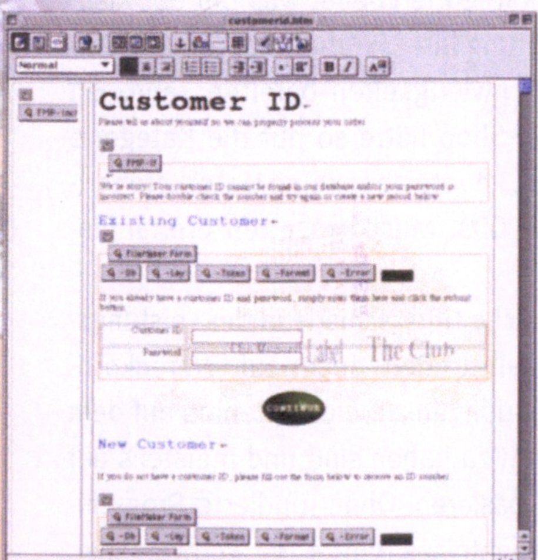

unterschiedlicher Layouts eine der Stärken von FileMaker. Solche Layouts sind nützlich, um Listen zu erstellen oder ausgewählte Datenfelder vor Zugriff zu schützen bzw. auszublenden. Zusammen mit den Gestaltungsmöglichkeiten für die Benutzeroberfläche und der Fähigkeit, relationale Datenbanken zu erstellen, lässt FileMaker kaum Wünsche offen und wird daher von vielen eingesetzt. Um mit einer FileMaker-Datenbank auf dem Web zu publizieren, benötigt man einen Webserver mit der entsprechenden Software, wie beispielsweise: www.worldwidehost.com. Hier wird die Datenbank auf einem speziellen Datenbankserver installiert, die präparierten HTML-Seiten entsprechend auf einem Webserver. Das Funktionsprinzip ist ähnlich wie bei einem Serienbrief: Das Standarddokument – in diesem Fall die HTML-Seite mit speziellen CDML-Markern – wird mit den Datensätzen aus der Datenbank dynamisch zusammengeführt. Diese speziellen Marker lassen sich entweder direkt in den HTML-Code eingeben oder mittels Claris HomePage erstellen. Diese Variante ist mit Abstand die einfachste, denn Claris HomePage besitzt einen FileMaker-Connection-Assistant, der schrittweise durch den Prozess führt. Am Ende erstellt dieser Assistent mehrere Standardseiten, die bereits alle Marker enthalten. Diese Seiten dienen dann als Grundlage und lassen sich in der Gestaltung anpassen.

Aber selbst ohne Claris HomePage ist es relativ einfach, den entsprechenden Code zu generieren und in den HTML-Code einzufügen. FileMaker bietet hierfür das CDML-Werkzeug, eine Palette, aus der sich der entsprechende Code in die

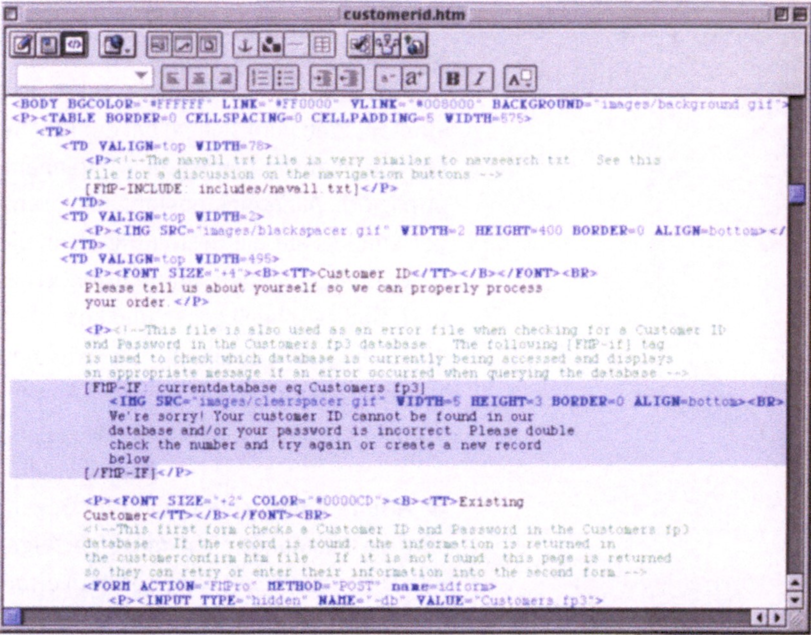

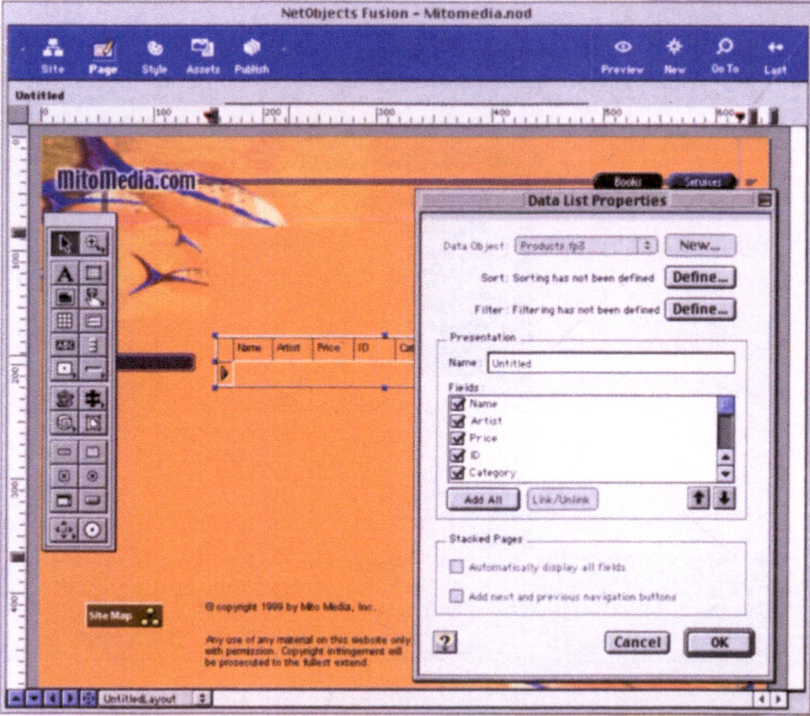

Das Web-Design-Programm NetObjects Fusion bietet eine spezielle FileMaker-Datenbank-Funktion, mit der sich Datensätze schnell publizieren lassen. Hierbei wird innerhalb von Fusion die FileMaker-Datenbank ausgewählt, einige Parameter bestimmt, und Fusion erzeugt automatisch mehrere HTML-Seiten, die mit dem Inhalt aus der Datenbank gefüllt werden, einschließlich der Navigationselemente, um zwischen den Seiten zu wechseln. Obwohl dies keine dynamische Datenbankanbindung ist, stellt diese Variante eine ideale Lösung dar, wenn sich der Inhalt einer Datenbank nicht ständig ändert, oder wenn es darum geht, mehrere Seiten nach dem gleichen Schema aufzubauen.

FileMaker und ColdFusion

Zwischenablage kopieren lässt, um ihn in den HTML-Code der Seite einzufügen.

Eine weitere Alternative ist das »Instant Web Publishing«, bei der FileMaker automatisch die aktuelle Datenbank publiziert. Allerdings besteht hier weniger Einfluss auf die Gestaltung, denn die HTML-Seiten werden automatisch generiert. Soll es schnell gehen und kommt es nicht auf die Gestaltung an, wie beispielsweise bei einer Intranet-Anwendung, dann ist dies der beste Weg.

● **Allaire ColdFusion** kommt im Gegensatz zu FileMaker nicht mit einer eigenen Datenbank-Software, sondern erfordert, dass man eine Datenbank-Soft-

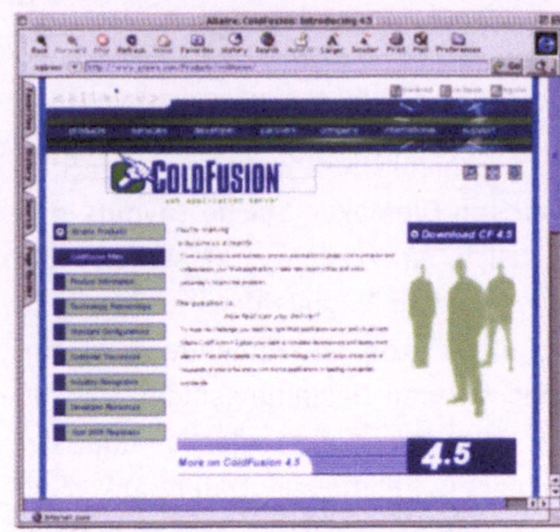

Auf der Allaire.com-Web-Site findet sich eine Fülle von hilfreichen Tipps und Tricks sowie fertige Anwendungen, die nur noch modifiziert werden müssen.

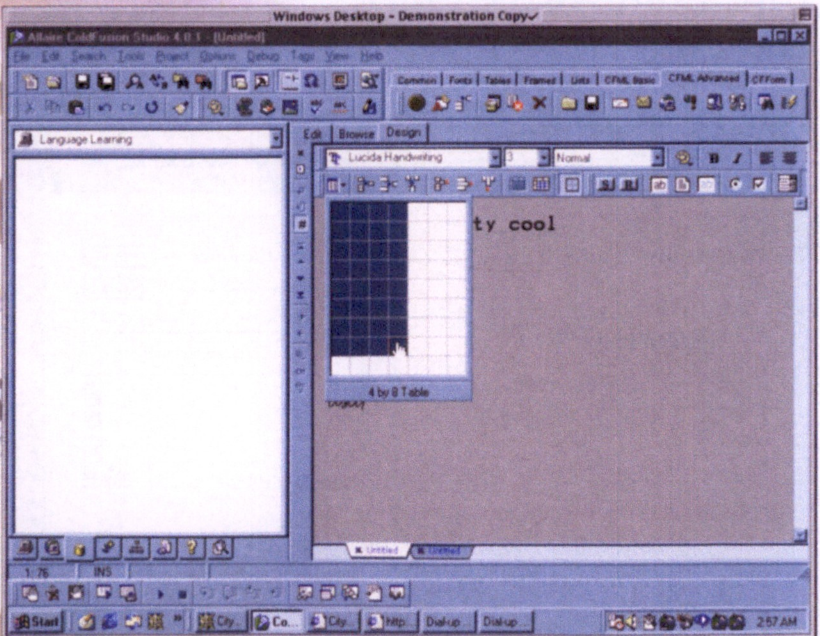

ColdFusion Studio ist ein HTML-Autorenprogramm, mit dem sich eine komplette Web-Site gestalten lässt (hier beispielsweise ist die Gestaltung einer Tabelle zu sehen). Das Interface ist allerdings sehr komplex und viele Designer werden sich am Anfang schwer tun, sich hier zurechtzufinden.

ware besitzt und aus dieser die Datenbank exportiert. Wird diese im ODBC-Standard gesichert, kann Cold Fusion mit dieser Datenbank kommunizieren. Die Abfragen selbst finden dabei mit SQL (Standard Query Language) statt, einem Standard für die Abfrage von Informationen aus einer Datenbank. Neben ODBC unterstützt ColdFusion auch noch die häufig verwendeten Oracle- und Sybase-Datenbanken.

Wo liegt nun der Vorteil von ColdFusion gegenüber PERL und FileMaker? In einem Satz gesagt, liegt der Vorteil darin, dass ColdFusion eine Kombination aus beidem ist. Wie FileMaker funktioniert ColdFusion durch das Einbetten von speziellen Markern, die dann vom ColdFusion-Server umgesetzt und an den Browser als HTML ausgegeben werden. Im Gegensatz zu FileMaker ist ColdFusion also die deutlich professionellere Variante, deren Hauptanwendungsbereich auf die Anbindung an Datenbanken großer Firmen ausgelegt ist, die in vielen Fällen mit Oracle oder Sybase arbeiten. Die ColdFusion-eigenen Marker übersteigen die von FileMaker bei weitem in Zahl und bieten die Funktionalität einer Programmiersprache. Es lassen sich, wie mit PERL, eigene Programme schreiben, die in der HTML-Seite eingebettet sind. Hiermit sind komplexe Probleme lösbar, die mit FileMaker nicht mehr zu bewerkstelligen wären. Gleichzeitig stellt ColdFusion aber ein System dar und bietet mit der Software ColdFusion Studio einen eigenen Debugger zum Finden

FileMaker und ColdFusion

und Beheben von Problemen und ein eigenes HTML-Autorensystem. Da Cold-Fusion Studio zusammen mit einer Einzelplatzversion des ColdFusion-Servers kommt, lässt sich auf dem lokalen Rechner eine Web-Site mit Datenbankanbindung testen. Aber der wohl größte Vorteil von ColdFusion ist, dass es weit ver-

Eine Übersicht, für welche Anwendungen sich welche Lösung empfiehlt: Wenn Sie Erfahrungen als Programmierer haben, dann lohnt sich das Einarbeiten in PERL. Hiermit lassen sich sowohl kleine als auch große Anwendungen realisieren, und Sie bleiben bei der Wahl des Internet-Service-Providers flexibel.

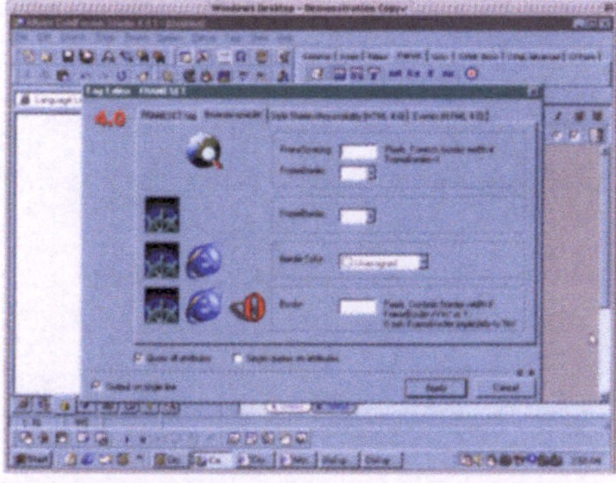

ColdFusion Studio bietet eine sehr gute Unterstützung bei der Erstellung von browserkompatiblen Web-Sites, denn bei der Auswahl von Funktionen listet es gleichzeitig auf, welche Browser die entsprechende Funktion auch unterstützen. Hier am Beispiel von Frames (Rahmen) zu sehen.

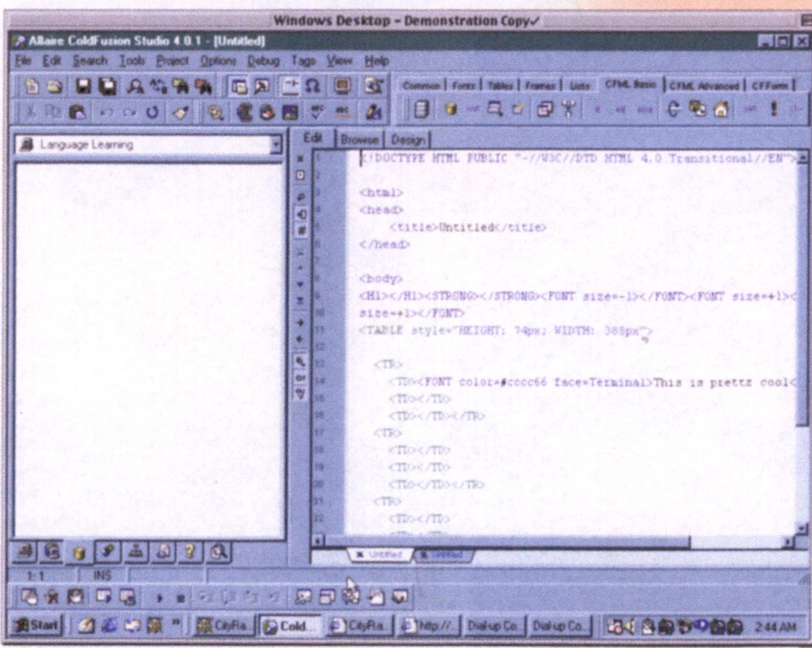

breitet ist und sich im professionellen Bereich ziemlich durchgesetzt hat. Dies bedeutet, dass es hierzu eine Fülle von Dokumentationen und Problemlösungen gibt, entweder in Buchform oder unter http://www.allaire.com/. Einziger Nachteil: ColdFusion gibt es nur für Windows, allerdings können sich Macintosh-Besitzer den Windows-Emulator Softwindows 98 von FWB zulegen. Dieser ist auf G3-Rechnern von der Geschwindigkeit her akzeptabel, und da Sie als Web-Designer ohnehin nicht darauf verzichten können, die Webseiten unter Windows zu testen, ist dies fast schon ein Muss.

FAZIT

Als Web-Designer werden Sie sich früher oder später mit der Anbindung einer Web-Site an eine Datenbank beschäftigen müssen. Dieses Kapitel kann hier nur als Wegweiser dienen. Wenn Sie Erfahrungen als Programmierer haben, dann lohnt sich das Einarbeiten in PERL. Hiermit lassen sich sowohl kleine als auch große Anwendungen realisieren und gleichzeitig bleiben Sie bei der Wahl des Internet-Service-Providers flexibel. Ansonsten sollten Sie sich an den Bedürfnissen des Kunden orientieren: Handelt es sich hierbei um eine kleinere mittelständische Firma, die mit FileMaker arbeitet, dann ist diese Variante zu erwägen. Für alle diejenigen, die keine zu große Programmiererfahrung besitzen, aber eine professionelle Anwendung umsetzen müssen, ist ColdFusion eine der besten Lösungen.

ColdFusion arbeitet mit speziellen Markern, die in den HMTL-Code eingebaut werden müssen. So gibt es beispielsweise Marker, die einen Datensatz aus der Datenbank aufrufen und es ist sogar möglich, komplexe Programme zu schreiben, denn ColdFusion kennt auch Befehle wie »if...then«-Bedingungen oder Schleifen.

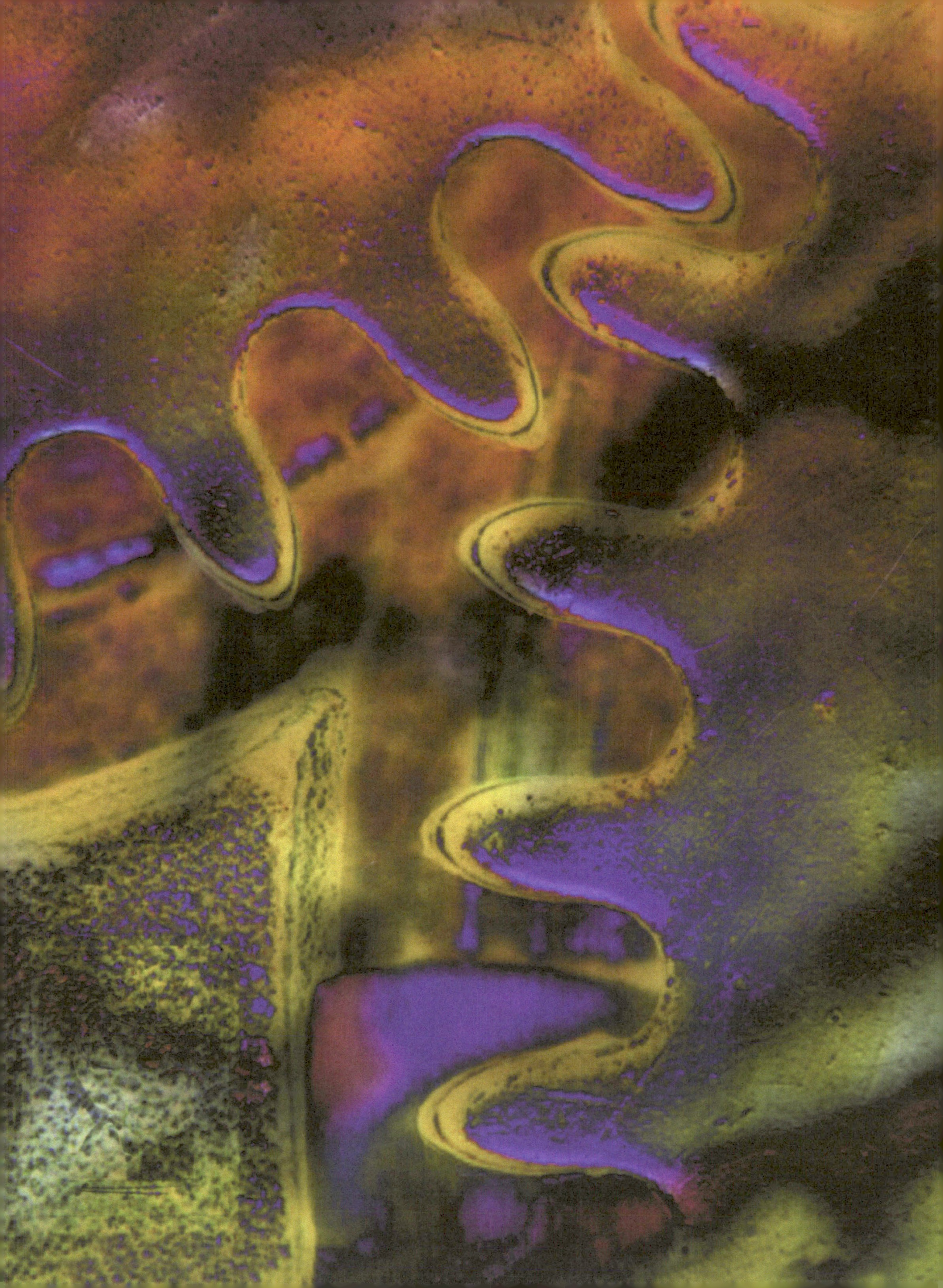

KAPITEL 15

Installieren & Registrieren

Der letzte Schritt ist das Hochladen der Web-Site zum Server. Hierzu müssen Sie vorab einen Domainnamen reserviert haben, vgl. hierzu »Eine Web-adresse registrieren« in Kapitel 01. Danach müssen Sie diesen nur noch auf dem Server einrichten lassen. Von Ihrem Internet-Service-Provider erhalten Sie dann einen Benutzernamen und ein Passwort. Mittels FTP (File Transfer Protocol) können Sie die Dateien auf den Server übertragen. Alle HTML-Autorenprogramme sind hierzu direkt in der Lage. Für den Fall, dass Sie Ihre Seiten noch traditionell von Hand programmieren, können Sie auch eines der vielen kostenlosen FTP-Programme benutzen. Bevor ich darauf eingehe, will ich mich noch einem sehr wichtigen Thema widmen, das in vielen Web-Design-Büchern unter den Tisch fällt: das Optimieren einer HTML- Seite für die Suchmaschinen.

■ WEB-SITE-PROMOTION

Unter dem Begriff Web-Site-Promotion fasst man heute alle Aktivitäten zusammen, die geeignet sind, die Besucherzahl einer Web-Site zu erhöhen. Hierzu gehören neben klassischer Werbung und Öffentlichkeitsarbeit auch das Optimieren einer Web-Site für die sog. Portale. Unter Portalen versteht man Web-Sites wie Infoseek, Yahoo, Excite, Go etc. Da ein Großteil der Besucher über solche Portale ins Web geht, lohnt sich der Aufwand, die eigene Site für eine effektive Registrierung bei den Portalen aufzubereiten. Dies gehört mit zu den günstigsten Möglichkeiten, um mehr Besucher auf die eigene Site zu führen. Im Wesentlichen kann man drei Varianten von Portalen unterscheiden:

■ Suchmaschinen

Suchmaschinen werden auch manchmal »Robots« oder »Spiders« genannt, da sie von einer URL zur nächsten kriechen, während sie den Text jeder Seite durchforsten. Irgendwann erreichen sie auch Ihre Web-Site und registrieren diese, was allerdings lange dauern kann. Anstatt auf diesen fernen Tag zu warten, sollten Sie Ihre URL der Suchmaschine mitteilen, die diese dann auf eine Warteliste packt und bevorzugt abarbeitet. Diese Robots überprüfen die Informationen dann regelmäßig und, im Falle einer nicht mehr existenten Site, löschen die URL aus ihren Aufzeichnungen.

■ Verzeichnisse

Eines der populärsten Portale ist Yahoo, das aber nur teilweise mit Robots arbeitet. Yahoo fing als einfache Web-Site an, auf der zwei College-Kids einfach ihre favorisierten Web-Sites listeten. Nach wie vor sind alle URLs in Verzeichnissen und Unterverzeichnissen aufgeteilt, und wenn Sie Ihre Web-Site bei Yahoo registrieren wollen, müssen Sie erst das richtige Verzeichnis finden, bevor Sie Ihre URL unter diesem Oberbegriff einordnen. Dies ist leichter gesagt als getan: Jeder hat ein anderes Verständnis davon, wie ein Verzeichnis angelegt sein soll. Nehmen Sie sich daher Zeit, um die Logik hinter der Struktur zu erkennen. Finden Sie keine zutreffende Kategorie, senden Sie eine E-Mail an den Webmaster mit der Bitte, ein entsprechendes Verzeichnis anzulegen.

● Annoncement-Sites

Annoncement-Sites, eine Variante eines Verzeichnisses, sind spezialisierte Web-Sites, die neu veröffentlichte Sites aufführen. Wenn es Ihnen sogar gelingt, Ihre URL bei einem der »Guides & Cool Sites«-Führer zu registrieren, wird die Besucherzahl zumindest für eine kurze Zeit sprunghaft ansteigen. Um auf einer dieser Web-Sites vorgestellt zu werden, muss Ihre Web-Site etwas Besonderes zu bieten haben. Deswegen sollten Sie sich vorher auf diesen Sites orientieren, um zu sehen, was diese normalerweise besprechen. Grafiker, die eine besonders ansprechende Web-Site gestaltet haben, sollten auch www.coolhomepages.com besuchen. Diese Web-Site stellt herausragende Web-Sites vor.

IN DIE TOP TEN: GANZ OBEN IN DER LISTE

Wenn Sie in einer Suchmaschine, wie Infoseek (www.infoseek.de), eine Kombination von Suchbegriffen eingeben, erhalten Sie eine Liste von URLs, geordnet nach der Wahrscheinlichkeit, dass diese URLs die gesuchten Informationen enthalten. Mit einigen Tipps und Tricks

```
<HEAD>
    <META NAME="description" CON-
    TENT="international design com-
    pany  in New York ...">
</HEAD>
```

Der META-Marker 15-01

```
<META NAME="keywords"
CONTENT="design company, desi-
gner, New York, NY, desktop publis-
hing, dtp, world wide web design,
multimedia, ads, advertising, logo,
logos, ...">
```

Suchbegriffe 15-02

```
<HEAD>
<TITLE>Multimedia and Web design
company</TITLE>
    <META NAME="description" CON-
    TENT="design company based in
    New York ...">
    <META NAME="keywords" CON-
    TENT="design company, desi-
    gner, New York, NY, desktop
    publishing, dtp, world wide web
    design, multimedia, ads, adverti-
    sing, logo, logos, ...">
</HEAD>
```

Ein vollständiger META-Marker 15-03

lässt sich eine Web-Site optimieren, um eine höhere Position in einer solchen Auflistung zu erzielen. Inzwischen gibt es auch Firmen, die sich hierauf spezialisiert haben, da auch die Technologie der Suchmaschinen ständig weiterentwickelt wird.

● META-Marker:

Der wichtigste Trick ist die Verwendung des META-Markers. Dieser Marker, der in dem HEAD-Teil eines HTML-Dokumentes platziert wird, kann Metainformationen, also Schlagworte und eine Inhaltsangabe, zur Beschreibung der Site enthalten. Diese Angaben werden zusammen mit dem Titel der Webseite anschließend in den Sucher-

Installieren & Registrieren

FAO

Peter Seidler, Avalanche, New York

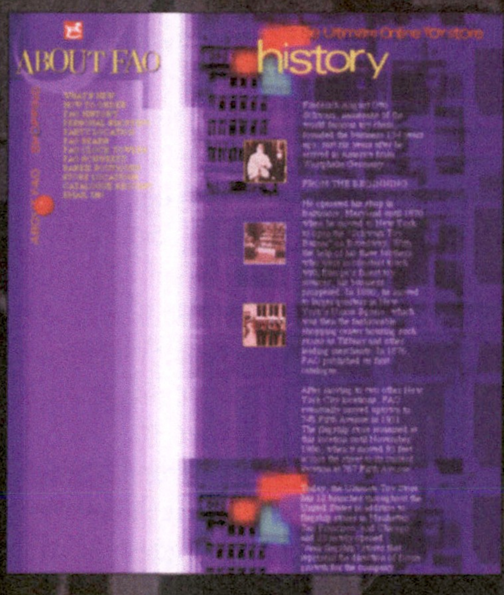

Wie gestaltet man eine Web-Site für einen so bekannten Spielzeugladen wie FAO (www.fao.com)? Peter Seidler, Mitgründer von Avalanche in New York, holt sich seine Anregungen am liebsten vor Ort: »Wir haben uns einfach einige Tage im Laden aufgehalten und Skizzen gemacht. Schließlich wurde mir bewusst, dass ein Spielzeugladen wie lauter kleine Kinderwelten ist. Wir wären nie auf dieses Konzept gekommen, wenn wir nicht dort gewesen wären. Ich glaube, es ist sehr wichtig, am Ort Zeit zu verbringen, um eine Web-Site zu schaffen, die nicht oberflächlich ist, sondern ein starkes Konzept besitzt.«

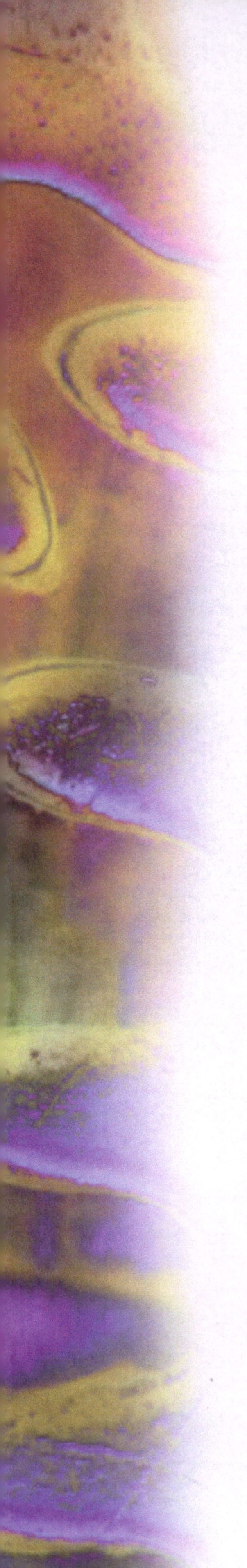

gebnissen angezeigt. Sie sollten sich hier genau überlegen, wie Sie Ihre Seite charakterisieren. Fügen Sie den META-Marker auf der ersten Seite Ihrer Web-Site ein [15-01].

Da sich mit dem META-Marker Schlüsselwörter einfügen lassen, die nur von der Suchmaschine ausgewertet werden und für den Besucher der Web-Site normalerweise unsichtbar sind, ist dieser Marker besonders wichtig, wenn diese Suchbegriffe nicht innerhalb des Fließtextes vorkommen. Insbesondere sollten Sie im META-Marker die Wörter in Singular und Plural auflisten sowie in Aktiv- und Passivbildung [15-02].

In der Vergangenheit war es möglich, über den META-Marker die Suchmaschinen zu überlisten und einfach denselben Schlüsselbegriff mehrfach einzufügen, um beim Suchergebnis weiter oben aufgelistet zu werden. Aber inzwischen sind Suchmaschinen intelligenter geworden: Infoseek und Lycos überprüfen beispielsweise, ob ein Suchbegriff besonders häufig vorkommt. Falls dies der Fall ist, wird der META-Marker ignoriert und die Suchbegriffe anhand des Textes auf der Seite extrahiert. Um beide Varianten des META-Markers einzusetzen (für Inhaltsangabe und Suchbegriffe), fügen Sie einfach beide Marker hintereinander in den HEAD-Teil des Dokumentes ein [15-03].

Der META-Marker ist sehr effektiv bei den Suchmaschinen, die diesen auswerten, aber manche Suchmaschinen verwenden einfach nur die ersten Textzeilen einer Webseite, um ihre Suchbegriffe zusammenzustellen. Deswegen ist es sehr wichtig, auf der ersten Seite eine klare Zusammenfassung und Aussage zu haben, um was es bei der Web-Site geht.

Nützlich ist der META-Marker auch, wenn Sie Rahmen in der Web-Site verwenden, denn die FRAMESET-Datei enthält keine Informationen über Ihre Web-Site und macht es Suchmaschinen schwer, Suchbegriffe zu extrahieren. Auch ist der META-Marker sehr hilfreich, wenn Sie lange JavaScript-Skripte in Ihrer Site haben, denn einige Suchmaschinen extrahieren die Suchbegriffe aus der HTML-Datei und legen dabei eine Gewichtung auf die ersten Zeilen der Web-Site, wo ggf. das JavaScript-Skript steht.

● **Der TITLE-Marker** dient dazu, der Seite einen Titel zu geben und wird oben in der Fensterleiste des Browsers angezeigt. Dieser Titel sollte den Inhalt Ihrer Seite in einigen Wörtern zusammenfassen, weil der TITLE-Marker in der Liste der Suchergebnisse erscheint. Sie sollten nicht riskieren, dass Ihre Web-Site als »index« erscheint, was leider sehr häufig zu finden ist. Ein guter Titel macht es auch für Besucher leichter, Ihre Web-Site wieder zu finden, denn beim Speichern der URL als Bookmark im Browser wird der Titel als Eintrag verwendet. Also nehmen Sie sich die Zeit, um einen Titel zu finden, der etwas beschreibender ist.

● **ALT-Marker:** Sie sollten bei Bildern immer das ALT-Attribut einsetzen, denn falls ein Bild nicht geladen wird, ist wenigstens noch der Text des ALT-Attributs zu sehen. Das ALT-Attribut ist darüber hinaus auch wichtig in Bezug auf die Suchmaschinen, da einige diese Attribute für die Indizierung überprüfen. Das ALT-Attribut steht im IMG-Marker, und Sie sollten hier Begriffe verwenden, die möglicherweise auch als Suchbegriffe verwendet werden: <IMG SRC="products.gif" ALT="Produkte: VCRs und CD-Player!">.

Das Hochladen der Webseiten auf den Server mit Fetch

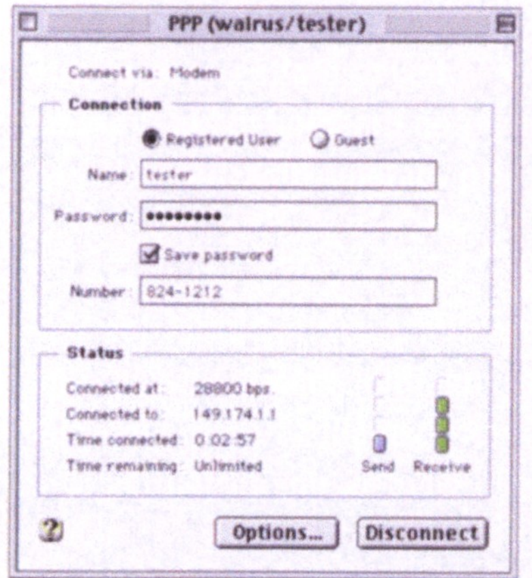

Nachdem die Verknüpfungen alle erstellt und getestet wurden, ist es an der Zeit, die Web-Site auf den Server zu laden und der Welt zugänglich zu machen. Für diesen Zweck benötigen Sie eine Software, die FTP (File Transfer Protocol) beherrscht. Hierzu gibt es auch eine Reihe von Free- und Shareware-Programmen.

1 *Das populärste FTP-Programm für den Macintosh ist Fetch von der Universität in Dartmouth, das sehr einfach zu bedienen ist, wenn Sie erst einmal das Konzept verstanden haben (www.dartmouth.edu/pages/soft-dev/fetch.html). Um Daten von Ihrem Macintosh auf den FTP-Server zu laden, eröffnen Sie zuerst eine Verbindung mit einem Internetserver über das PPP-Kontrollfeld.*

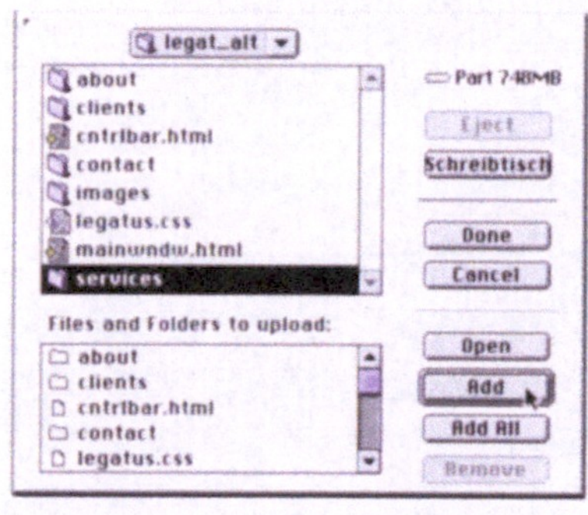

3 *Wenn Sie kein Unterverzeichnis anlegen wollen, was über »Directories: Create new Directory« möglich ist, packen Sie alle Ihre Dateien auf den Server über »Remote: Put Folders and Files« und klicken auf »Done«.*

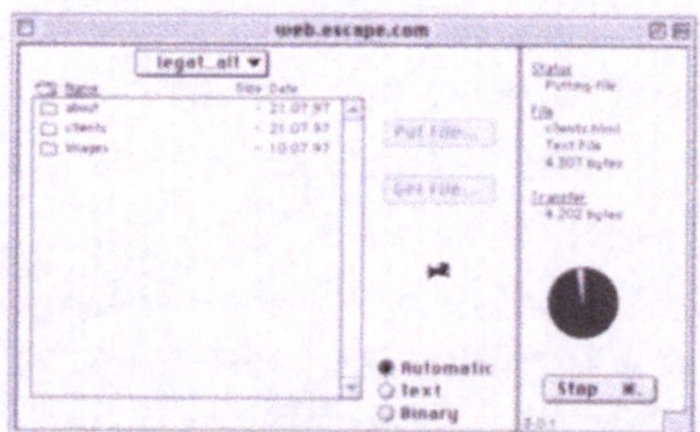

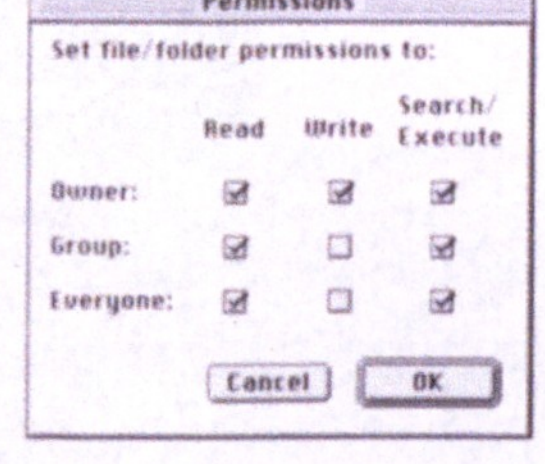

2 *Starten Sie Fetch und geben Sie Server- und Benutzernamen, Passwort und Verzeichnis ein. Dabei ist der Servername oftmals unterschiedlich von der Webserver-Adresse. Für zukünftige Verbindungen sichern Sie diese Informationen über »Customize: New Shortcut«.*

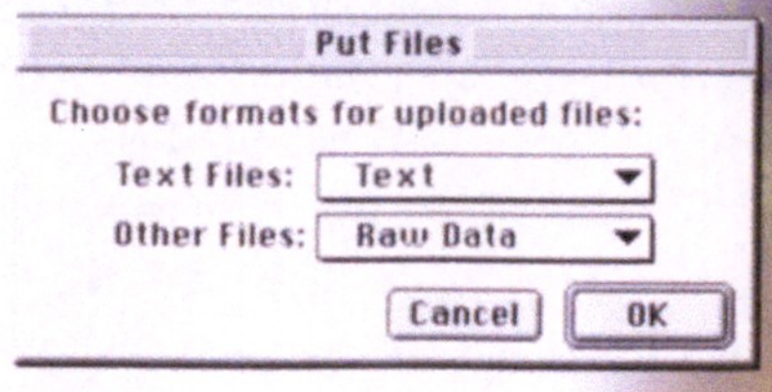

4 *Fetch fragt nach, wie diese Dateien übertragen werden sollen. Für »Text Files« wählen Sie die Einstellung »Text« und für »Other Files« die Einstellung »Raw Data«. Wenn die Dateien in einem anderen Format übertragen werden, funktionieren die Bilder und HTML-Dateien nicht.*

5 *Nachdem Sie auf »OK« geklickt haben, sehen Sie einen kleinen Hund, der sich ihre Daten »schnappt« und sie zum Server bringt. Um nach dem Hochladen zu überprüfen, ob alles richtig funktioniert, können Sie gleichzeitig den Browser starten und die URL eingeben. Erhalten Sie eine Fehlermeldung wie »Access denied« oder etwas Vergleichbares, kann es sein, dass noch die Zugriffsberechtigung für den Ordner gesetzt werden muss. In »Remote: Set Permissions« bestimmen Sie, welcher Anwender welche Rechte erhält.*

Robots und Spider

Robots und Spider kriechen durch das Internet und indexieren alles, was in ihre Fänge gerät. Oftmals erwünscht, kann dies unter manchen Umständen ein Problem darstellen. Es gibt aber wirksame Mittel, eine Webseite vor unerwünschten Blicken und Besuchern zu schützen.

Wer heute bei einer der vielen Suchmaschinen, wie Infoseek oder Excite, Suchbegriffe eingibt, erhält eine lange Liste von Web-Sites, die zu einem bestimmten Anteil diese Begriffe enthalten. Um diese Liste zu erstellen, benutzen die Suchmaschinen Programme, die sich Robots oder auch Spider nennen. Diese Programme machen nichts anderes, als eine Adresse auf dem Internet aufzurufen, den Inhalt der Site zu durchforsten und zu indexieren, bevor sie sich der nächsten URL annehmen. Häufig wird der Fehler gemacht, Suchmaschinen und Spider bzw. Robots in einen Topf zu

```
# robots.txt file for http://www.mitomedia.com
User-agent: bird            # der Spider mit dem Namen Bird
                            wird adressiert
Disallow: /cgi-bin/         # vermeide den Ordner cgi-bin
User-agent: NorthStar       # Northstar Jumpstation
Disallow: /temp/            # vermeide den Ordner temp
User-agent: RBSE-Spider     # RBSE project
Disallow: /private/         # vermeide den Ordner private
```

Ein Robots-Text 15-04

werfen, aber eine Suchmaschine ist ein separates Programm, das nur die von den Robots erstellten Indexe abfragt.

Robots und Spider – vom Wesen her nützlich – richten manchmal auch Unheil an. So gab es in der Vergangenheit immer wieder Beispiele, wo ein Spider sich in der Datenbank eines Servers verfangen hatte und versuchte, alle Wörter einer Web-Site zu indexieren. Durch die fortwährenden Zugriffe wurde der Server fast zum Stillstand gebracht und musste vorübergehend vom Internet genommen werden, um diesen lästigen Besucher loszuwerden.

Auch ist es manchem Publisher einer Web-Site gar nicht recht, indexiert zu werden, beispielsweise weil eine bestimmte Seite vor ungebetenen Besuchern geschützt werden soll.

Dazu wurde eine Konvention entwickelt, die den Robots mitteilt, welche Bereiche einer Web-Site tabu sind.

Der Robots-Exclusion-Standard

Die Lösung des Problems, Spiders aus Teilbereichen einer Web-Site fern zu halten, heißt »Robots-Exclusion-Standard«. Dieser Standard legt fest, wie dem Spider mitgeteilt wird, welche Ordner und Dateien indexiert werden sollen und welche nicht. Diese Informationen werden in einer Datei gespeichert, die »robots.txt« heißen muss und am besten im Wurzelverzeichnis der Web-Site liegt. Das Wurzelverzeichnis ist die oberste Ebene der Verzeichnisstruktur, wo sich normalerweise auch die »index.html«-Datei befindet.

In der »robots.txt«-Datei werden über die Befehle »User-agent:« und »Disallow:« der jeweilige Spider angesprochen und die Ordner angegeben, die dieser auslassen soll. Ein Beispiel für eine solche »Robots.txt«-Datei könnte so aussehen wie in [15-04].

Die erste Zeile ist eine Kommentarzeile, die über das »#« gekennzeichnet ist. In der zweiten Zeile wird ein Spider mit dem Namen »bird« adressiert und von dem »cgi-bin«-Ordner fern gehalten, ebenso wie NorthStar und RBSE-Spider vom Ordner »temp« und »private« ausgeschlossen sind. Es muss hier nicht jeder »User-agent« bekannt und aufgeführt sein – dies wäre auch gar nicht möglich bei der Vielzahl der aktiven Robots, aber es ist hilfreich zu wissen, dass sich die Einschränkungen für ganz bestimmte Robots festlegen lassen. Diese Informationen finden sich in der Regel auf den Web-Sites dieser Suchmaschinen. Um nun alle anderen Robots zu adressieren, wird als »User-agent:« das Zeichen »*« eingesetzt, wie in Beispiel [15-05] zu sehen.

Wichtig ist die Reihenfolge, denn, wenn diese vertauscht wäre, könnte der User-agent »bird« den »images«-Ordner nicht indexieren. Also, unbedingt erst die speziellen User-agents adressieren, bevor die Angaben für alle anderen User-agents folgen.

Der META-Marker

Mittlerweile gibt es einen neuen Standard, der es ermöglicht, die Anweisungen an den Robot mit dem META-Marker direkt in die HTML-Datei einzubetten. Der META-Marker wird für diverse Funktionen eingesetzt, unter anderem auch, um Suchbegriffe und Inhaltsangaben für die Suchmaschinen zu kreieren, und muss zwischen den <HEAD>...</HEAD>-Markern stehen, also noch vor dem <BODY>-Marker [15-06].

Da der META-Marker bereits von Robots zum Indexieren verwendet wird, ist es nahe liegend, den META-Marker auch dazu einzusetzen, um Spider von bestimmten Seiten fern zu halten. Soll Spider eine Seite nicht indexieren, werden die META-Befehlszeilen durch »META NAME=ROBOTS CONTENT=NOINDEX« ersetzt [15-06].

Der Spider lässt dann diese Seite beim Indexieren aus, verfolgt aber trotzdem alle Links auf dieser Seite. Es besteht zudem die Möglichkeit, dem Spider zu gestatten, eine Seite zu durchforsten und nur dahingehend zu beschränken, dass der Spider den Links auf dieser Seite nicht folgt. Hierzu müssen Sie einfach NOINDEX durch NOFOLLOW ersetzen.

```
User-agent: *
Disallow: /images/        # indexiere nicht die Bilddateien
```
Allgemeiner User-agent 15-05

```
<HEAD>
   <TITLE>Head</TITLE>
   <META NAME="ROBOTS" CONTENT="NOINDEX">
</HEAD>
```
Der Robots-META-Marker 15-06

Mehr Informationen zum Thema

Eine der besten Quellen zu diesem Thema ist die »info.webcrawler.com«-Web-Site. Hier findet sich eine Kopie des Robots-Exclusion-Standards (http://info.webcrawler.com/mak/projects/robots/norobots.html) und auch eine Liste bekannter Robots (http://info.webcrawler.com/mak/projects/robots/active.html) sowie Richtlinien für die Programmierung von Robots (http://info.webcrawler.com/mak/projects/robots/guidelines.html). Für Web-Service-Administratoren gibt es sogar einige Tipps, um einem wild gewordenen Robot auf die Spur zu kommen (http://info.webcrawler.com/mak/projects/robots/against.html).

Infoseek bietet Ihnen die beste Kontrolle über die verwendete Zusammenfassung und Schlüsselwörter. Infoseek liest den META-Marker für Schlüsselwörter und Inhalt und indiziert auch die Begriffe in den ALT-Attributen des IMG-Markers. Die META-Suchbegriffe können bis zu 1000 Zeichen langen Text und die Inhaltsangabe bis zu 200 Wörter enthalten. Wenn es keinen META-Marker gibt (oder wenn Sie ein Suchwort mehr als siebenmal eingegeben haben), verwendet Infoseek die ersten 200 Wörter nach dem BODY-Marker als Zusammenfassung.

Lycos: Diese Suchmaschine benutzt den Titel der Webseiten und einen Teil des Textes auf Ihrer Web-Site als Zusammenfassung. Auch wenn Sie nicht viel Einfluss auf die ausgewählten Schlüsselbegriffe haben, sollten Sie daran denken, dass eine bildlastige Seite die Chancen verringert in den Suchergebnissen aufzutauchen.

1. Achten Sie darauf, dass Sie Wörter für den Titel verwenden, die aussagekräftig sind.
2. Je mehr Text am Anfang ist, umso größer ist die Chance, dass die Web-Site bei Lycos auftaucht.
3. Vermeiden Sie Image-Maps oder zu viele Grafiken auf der ersten Seite, denn Lycos gewichtet den Anfang einer Seite anders als das Ende.
4. Versuchen Sie nicht, immer wieder die gleichen Begriffe auf der Seite zu verstecken, denn die Suchmaschine achtet auf solche Regelmäßigkeiten und Muster.
5. Lycos macht Gebrauch von META-Markern, die aber wie jeder andere Text auf der Seite behandelt werden.

Yahoo ist ein Verzeichnis, aber anders als bei anderen Verzeichnissen müssen Sie nicht notwendigerweise Ihre URL dort melden, um gelistet zu werden. Yahoo verwendet seinen eigenen Roboter für die Suche nach neuen Web-Sites und für die Zusammenstellung der Schlüsselbegriffe, aber es hilft natürlich auch hier, die URL zu registrieren, damit der Prozess beschleunigt wird. Alle URLs von Firmen und Geschäften müssen in einer Unterkategorie von Handel und Wirtschaft platziert werden. Beachten Sie, dass sich Ihre URL in maximal zwei Kategorien eintragen lässt.

● **Optimieren von Tabellen:** Das Problem bei Tabellen ist, dass die Information in den einzelnen Tabellenzellen sequenziell im Dokument gespeichert ist. Besteht eine Tabelle aus fünf Spalten, wird die Information aus der fünften Spalte innerhalb des HTML-Codes ganz am Ende gesichert. Da Suchmaschinen aber dem Text am Anfang eines Dokumentes mehr Gewicht geben, wirkt sich das unter Umständen nachteilig aus. Wenn möglich, sollten die Spalten in der Tabelle nach Wichtigkeit sortiert werden.

● **Intro-Seite:** In den seltensten Fällen lässt sich eine Web-Site so optimieren, dass sie für Suchmaschinen ideal ist und trotzdem gut aussieht. Hier hilft es weiter, eventuell eine Intro-Seite zu gestalten, die für die Suchmaschinen optimiert ist. Gleichzeitig kann diese Intro-Seite auch dazu dienen, dem Besucher mitzuteilen, was ihn auf der Web-Site erwartet. Oftmals wird versucht, dies mit einem »Willkommen auf der XYZ-Web-Site«-Spruch zu verbergen.

● **Hintereingang-Trick:** Da Intro-Seiten meist nicht besonders chic sind, oder manchmal einfach nicht passend, behelfen sich Website-Promoter mit dem Hintereingang-Trick. Dabei müssen Sie sich nicht mit gestalterischen Beschränkungen herumschlagen. Wenn Sie mit der Gestaltung Ihrer Web-Site fertig sind, gestalten Sie einige zusätzliche Seiten mit dem Text aus der Web-Site. Diese Seiten sind nicht wirklich Bestandteil der eigentlichen Site, sie dienen als Intro-Seiten, die nur für die Suchmaschinen gedacht sind. Da es möglich ist, bei Suchmaschinen auch einzelne Seiten zum Indizieren einzutragen, werden einfach diese Hintertüren registriert. Wäre ich daran interessiert, für den Suchbegriff »Web-Design-Bücher« eine besonders gute Positionierung bei den Suchmaschinen zu erhalten, böte sich an, eine einzelne Seite zu entwerfen, die diese Begriffe sowohl im Titel (TITLE-Marker) als auch am Anfang des Textes häufig verwendet. Ein Link am Ende der Seite brächte dann den potenziellen Besucher direkt zu der Seite, die alle Informationen über »Web-Design kreativ!« enthielte, sodass den Hintereingang kein Besucher der Web-Site wirklich zu Gesicht bekäme.

Hier in einer Zusammenfassung alle Tricks für die Web-Site-Optimierung: Verwenden Sie den META-Marker, einen aussagekräftigen Titel, setzen Sie ALT-Attribute für die Bilder, beschreiben Sie am Anfang der ersten Seite ganz klar, was zu erwarten ist und vermeiden Sie es, mit einer Seite anzufangen, die mit Rahmen arbeitet. Zusätzlich sollten Sie unbedingt einige Hintertürchen gestalten und diese gesondert bei den Suchmaschinen registrieren.

SUBMIT-IT

Zum Registrieren einer Site können Sie jedes Portal gesondert aufsuchen, nach der Anmeldungsseite forschen und den langwierigen Registrierungsprozess vornehmen. Ein bequemerer Weg führt über www.submit-it.com, dort können Sie Ihre URL bei bis zu 18 Suchmaschinen kostenlos registrieren. Submit-it bietet auch ein Gold- und Pro-Paket an, bei dem die URL an fast 300 Suchmaschinen weitergegeben wird, allerdings ist dieser Service nicht kostenlos.

■ HOCHLADEN DER WEBSEITEN ÜBER DEN BROWSER

Um ein Dokument mit Ihrem Browser auf einen FTP-Server zu laden, müssen Sie die Adresse als »ftp://Benutzername: Passwort@Name_der_Site.com/Ordner« eingeben. Diese URL kann wie jede andere im Browser abgelegt werden. Um Missbrauch vorzubeugen, insbesondere, wenn der Computer von mehreren

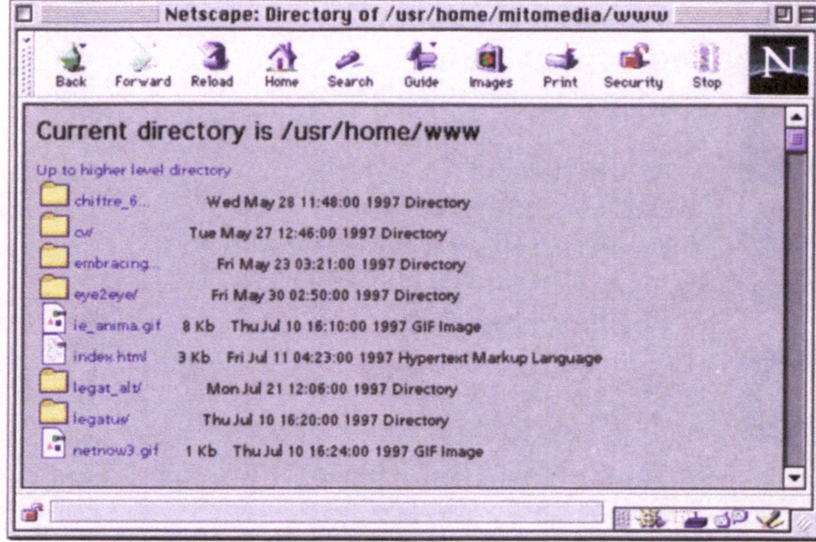

Leuten benutzt wird, ist es auch möglich, das Passwort in der o. g. URL wegzulassen: »ftp://Benutzername@server .com/Ordner« – der Server fragt dann nach dem Passwort, bevor er Sie zulässt. Um nun eine Datei auf den Server zu laden, verwenden Sie die entsprechende Funktion im Datei-Menü. Das Hochladen der Dateien auf den FTP-Server über den Browser hat allerdings zur Folge, dass Sie für diese Dateien keine Zugriffsbeschränkungen, wie sonst in lokalen Netzwerken möglich, einstellen können. Aber dies ist nur eine kleine Einschränkung, denn üblicherweise sollen die Dateien auf dem Server von jedem zu lesen sein.

Es gibt natürlich noch viel mehr zu sagen zum Thema Website-Promotion und -Optimierung. Wie die meisten Themen in diesem Buch, konnte ich auch dieses nur anreißen, um Ihnen den richtigen, ersten Einstieg in die Materie zu geben. Weiterführende Informationen finden Sie direkt dort, wo sie auch hingehören: im Web. Dies gilt auch für alle anderen Kapitel in diesem Buch, aber sollten Sie zu einer bestimmten Frage oder einem bestimmten Thema nicht die richtige Information finden, dann schreiben Sie mir: MBaumgardt@Mitomedia.com

Site: Rocket Science Games
(URL: www.rocketsci.com)
Designer: Robert Gagnon

Site: David Bowie
URL: www.davidbowie.com
Designer: Marlene Stoffers, Ben Clemens
Creative Director: Mary Kay Fletcher
Web-Design-Agency: N2K

Site: Avalanche Systems
(URL: www.avsi.com)
Creative Director: Peter Seidler
Web-Design-Agency: Matthew Pacepti

Site: BMG Entertainment
URL: www.bmg.com
Creative Director: Peter Seidler
Web-Design-Agency: Avalanche

Site: Lee Jeans
URL: www.leejeans.com
Creative Director: Peter Seidler
Web-Design-Agency: Avalanche

Site: Carnegie Hall
URL: www.carnegiehall.com
Creative Director: Peter Seidler
Web-Design-Agency: Avalanche

Site: Polygram Filmed Entertainment
URL: www.reellife.com/PFE
Creative Director: Peter Seidler
Web-Design-Agency: Avalanche

Site: FAO Schwarz
URL: www.faoschwarz.com
Creative Director: Peter Seidler
Web-Design-Agency: Avalanche

Site: Warner Music Latin
(URL: www.warnermusiclatin.com)
Creative Director: Peter Seidler
Web-Design-Agency: Avalanche

Site: Studio Archetype
(URL: www.studioarchetype.com)
Web-Design-Agency: Studio Archetype

Site: 24 Hours in Cyberspace
URL: www.cyber24.com
Web-Design-Agency: Studio Archetype

Site: Blender
(URL: www.blender.com)
Artdirector: Greg Knoll
Creative Director: Jason Pearson
Design-Agency: Dennis Interactive
Client: Blender

Site: Aristotle Web Design
URL: www.aristotle.net/design
Artdirector: Christopher Stashuk
HTML-Author: Elton Pruitt
Design-Agency: Aristotle Web Design

Site: Oaklawn Jockey Club
URL: www.oaklawn.com
Artdirector: Christopher Stashuk
HTML-Author: Nancy Mitchell
Design-Agency: Aristotle Web Design

Site: Persistence of the Spirit
URL: www.aristotle.net/persistence
Artdirector:
Christopher Stashuk, Ken Hubbell
HTML-Author: James Norris
Design-Agency: Aristotle Web Design
Client: Arkansas Humanities Resource Center

Site: KATV-Little Rock
URL: www.katv.com
Artdirector: Christopher Stashuk
HTML-Author: Dina Crane, Elton Pruitt
Design-Agency: Aristotle Web Design
Client: KATV

Site: B-98.5 KURB
URL: www.b98.com
Artdirector: Christopher Stashuk
HTML-Author: Nancy Mitchell
Design-Agency: Aristotle Web Design
Client: KURB 98.5

Site: Pixelpark
URL: www.pixelpark.com
Artdirector: Rikus Hillmann
Creative Director: Tanja Diezmann
Design-Agency:
Pixelpark Multimedia-Agentur GmbH

Site: Wildpark
URL: www.wildpark.com
Artdirector: Rikus Hillmann
Creative Director: Tanja Diezmann
Design-Agency:
Pixelpark Multimedia-Agentur GmbH
Client: Pixelpark Multimedia-Agentur GmbH

Site: Rotring
URL: www.rotring.de
Artdirector: Frank Krugmann, Martina Pohl
Creative Director: Claudius Lazzeroni
Design-Agency:
Pixelpark Multimedia-Agentur GmbH
Client: Rotring GmbH

Site:
Deutsches Jugendherbergswerk Online
URL: www.djh.de
Artdirector: Rikus Hillmann
Design-Agency:
Pixelpark Multimedia-Agentur GmbH
Client: Deutsches Jugendherbergswerk

Site: Sapphire
URL: www.walrus.com/~sapphire
Designer: Michael Baumgardt
Web-Design-Agency: MitoMedia

Site: Legatus
URL: www.legatus.com
Designer: Michael Baumgardt
Web-Design-Agency: MitoMedia

Site: Eye2Eye
(URL: www.jaxmanmusic.com)
Designer: Michael Baumgardt
Web-Design-Agency: MitoMedia

Site: VUW
URL: www.vuw.de
Designer: Michael Baumgardt
Web-Design-Agency: Legatus/MitoMedia

Alle Bilder und Web-Sites wurden mit freundlicher Genehmigung der Agenturen und/oder der Klienten abgedruckt.

URLs in Klammern sind nicht mehr auf dem Internet verfügbar.

Über den Autor

Michael Baumgardt, gebürtiger Deutscher und seit mehreren Jahren wohnhaft in den Vereinigten Staaten, arbeitet als freier Journalist für diverse deutsche Publikationen wie PAGE, Internet Welt, Konrad oder PrintProcess. Als Fachbuchautor ist er heute der am meisten publizierte Autor im Bereich Web-Design und Desktop-Publishing in Deutschland. Seine Bücher werden von vielen Lesern unter anderem auch wegen ihrer herausragenden Gestaltung geschätzt, und als einer der wenigen deutschen Autoren erscheinen seine Bücher inzwischen auch mit großem Erfolg in englischer Sprache.

Danksagung

Dieses Buch wäre nicht möglich gewesen ohne die Unterstützung zahlreicher Softwarefirmen und den Mitarbeitern in den Agenturen. Ich möchte mich an dieser Stelle bedanken bei folgenden Personen (in alphabetischer Reihenfolge der Firmen):

Lynn Rocha (Adobe)
Michael Pilmer (Alien Skin Software)
D'este Hanson (Avalanche; New York)
Carry Walker (Apple Computer, Inc.)
Christopher Stashuk (Aristotle; Little Rock)
Sandy Schneible (Bare Bone Software)
Andrew Calco (Bias; Los Angeles)
David Cherry (Blender Magazine; New York)
Greg Knoll (Blender Magazine; New York)
Dave Pola (Equilibrium)
Leona Lopez (Macromedia)
Marlene Stoffers & Ben Clemens (N2K Inc.; New York)
Mark Patton (NetObjects Fusion)
Robert Gagnon (Rocket Science Games, Inc.; San Francisco)
Gregor Reichle und den Mitarbeitern im
Springer-Verlag in Heidelberg
Marco Ramm (Steinberg; Hamburg, Deutschland)
Stephanie Shoemaker (Studio Archetype; San Francisco)
Marsha Vdovin (Waves; Knoxville)

Die CD-ROM

Auf der CD-ROM befinden sich neben einer Reihe von Programm-Demos auch eine Vielzahl der Web-Sites, die in diesem Buch Erwähnung finden. Zum Betrachten dieser Web-Sites benötigen Sie Netscape Navigator oder Microsoft Internet Explorer.

Rocket Science Games

David Bowie

Lee Jeans

Carnegie Hall

Polygram Filmed Entertainment

FAO Schwarz

Warner Music Latin

Aristotle Web Design

Oaklawn Jockey Club

Persistence of the Spirit

KATV-Little Rock

B-98.5 KURB

X.media.press ist eine praxisorientierte Reihe des Springer-Verlags zur Gestaltung und Produktion von Digital- und Printmedien.

Für professionelles Print-Design

B. Zipper

Kursbuch PDF

Kursbuch PDF bietet Einsteigern und Profis fundiertes und praxis-erprobtes Fachwissen rund um Adobes PDF-Technologie. Anhand von Beispielen (auch auf der beigelegten CD-ROM verfügbar) wird der Leser über Vor- und Nachteile von PDF informiert und erhält eine komplette Übersicht über die wesentlichen PDF-Einsatzbereiche im Internet, auf CD-ROM oder in der Medienvorstufe. Auch Anwender aus dem Office-Bereich finden hier umfassende Informationen über den optimalen Einsatz von PDF. **Kursbuch PDF** läßt sich ideal als Nachschlagewerk in der Produktion, aber auch als Unterrichtsunterlage für die Aus- und Weiterbildung einsetzen.

2000. Etwa 300 S. 300 Abb., 80 in Farbe, mit CD-ROM. Geb.
DM 89,–; öS 650,–; sFr 81,–
ISBN 3-540-66390-8

- ▶ Praxis-Know-how für die professionelle Gestaltung von Print-Medien am Computer

- ▶ Konzentriertes Fachwissen in klarer Didaktik und anspruchsvollem Design

- ▶ Kompletter Workflow von den Grundlagen bis zur praktischen Umsetzung

- ▶ Fakten und Erfahrungen für den professionellen Einsatz digitaler Techniken

- ▶ Tips und Tools für die optimale Lösung eigener Gestaltungsaufgaben

- ▶ Das perfekte Handwerkszeug für Profis in der Druck- und Multimediabranche

T. Kaltschmidt

QuarkXPress 5

High-End Publishing in der Praxis

Professionelle Anwender finden in dieser durchgängig vierfarbigen Originalausgabe wertvolle und überraschende Tips, Tricks und Techniken für einen effektiven Einsatz von QuarkXPress 5 im Bereich PrePress und Multimediaentwicklung. Besonderer Wert wird dabei auf die effiziente Zusammenarbeit mit anderen Grafik- und Bildbearbeitungsprogrammen wie FreeHand, Illustrator und Photoshop, den Einsatz im Netzwerk (OPI) und Trouble-shooting gelegt.

2000. Etwa 320 S., durchgehend vierfarbig illustriert, mit CD-ROM. Geb.
DM 89,–; öS 650,–; sFr 81,–
ISBN 3-540-62878-9

Weitere Titel der Reihe
X.media.press
finden Sie unter
www.springer.de/comp-de/xmedia

Springer · Kundenservice
Haberstr. 7 · 69126 Heidelberg
Tel.: (0 62 21) 345-217/-218 · Fax: (0 62 21) 345-229
e-mail: orders@springer.de

Springer